KB213237

목회자 바울

.

부흥과개혁사 는 교회의 부흥과 개혁을 추구합니다. 부흥과개혁사는 부흥과 개혁이 이 시대 한국 교회를 향한
하나님의 뜻이라고 믿으며, 조국 교회의 부흥과 개혁의 방향을 위한 이정표이자, 잠든 교회에는 부흥과 개혁을 촉
구하는 나팔소리요, 깨어난 교회에는 부흥과 개혁의 불길을 지속시키는 장작더미이며, 부흥과 개혁을 꿈꾸며 소
망하는 교회들을 하나로 모아 주기 위한 깃발이고자 기독교 출판의 바다에 출항하였습니다.

목회자 바울

랍 벤투라, 제러미 워커 공저 | 이스데반 옮김

부흥과개혁사

추천 메시지

　사도 바울은 항상 사역의 본보기로써 제가 바라보는 영웅입니다. 가장 혹독한 종류의 시련 가운데서 지속된 그의 꾸준한 충성스러움은 모든 목사들과 선교사들이 주목할 만한 본보기입니다. 바울은 고난과 역경 중에서 그리고 자신의 친구들과 동료 사역자들로부터 버림받는 가운데서도 흔들리지 않고, 역동적으로 그리고 전적으로 그리스도께 헌신했습니다. 랍 벤투라와 제러미 워커가 수행한 바울의 삶에 대한 이 귀한 연구는 놀랍고, 강력하고, 영혼을 움직이는 것으로서 교회에 대한 자기희생적이며 단호한 섬김을 드러낸 것입니다. 만일 당신이 시련과 반대에 직면해 있거나 또는 그리스도를 위해 섬기는 가운데 낙심하고 있다면, 이 책은 당신에게 동기를 부여하고 격려가 되어줄 것입니다.

존 맥아더(John MacArthur)
캘리포니아 썬 밸리 소재 그레이스 커뮤니티 교회 목사
The Master's College and Seminary 총장

　랍 벤투라와 제러미 워커의 『목회자 바울』(A Portrait of Paul)은 성경적으로 합당하고, 예리하게 실용적이며, 지혜롭게도 간명합니다. 골로새서 1장 24~25절의 강해에 더하여, 그들은 바울의 삶과 사역의 윤곽을 추적하는데 도움이 되는 과거와 현재의 작가들로부터 뽑아낸 분별력 있는 인용뿐 아니라, 꼭 들어맞는 성경의 본문들로부터 상당한 분량의 인용을 더하여 독자들에게 제공하고 있습니다. 매 장은 동료 목사들(그리고 목사가 되기 위해 마음을 품은 사람들)과 동료 그리스도인들을 향한 실제적인 적용으로 결론을 내립니다. 저는 마음으로부터 바울이 그리스도를 모방한 것처럼 바울을 모방하고자 하는 모든 사람에게 이 책을 추천합니다.

로버트 곤잘레스 주니어(Robert R. Gonzales Jr.)
Reformed Baptist Seminary 학장 겸 성경 연구 교수

오늘날 교회 가운데 가장 큰 필요는 하나님의 백성들을 가르치기 위한 경건한 사람들입니다. 어떤 교회들도 그들의 영적인 지도자들보다 더 높은 영적 수준에 오르지 못합니다. 목회자들이 되어가는 대로 성도들도 그렇게 되어 갑니다. 이런 점에서 랍 벤투라와 제러미 워커는 사도 바울의 특출한 모본으로부터 끌어낸 목회적 사역을 위한 본보기를 제공함에 있어서 탁월한 일을 해냈습니다. 이 책은 주의 깊은 주석, 적절한 해설, 마음을 꿰뚫는 통찰 그리고 도전적인 적용 위에 쓰여졌습니다. 여기에 모든 교회들이 매우 절실하게 필요로 하는 목회자의 유형과 모든 진정한 목회자들이 추구해야 할 요소들이 그려져 있습니다.

스티븐 로슨(Steven J. Lawson)
알라바마 모바일 소재 Christ Fellowship Baptist Church 선임 목사

목회자인 벤투라와 워커는 공동 저자로서 『목회자 바울』을 통해 목회 사역의 본질을 소개했습니다. 우리는 각 장마다 사도들이 수행했던 복음 사역의 수준을 고찰하도록 요구받을 뿐만 아니라 그것을 따르도록 촉구받습니다. 강해와 정제된 적용으로 채워진 이 내용들은 복음 중심, 그리스도 중심, 하나님을 높이기 위한 성령의 덧입힘, 자기 부인의 사역을 촉구합니다. 저는 열렬히 이 책을 추천합니다.

데렉 토머스(Dereck W. H. Thomas)
미시시피 잭슨 소재 Reformed Theological Seminary 존 리처드슨 신학 교수

이 책은 기독교 사역에 있어서 헌신과 경건을 불러일으키는 명쾌한 나팔 소리입니다. 이 책을 구성하고 있는 신학은 깨끗하고 맑으며, 언어는 아름답고, 메시지는 강력합니다. 저는 모든 목회자들과 회중들이 이 책을 집어 들고 읽게 되기를 기도합니다. 이 책은 제 서재의 한 곳을 차지할 것입니다. 백스터(Baxter)의 『참 목자상』(Reformed Pastor), 브리지스(Bridges)의 『기독교 사역』(Christian Ministry), 스펄전의 『강의들』(Lectures) 옆에 말입니다. 저는 자주 이 책을 들여다보고자 합니다. 이 책은 그리스도의 부르심으로부터 제 심령을 탈선하게 만들지도 모르는 모든 것들에 대한 좋은 해독제로서 작용할 것이라 믿습니다.

폴 와셔(Paul Washer)
HeartCry Missionary Society 디렉터

『목회자 바울』이 책은 첫째, 두 젊은 목사들의 노력입니다. 자기 자신들과 교인들에게 그리스도의 진정한 목회자가 되는 것이 무엇을 의미하는지를 가르치기 위한 노력 말입니다. 둘째, 이 책은 골로새서 1장 24~25절의 강해로서 어떻게 바울의 사역이 자기 자신들과 교회들을 위해 충성스러운 사역의 본보기가 되는지를 이해하기 위한 시도입니다. 셋째, 이 책은 주의 깊은 주석, 정당한 교리, 대중적인 호소 그리고 실제적인 적용과 함께 역사적, 개혁주의적 전통 안에 있는 성경 강해입니다. 그러므로 이 책은 랍과 제러미가 자기 부인과 고난을 요구하는 진정한 사역을 우리에게 제시한 도전적인 책입니다. 이 책은 읽기에 흡족하고, 유용하고, 유익합니다. 저는 이 책이 더 많은 선함을 낳게 되기를 소망합니다!

샘 왈드론(Sam Waldron)
Midwest Center for Theological Studies, 학장 겸 조직신학 교수

"제가 처음 설교 사역으로 하나님의 부르심을 느꼈을 때, 저는 사도 바울의 삶과 사역에 대해 연구했습니다. 오, 그 연구는 얼마나 은혜로웠던지요! 오늘날 유행하고 있는 것과 신약 성경 안에 있는 사역 간의 차이점은 제 눈을 열어 주었습니다. 랍 벤투라와 제러미 워커는 그 모든 진리들을 집약시켰고 저는 한 권의 책에서 이것을 보았습니다. 그러므로 저는 목회 사역을 위한 하나님의 부르심을 진지하게 붙들고자 하는 모든 사람에게 이 책을 추천합니다. 이 책에는 새 언약을 위한 진정한 목회자의 심령과 삶이 담겨 있기 때문입니다."

콘라드 음베웨(Conrad Mbewe)
잠비아 루사카 Kabwata Baptist Church 목사

"세상의 다양한 교회들이 역사를 통해 설명해 온 것처럼, 목회적인 리더십에 대한 복잡성에 직면했을 때 성경으로 돌아가는 것 보다 더 나은 것은 없습니다. 각 세대 안에 있는 각 교회는 반드시 성경으로 돌아가 성경의 특정한 역사적, 신학적, 문화적 그리고 정치적 렌즈를 통해 새롭게 성경의 내용들을 보아야 합니다. 『목회자 바울』의 저자들은 정확하게 이 직무를 수행합니다. 그들은 골로새 교회를 주요 실험실로 해서 본문을 탐지하고, 목회적 사역―그것의 우선순위, 기초 그리고 잠재력―에 대한 대화 및 목회적 사역과 리더십의 윤곽 안에 바울을 참여시킵니다. 이 책을 읽는 모든 사람들은 이 풍성한 대화에 참여하도록 초대를 받게 될 것이고, 사고를 형성하고 도전받을 수 있는 수많은 신선한 통찰들을 얻게 될 것입니다."

필립 타우너(Philip H. Towner)
미 성경 협회 Nida Institute for Biblical Scholorship 학장

워커와 벤투라가 이 황홀한 책 안에서 수행한 것은 기독교의 근원으로, 주 그리스도께서 바울에게 주신 권위와 지혜와 열정과 함께 사도 바울에게로 돌아가라는 것입니다. 그리고 어떻게 그가 회중들에게 충고했고 권고했는지를, 즉 제자도와 다른 동료 신자들과의 교제를 고려하면서 한 회중들과 사도 바울과의 관계를 조사한 것입니다. 바울은 골로새 회중들을 위해 그리스도의 종과 대변자가 되었고, 시간을 초월하여 영감된 본보기를 우리에게 남겨놓았습니다. 그는 그가 하나님을 따라갔던 것처럼 독자들에게 그를 따를 것을 여러 번 권고합니다. 새로운 현대적 감각과 성경에 대한 겸손한 순종과 함께, 이들 두 목회자들은 우리에게 목자적 삶의 본보기를 제공했습니다. 이것은 매우 도움이 되는 책이고 제게는 은혜의 방편과도 같습니다.

제프 토머스(Geoff Thomas)
웨일즈 Aberystwyth, Alfred Palace Baptist Church 목사

Contents

⊚ 머리말

복음 사역이 어떤 것인지 생각해 본 적이 있습니까? 교회는 어떤 종류의 목회자를 찾아야 합니까? 만일 당신이 목회자라면, 사도들이 복음 사역 가운데 드러냈던 것과 같은 이상과 애절함이 어떤 것인지 또 그것을 어떻게 느껴야 하는지 생각해 본 적이 있습니까?

우리 주 예수님을 제외하고, 성경에서 복음 사역을 시각화하는 일에 바울보다 더 나은 본보기는 없습니다. 바울은 많은 편지들을 통해 자신과 자신의 사역을 놀라울 정도로 연약한 것으로 표현합니다. 그는 반복적으로 그의 사역의 근원, 본질 그리고 목적뿐만 아니라 또한 그것의 기쁨, 역경, 고뇌 그리고 경고들을 우리 앞에 제시합니다. 바울은 우리가 그의 일상적인 사역을 볼 수 있도록 허락할 뿐만 아니라 또한 그의 마음과 영혼을 놀라운 방식으로 우리에게 개방합니다.

마음을 휘어잡도록 잘 정돈된 이 책을 통해, 랍 벤투라와 제러미 워커는 바울의 풍성함을 캐고, 하나님의 영광, 신자들의 성장, 교회의 설립, 잃어버린 자들의 구원을 위해 불 위에 타는 듯 놓여 있는 진정한 목회자의 마음과 심령과 삶을 우리 앞에 보여 줍니다. 어떤 목회자도 자신의 부족함을 심오하게 깨닫지 않고서 그리고 더 충성스러운 사역을 열망하도록 깊이 자극받지 않고서 이 책을 읽을 수는 없습니다.

이 책을 읽는 사람들은 목회자가 어떤 존재여야 하는지 더 나은 이해를 얻게 될 것이고, 자신을 돌보는 목사를 위해 기도하도록 마음에 감동을 받게 될 것이며, 설교단과 목사직에 일시적으로 공백이 있는 경우 이 책에서 매우 생생하게 드러나 있는 참된 목회자를 구하도록 기도하게 될 것입니다.

25년 동안 신학교에서 목회 사역의 범주 내에서 가르치면서, 저는 『목회자 바울』만큼 성경적인 사역에 대한 그리스도 중심의 본보기를 강력하게 제시하는 책을 읽어본 일이 없습니다. 책, 신학교 그리고 경험은 모두 사역을 위해 사람들을 준비시키는데 귀중한 역할을 합니다. 그러나 이 책은 존 뉴턴(John Newton)의 말을 확증합니다. "세상을 만드신 이가 목회자를 만드실 수 있다." 당신은 이 책을 읽은 후, 스펄전(Charles Spurgeon)이 "당신이 목회자가 되지 않고 다른 일을 잘 할 수 있다면 목회자가 되지 말라."고 말했던 것과 또한 토머스 왓슨(Thomas Watson)이 "목회는 세상에서 가장 영광스러운 직분이다. 예수 그리스도는 자신이 직접 그 직무에 들어가심으로 이 부르심을 은혜롭게 하셨다."고 얘기한 것을 이해하게 될 것입니다. 당신은 또한 제 부친이 제가 목회로 부르심을 받은 후에 제게 했던 말을 이해하게 될 것입니다. "예수 그리스도의 목회자로서 섬기는 것은 백악관에서 사는 것보다 더 중요한 부르심이다."

『목회자 바울』은 기독교 사역을 준비하는 과정에 있는 사람들에게 반드시 제공되어야 할 훌륭한 책입니다. 모든 목회자들이 한 권씩 사서 읽어야 합니다. 평신도들도 목회자와 예수 그리스도의 교회 안에서 수행되는 모든 종류의 복음 사역을 이해하기 위해 이 책을 읽어야 합니다.

하나님께서 이 책을 크게 사용하심으로 목사들과 평신도들을 움직

이셔서 예수 그리스도의 신부로서 교회를 위해 그리고 목회적 사역의
놀라운 부르심을 위해 심령에 열정을 일으키시기를 기도합니다. 우리
모두가 매일 하나님을 경외하고 그리스도를 높이는 분별력 있는 마음
에서부터 나오는 사역을 위해 기도하여, 말씀에 기반한 견실한 설교와
거룩한 삶 그리고 사랑이 담긴 목회적 돌봄으로 이 갈급한 땅을 채우
도록 합시다. 목회자들의 삶 자체가 그들의 설교입니다. 이와 같은 것
들은 보편적인 교회들과 오늘날 세상 가운데 간절한 필요입니다.

조엘 비키 (Joel R. Beeke)

◎ 서문

랍 벤투라

전임 사역에 들어가는 신임 목사로서, 저는 스스로에게 물었습니다. "나는 어떤 종류의 목회자가 되고자 하는가? 내가 수고하는 교회 안에서 나는 어떤 유형의 사역을 추구하기를 원하는가?" 골로새서 1장 24절에서 2장 5절까지 연속 강해 설교를 하는 동안, 저는 이 질문들에 대한 주요 해답들을 발견했고, 제가 하나님의 말씀으로부터 배운 것들이 다른 사람들에게도 유용할 것이라고 생각했습니다. 몇몇 신뢰할 만한 사람들을 통해 상담을 구하면서 저는 이 책을 쓰는 일에 격려를 받게 되었습니다.

골로새서를 연구하는 중에, 저는 사도 바울의 삶과 수고 때문에 놀라운 충격과 진지한 도전을 받았습니다. 그리고 그가 성경적인 사역에 대한 탁월한 본보기가 됨을 확신했습니다. 비어 있는 설교단을 채우기 위해 목회자를 구하는 교회들을 위해, 사도 바울은 교회들이 추구해야 할 목회자의 유형으로써 훌륭한 본보기가 됩니다. 그는 복음 사역자들을 위해 하나님의 은혜를 통해 하나님으로부터 부름 받은 사람이 무엇을 위해 노력해야 하는지에 대한 훌륭한 그림을 제공합니다.

청교도 토머스 브룩스(Thomas Brooks)는 한때 말했습니다. "본보기는 가장 강력한 웅변이다." 나는 그의 말이 옳다고 믿습니다. 저는 전능하신 하나님께서 이 책을 읽는 모든 사람을 도우셔서 이 책이 그들에게 풍성한 복이 되도록 사용하시기를 기도합니다. 교회의 머리이신 주 예수 그리스도께서 모든 일에 찬양받으시기를 기도합니다.

제리미 워커

하나님의 인자하심 안에서, 저 또한 저의 부르심과 사역의 측면에 대한 중요한 몇 가지 질문들을 하고 있었을 때, 골로새서를 설교하고 있었습니다. 저는 골로새 교인들을 목양하는 일에 있어서 본보기가 된 바울의 가르침 안으로 깊이 파고 들어갔을 때, 의로움 가운데 도움을 받았고, 경책 받았으며, 바로 잡혔고, 배울 수 있었습니다. 골로새서 1 장과 2장을 통해 연구한 내용은 제 자신의 확신을 분명하고 명확하게 하는 데 엄청난 도움이 되었습니다.

'복음 사역'(Gospel Missions)이라고 이름 붙여진 사도행전 13장 49절의 설교 안에서, 아무도 그의 독특함을 모방할 수 없는 찰스 해든 스펄전은 성령님을 통한 사도적 영향 아래에서 그리고 사도적 교회들에 의해 지지되는 사도적 방식 안에서 사람들이 자신의 사역을 감당하도록 초청했습니다.[1] 우리는 스펄전이 제시한 모든 표현에 동의하지 않을지도 모릅니다. 그러나 분명히 이것은 이 시대의 서구 교회 가운데 절실한 필요입니다. 바울은 그리스도 안에서 하나님의 은혜로 사역하는 목회자의 유형을 본보기로서 제시합니다. 그것은 제가 되고 싶어 하는 본보기이며, 하나님은 제가 그렇게 되도록 하실 것입니다. 설교자와 목사로서 바울의 사도적 열정, 믿음, 사랑, 노력, 희생 그리고 목적은

---

1) "Gospel Mission" in *The New Park Street Pulpit*, 3 vols. (1892; repr., Grand Rapids: Baker, 1994), pp. 2:177~184.

슬프게도 제 경험 안에서는 부족할 뿐입니다. 그리고 우리는 이 표준을 유지하면서 끊임없이 본보기가 되는 목회자들을 소수만 알고 있을 뿐입니다.

저는 이 묵상과 설교의 과정이 한 권의 책으로 열매를 맺도록 의도하거나 기대하지 않았습니다. 랍이 처음 제게 연락했을 때, 그는 저 보다 더 빠른 속도로 골로새서를 설교해 왔고 그리고 이 서신에 대해 무언가를 출판하려고 이미 생각하고 있었습니다. 그가 제게 함께 책을 쓸 것을 요청했을 때, 저는 머뭇거리면서 동의했습니다.

바울과는 달리, 저는 진정하게 그리스도와 같은 사역의 형태로 일한다고 제 자신을 가리키지 못합니다. 그러나 저는 그리스도를 가리킬 수는 있습니다. 그리고 저는 바울 안에 있는 그리스도의 방법을 가리킬 수 있습니다. 우리가 하나님 말씀의 본문에 충실하다면, 저의 진지한 소망과 희망은 이 책을 읽는 사람들이 베뢰아 사람들과 같이 살피면서(행 17:11) 예수 그리스도의 진정한 목회자인 사도 바울로부터 배우는 것입니다. 저는 바울이 그리스도를 모방했던 것처럼, 바울을 모방할 수 있는 사람들을 볼 수 있기를 기대합니다(고전 11:1).

⊚ 감사

랍 벤투라

옛 격언에 이르기를 "백지장도 맞들면 낫다."고 합니다. 이것은 분명히 여러분이 지금 손에 들고 있는 이 책에 대해 합당한 말입니다. 하나님은 그분의 선하신 섭리 가운데 이 프로젝트에 저와 함께할 견고한 한 무리의 사람들을 모아 주셨습니다. 저는 그들 없이는 이 책이 나올 수 없었을 것으로 믿습니다. 저는 그들 모두에게 심심한 감사를 전하며 세 사람을 먼저 언급하고 합니다.

제러미 워커, 저의 공동저자입니다. 솔직히 말해서, 제러미는 이 책의 더 많은 부분을 썼습니다. 그는 저의 자료를 살피고, 명확하게 하고, 그의 자료를 많이 첨가하고, 자신이 직접 여러 장들을 썼고, 이 책이 오늘 지금 이렇게 나올 수 있도록 만들었습니다. 형제여, 당신과 함께 일하게 된 것은 내게 큰 축복이었습니다.

잭 버클리(Jack Buckley), 저의 공동 목사입니다. 잭은 저의 초고를 검토하고 수정해 주었습니다. 형제여, 당신의 모든 도움에 대해 참으로 감사드립니다. 당신이 다양한 측면에서 기여한 것은 이 책의 큰 부분을 차지했습니다.

랍 프레이리(Rob Freire). 랍, 이 원고가 출판사로 넘겨지기 전에 보여 준 당신의 훌륭한 편집과 통찰력 있는 언급은 환상적이었습니다. 이 책이 완성에 이르는 것을 보기 위해 시간을 할애해 준 것에 대해 감사드립니다.

이 프로젝트에 직접 연관된 제가 언급하고 싶은 다른 두 사람이 있습니다. 로버트 버렐리(Robert Burrelli) 박사와 마이클 아이브스(Michael Ives)는 마지막 원고를 읽고, 몇 가지 멋진 제안을 제공했습니다. 모든 도움에 감사드립니다.

저는 로데 아일랜드 소재의 그레이스 커뮤니티 침례교회에서 목회하는 특권을 부여해 준 회중들에게 감사하고 싶습니다. 주님 안에서 여러분을 섬기는 일이 제게는 기쁨입니다. 저는 이 책에 쓰여진 것들이 여러분의 유익과 예수, 우리의 부활하신 구속자의 영광과 찬양과 칭송을 위해 제 자신에게 진실함으로 나타나기를 기도합니다.

저는 또한 조엘 비키 박사와 Reformation Heritage Books의 전 직원들에게 특별한 감사를 드리고 싶습니다. 여러분과 함께 일한 것은 제 영혼에 진정한 기쁨이 되었습니다.

개인적인 부분이나 목회적 차원에서 지난 수년간 저를 크게 도와준 여러 사람들 중에 제가 언급하고 싶어 하는 사람들이 있습니다. 저는 여러분 모두에게 또한 깊이 감사드립니다. 짐 돔(Jim Domm), 론 아브라함슨(Ron Abrahamson), 이글우드 침례교회(뉴저지) 회중들, 숀 아이작스(Sean Isaacs), 그렉 니콜스(Greg Nichols), 샘 왈드론 박사(Dr. Sam Waldron), 알버트 마틴(Albert N. Martin), 윌리엄 다우닝(Dr. William R. Downing) 박사, 제임스 돌잘(James Dolezal), 알프레드 벤투라(Alfred Ventura), 제프 벤투라(Jeff Ventura), 아이본 쌜커(Ivone Salka), 거스 더너(Gus Duner), 데이비드 울프(David Wolfe), 알베르토 라미레즈(Alberto Ramirez) 입니다.

끝으로 제 사랑하는 가족, 제 아내와 세 아이들입니다. 당신들은 모두 제게 큰 의미입니다. 저는 당신들 때문에 하나님께 감사하고 모두를 참 사랑합니다.

저는 이 책을 이전에 공동 목사로 일했던 셔우드 베커(Sherwood B. Becker) 목사를 추억하며 헌정합니다. 그는 2009년 4월 19일에 영광으로 들어갔습니다. 그가 53년간의 목회 사역을 통해 예수 그리스도의 진정한 목회자로 남았다는 것은 제가 얼마나 하나님께 감사하는 일인지 모릅니다.

오직 하나님께 영광을……

제러미 워커

저는 랍 벤투라의 열심과 부지런함에 감사드립니다. 그것은 이 프로젝트(그리고 그의 동료 저자)가 계속해서 길을 가도록 해 주었습니다. 랍이 아니었다면 그 길에서 저는 빈둥거리며 공상에 잠겼을지도 모릅니다. 랍은 아이디어, 팀 그리고 마감일을 가지고 있었고, 그는 예후와 같이 그것들을 진행했습니다. 랍이 없었다면 저는 이 책을 지금 읽을 수 없을 것입니다. 랍은 출판사에게는 장미빛 꿈이며, 공동 저자에게는 웃음 짓는 악몽입니다.

무엇보다도 저는 하나님께 감사하고 싶습니다. 하나님은 제가 예수 그리스도를 섬김에 있어서 진정한 부목자(undershepherd)가 되는 것이 무엇을 의미하는지를 배우기 시작했을 때, 제게 충성스러운 본보기와 인내심 있는 스승들을 보내 주셨습니다. 그들 중에 제 부친이 있음은 물론입니다. 그들 중 일부는 이미 돌아가신지 오래 되었지만, 책과 기억을 통해 그들은 여전히 말하고 있습니다. 지금 남아 있는 분들에게 감사의 뜻을 전합니다. 저는 여러분이 제게 투자한 것을 제가 갚지 못한다는 것을 알 것이라고 믿습니다.

저는 또한 아내에게 감사합니다. 그녀는 이 책 안에서 제시된 이상들을 추구하는 데에 귀한 격려와 도움을 주었습니다.

나는 이제 너희를 위하여 받는 괴로움을 기뻐하고 그리스도의 남은 고난을 그의 몸된 교회를 위하여 내 육체에 채우노라 내가 교회의 일꾼 된 것은 하나님이 너희를 위하여 내게 주신 직분을 따라 하나님의 말씀을 이루려 함이니라 이 비밀은 만세와 만대로 부터 감추어졌던 것인데 이제는 그의 성도들에게 나타났고 하나 님이 그들로 하여금 이 비밀의 영광이 이방인 가운데 얼마나 풍성한지를 알게 하려 하심이라 이 비밀은 너희 안에 계신 그리스 도시니 곧 영광의 소망이니라 우리가 그를 전파하여 각 사람을 권하고 모든 지혜로 각 사람을 가르침은 각 사람을 그리스도 안에서 완전한 자로 세우려 함이니 이를 위하여 나도 내 속에서 능력으로 역사하시는 이의 역사를 따라 힘을 다하여 수고하노라 내가 너희와 라오디게아에 있는 자들과 무릇 내 육신의 얼굴을 보지 못한 자들을 위하여 얼마나 힘쓰는지를 너희가 알기를 원하노니 이는 그들로 마음에 위안을 받고 사랑 안에서 연합하여 확실한 이해의 모든 풍성함과 하나님의 비밀인 그리스도를 깨닫게 하려 함이니 그 안에는 지혜와 지식의 모든 보화가 감추어져 있느니라 내가 이것을 말함은 아무도 교묘한 말로 너희를 속이지 못하게 하려 함이니 이는 내가 육신으로는 떠나 있으나 심령으로는 너희와 함께 있어 너희가 질서 있게 행함과 그리스도를 믿는 너희 믿음이 굳건한 것을 기쁘게 봄이라.

사도 바울, 골로새서 1장 24절~2장 5절

나는 바울과 같은 설교자를 묘사할 수 있을까?

그가 땅에 있었을 때, 사람들은 듣고, 동의하고,

 그리고 인정했을 것이다.

내가 따라가는 자취는 바울 자신이 가리키는 것이어야 한다.

그의 주인은 쓰다듬으며,

그리고 그의 생각으로부터 진리를 끌어내었다.

나는 단순하고, 장중하고, 진지하다고 그를 표현하고 싶다.

교리는 맑고, 언어는 분명하고,

태도는 명확하고 예의 바르며 엄숙하고 정숙하다.

그리고 몸짓은 자연스럽고, 매우 감동적이다.

그 자신은 심히 무거운 의무를 의식하였고

그리고 그가 먹이는 무리들을 위해 근심했다.

또한 이런 것들을 느끼기를 바란다. 애정 어린 외관,

그리고 사람을 대할 때의 부드러움,

또한 죄 범한 사람들을 위한 은혜의 메신저.

윌리엄 쿠퍼(William Cowper),

The Task, 2권, 395~407행

◎ 서론

　충성스러운 목사를 찾는 일은 교회에 있어서 가장 어려운 일 중 하나입니다. 지역 교회가 성경적인 모습을 유지하기 위해서는 성경적인 기준에 맞는 복음 사역자를 데려와서 훈련시키는 일의 필요성을 이해해야 합니다. 합당한 목사를 찾기 시작할 때 지원자 목록은 아마도 여러 가지 가능성들로 가득 차 있을 것입니다. 매년 신학교에서는 신규 졸업자들을 배출하고 있고, 그들은 적절한 자리를 구하고 있습니다. 그리고 이들 젊은 사람들 중 많은 이들이 큰 계획, 긍정적 사고, 에너지로 가득 차 있습니다. 때때로 더 경험 있는 사역자들이 지원하는 경우도 있는데 이들은 여러 사역들을 통해 실패와 성공을 경험한 사람들입니다. 누가 선택될까요? 어떤 사람이 당신의 교회에 최상의 목회자가 될까요? 모든 조건들을 나열하고 마침내 적절한 사람을 불러오는 일은 많은 노력, 거룩한 분별 그리고 열심 어린 기도를 요구합니다.

　이상적인 목사가 과연 있습니까? 한 분 계신데 그의 이름은 예수 그리스도입니다. 예수님은 자신의 발자국을 따르고자 하는 모든 사람들을 위한 표준을 제시합니다. 그러나 주 예수님의 조화롭고 충만한 완전하심을 잊지 말아야 합니다. 어떤 사람도 예수님만큼 부드럽지 않으며 또한 거룩한 열정으로 가득하지도 않습니다. 어떤 사람도 그런 자애로움을 가지고 진정으로 도움이 필요한 사람에게 말할 수도 없으며, 하나님의 뜻에 격렬하게 반대하는 사람들을 물리칠 수도 없습니다. 예수님은 죄인들의 진정한 친구셨고 위선자들의 맹렬한 적이셨습니다. 예수님은 어린이들을 자신에게 부르셨고 그들을 품으셨습니다. 예수님은 하나님의 성전으로부터 도적을 물리치고 채찍을 휘두르셨습니다. 적들은 예수님을 깊은 증오심을 가지고 미워했습니다. 이따금 수천 명의 사람들이 예수님의 말씀을 듣기 위해 몰려왔지만, 예수님은 버려진 채 죽임을 당했습니다.

십자가를 지신 그리스도의 발자국을 따르는 사람들은 예수님의 특성을 어느 정도 가집니다. 비록 항상 불완전하지만 말입니다. 당신은 이런 사람이 당신을 양육해 주기를 바라고 있습니까?

누군가 비록 많은 사람을 회심하도록 인도했더라도 분쟁을 일으키는 일로 명성이 자자한 사람을 추천한다고 가정해 보십시오. 그는 어디를 가든 의견을 분리시키는 것처럼 보입니다. 그는 많은 진보를 이루기 전에 때때로 소동과 소란을 일으키고는 마을을 떠나버립니다. 간혹 그는 반대를 일으키는 데에 너무 신속하여 두들겨 맞기도 하는데, 그의 몸에 있는 깨어 터진 상처들이 그것을 증명합니다. 그는 그런 흉터들이 없더라도 흉하고, 비록 유창하게 말을 잘하지는 않아도 권능을 지닌 설교자입니다. 그는 시민사회와 종교 권력에 대항하는 정기적인 투쟁가이며 그것을 증명할 수 있는 수감경력을 가지고 있습니다. 그는 몇 가지 만성질환으로 고통받고 있는데, 비록 일시적이기는 하지만 때때로 그 질병 때문에 완전히 쇠약해지기도 합니다. 그는 항상 사람들과 잘 어울려 일하지는 못하고 그의 동료 중 일부는 분리해서 떨어져 나갔습니다. 사실 그와 함께 일했던 사람들 중 일부는 예수님을 더 이상 따르지 않습니다. 그는 많은 부분에서 진취적이고 에너지로 충만하고,

현상유지를 꺼리며, 항상 일을 만들고 사람들을 움직이게 합니다. 교회와 자신의 관계에 있어서 긴장이 발생할 때, 그는 교인들의 잘못과 자신의 부르심과 평판을 방어하기 위한 편지를 씁니다. 그는 사역의 결실에도 불구하고 어떤 초대형 교회도 세우지 않고, 단지 적은 무리의 충성스러운 사람만을 남겨 놓습니다.

만일 당신이 직관적으로 이런 사람을 목사나 설교자로 고려하는 일에서 벗어나려 한다면 이것을 생각해야 합니다. 즉, 당신은 사도 바울을 거절하는 큰 어리석음의 위험에 빠질 수 있다는 것입니다. 당신은 이 보다 더 나쁜 결정을 할 수 없을 것입니다.

이것은 다음과 같은 기본적인 질문을 낳습니다. 우리는 어떻게 그리스도의 참 목자들을 분별할 수 있습니까? 우리는 어떻게 누군가를 충성스러운 목회자라고 평가할 수 있습니까? 우리의 기준은 너무나 자주 그저 일반적이고 종종 주관적입니다. 우리는 덫을 놓는 일을 보고 있습니다. 우리는 사단법인 혹은 심지어 성공에 대한 세속적인 측정을 추구합니다. 그는 얼마나 많은 회심자를 보유하고 있는가? 그가 바로 이전에 목회했던 교회는 얼마나 큰가? 그는 미디어에 친숙한 인물인가? 그는 어떤 학위를 가지고 있는가? 그는 기독교 계열에서 두루 존경받고 있는가? 그의 교회에서 얼마나 많은 선교사를 후원하는가? 그는 컨퍼런스에 강사로 자주 불려 다니는가? 그는 멋진 사람인가?

그러나 우리는 또한 목회자를 찾는 것 이상을 생각해야 합니다. 그리스도의 참 목회자를 분별하는 것은 또한 다음과 같은 현재의 상황을 평가할 때도 적용됩니다. 얼마나 많은 설교단이 하나님으로부터 결코 보냄을 받지 않은, 단지 교회를 운영하는 침입자들에 의해 짓밟히고 있습니까(렘 23:21)? 아니면 얼마나 많은 목회자들이 사역에 있어서 성경적인 표준을 따르기 위해 진지한 개인적인 개혁을 필요로 하고 있습니까? 이런 사람들은 자신들이 섬기는 교회에 어떤 영향을 미쳐 왔습니까? 그들은 믿음의 권속들에게 치명적인 장애물은 아닙니까(벧전 2:12~17)?

많은 교회들이 기준에 미치지 못하며 심지어 심하게 손상된 목회 사역을 견디고 있습니다. 그럼에도 하나님은 이 문제에 대해 어떤 말씀도 하시지 않는 듯합니다. 그러나 하나님은 결코 침묵하고 계시지 않습니다. 하나님은 복음 사역을 위한 목표와 필수적인 자격을 제시하십니다(딤전 3:1~7; 딛 1:5~9; 벧전 5:1~4). 하나님은 이것에 만족하지 않으시고 충성스러운 목회자들을 성경적으로 묘사하기 위해 이런 자격들을 구체화하십니다. 신적인 표준을 만족하는 이런 하나님의 사람들은 하나님의 백성에게는 복입니다. 역설적으로 사기꾼들은 그들에게 저주입니다.

그렇다면 참 목사는 어떤 모습을 가집니까? 충성스러운 목회 사역은 무엇으로 구성됩니까? 예수 그리스도의 교회를 섬기도록 하나님의 부르심을 받은 사람의 삶과 사역을 우리는 어떻게 식별할 수 있습니까? 이 문제에 답하기 위해 우리는 골로새서 1장의 마지막 부분에 초점을 두어 살피고자 합니다. 이 부분에서 사도 바울은 골로새에 있는 하나님의 사람들과 자신의 목회적 관계에 대해 묘사하고 있기 때문입니다.

골로새 교회에서는 예수님의 지고함이 급격하게 손상을 받았습니다. 이 교회의 충성스럽고 신실한 목회자들 중 한 명인 에바브라는 교회 안으로 서서히 스며들어오는 거짓 가르침에 대해 감옥에 갇힌 바울과 상담하기 위해 로마로 긴 여행을 떠났습니다. 그는 바울에게 골로새의 상황, 즉 그들이 가르침을 받은 것과 그로 인한 영향을 설명했습니다. 바울은 감옥에서 그들이 빠져있는 잘못된 가르침의 해독제를 전하기 위해 편지를 써 보냈습니다. '골로새의 이단'과 그것의 특정한 요소들에 대한 정확한 성격에 대해서는 끊이지 않는 논란이 있습니다. 그러나 진단은 어려워 보이더라도 증상은 분명했습니다. 특별히 한 가지 분명한 것은 바로 이것입니다. 골로새의 오류주의자들은 그리스도 중심성을 파괴하고 그리스도의 지고함을 강탈했습니다.

이 거짓 교사들은 매우 능란한 말솜씨가 있었습니다(골 2:4). 그들은 즉각적으로 그리스도를 부인하지 않았습니다. 그보다는 가치를 깎는 말을 하고 결국에는 그리스도를 보좌에서 끌어내렸습니다. 그들은 주님을 절대적으로 부인하거나 거절하는 대신 그리스도를 약화시켰습니다. 그들의 가르침은 폭발적이기보다는 부식하거나 좀먹는 형태를 띠었습니다. 골로새 성도들은 이런 유독한 속삭임을 듣고 있었습니다. "그리스도만으로는 충분하지 않다!"

오류주의자들은 성도들에게 구원의 충만함을 누리기 위해 무언가 더 많은 다른 것이 필요하다고 제안했습니다. 그리스도와 더불어 그들은 철학과 인간적인 전통(골 2:8), 종교적인 의식(16절), 천사 숭배적 신비주의(18절), 스스로를 제한하는 종교적 금욕주의(22~23절)를 옹호함으로 결국 그리스도를 대적했습니다. 사실은 요즘 주요 서점의 '영성과 종교' 구획에서 당신은 하나님과 평화를 누리기 위한 과정으로서 권장되는 위에 언급된 부류의 것들을 발견할 수 있을 것입니다.

사도 바울은 이런 것들을 취하려고 하지 않았습니다. 그는 구원과 생명을 위해 우리에게 필요한 것은 하나님 아들 주 예수 그리스도의 일하심과 인격에 단단히 우리 자신을 고정하는 일뿐임을 알았습니다. 왜냐하면 오직 예수님만 "신성의 모든 충만이 육체로 거하시고 너희도 그 안에서 충만하여졌으니 그는 모든 통치자와 권세의 머리"(골 2:9~10)이시기 때문입니다. 주석가 로버트 호커(Robert Hawker)가 말했듯이 바울은 "성령님의 가르침 아래에 신도들에게 전달된 믿음 안에서 교회를 설립하기 위한 가장 효과적인 방법은 예수님의 인격과 영광을 높이는 것이 되어야 마땅하다는 것을 알았습니다. 그리고 그는 이 서신 안에서 가장 복되게 그렇게 수행하였음을 고백할 수밖에 없습니다."[1]

거짓 교사들과 맞부딪치고 그리스도와 교회에 대한 그들의 급습을 방어하기 위한 바울의 해결책은 단순하고 훌륭하며 포괄적입니다. 그는 그리스도의 인격과 사역의 풍성하고 완전한 해설을 제공하고, 매력적이고 치밀한 논리의 전개 아래 그리스도 안에 있는 구속의 현재적 진실성을 펼쳐 보입니다. 그는 골로새서 1장 15~22절에서 주 예수님의 탁월함에 대한 몇 가지 강력한 주장, 즉 인격(15a), 창조(15b~17절), 교회(18~19절), 화해(20~22절)에 있어서의 지고함을 제시합니다. 하나님이 가장 사랑하시는 아들 예수님이 첫 그리고 새로운 창조의 머리이시며, 하나님께서 모든 것들을 그분 아래에 복속시키셨습니다. 바울은 이런 진리 아래에서 주 예수님의 충만한 인격과 사역의 완전함에 어떤 것도 필요하거나 더 보태어질 수 없다고 주장합니다. 다른 모든 것들을 넘어, 그리스도만이 믿음과 사랑과 순종의 대상인데, 그 이유는 그리스도 안에서 구원에 필요한 모든 것들이 발견되고 향유되기 때문입니다.

바울은 이 필수적인 진리의 기초 아래에서 골로새 교인들 사이에 현존하는 오류들을 철거하고자 합니다. 그는 교인들을 구원함으로 이끈 바로 그 복음의 사역자가 자신임을 강조하면서(골 1:23), 자신의 심령을 열고 골로새 교인들과 우리에게 자신의 노력을 지배하고 있는 종으로서의 관점을 제시합니다. 그는 교인들이 하나님으로부터 부여된 진정한 사역을 분별할 수 있기를 원하고 있습니다. 그는 자신의 삶과 사역을 묘사함으로써 이것을 이룹니다. 이런 내용들은 교인들을 속이

---

1) *The Poor Man's New Testament Commentary* (Birmingham, AL: Solid Ground Christian Books, n.d.), p. 3:36.

고자 했던 오류주의자들의 것과는 날카롭게 대조되어 드러납니다(4절).
왜 골로새 성도들은 스스로 교사로 자처하는 사람들이 아닌 바울의 말
을 들어야만 합니까? 왜냐하면 그는 하나님께서 임명하신 진정한 그
리스도의 종이고(1절), 다른 사람들은 그렇지 않기 때문입니다. 그러나
그들은 어떻게 진정한 하나님의 사람과 모조품을 분별할 수 있었단 말
입니까? 어떻게 그들은 사기꾼이 아니라 진정한 일꾼, 도적이나 돈을
벌기 위해 일하는 사람이 아니라 참 목자에게 말할 수 있었던 것일까
요(요 10:10, 13)?

이런 점을 다루는 데 있어 바울은 골로새 교회에 사역을 위한 작은
규범집을 제공합니다. 그는 교회를 위한 하나님의 계획과 그리스도의
충성스러운 종의 목표 사이에는 완전하고 정확한 일치가 있다고 밝힙
니다. 즉, 하나님께서 의도하신 것이 이루어지도록 설교자들이 그것을
펼쳐 보이는 것입니다. 골로새서 1장 24절~2장 5절에는 사도 바울이
성경적으로 충성스러운 목회자와 그런 사역을 특징짓는 두드러진 표
식들을 드러내려고 제시한 명료한 생각의 덩어리들이 있습니다. 이들
의 두드러진 특징들이 우리가 이 책에서 제기하고자 하는 것들입니다.

우리는 R. C. 루카스(R. C. Lucas)가 한 말에 동의합니다. 그는 이렇게
말합니다. "사람들이 자기 자신을 위해 만든 주장들을 점검하고, 교회
안에서 진정한 영적 리더십을 파악하기 위한 적절한 표준을 가지는
것은 우리와 마찬가지로 골로새 교인들에게도 중요한 문제였습니다.
골로새서에 기록된 이 위대한 구절들의 영구적인 가치는 모든 세대의
교회들에게 바로 그런 표준을 제공하고 있다는 점입니다." [2]

우리의 겸허한 기도는 성령께서 이 책을 큰 목적을 위해 사용하시

---

2) *The Message of Colossians and Philemon: Fullness and Freedom* (Downers Grove, IL:
   IVP, 1980), p. 67.

기를 바라는 것입니다. 우리의 목표는 당신의 손에 하나의 안내서를 전달함으로 당신이 그리스도의 참 목자는 어떤 특성을 가지고 있으며, 그는 어떻게 살아가고 일하는지를 이해하고 식별할 수 있게 되는 것입니다. 이 책에서는 주 그리스도의 사역을 위한 모델과 표준으로서 골로새서 1장 24절~2장 5절에서 드러난 대로 사도 바울의 삶과 사역을 살펴보고자 합니다. 성경에서 볼 때 영적으로 건강한 하나님의 자녀는 건강한 지역 교회의 일부가 되어야 하고, 교회의 가르침 아래 양육되어야 합니다. 바울에 대한 묘사는 당신이 이런 필수적인 문제들을 다루는 모든 면에서 현명한 선택을 하도록 도와 줄 것입니다. 목회자를 구하는 교회들은 이 책에서 하나님의 충성스러운 사람이 어떤 모습인지에 대한 안내를 받게 될 것입니다. 교회를 찾는 그리스도인들은 하나님 말씀의 빛 안에서 목사들을 평가할 수 있는 도구를 발견할 것이고, 자신의 영혼을 돌보도록 의탁할 수 있는 사람들을 찾게 될 것입니다. 이미 교회의 일원이 된 그리스도인들은 목사를 위해 기도하는 일에 더 잘 준비될 것이고, 하나님의 심령을 본받는 사람으로부터 양육받는 것의 진정한 의미를 이해하게 될 것입니다. 목회 사역을 위해 준비 중인 학생들은 그들이 모방해야 하는 사람의 청사진을 보게 될 것입니다. 우리와 마찬가지로 이 일에 형제인 목사들과 교회 개척자들은 죄와 결점들을 다루게 될 것입니다. 그러나 또한 부름 받은 사역을 위해 예수님 안에서 하나님의 구원의 은혜에 의해 자격이 부여된 그리스도와 닮은 한 사람 그리고 하늘로부터 받은 부르심을 추구하도록 우리를 분발시키는 한 사람을 여기서 발견하게 될 것입니다. 우리는 이 도구들이 복음 사역 가운데 충성스러움을 증진하고 촉진하도록 도울 수 있기를 바라고, 바울이 그리스도를 따랐던 것처럼 바울을 좇는 사람들을 돕고 격려하고자 합니다 (고전 11:1).

A Portrait of Paul

A Portrait of Paul

| 1장 | 바울의 사역 속에 있던 기쁨

나는 이제 너희를 위하여 받는 괴로움을 기뻐하고 (골 1:24).

시련과 충격과 연마됨을 인해 하나님께 영광 돌리십시오. 우리가
이곳 아래에서 비탄 가운데 지냈으므로 천국에서 충만한 복을 누릴
것입니다. 그리고 역경의 학교에서 받는 훈련을 통해 땅은 더 잘 경
작될 것입니다.[1]

찰스 스펄전

우리 중 대부분은 고난을 비참함과 슬픔의 시간으로 생각합니다. 소
수의 사람만이 "나는 이제 고난 중에 기뻐한다."는 진리를 입증할 수
있습니다. 그러나 이것은 사도 바울의 신실한 선포입니다. 심지어 고
난 중에서도 기뻐함은 바울의 특징이자 그의 사역을 구별하는 표식입
니다.

바울이 겪은 고난의 특징

바울이 언급하고 있는 고난은 어떤 것입니까? 그것은 분명히 이방

---

1) Charles Spurgeon, "The Minister's Fainting Fits," in *Letters to My Students* (Edinburgh:
Banner of Truth, 2008), p. 191.

인들에게 복음을 전한 것 때문에 로마에서 투옥된 것과 관련된 고난을 포함합니다. 바울은 이 편지에서 두 번이나 감금된 사실을 언급합니다. 골로새서 4장 10절에서 그는 "나와 함께 갇힌 아리스다고"에 대해 말하며, 4장 18절에서는 골로새 교인들에게 그를 결박하고 있는 사슬을 기억해 줄 것을 당부합니다.

바울은 묶인 채로 투옥되어 있습니다. 상황은 그에게 좋아 보이지 않습니다. 의심의 여지 없이 그는 미래에 대해 불확실한 채로 있습니다. 그런데 그는 무엇이라 말하고 있습니까? 그는 심지어 이런 어려운 시련을 경험하고 있음에도 이제 기뻐한다고 선포합니다. 그의 언어는 고난에도 불구하고가 아니라 '고난 안에서' 그의 기쁨이 현재적이고 지속적인 경험임을 우리에게 말해 주고 있습니다. 새장의 새가 노래하고 있는 것입니다! 만일 그가 괴로운 상황에서 기쁨을 가지도록 자신을 추스르고 얼마간 견딘 후에 서서히 낙심에 빠진다면, 그것은 단순히 한순간의 인내를 의미하는 것입니다. 이런 것은 우리에게도 흔히 있는 일이고, 우리 모두는 우리 자신의 경험에서 이것을 종종 비춰볼 수 있습니다. 그러나 바울은 예수 그리스도의 사역자로서 겪는 고난 속에서 기쁨을 누립니다. 그것은 자기 학대(masochism, 나는 고통받기 때문에 기뻐한다)도 아니고 금욕주의(ascetissm, 나는 자기 고행을 하는 중에 기뻐한다)도 아니며 극기(stoicism, 나는 고통에도 불구하고 기뻐한다)도 아닙니다. 그것은 시련과 환난 안에서 드러나는 독특한 기독교적 반응입니다. 그것은 복음 사역과 관련된 고난의 한가운데서 생기는 복음 사역자의 기쁨입니다.

충성스러운 목회자의 삶은 고난과 관련됩니다. 거짓 예언자들은 종종 사람들의 감정을 얻습니다. 그러나 진리를 말하는 사람은 많은 사람으로부터 악한 말을 듣게 될 것입니다. 우리 주님은 제자들에게 경고하셨습니다. "모든 사람이 너희를 칭찬하면 화가 있도다 그들의 조상들이 거짓 선지자들에게 이와 같이 하였느니라"(눅 6:26). 바울 자신이 복음 사역으로 부르심을 받은 것은 그가 고난받게 될 것이라는 선언과 연관됩니다. "그가 내 이름을 위하여 얼마나 고난을 받아야 할 것을 내가 그에게 보이리라 하시니"(행 9:16). 그리스도는 자신이 돌아가시기 전에 제자들에게 촉구하셨습니다. "내가 너희에게 종이 주인보다 더 크지 못하다 한 말을 기억하라 사람들이 나를 박해하였은즉 너희도 박해할 것이요 내 말을 지켰은즉 너희 말도 지킬 것이라"(요 15:20). 바울은 디모데에게 경고합니다. "무릇 예수 안에서 경건하게 살고자 하는 자는 박해를 받으리라"(딤후 3:12).

바울은 몸으로 많은 고난을 겪었습니다. 바울은 고린도 교인들에게 교회에 고통을 주는 자칭 '지극히 큰 사도'라고 하는 사람들에 대해 질문하며 다음과 같이 말했습니다.

> 그들이 그리스도의 일꾼이냐 정신없는 말을 하거니와 나는 더욱 그러하도다 내가 수고를 넘치도록 하고 옥에 갇히기도 더 많이 하고 매도 수없이 맞고 여러 번 죽을 뻔하였으니 유대인들에게 사십에서 하나 감한 매를 다섯 번 맞았으며 세 번 태장으로 맞고 한 번 돌로 맞고 세 번 파선하고 일 주야를 깊은 바다에서 지냈으며 여러 번 여행하면서 강의 위험과 강도의 위험과 동족의 위험과 이방인의 위험과 시내의 위험과 광야의 위험과 바다의 위험과 거짓 형제 중의 위험을 당하고 또 수고하며 애쓰고 여러 번 자지 못하고 주리며 목마르고 여러 번 굶고 춥고 헐벗었노라(고후 11:23~27).

동시에 고린도의 '지극히 큰 사도들'은 바울에 대한 갖가지 거짓말을 공공연히 그리고 교묘하게 불어넣는 일에 많은 시간을 보냈고, 바울의 영적 자녀들은 그 거짓말을 믿고 있었습니다(고전 4:15). 그의 선함은 악한 것으로 선언되었습니다. 그의 희생은 그의 무가치함을 드러낸 것으로 평가되었습니다. 그의 온화함은 약함으로 불렸습니다. 그의 겸손함은 공허함으로 이해됐습니다. 그는 스스로 기꺼이 "너희 영혼을 위하여 크게 기뻐하므로 재물을 사용하고 또 내 자신까지도 내어 주리니."라고 선포했으며, 동시에 다음과 같은 슬픈 증언을 했습니다. "너희를 더욱 사랑할수록 나는 사랑을 덜 받는도다"(고후 12:15). 고린도 교인들은 바울의 사랑과 수고를 그의 얼굴에 내팽개쳤습니다. 그리스도의 백성을 위해 영혼을 쏟아 붓는 일보다도 그리스도의 사역자를 더욱 고뇌하게 하는 것이 몇 가지 있습니다. 그것들은 사역자의 동기가 잘못 해석되고, 모든 종류의 죄를 뒤집어쓰게 되고, 열렬한 탄원과 마음으로부터의 노력이 무시되고, 거절되고 심지어 때때로 분노와 함께 경멸되고 내팽개쳐지는 것입니다.

　사도 바울은 빌립보 성도들에게 투기와 분쟁으로 또한 착한 뜻으로 그리스도를 전파한 사람들에 대해 편지를 썼습니다. 바울은 이렇게 기록했습니다. "그들은 나의 매임에 괴로움을 더하게 할 줄로 생각하여 순수하지 못하게 다툼으로 그리스도를 전파하느니라"(빌 1:15~16). 비록 예수 그리스도를 위한 바울의 투옥으로 말미암아 몇몇 사람들이 복음을 증거하는 사역에 담대하게 되었지만, 일부 사람들은-우리는 그 사람들의 정확한 정체는 알지 못합니다-잘못된 동기를 가지고 그리스도를 전파했고, 바울의 권위를 과소평가하고, 교회에 혼란을 조장하고, 바울의 심기를 불편하게 하고, 그들이 할 수 있는 방법을 모두 동원하여 바울의 수감 생활에 짐을 지웠습니다. 파벌의 영이 주 예수님을 전파하는 일부의 사람들을 점령하고 말았습니다. 그러나 그리스도가 전파됨으로 인해 바울은 기뻐하고 또 기뻐하고 있습니다(빌 1:18).

바울은 잃어버린 자들의 상태로 인해 다음과 같이 번민했습니다. "내가 그리스도 안에서 참말을 하고 거짓말을 아니하노라 나에게 큰 근심이 있는 것과 마음에 그치지 않는 고통이 있는 것을 내 양심이 성령 안에서 나와 더불어 증언하노니 나의 형제 곧 골육의 친척을 위하여 내 자신이 저주를 받아 그리스도에게서 끊어질지라도 원하는 바로라"(롬 9:1~3). 이것은 바울 자신이 속한 민족의 큰 영적 타락에 의해 지속적으로 절망할 수밖에 없는 영적인 시련에 매인 것을 드러내는 표현입니다. 심지어 바울이 복음의 적들에 대항해야 할 필요가 있을 때에도 그는-주님이 예루살렘 때문에 우신 것처럼(눅 13:34~35)-눈물로써 대항했습니다. "내가 여러 번 너희에게 말하였거니와 이제도 눈물을 흘리며 말하노니 여러 사람들이 그리스도의 십자가의 원수로 행하느니라 그들의 마침은 멸망이요 그들의 신은 배요 그 영광은 그들의 부끄러움에 있고 땅의 일을 생각하는 자라"(빌 3:18~19). 하나님과 그 기름부음 받은 자를 거역하는 사람들(시 2:2)에 대한 현재와 미래의 비탄을 포함하여 잃어버린 자들에 대한 상실감은 사도 바울에게 진정한 영적 비통을 일으켰습니다.

그가 견디는 육체적 고통과 함께 그가 직면하는 대적과 그 자신에 대한 거짓말이 잃어버린 자들에 대한 그의 번민에 더해 졌습니다. 바울은 이렇게 쓰고 있습니다. "날마다 내 속에 눌리는 일이 있으니 곧 모든 교회를 위하여 염려하는 것이라"(고후 11:28). 우리는 여기서 기본적인 현실을 인식해야 합니다. 사도로서 바울은 모든 교회들에 대해 책임 있게 관여할 권리가 있었습니다. 이것은 오늘날의 목회자들에게까지 이어지는 권리는 아닙니다. 분명히 모든 그리스도인은 모든 곳에서 그리스도의 나라가 전진하는 일에 영구적인 관심을 가져야 합니다. 그러나 비록 염려와 기도에서는 비슷한 의무가 있겠지만, 리더십에 대한 책임감이라는 측면에서는 동일하지 않습니다. 일반적인 경우 충성스러운 목사는 하나님께서 그에게 맡기신 사람들에 대해 특별한 관심을 기울이는 심령을 소유해야 합니다. 그리고 그는 성도들을 괴롭히는 고심, 죄, 시련, 어려움이 자신의 영혼을 누르는 근심의 짐이라는 것을 알게 됩니다. 사역을 하다 보면 교만, 정욕, 자만, 분노, 비통과 싸우는 남성 교인들을 보게 됩니다. 또한 슬퍼하고, 교만하고, 공격적이고, 수군수군하고, 때로는 교회에 나오지 않는 여성 교인들을 만납니다. 어떤 가정에는 심한 문제가 생기고, 일부 교인들은 표류하고, 일부 교인들은 얼마간 교회에 보이지도 않고, 저 형제는 아프고, 저 자매는 영혼에 손상을 입고, 거짓 가르침이 회중 안에서 발판을 마련하고, 형제들은 오해로 분열됩니다. 그의 영혼은 이런 슬픔만으로도 얼마나 많은 돌봄과 기도를 이끌어 들였겠습니까? 그러나 이것은 오직 한 목회자의 경우입니다. 그는 아마도 더 넓은 범위에서 오류들이 일어나는 것을 염려해야 할지도 모릅니다. 이런 슬픔을 서로 나눌 수 있는 동료 목회자들이 있을지도 모릅니다. 그는 아마도 각종 컨퍼런스와 다른 회중들에게 설교하는 것 등과 같은 것을 통해 더 넓은 범위 안에서 하나님 나라의 일에 자신의 노력을 기울일 수도 있을 것입니다. 그는 아마도 지혜로운 자라는 명성을 가지고 있을 수도 있고, 다른 사람들이 상담을 위해 자신을 찾는 것을 볼 수도 있을 것입니다. 이런 모든 것들이 가능하지만 그는 여러 교회에 대한 사도적 권위를 가지고 있지는 않습니다. 그는 우선적으로 자신이 임명된 곳에 속한 성도들의 영적 건강을 돌보는 일에 책임이 있습니다.

이제 여러 곳을 합법적으로 신경 써야 하는 경우를 상상해 보십시오. 수많은 회중들에 대한 책임을 지는 한 사람의 심오한 기쁨과 깊은 번민 사이에 있는 긴장을 상상해 보십시오. 지친 영혼과 어두워진 마음이 때때로 그를 휩쓸곤 할 것입니다. 그는 여러 다른 양 무리를 둘러싸고 있는 이리들을 인식하고 있습니다. 그는 여러 지역의 성도들을 격려하고 권면해야 할 책임이 있습니다. 그는 질문이 있거나 소식을 나누거나 상담을 원하는 다양한 회중들로부터 온 방문객과 편지를 받습니다. 이런 것들은 끊임없이 그의 주의를 요하고 그의 심령에 짐으로 놓입니다. 그는 날마다 하나님 아래에서 지고 있는 몇 가지 책임 때문에 교회 가운데 일이 어떻게 진행되어 가는지와 관련해 마음을 산란하게 하는 근심을 느낍니다.

우리는 아마도 그리스도의 마음을 숙고하기 위해 잠시 시간을 내어야 할 것입니다. 여기에 한 사람이 있으니 그의 절대적인 관심은 절대적인 지혜와 권능에 의해 조화를 이루고, 그는 그의 심령에 항상 놓여 있는 자신이 속죄한 사람들을 위한 관심 때문에 결코 지나친 부담을 느끼지 않습니다. 그는 완전한 혜안과 완전한 인식을 가지고 우리를 위해 기도하기를 결코 멈추지 않습니다. 그리고 우리에게 진실로 필요한 것들을 위해 완벽하게 정돈된 간구를 그의 하늘 아버지께 올려 드립니다. 이분은 바로 양들을 위한 위대한 목자이십니다. 그분이 모든 부목자(undershepherd)들의 신뢰가 되므로, 부목자들은 그분의 모든 양들을 안전하게 집으로 불러들이기 위해 그분의 능력에 의지하여 수고합니다(요 10:28~30). 부목자들은 그분처럼 양들의 필요를 깊이 느끼고 양들을 위해 염려합니다.

외부적이든 내부적이든, 자신을 위한 것이든 다른 사람을 위한 것이든, 그리스도를 섬기는 종의 고난은 실제적이고 종종 혹독합니다. 그러나 그런 고난에 수반하는 기쁨도 역시 실제적이고 매우 달콤합니다. 사도들이 두들겨 맞고 예수님의 이름으로 말하는 것을 금지 당했을 때, "그들은 그 이름을 위하여 받는 일에 합당한 자로 여기심을 기뻐하면서 공회 앞을 떠났습니다"(행 5:41). 베드로는 또한 성도들에게 이렇게 촉구했습니다. "사랑하는 자들아 너희를 연단하려고 오는 불 시험을 이상한 일 당하는 것 같이 이상히 여기지 말고 오히려 너희가 그리스도의 고난에 참여하는 것으로 즐거워하라 이는 그의 영광을 나타내실 때에 너희로 즐거워하고 기뻐하게 하려 함이라"(벧전 4:12~13). 이런 고난의 특징과 환경이 바울과 다른 사도들 그리고 그런 고난 안에서 즐거이 그들을 따르는 사람들에게 능력을 부여했습니다.

바울의 반응은 진리를 붙잡는 것에 기초하고 있습니다. 왜냐하면 의심의 여지없이, 그리스도의 영광과 특출함에 대한 생각이 자신이 복음 사역에서 발견한 그리스도의 영광 및 그가 누린 특권에 대한 인식과 함께 바울을 붙들었기 때문입니다. 그것은 겸손에 기초한 것입니다. 왜냐하면 그가 받는 것보다 훨씬 더 자신에게 그런 가치가 있다고 생각하는 사람의 심령에는 기쁨이 거할 수 없기 때문입니다. 그런 기쁨은 우리가 받는 고난의 가치에 대한 올바른 인식, 그리스도와 함께 발견되는 사역자의 정체성, 그리스도께서 겪으시고 경험한 고난의 목적에 기초합니다. 이 언급들 중 어느 것도 사도들에게서 분리될 수 없습니다. 우리가 바울의 고난을 묘사하는 다른 성경 구절들을 조사할 때, 우리는 어려움의 한가운데에서 빛났던 기쁨이 바로 그의 사역의 특징이었음을 발견하게 됩니다.

바울이 누렸던 기쁨의 특징

사도행전 16장에 기록된 것을 생각해 봅시다. 때는 한밤중이었습니다. 바울과 그의 동역자 실라는 어두운 감옥에 있습니다. 그들의 발은 차꼬에 채워져 있습니다. 그 전날 그들은 불법적인 풍습을 가르치고 큰 혼란을 일으키는 자로 고소당했습니다. 그들은 한 귀신 들린 여종의 활동으로 인해서 심한 괴로움을 받았습니다. 그래서 여종에게서 점치는 영을 쫓아버렸고, 결국 그녀가 점치는 일로 해서 여종의 주인이 벌어들였던 수입을 끊어지게 했습니다. 군중은 동요했고 그 소녀의 사악한 주인은 바울과 그의 동역자를 감옥에 가두도록 관리들을 부추겼습니다. 관리는 그들을 심히 때리도록 했고, 따라서 그들은 수감되기 전에 몸에 많은 상처를 입게 되었습니다 (행 16:23).

바울과 실라는 불공평하게 재판받았고 그들의 육체는 깨어져 피가 흘러내렸습니다. 그들은 고통을 줄일 수 있는 위치로 몸을 움직일 힘도 없었습니다. 그들은 아마도 마땅히 그곳에 있을 만한 죄를 지었을 사람들과 함께 더러운 감옥에 갇혔습니다. 만일 어떤 사람이 그런 불공평한 대우에 분개할 이유가 있다면 분개할 것입니다. 그러나 우리가 그날 밤 감옥 문 너머로 무엇을 발견하게 됩니까? "한밤중에 바울과 실라가 기도하고 하나님을 찬송하매 죄수들이 듣더라" (행 16:25).

바울은 이런 고난이 가져온 유혹에 굴복하지 않았습니다. 그는 하나님을 의심하거나 혹은 고소하지 않았습니다. 그는 투덜거리지도 않았습니다. 그는 누명을 씌운 사람들에 대한 소송을 계획하지도 않았습니다. 오히려 우리는 하나님께 올려진 지속적인 기도를 듣습니다. 우리는 찬양받기에 가장 합당하신 하나님께 올려진 찬송을 듣습니다. 그것은 동료 죄수들의 감방을 뚫고 지나가는 힘을 가진 것이었습니다. 이런 것이 바로 가혹한 고통의 한 가운데서 드러난 진정한 기쁨의 표현이 아니겠습니까? 캠벨 모건 (G. Campbell Morgan)은 이렇게 말합니다. "감옥의 문이 열리고 자유가 주어질 때에는 누구나 찬양할 수 있습니다. 그러나 기독교인의 영혼은 감옥에서도 노래합니다." [2] 교부 테르툴리아누스는 심지어 다음과 같이 이야기 했습니다. "마음이 천국에 있다면 차꼬에 채워진 다리는 아무것도 느끼지 않습니다."[3] 이런 고초 속에서 바울이 보인 반응은 그의 영적 용량을 보여 주며, 그가 그리스도를 따랐던 것처럼 우리도 그를 따를 것을 촉구합니다(고전 11:1).

고린도후서 12장 7~10절에 기록된 바울의 경험을 생각해 봅시다. 여기서 우리는 바울이 자신의 몸에 있었던 가시를 드러내는 것을 보게 됩니다.

> 여러 계시를 받은 것이 지극히 크므로 너무 자만하지 않게 하시려고 내 육체에 가시 곧 사탄의 사자를 주셨으니 이는 나를 쳐서 너무 자만하지 않게 하려 하심이라 이것이 내게서 떠나가게 하기 위하여 내가 세 번 주께 간구하였더니 나에게 이르시기를 내 은혜가 네게 족하도다 이는 내 능력이 약한 데서 온전하여짐이라 하신지라 그러므로 도리어 크게 기뻐함으로 나의 여러 약한 것들에 대하여 자랑하리니 이는 그리스도의 능력이 내게 머물게 하려 함이라 그러므로 내가 그리스도를 위하여 약한 것들과 능욕과 궁핍과 박해와 곤고를 기뻐하노니 이는 내가 약한 그때에 강함이라.

그는 이 특정한 불평을 '나를 치는 사단의 사자'로 묘사했습니다. 바울은 이런 용어로 그의 시련을 표현함으로써 그저 그에게 단순히 방해거리였던 사소한 불편함을 묘사한 것이 아니라 깊은 비탄의 근원을 드러낸 것이었습니다. 따라서 바울이 이 가시를 자신에게서 제거해 달라고 반복해서 하나님께 청원했다는 것은 놀라운 일이 아닙니다.

---

2) William MacDonald, *The Believer's Bible Commentary*, ed. Art Farstad (Nashville: Thomas Nelson, 1980), p. 1636에서 인용.

3) R. C. H. Lenski, *The Interpretation of the Acts of the Apostles* (Peabody, MA: Hendrickson Publishers, 2001), p. 672에서 인용.

본문의 전후 문맥을 들여다보면 바울의 다양한 시련들은 약함, 질병, 질책, 곤궁, 핍박 그리고 그리스도를 위해 당하는 비통함과 연관되어 묘사되어 있습니다. 또한 바울이 고난 자체를 즐기지 않았다는 것을 주목해 보십시오. 오히려 그는 진지하게 그리고 반복적으로 그것을 자신에게서 제거해 달라고 하나님께 간구했습니다.

그러나 우리는 다시 질문합니다. 이렇게 계속되는 고통의 한가운데에서 드러난 바울의 기질은 무엇이었습니까? 우리는 하나님의 은혜의 충만함과 바울의 약함 속에 있는 그리스도의 강인함으로부터 진지한 신뢰를 발견합니다. 찰스 스펄전의 기묘한 언어를 빌린다면, 그리스도의 은혜의 대양은 사람들이 요구하는 티스푼을 채우기에 충분하다고 말하는 듯한 바울의 확신을 발견하게 됩니다(고후 12:9). 우리는 바울이 자신의 천성적인 연약함을 슬퍼하기보다는 오히려 자신의 약함을 기쁘게 자랑했던 것을 발견합니다. 왜냐하면 그는 그리스도께서 그 연약함을 전능한 힘으로 다스릴 것이며, 그리하여 자신의 연약함은 예수 그리스도께서 자신의 신적인 힘을 드러내시도록 하기 위한 자리를 제공할 수 있다는 것을 알았기 때문입니다. 우리는 바울이 자신의 질병을 제거함으로써가 아니라 오히려 그 안에서 즐거움을 취했다는 것을 발견합니다. 자신이 약할 때 그리스도 안에서 강하게 된다는 지식은 그에게 큰 기쁨을 선사했습니다.

어떤 사람은 바울에게 다음과 같이 강하게 반문할지도 모릅니다. "바울이여, 정신을 잃은 것은 아닌가요? 자신의 질병을 자랑하다니! 곤궁한 가운데서 즐거움을 누리다니! 당신이 약할 때 강하게 된다니! 이 얼마나 앞뒤가 맞지 않는 것입니까?"

그러나 바울 자신의 말을 빌린다면 그는 분명 미친 것이 아니라 "참되고 온전한 말"을 하는 것입니다(행 26:25). 약함에 대한 인정은 도움을 구하기 위한 준비가 아니겠습니까? 하나님의 권능, 선하심 그리고 그리스도 안에서 그분의 종들에 대한 신실하심에 대한 인식은 모든 선한 일을 하는 가운데서 그분의 강하신 지원을 간청하기 위한 충분한 토대가 아니겠습니까? 진정 바울은 온전한 정신으로 말한 것입니다!

성경은 어려움 가운데 기뻐하는 기질과 관련된 또 다른 예를 우리에게 제공합니다. 바울은 또한 감옥에서 빌립보 교인들에게 편지를 썼습니다. 우리는 이런 문구를 읽게 됩니다. "만일 너희 믿음의 제물과 섬김 위에 내가 나를 전제로 드릴지라도 나는 기뻐하고 너희 무리와 함께 기뻐하리니 이와 같이 너희도 기뻐하고 나와 함께 기뻐하라"(빌 2:17~18).

바울은 교회 생활 가운데 진정한 연합에 대해 탄원하고 있습니다. 이런 연합은 같은 마음을 품는 것, 자기희생적인 사랑과 다른 사람을 자신보다 낮게 여기는 겸손한 마음 안에서 드러나게 됩니다. 우리 주 예수 그리스께서는 이런 마음을 탁월하게 보여 주셨습니다. 비록 그분은 온전한 하나님이시지만 또한 온전한 사람이시며 죄는 없으십니다. 만일 그런 영광스러운 하나님이신 사람이 종과 같이 낮은 자세를 취하고, 십자가의 무시무시한 죽음의 고통까지도 받기로 순종하셨다면, 그분의 피조물들은 얼마나 겸손하고 범사에 순종해야 하겠습니까? 이런 표준 아래에서 바울은 빌립보 교인들이 하나님께 순종하고 그리하여 두려움과 떨림으로 자신들의 구원을 이루도록 간청합니다. 그리고 하나님은 자신의 기쁘신 뜻을 위해 신자들 안에 소원을 두신다는 사실로부터 그들에게 구원에 이를 수 있는 이유들을 제공합니다(빌 2:12~13). 바울은 잘 가르치는 교사로서 다음과 같은 건실한 예를 들어 설명합니다. 어떤 활동 가운데서도 원망과 시비가 들려서는 안 되고(14절), 그들이 수행하는 모든 것들의 시금석이 되는 하나님 말씀을 굳건히 붙들어야 한다고 말입니다(16절).

말씀을 충실하게 받아들이는 빌립보 교인들의 상황은 바울이 그들 가운데 사역한 것들이 사실상 성공적이었다는 긍정적인 증거입니다. 그들은 바울이 감내하고 있는 고난이 헛되지 않으며 오히려 하나님을 영화롭게 하고, 한 지역 교회의 건강하고 열심 있는 구성원들로서 성숙한 신자들을 세워나가는 일에 있어서 하나님께서 사용하시는 도구임을 드러내고 있습니다.

바울은 그리스도의 진정한 종으로서 견디고 있는 이런 시련들을 어떻게 간주하고 있습니까? 그 시련들이 그의 심령을 연약하게 만들었습니까? 심한 어려움들과 예상되는 핍박들이 절망적인 좌절에 이르도록 그를 두들겨 패 놓았습니까? 그것들이 그의 입술로부터 심한 불평이나 분개를 쥐어 짜냈습니까? 아닙니다. 우리가 빌립보서 2장 17절에서 보는 것처럼, 바울은 그가 가르쳤던 사람들을 위해 관제로 부어질지라도, 모든 환란 중에서도 기뻐하고 즐거워할 것이라고 고백합니다.

우리는 그런 예를 통해 바울이 고난 가운데 기뻐한 것이 그에게는 이상한 일이 아니었음을 볼 수 있는 것입니다. 바울은 하나님이 통치하시며 그가 겪는 각각의 시련까지도 규정하시고 모든 것을 자신의 선하심을 위해 이루신다는 것을 알았기 때문에 감금 중에서도 기뻐했습니다(롬 8:28). 이것은 그의 사역의 주목할 만한 특징이었습니다.

이제 우리는 바울이 어떻게 이들 시련에 접근했는지를 물어야만 합니다. 그의 기쁨은 비이성적인 낙관주의나 인간적인 심리학의 산물이 아니었습니다. 그는 현실을 기만적으로 부정함으로써 다른 사람들과 함께 심리적인 놀이를 한 것이 아니었습니다. 그는 눈을 크게 뜬 채로 모든 시련과 아픔을 겪었습니다. 그는 각각의 상황에서 그리스도의 도움을 구했고, 자신의 마음을 기도에 쏟아 부었습니다. 그는 하나님의 위대하심과 충만하심이 자신의 궁극적인 영광을 위해 처참하게 보이는 상황까지도 다스리신다는 사실을 견지했습니다. 그는 그리스도의 은혜와 힘이 자신이 겪는 연약함을 극복해 나갈 수 있게 할 것이라는 확신을 가지고 있었기 때문에 기뻐할 수 있었습니다. 우리가 생각해 본 예들은 다음과 같은 사실을 내어 놓습니다. 바울이 드러낸 것과 성경에서 경쟁에 대해 우리에게 가르치고 있는 것은 단순한 긍정적인 사고가 아닙니다(이건 내가 생각하는 만큼 나쁘지는 않군. 내 힘으로 통과할 수 있겠어). 그것은 성경적인 사고입니다(나는 연약하다. 그러나 하나님은 전능하시고 신실하시며 자신이 하신 말씀에 항상 신실하시다. 그러므로 나는 도움을 얻기 위해 온전한 중보자 그리스도를 통해 하나님께 간구할 것이다).

바울이 가졌던 영구적인 기쁨은 상황에 부속되는 것이 아니었습니다. 그것은 그를 구하신 은혜의 하나님과 밀접한 관계에 있는 것이었습니다(빌 4:10~14; 롬 15:13). 바울의 기쁨은 초자연적인 것이었고 성령님을 통해 그 자신 안에서 샘물처럼 솟았습니다.

동료 그리스도인들께

당신은 목회자로 어떤 종류의 사람을 원합니까? 바울은 생각과 감정이 그리스도와 그분의 진리에 고착된 사람이었습니다. 그는 자기 자신이 누구인지를 알고 자신의 하나님 또한 알았습니다. 이것은 영과 육의 심히 고통스러운 환경을 직면할 때도 안정된 기쁨의 기초를 제공했습니다.

당신이 하나님 말씀을 당신에게 증거하는 한 사람을 생각할 때, 그리스도를 위한 고난에 대해 바울과 같은 태도를 품고 있는 사람을 구하십시오. 비록 그가 겪은 고난의 정도와 고난에 대한 반응의 탁월함이 바울만큼은 되지 않더라도 말입니다. 사역하는 동안 고통을 피하고자 하는 사람을 생각하지 마십시오. 만일 믿음을 고백하는 교회 내부와 외부로부터 그리고 자신의 영혼 내부에서 발생하는 짐과 비탄으로부터 고통과 핍박을 피하기 위해 어떤 것이든지 희생하고자 한다면, 그는 충성스러운 목회자가 될 수 없습니다.

예수님의 사역과 인격 안에 뿌리내린 안정된 기쁨으로 채워진 사람을 생각하십시오. 물론 이것이 억지로 이를 드러내고 웃으면서, 그 드러난 이의 숫자를 행복의 척도로 의식하는 사람을 의미하지는 않습니다. 설교단의 어릿광대나 짤막한 농담에 재능을 가진 사람이나 심지어 풍성하고 무르익은 유머 감각을 가진 사람을 의미하지도 않습니다. 이것은 그 사람의 성격에 대한 것이 아니라 신념에 대한 것입니다. 비록 기질적으로 명랑하더라도 여전히 그리스도인의 기쁨을 거부하거나 아니면 가지고 있지 않을 수도 있습니다. 충성스러운 목회자는 그리스도와 그분의 교회(좋은 여건이든 그렇지 않든)를 섬기는 기쁨을 가진 사람이어야만 합니다.

그의 성격과 자격을 검토할 때 그가 가진 관심의 대상이 환난 중에서도 영광을 돌리는 것인지 그리고 그 환난이 인내를, 인내가 연단을, 연단이 소망을 이루는 것임을 알고 있는지를 물어보십시오(롬 5:3~4). 그는 하나님께서 항상 최상의 시각을 가지고 있음을 알고, 하나님께서 그를 붙들어 주실 것을 신뢰하면서 고통 중에서도 기뻐하는 사람입니까 (고전 10:13)? 그는 항상 하나님 앞에 자신의 마음을 쏟아 붓고, 하나님이 피난처임을 확신하면서 항상 하나님을 신뢰하고 있습니까(시 62:8)?

시련과 비통함에 대해 어떻게 반응하는지 그에게 물어보십시오. 그리고 할 수 있다면 그런 것에 관련된 반응을 살펴보십시오. 그는 흐느껴 울고 불평하는 사람입니까? 바울과 같은 목회자는 시련이 심해지면

심해질수록 도움을 주시는 하나님을 바라보며 시편 기자와 같이 말하게 됩니다. "고난 당한 것이 내게 유익이라 이로 말미암아 내가 주의 율례들을 배우게 되었나이다"(시 119:71). 그는 가인처럼 불평하지는 않습니까? "내 죄벌이 지기가 너무 무거우니이다"(창 4:13).

현재 당신을 가르치는 목사는 어떠합니까? 그는 이런 사람처럼 되기 위해 노력하고 있습니까? 만일 그가 그리스도와 그분의 양 떼에게 충성스럽기를 추구하고 있다면, 어쩌면 당신은 그가 고통에서 빠져 나오기를 기도할 수 없을지도 모릅니다. 그러나 당신은 분명 하나님께서 그에게 겸손한 영을 주시고, 고난 가운데서 고무된 심령을 주시도록 기도할 수 있습니다. 그리고 당신이 혹 그의 슬픔과 시련의 일부를 가져온 원인 제공자는 아닌지 하나님께 여쭈어야 합니다. 그가 시련을 받음으로 더 큰 성화를 위한 동기를 제공하는 것을 당신의 임무로 삼지 마십시오. "너희를 인도하는 자들에게 순종하고 복종하라 그들은 너희 영혼을 위하여 경성하기를 자신들이 청산할 자인 것 같이 하느니라 그들로 하여금 즐거움으로 이것을 하게 하고 근심으로 하게 하지 말라 그렇지 않으면 너희에게 유익이 없느니라"(히 13:17). 만일 그가 어딘가에서 아픔을 발견한다면, 당신의 행동과 태도가 기쁨의 밑바탕이 되어주어야 합니다. 심지어 당신이 그의 생각과는 다른 합리적인 이유들을 가지고 있다 하더라도, 그리스도인의 기품을 가지고 반응해야 합니다.

동료 목사님들께

당신은 고난받을 준비가 되었습니까? 우리는 당신이 고통을 초청하거나 추구하라는 것이 아니라, 그리스도 안에서 경건하게 살고자 하는 사람은 누구나 핍박받을 것을 기억하게 하려는 것입니다(딤후 3:12). 만일 우리가 충성스럽다면, 고난은 올 것입니다.

만일 당신이 예수 그리스도 안에서 경건하게 살고자 다짐하고 점점 그렇게 살아간다면, 핍박은 당신의 것이 될 것입니다. 당신은 바울처럼 교회 안팎으로부터 아마도 잘못된 고소, 거부, 저항에 직면할 것입니다. 당신은 아마도 시민들과 교회의 권력으로부터 반대에 직면하게 될 것입니다. 당신은 아마 물리적인 위협을 받을 뿐 아니라 때때로 실제로 물리적 상해를 입을 것입니다.

게다가, 당신은 영혼에 대한 심오한 부담을 지게 될 것입니다. 당신이 교인들을 사랑하는 만큼 그들의 아픔과 슬픔은 여러분의 것이 될 것입니다. 당신이 그들을 사랑하는 만큼 그들의 죄와 죄에 대한 저항은 당신을 괴롭게 할 것입니다. 당신이 그들을 사랑하는 만큼 그들을 위해 기도하고 또 심방하게 될 것입니다. 당신이 그들을 사랑하는 만큼 그들의 죄와 죄에 대한 저항에 대해 비록 강하고 명백하지만, 자상하고 부드럽게 지적하도록 압력을 받게 될 것입니다. 당신은 복음을 반복해서 들으면서도 제대로 성장하지 못하는 사람들을 볼 것이고, 여전히 영적인 저주에 갇힌 것을 볼 때 당신 자신의 영에서 일어나는 고뇌를 볼 것입니다.

당신이 그리스도를 사랑할수록 그분의 영광을 더욱 열렬히 사모할 것이고, 그리스도를 영화롭게 하는 일에 더 많은 관심을 가지게 될 것입니다. 당신은 잘못된 가르침이 하나님을 모욕하고, 참 신자들이 하나님을 떠나 방황할 때 가슴 아파할 것입니다. 사람들이 하나님을 사랑하지 않고 경외하지 않을 때 당신은 비탄에 잠길 것입니다. 하나님의 진리가 부정되고, 예배가 타락하고, 교회가 모욕받으며, 신도들이 치욕을 받을 때 눈물을 흘리며 거룩한 분노에 휩싸일 것입니다.

만일 당신이 그리스도와 거듭난 신자들을 사랑한다면, 당신은 예수님의 이름의 영광과 그분의 몸, 즉 교회의 건강을 위해 느끼고, 기도하고, 반응하고, 행동할 것입니다. 그리고 당신이 직면하게 될 이 모든 일들을 잘해 낼 것입니다.

당신보다 더 탁월한 목회자를 가지기 원하는 사람들이 있을 것이고 그들은 당신을 무시할 수 있는 많은 이유들을 가진 저항의 갈고리를 당신에게 걸어 놓을 것입니다. 당신이 어리다는 것에 대한 약점을 보였든 아니든 상관없이, 단지 나이 어린 것을 무시할 사람들이 있을 것입니다. 또 다른 경우, 당신이 너무 늙어서 시대에 뒤떨어진다고 문제 삼을 것입니다. 자신이 받은 은혜나 은사와는 관계없이 혹은 자신들의 거만한 영을 위한 방법으로써 자신들이 더 나아 보이는 것이 합당하다고 여기는 사람들이 있을 것입니다. 섬기는 기질을 가지고 있지 않은 사람들이 다른 사람들을 인도하도록 부름 받았다고 주장하는 경우도 있을 것입니다. 회개하고 개혁하도록 개인적으로 초청하거나 교회 공동체적으로 촉구하는 모든 시도에 대해 화를 내는 사람들이 있을 것입니다. 그들은 자신의 길을 점검하고 하나님의 계명으로 돌이키도록 하는 모든 가르침에 대해 저항할 것입니다.

아픔과 걱정과 슬픔으로 격노하며 자기 자신에 대해 거의 알지 못하는 상처 입은 양들이 있을 것입니다. 이 양들은 당신이 양모에 손을 대려는 순간에 껑충 뛰며 당신을 발로 차버릴 것입니다. 당신은 그들에게 있는 씻겨지지 않은 옛 상처들을 발견할지도 모릅니다. 선한 의도를 가졌지만 태만한 목사들에 의해 수년 동안 곪도록 방치된 질병과 상처와 감염 부위와 이전에 부러졌지만 원상복구 되지 않은 상태를 보게 될 것입니다. 일부 다른 사람들은 잘못된 가르침과 잔인함과 관련된 흉터를 지니고 있을 것입니다. 당신은 이런 것들을 다루려고 하겠지만 양들이

으르렁거리며 심지어 물려고 할 때 놀라며 질겁하게 될 것입니다.

당신은 진리의 문제에 대해 전진하기 위해 그리고 그리스도의 교회를 옛 길, 즉 영혼을 위한 안식이 있는 좋은 길(렘 6:16)로 돌이키기 위해 반드시 기도할 것입니다. 당신은 선한 사람들이 관습에 사로잡혀 있거나 세상적인 원리에 굳어져서 전심을 다해서 당신을 거부하는 것을 볼 것입니다. 그리하여 모든 변화들이 거부되고, 침체에서 벗어나기 위한 노력을 피할 것입니다. 설령 그들의 몸이 차가워지고 마음은 무뎌지고 영혼은 방만해지며 세상의 영혼들이 잃어진 바 되더라도 말입니다.

"그런 것은 내게는 결코 일어나지 않을 것이다."라고 말하지 마십시오. 위대한 설교자이자 신학자였던 조나단 에드워즈(Jonathan Edwards)의 슬픈 경험을 기억하십시오. 그는 하나님의 은혜 아래 진정한 부흥의 선두에서 사역하는 복을 누렸습니다. 그는 23년간 충성스럽게 그리고 사랑으로 목회하였습니다. 그리고 하나님은 많은 사람에게 큰 은혜를 베푸시기 위해 그를 사용하셨습니다(교회 구성원의 4분의 3이 에드워즈로 인하여 죄인임을 고백했습니다). 그러나 에드워즈가 어느 한 원리의 문제에 서게 되자 문제가 발생했습니다. 근본적인 문제는 삶이 신앙고백에 전혀 미치지 못하는 사람들이 성찬에 참여하는 것을 에드워즈가 거절한 것이었습니다. 결과적으로 에드워즈와 교회는 분리되었고, 에드워즈 목사와 그의 가족들은 스톡브리지(Stockbridge)의 변방으로 밀려났습니다. 에드워즈는 당시의 표준에 의하면 예배에 있어서 덜 가치 있는 부분에 자신의 성향을 부여하였고 강한 반대에 직면했던 것입니다.[4]

---

4) 이 시기 에드워즈의 삶에 대한 더 자세한 것은 Iain H. Murray, *Jonathan Edwards: A New Biography* (Edinburgh: Banner of Truth, 1987, 『조나단 에드워즈 삶과 신앙』, 부흥과개혁사 역간) 16~21장을 보라.

형제여, 당신은 이런 삶에 대한 준비가 되어 있습니까? 비록 항상 이와 같지는 않더라도 이런 어려움은 부분적으로든 전체적으로든 충성스러움과 사랑으로 한 교회를 목회하고자 하는 모든 사람에게 찾아오는 것입니다. 우리는 과거의 증언들을 듣습니다. 그리고 때때로 우리는 하나님께서 크게 사용하신 사람들은 그들에게 던져진 모욕을 인식하지 못하거나 아니면 그런 모욕을 받지 않은 채 일생을 고요하게 사역했을 거라고 상상합니다. 모든 충성스러운 하나님의 자녀들이 거치게 되는 그리스도를 닮는 유형이 있는데 그것은 고난을 통과하여 영광으로 들어가는 경로입니다. 십자가 없이는 면류관이 없습니다. 이런 원리로부터 면제 되는 일은 결코 없습니다. 그리고 그리스도의 사역자는 종종 자신이 먼저 이런 것들을 보이도록 요구받습니다.

그것은 바로 충성스런 사역자들이 직면하기 위해 준비되어야 할 고난의 현실입니다. 그러나 기쁨도 동일하게 실제적이며 압도적으로 황홀한 것입니다.

어려움의 한가운데서 우리는 얼마나 큰 기쁨을 발견합니까? 근심 중에서도 항상 기뻐한 시간들이 있습니까(고후 6:10)? 우리는 비록 지금 완전하지는 않지만 적어도 이해와 확신에 있어서 성장하는 가운데 바울이 로마서 8장 18절에서 얘기한 대로 "생각하건대 현재의 고난은 장차 우리에게 나타날 영광과 비교할 수 없도다."라고 말할 수 있습니까? 바울은 데살로니가 교인들에게 다음과 같이 말할 수 있었습니다. "또 너희는 많은 환난 가운데서 성령의 기쁨으로 말씀을 받아 우리와 주를 본받은 자가 되었으니"(살전 1:6). 당신이 맡고 있는 교인들에게도 이같이 말할 수 있습니까?

이런 것이 우리를 이끌어 마음을 살피도록 하는 문제가 되어야 합니다. 우리는 하나님 앞에서 이런 질문에 직면해야 합니다. 그리고 하나님께서 우리를 시험하여 우리가 나아가는 방식이 올바른지 보시도록 구해야 합니다(시 139:23~24). 바울은 그의 최상의 삶은 지금이 아니라 오게 될 삶이라는 것을 알았습니다. 그래서 그는 확신을 가지고 다음과 같이 말했습니다. "그러므로 우리가 낙심하지 아니하노니 우리의 겉사람은 낡아지나 우리의 속사람은 날로 새로워지도다 우리가 잠시 받는 환난의 경한 것이 지극히 크고 영원한 영광의 중한 것을 우리에게 이루게 함이니"(고후 4:16~17). 바울은 다음과 같은 사실을 알았습니다. "참으면 또한 함께 왕 노릇 할 것이요"(딤후 2:12). 하나님과 함께 고난을 받는 것이 하나님과 함께 영광을 받도록 이끕니다(롬 8:17). 이런 기대를 가지고서 바울은 빌립보서 4장 4절에서 이렇게 말할 수 있었습니다. "주 안에서 항상 기뻐하라 내가 다시 말하노니 기뻐하라."

충성스런 목사의 기쁨은 그리스도 안에 놓여 있습니다. 만일, 주 예수님이 설교되고, 높여지고, 알려지고, 영광 받으시면, 종은 만족하므로 더욱 기뻐합니다. 만일 당신의 기쁨이 자신의 명성에 기초한다면, 그것은 세상에서 당신의 영예와 함께 오르락내리락 할 것입니다. 그리고 당신이 하나님께 충성하지 않는다면, 당신의 영예는 결코 대단한 것이 되지 못할 것입니다. 만일 그것이 당신의 사역에서 분명히 드러나는 번영에 묶여있다면, 그것은 바다처럼 변덕스럽다는 것을 보여줄 뿐이며 심지어 한순간에 완전히 빼앗겨 버릴 수도 있습니다. 만일 그것이 어떤 상황에 뿌리를 내리고 있다면, 그리스도의 영광에 대한 기쁨을 가장 확실히 드러내야 할 때 절망할 것입니다.

우리는 고난받을 것입니다. 그러나 그럴 때 우리는 예수 그리스도께로 가야하며 우리의 상황을 그분께 알려야 합니다. 우리를 다스리시는 하나님은 우리의 모든 다급한 필요와 무시무시한 곤경을 우리의 성화와 교회의 복과 그리고 무엇보다 그리스도의 영광을 위한 기회로 바꾸시기 위한 지혜와 능력을 충만하게 가지고 계십니다. 그리스도가 사도 시대 때보다 지금 더 약해지셨습니까? 그는 그때보다 우리를 덜 사랑하시고 덜 은혜로우십니까?

우리는 자신을 위해 흐느껴 울거나 심지어 먹구름 속에서 희망을 발견하기 위해 늘 뚫어지게 바라볼 필요도 없습니다. 우리는 그런 것들을 볼 것이라고 약속받은 것은 아니지만, 우리 시야에서 가려진 경우라 할지라도 우리는 그 희망이 반드시 있다는 것을 알고 있습니다. 우리는 약하지만 그리스도는 강하시고 끝까지 신실하십니다. 모든 것이 우리를 대적하고 절망에 몰아넣는다 할지라도 우리는 하나님을 아는 지식과 그분의 뜻을 수행하는 일 안에서 기뻐할 수 있습니다. 하나님은 우리의 울음을 듣기 위해 귀를 열고 계십니다. 그분의 눈은 자녀들에게 고정되어 있습니다. 그분의 마음은 우리를 전적으로 지지합니다. 하나님의 손이 하나님 자신과 우리를 승리로 인도하실 것입니다.

하나님께서 그리스도의 사역자들이 심령으로부터 이런 시야를 가지도록 큰 은혜 주시기를 기도합니다.

| 2장 | 바울의 사역 속에 있던 초점

나는 이제 너희를 위하여 받는 괴로움을 기뻐하고(골 1:24).

사람이 사역을 위해 있지 않고, 사역이 사람을 위해 있습니다. 그
래서 사역자는 사람들의 유익을 위해 그리고 사람들을 섬기는 일에
몰두하게 됩니다.[1]

월리엄 테일러

바울이 사역에서 얻는 기쁨은 진공 상태에 있지 않았습니다. 그것은
특정한 정황과 명확한 방향성을 가진 것이었습니다. 그것은 자기만족
적인 이기적 기쁨이 아니었습니다. 그 기쁨은 그리스도를 따라 형성된
것이며, 다른 사람들의 유익을 위한 바울 자신의 갈망에 의해 지배된
것이었고, 세상과 세상적인 기회에 저항하는 것이었습니다.

이기적인 마음의 문제

이기적인 마음은 자신의 평안과 유익에 초점을 두고 자신의 만족을
과도하게 또는 지나치게 추구하는 것입니다. 이기적인 마음은 이렇게

---

1) William M. Taylor, *The Ministry of the Word* (Harrisonburg, VA: Sprinkle Publications, 2003), p. 12.

말합니다. "그것은 모두 나에 대한 것이다." 이기적인 사람은 다른 사람들의 염원을 경시하고 자신의 이익을 추구합니다. 그는 반드시 자신만의 방법을 가져야만 합니다. 그런 사람은 지속적으로 비위에 거슬리는 사람이기보다는, 다른 사람이 추구하는 목표가 자신의 목표에 거슬리거나 그것을 뛰어넘을 때 그들에게 까다로운 사람이 되는 것입니다.

이 세상은 이기적인 마음으로 가득 차 있습니다. 우리가 어디를 가든 사람들은 자신의 희망, 기호, 권리를 강하게 주장하는 것을 봅니다. 아마도 이전에는 서구 세계에서 '나 먼저'라는 사고방식에 의해 특징 지어진 세대가 일어난 적이 없었던 듯합니다. 바로 개인적인 의지가 최상의 것을 지배하고 따라서 항상 제일을 추구하는 경향에 빠져버린 세대 말입니다. 이런 이기적인 태도는 우리 안에 광범위하게 퍼져있는데, 그것은 그리스도 안에 있는 하나님의 은혜로부터 떨어진 우리의 타락한 상태가 낳은 쓴 열매 중 하나입니다.

이기적인 마음은 어디서 발견되든지 추악한 죄이며 그리스도의 교회 안에서는 발붙일 곳이 없어야 합니다. 만일 이기적인 마음이 복음 사역자 안에서 발견된다면, 그것은 특이할 정도로 불쾌한 것이며 전적으로 어울리지 않는 것입니다. 그러나 교회는 항상 자신의 교인들보다도 자신의 안녕과 평안을 더 추구해 온 목회자들에 의해 괴롭힘을 당해왔습니다. 예수 그리스도는 이런 사람에 대해 다음과 같이 경고하십니다. "삯꾼은 목자가 아니요 양도 제 양이 아니라 이리가 오는 것을 보면 양을 버리고 달아나나니 이리가 양을 물어 가고 또 헤치느니라 달아나는 것은 그가 삯꾼인 까닭에 양을 돌보지 아니함이나"(요 10:12~13). 그런 사람은 그리스도의 양의 안전보다는 자신의 안전을 더 염려합니다.

이기적인 목회자는 참 목자가 가지는 비(非)이기적인 종으로서의 영을 무시하며, 복음 자체를 파괴시킵니다. 그의 잠재된 이기적인 삶의 태도는 기독교의 본질적인 특징에 반대되는 잘못된 그림을 남깁니다. 자신만을 바라보는 목회자는 심지어 비(非)기독교적인 것을 증거하며, 그것은 자신이 고백하는 하나님께 부끄러움이 됩니다.

이기적인 마음의 원리

우리 주 예수 그리스도의 본보기와 가르침은 이기적인 태도와는 예리하게 대조적입니다. 제자들이 자신들 중 누가 가장 크냐고 토론할 때 예수님은 "예수께서 제자들을 불러다가 이르시되 이방인의 집권자들이 그들을 임의로 주관하고 그 고관들이 그들에게 권세를 부리는 줄을 너희가 알거니와 너희 중에는 그렇지 않아야 하나니 너희 중에 누구든지 크고자 하는 자는 너희를 섬기는 자가 되고 너희 중에 누구든지 으뜸이 되고자 하는 자는 너희의 종이 되어야 하리라 인자가 온 것은 섬김을 받으려 함이 아니라 도리어 섬기려 하고 자기 목숨을 많은 사람의 대속물로 주려 함이니라."(마 20:25~28; 막 10:45 참조)고 하셨습니다.

우리 주님께서 죽음에 가까이 이르렀을 때, 그분은 수건과 대야를 가지시고–종의 자리를 생각하시면서–제자들의 발을 씻기셨습니다. 그분은 자신에게 주어진 기회를 놓치지 않으셨습니다.

> 그들의 발을 씻으신 후에 옷을 입으시고 다시 앉아 그들에게 이르시되 내가 너희에게 행한 것을 너희가 아느냐 너희가 나를 선생이라 또는 주라 하니 너희 말이 옳도다 내가 그러하다 내가 주와 또는 선생이 되어 너희 발을 씻었으니 너희도 서로 발을 씻어 주는 것이 옳으니라 내가 너희에게 행한 것 같이 너희도 행하게 하려 하여

본을 보였노라 내가 진실로 진실로 너희에게 이르노니 종이 주인보다 크지 못하고 보냄을 받은 자가 보낸 자보다 크지 못하나니 너희가 이것을 알고 행하면 복이 있으리라(요 13:12~7).

성경은 우리에게 반복적으로 예수님께서 자신의 뜻대로 하러 온 것이 아니라 자신을 보내신 아버지의 뜻대로 하기 위해 오셨다고 말합니다(요 6:38). 그리스도는 자신을 기쁘게 하지 않으셨습니다(롬 15:3). 대신 모든 면에서 스스로 가난 가운데 처하시고 그리하여 다른 사람을 부요하게 하고자 하셨습니다(고후 8:9). 그분 자신의 본보기에 기초하여, 주 예수님은 지속적으로 그리고 끊임없이 복음적인 동기-즉 복음의 실제로부터 튕겨져 나오며 복음의 역동성에 의해 추진되는-로부터 나온 자기희생, 자기 부인 그리고 섬김을 자신을 진정으로 따르는 모든 사람들을 위해 드러내셨습니다. 예수님은 다음과 같이 선포하셨습니다. "무리와 제자들을 불러 이르시되 누구든지 나를 따라오려거든 자기를 부인하고 자기 십자가를 지고 나를 따를 것이니라 누구든지 자기 목숨을 구원하고자 하면 잃을 것이요 누구든지 나와 복음을 위하여 자기 목숨을 잃으면 구원하리라"(막 8:34~35). 그리스도의 참 제자들은 자기 확신보다는 자기 부인으로 특징지어지고, 자아중심보다는 희생적 순종으로 구별됩니다. 자기 확신, 자기 투지, 자아실현은 세상적인 집착입니다.

바울은 예수 그리스도의 진정한 종으로서 자신의 직무와 자신이 고백하는 믿음에 모순되지 않았습니다. 그가 왜 골로새 교인들에게 고난 중에 기뻐했다고 말했는지 물어볼 수 있습니다. 그는 끊임없이 고난에 시달리는 피학대 도착증 환자였습니까? 그는 단순히 조마조마한 순간의 짜릿함을 삶 가운데 증진시키고, 사역에 있어서 흥분 중독증에 걸려서 '극단적 목회'에 열중한 사람이었습니까?

전혀 그렇지 않습니다. 바울은 기쁨을 가지고 시련을 보았던 주요 이유들 중 하나에 주의를 집중합니다. 그는 골로새서 1장 24절에서 이렇게 이야기 합니다. "나는 이제 너희를 위하여 받는 괴로움을 기뻐하고 그리스도의 남은 고난을 그의 몸된 교회를 위하여 내 육체에 채우노라." 문자적으로 그는 그의 고난이 '너희 모두를 위한 것'이었다고 말합니다. 바울의 사역은 희생적이었고 자신보다는 다른 사람에게 초점을 둔 것이었습니다. 그가 견뎌 내었던 시련은 골로새 신자들의 유익을 위한 것들이었습니다.

우리가 바울의 사역에서 역경들을 볼 때 더욱 분명히 알 수 있는 것처럼, 그는 중보자로서의 그리스도의 역할에 단 한 순간도 무단 침입하지 않습니다. 골로새 교인들에게 편지를 쓰기 전에, 바울은 그리스도 한 분만이 구속자라는 것을 선포하는 거룩하고도 비범한 지위에 있었으며, 따라서 이제 그는 자신의 고난 가운데에서도 구속을 위한 다른 방법을 주장할 수 없게 된 것입니다. 바울이 그리스도의 십자가 사역, 즉 주 예수님의 죽음에 의해 수행된, 단 한번으로 모든 사람을 위해 완전히 충족된 속죄에 어떤 기여를 하고 있다는 암시는 없습니다. 그럼에도 바울은 그가 기뻐하고 있는 고난들이 그리스도의 몸, 즉 교회를 위해 겪는 것임을 부끄러워하지 않고 언급합니다.

골로새서 1장 24절에 바울이 말하는 의미를 깨닫기 위해 우리는 그리스도의 교회의 특징에 대해 적어도 무언가를 이해하는 것이 반드시 필요합니다. 교회는 사람들이 모이는 건물이 아니며, 마음이 맞는 친구들 사이의 꾸밈없는 유대관계도 아니며, 단순한 종교적 모임도 아닙니다. 교회는 하나님께서 구속하신 사람들의 공동체, 즉 몸입니다. 그것은 머리이신 예수 그리스도와 함께 연합됩니다. 그리고 그 연합은 중생으로 이루어지며 오직 믿음에 의해 세워집니다(골 1:18). 단순히 몸 주위를 서성거린다고 해서 교회의 일원이 될 수는 없으며, 각 개인이 머리에 연합될 때에만 교회의 구성원이 됩니다. 하나님으로부터 한때 떨어져 나갔던 죄인들은 행위와 사고에서 하나님을 거역했던 사람들 인데, 이제 전능한 구원자에 의해 복종하게 되었고 하나님과 화목하게 되었습니다(21~24절). 그리스도의 영의 능력에 의해 거듭남으로써 (2:11~13) 그들은 손으로 짓지 않은 오직 예수님의 희생적인 죽음으로 만들어지고, 그리스도의 피로 적셔진 진홍색 시멘트에 의해 건축된 새 성전의 살아 있는 돌이 됩니다.

우리가 교회의 머리와 그분의 몸 사이에 존재하는 필수불가결한 연 합에 대해 무언가를 이해하지 않는 한, 우리는 교회를 위해 기꺼이 고 난받고자 하는 바울의 심령의 깊이를 결코 인식할 수 없을 것입니다. 우리는 사도적인 정신을 모방할 수도 없을 것입니다. 우리는 이 부분 을 다음 장에서 좀 더 자세히 살펴보고자 합니다. 대부분의 사람들이 거의 전적으로 자기 이익에 의해 움직이지만, 바울은 무언가 완전히 다른 것에 의해 동기를 부여받았다는 것을 인식할 필요가 있습니다. 자기 이익은 골로새의 거짓 교사들, 즉 자신의 이익을 위해 거짓 교리 들로 사람들을 속이는 사람들 뒤에 감추어진 추진력의 일부임이 틀림 없습니다(골 2:8, 18). 그러나 바울의 수고와 거짓 교사들의 노력 사이에 는 절대적인 차이가 있습니다. 그는 목회자와 복음 사역의 참된 표식 과 거짓된 표식을 제시합니다. 그는 골로새 교인들이 이기적인 동기로 일하는 거짓 교사들을 분별하기를 원했습니다. 골로새를 포함한 모든 하나님의 자녀에게 전해진 바울의 말과 행동은 사심 없는 목적을 따 른 것임이 분명해졌습니다. 사도 바울은 골로새 교인들에게 자신이 그리스도의 참 목자라는 것을 증명했습니다. 그는 단지 부수적인 것이 아니라 그들의 즉각적이고 영원한 유익을, 그들의 재물이 아닌 그들 자신을 추구했습니다(고후 12:14).

사심 없는 기질을 훈련함

사심 없음은 바울의 특징적인 태도였습니다. 그것은 자기 부인, 그리스도께 순종, 교회를 섬기는 몸가짐을 자신이 수고하는 가운데 마음 중심에 두는 것이었습니다. 이것에 대한 강조는 바울 서신을 통해 분명하게 나타납니다. 신약의 기록을 조사해 보면, 우리는 자신이 섬겼던 모든 사람들에 대해 깊고 사심 없는 염려를 보이는 그리스도와 같은 지속적인 본보기를 바울에게서 발견합니다. 다른 사람들에 대한 초점을 종합적으로 고려하는 바울의 모습은 가치 있습니다. 왜냐하면 그는 '너를 위하여', 즉 예수 그리스도의 교회를 위해 일하는 것이 무엇을 의미하는지를 보여 주고 가르쳐 주고 있기 때문입니다.

바울의 기도는 예수 그리스도의 교회를 위한 염려와 감사와 함께 흘러나오며 그것으로 특징지어집니다.

> 먼저 내가 예수 그리스도로 말미암아 너희 모든 사람에 관하여 내 하나님께 감사함은 너희 믿음이 온 세상에 전파됨이로다 내가 그의 아들의 복음 안에서 내 심령으로 섬기는 하나님이 나의 증인이 되시거니와 항상 내 기도에 쉬지 않고 너희를 말하며 어떻게 하든지 이제 하나님의 뜻 안에서 너희에게로 나아갈 좋은 길 얻기를 구하노라(롬 1:8~10).

우리가 너희를 위하여 기도할 때마다 하나님 곧 우리 주 예수 그
리스도의 아버지께 감사하노라(골 1:3).[2]

바울은 그리스도께서 위해 죽으신 사람들에 대한 자신의 사랑을 공
개적으로 표현하는 것을 부끄러워하지 않았습니다.

내가 마음에 큰 눌림과 걱정이 있어 많은 눈물로 너희에게 썼노
니 이는 너희로 근심하게 하려 한 것이 아니요 오직 내가 너희를 향
하여 넘치는 사랑이 있음을 너희로 알게 하려 함이라(고후 2:4).

내가 너희와 라오디게아에 있는 자들과 무릇 내 육신의 얼굴을
보지 못한 자들을 위하여 얼마나 힘쓰는지를 너희가 알기를 원하노
니(골 2:1).

바울은 교회를 위해 자신에게 가해진 고난을 견디기를 달가워했습
니다.

우리가 환난 당하는 것도 너희가 위로와 구원을 받게 하려는 것
이요 우리가 위로를 받는 것도 너희가 위로를 받게 하려는 것이니
이 위로가 너희 속에 역사하여 우리가 받는 것 같은 고난을 너희도
견디게 하느니라(고후 1:6).

이러므로 그리스도 예수의 일로 너희 이방인을 위하여 갇힌 자 된

---

2) 엡 1:16; 빌 1:4; 골 1:9; 살전 1:2; 살후 1:3, 11, 2:13; 몬 1:4을 또한 보라.

나 바울이 말하거니와 너희를 위하여 내게 주신 하나님의 그 은혜의 경륜을 너희가 들었을 터이라……그러므로 너희에게 구하노니 너희를 위한 나의 여러 환난에 대하여 낙심하지 말라 이는 너희의 영광이니라(엡 3:1~2, 13).

바울은 하나님의 자녀들을 위해 필요한 희생이라면 어떤 경우라도 자신을 부인하기를 달가워했습니다.

내가 모든 사람에게서 자유로우나 스스로 모든 사람에게 종이 된 것은 더 많은 사람을 얻고자 함이라 유대인들에게 내가 유대인과 같이 된 것은 유대인들을 얻고자 함이요 율법 아래에 있는 자들에게는 내가 율법 아래에 있지 아니하나 율법 아래에 있는 자 같이 된 것은 율법 아래에 있는 자들을 얻고자 함이요 율법 없는 자에게는 내가 하나님께는 율법 없는 자가 아니요 도리어 그리스도의 율법 아래에 있는 자이나 율법 없는 자와 같이 된 것은 율법 없는 자들을 얻고자 함이라 약한 자들에게 내가 약한 자와 같이 된 것은 약한 자들을 얻고자 함이요 내가 여러 사람에게 여러 모습이 된 것은 아무쪼록 몇 사람이라도 구원하고자 함이니 내가 복음을 위하여 모든 것을 행함은 복음에 참여하고자 함이라(고전 9:19~23).

나와 같이 모든 일에 모든 사람을 기쁘게 하여 자신의 유익을 구하지 아니하고 많은 사람의 유익을 구하여 그들로 구원을 받게 하라(고전 10:33).

바울의 삶과 노동은 의식적으로 하나님의 자녀들을 향해 조정되었습니다. 그의 은사, 은혜, 축복은 교회의 상황 아래에서 검토되었고 그 안에서 사용되었습니다.

> 우리가 환난 당하는 것도 너희가 위로와 구원을 받게 하려는 것이요 우리가 위로를 받는 것도 너희가 위로를 받게 하려는 것이니 이 위로가 너희 속에 역사하여 우리가 받는 것 같은 고난을 너희도 견디게 하느니라(고후 1:6).

> 우리가 이같이 너희를 사모하여 하나님의 복음뿐 아니라 우리의 목숨까지도 너희에게 주기를 기뻐함은 너희가 우리의 사랑하는 자 됨이라(살전 2:8).[3]

바울의 가장 큰 관심 중 하나는 하나님께 속한 사람들의 현재적 그리고 궁극적 구원이었습니다.

> 우리의 소망이나 기쁨이나 자랑의 면류관이 무엇이냐 그가 강림하실 때 우리 주 예수 앞에 너희가 아니냐 너희는 우리의 영광이요 기쁨이니라……이러므로 형제들아 우리가 모든 궁핍과 환난 가운데서 너희 믿음으로 말미암아 너희에게 위로를 받았노라 그러므로 너희가 주 안에 굳게 선즉 우리가 이제는 살리라 우리가 우리 하나님 앞에서 너희로 말미암아 모든 기쁨으로 기뻐하니 너희를 위하여 능히 어떠한 감사로 하나님께 보답할까(살전 2:19~20, 3:7~9).

---

3) 고후 5:13을 또한 보라.

그러므로 내가 택함 받은 자들을 위하여 모든 것을 참음은 그들도 그리스도 예수 안에 있는 구원을 영원한 영광과 함께 받게 하려 함이라(딤후 2:10).

바울의 가장 깊은 갈망과 염원의 일부는 예수 그리스도의 교회의 상태에 의해 촉발되었습니다.

내가 하나님의 열심으로 너희를 위하여 열심을 내노니 내가 너희를 정결한 처녀로 한 남편인 그리스도께 드리려고 중매함이로다(고후 11:2).

그들이 히브리인이냐 나도 그러하며 그들이 이스라엘인이냐 나도 그러하며 그들이 아브라함의 후손이냐 나도 그러하며 그들이 그리스도의 일꾼이냐 정신 없는 말을 하거니와 나는 더욱 그러하도다 내가 수고를 넘치도록 하고 옥에 갇히기도 더 많이 하고 매도 수없이 맞고 여러 번 죽을 뻔하였으니 유대인들에게 사십에서 하나 감한 매를 다섯 번 맞았으며 세 번 태장으로 맞고 한 번 돌로 맞고 세 번 파선하고 일 주야를 깊은 바다에서 지냈으며 여러 번 여행하면서 강의 위험과 강도의 위험과 동족의 위험과 이방인의 위험과 시내의 위험과 광야의 위험과 바다의 위험과 거짓 형제 중의 위험을 당하고 또 수고하며 애쓰고 여러 번 자지 못하고 주리며 목마르고 여러 번 굶고 춥고 헐벗었노라 이 외의 일은 고사하고 아직도 날마다 내 속에 눌리는 일이 있으니 곧 모든 교회를 위하여 염려하는 것이라(고후 11:22~28).[4]

---

4) 롬 1:11~12; 갈 4:11; 살전 2:19~20을 또한 보라.

바울은 예수 그리스도의 교회에 대해 경건한 부모와 같이 느끼고 행하였습니다.

> 나의 자녀들아 너희 속에 그리스도의 형상을 이루기까지 다시 너희를 위하여 해산하는 수고를 하노니(갈 4:19).

> 우리는 그리스도의 사도로서 마땅히 권위를 주장할 수 있으나 도리어 너희 가운데서 유순한 자가 되어 유모가 자기 자녀를 기름과 같이 하였으니 우리가 이같이 너희를 사모하여 하나님의 복음뿐 아니라 우리의 목숨까지도 너희에게 주기를 기뻐함은 너희가 우리의 사랑하는 자 됨이라 형제들아 우리의 수고와 애쓴 것을 너희가 기억하리니 너희 아무에게도 폐를 끼치지 아니하려고 밤낮으로 일하면서 너희에게 하나님의 복음을 전하였노라 우리가 너희 믿는 자들을 향하여 어떻게 거룩하고 옳고 흠 없이 행하였는지에 대하여 너희가 증인이요 하나님도 그러하시도다 너희도 아는 바와 같이 우리가 너희 각 사람에게 아버지가 자기 자녀에게 하듯 권면하고 위로하고 경계하노니 이는 너희를 부르사 자기 나라와 영광에 이르게 하시는 하나님께 합당히 행하게 하려 함이라(살전 2:7~12).

바울의 가장 가깝고 칭송받는 동료들은 바울과 같은 마음과 심령을 가진 사람들이었습니다.

> 내가 디모데를 속히 너희에게 보내기를 주 안에서 바람은 너희의 사정을 앎으로 안위를 받으려 함이니 이는 뜻을 같이하여 너희 사정을 진실히 생각할 자가 이밖에 내게 없음이라…… 그가 너희 무리를

간절히 사모하고 자기가 병든 것을 너희가 들은 줄을 알고 심히 근심한지라(빌 2:19~20, 26).

　그리스도 예수의 종인 너희에게서 온 에바브라가 너희에게 문안하느니라 그가 항상 너희를 위하여 애써 기도하여 너희로 하나님의 모든 뜻 가운데서 완전하고 확신 있게 서기를 구하나니 그가 너희와 라오디게아에 있는 자들과 히에라볼리에 있는 자들을 위하여 많이 수고하는 것을 내가 증언하노라(골 4:12~13).[5]

바울은 모든 신자들이 따라야 할 태도의 본보기가 되었습니다.

　무례히 행하지 아니하며 자기의 유익을 구하지 아니하며 성내지 아니하며 악한 것을 생각하지 아니하며(고전 13:5).

　아무 일에든지 다툼이나 허영으로 하지 말고 오직 겸손한 마음으로 각각 자기보다 남을 낫게 여기고 각각 자기 일을 돌볼뿐더러 또한 각각 다른 사람들의 일을 돌보아 나의 기쁨을 충만하게 하라(빌 2:3~4).

이 다양한 구절들은 주 예수 그리스도의 교회를 위한 바울의 사심 없는 섬김을 드러냅니다. 세상에서는 "다 자기 일을 구합니다"(빌 2:21). 그러나 바울은 두 번째 율법, 즉 이웃을 자신처럼 사랑하라(마 22:39)는 율법을 충족하기 위해 끊임없이 노력했습니다. 그리고 그는

---

5) 고후 8:16을 또한 보라.

있는 대로 모든 이에게 착한 일을 하되 더욱 믿음의 가정들에게 그러 했습니다(갈 6:10). 아마도 사도행전 20장 17~38절에 기록된 대로 에 베소의 장로들과의 작별인사에서 분명히 드러난 것처럼 바울의 목회 적 심령의 넓이와 깊이를 나타낸 곳은 없는 듯합니다.

바울이 밀레도에서 사람을 에베소로 보내어 교회 장로들을 청하 니 오매 그들에게 말하되 아시아에 들어온 첫날부터 지금까지 내 가 항상 여러분 가운데서 어떻게 행하였는지를 여러분도 아는 바 니 곧 모든 겸손과 눈물이며 유대인의 간계로 말미암아 당한 시험 을 참고 주를 섬긴 것과 유익한 것은 무엇이든지 공중 앞에서나 각 집에서나 거리낌이 없이 여러분에게 전하여 가르치고 유대인과 헬 라인들에게 하나님께 대한 회개와 우리 주 예수 그리스도께 대한 믿음을 증언한 것이라 보라 이제 나는 성령에 매여 예루살렘으로 가는데 거기서 무슨 일을 당할는지 알지 못하노라 오직 성령이 각 성에서 내게 증언하여 결박과 환난이 나를 기다린다 하시나 내가 달려갈 길과 주 예수께 받은 사명 곧 하나님의 은혜의 복음을 증언 하는 일을 마치려 함에는 나의 생명조차 조금도 귀한 것으로 여기 지 아니하노라 보라 내가 여러분 중에 왕래하며 하나님의 나라를 전파하였으나 이제는 여러분이 다 내 얼굴을 다시 보지 못할 줄 아 노라 그러므로 오늘 여러분에게 증언하거니와 모든 사람의 피에 대하여 내가 깨끗하니 이는 내가 꺼리지 않고 하나님의 뜻을 다 여 러분에게 전하였음이라 여러분은 자기를 위하여 또는 온 양 떼를 위하여 삼가라 성령이 그들 가운데 여러분을 감독자로 삼고 하나 님이 자기 피로 사신 교회를 보살피게 하셨느니라 내가 떠난 후에 사나운 이리가 여러분에게 들어와서 그 양 떼를 아끼지 아니하며 또한 여러분 중에서도 제자들을 끌어 자기를 따르게 하려고 어그러진 말을 하는 사람들이 일어날 줄을 내가 아노라 그러므로 여러분이 일깨어 내가 삼 년이나 밤낮 쉬지 않고 눈물로 각 사람을 훈계하던 것을 기억하라 지금 내가 여러분을 주와 및 그 은혜의 말씀에 부탁하노니 그 말씀이 여러분을 능히 든든히 세우사 거룩하게 하심을 입은 모든 자 가운데 기업이 있게 하시리라 내가 아무의 은이나 금이나 의복을 탐하지 아니하였고 여러분이 아는 바와 같이 이 손으로 나와 내 동행들이 쓰는 것을 충당하여 범사에 여러분에게 모본을 보여 준 바와 같이 수고하여 약한 사람들을 돕고 또 주 예수께서 친히 말씀하신 바 주는 것이 받는 것보다 복이 있다 하심을 기억하여야 할지니라 이 말을 한 후 무릎을 꿇고 그 모든 사람들과 함께 기도하니 다 크게 울며 바울의 목을 안고 입을 맞추고 다시 그 얼굴을 보지 못하리라 한 말로 말미암아 더욱 근심하고 배에까지 그를 전송하니라.

여러분이 이 내용들을 읽을 때 바울의 심령 속에 깊이 내재된 열정을 느낄 수 있을 것입니다. 바울은 사랑에 희생적이었고, 섬김에 사심이 없었으며, 열정적으로 일했고, 관계를 맺음에 정직하였고, 의무에 성실하였고, 경고하는 일에 진지하였고, 방어하는 일에 맹렬하였고, 기도에 충성스러웠고, 예수님께 고정되어 교회의 믿음을 위한 희생과 섬김에 관제로서 자신을 부었습니다(빌 2:17).

우리는 사도행전 20장에서 그리스도의 진실한 종들을 위한 달콤한 격려를 발견할 수 있습니다. 충성스러운 일꾼의 충성스러운 노동은 종종 보상이 있는데(심지어 이생에서도), 그것은 충성스러운 신자들의 따뜻한 사랑입니다. 하나님의 충성스러운 일꾼은 자신이 섬기는 사람들의 마음으로부터 오는 따뜻함을 즐긴다는 것은 사실입니다. 그것은 바울이 에베소 장로들에게서 받았던 것과 같은 것입니다. 그런 상호간의 사랑은 그리스도의 몸을 섬기기 위한 사역자의 준비상태를 고조시키게 됩니다.

그러나 우리는 복음의 사역자가 된다는 것이 무엇을 의미하는지에 대해 근본적인 측면에서 보고 있습니다. 리처드 백스터는 다음과 같이 주장합니다. "우리의 사역 전체는 사람들을 따뜻하게 사랑하는 마음 안에서 수행되어야만 합니다. 우리는 그들로 하여금 그들에게 유익이 되는 것만이 우리를 기쁘게 한다는 것과 그들을 이롭게 하는 것이 우리에게도 이로운 것이며, 그들이 상처 입는 것보다 우리를 더 괴롭히는 것은 없다는 것을 인식하게 해야 합니다."[6]

그런 섬김의 삶에는 우연한 것이라고는 없었고, 바울은 타고난 체질상 그런 태도를 가진 사람도 아니었습니다. 본래 사도 바울은 신성 모독자였고, 핍박자였으며, 지독히 무례한 사람이었습니다(딤전 1:13). 그는 자신의 공격성, 오만, 거룩하지 않은 열정을 갈라디아 교인들에게 상기시키며 그에게 일어난 거대한 변화를 드러내 보입니다. "내가 이전에 유대교에 있을 때에 행한 일을 너희가 들었거니와 하나님의 교회를 심히 박해하여 멸하고 내가 내 동족 중 여러 연갑자보다 유대교를 지나치게 믿어 내 조상의 전통에 대하여 더욱 열심이 있었으나 그러나 내 어머니의 태로부터 나를 택정하시고 그의 은혜로 나를 부르신 이가 그의 아들을 이방에 전하기 위하여 그를 내 속에 나타내시기를 기뻐하셨을 때에 내가 곧 혈육과 의논하지 아니하고"(갈 1:13~16).

그러나 은혜로운 그리스도를 만나서 사로잡혔을 때, 바울은 완전히

---

6) Richard Baxter, *The Reformed Pastor* (Edinburgh: Banner of Truth, 1974, 『참 목자상』, 생명의말씀사 역간), p. 117.

바뀌었습니다. 그는 더 이상 자신을 위해 살지 않았습니다. 자아는 낮아졌고, 십자가에 달리신 구속자 안에서 십자가를 지는 마음으로 살았습니다. "내가 그리스도와 함께 십자가에 못 박혔나니 그런즉 이제는 내가 사는 것이 아니요 오직 내 안에 그리스도께서 사시는 것이라 이제 내가 육체 가운데 사는 것은 나를 사랑하사 나를 위하여 자기 자신을 버리신 하나님의 아들을 믿는 믿음 안에서 사는 것이라"(갈 2:20). 구속 받은 사람으로서 그리스도의 몸인 교회를 위한 열렬한 섬김은 바울에게 의식적이고도 신중한 사역의 대의가 되었습니다. 사심 없는 마음은 그의 영혼에 있는 더러움을 벗겨냈고, 그리스도 안에서 하나님과 하나님께 속한 모든 사람을 사랑하는 마음이 자리 잡았습니다. 토머스 맨턴은 이렇게 묘사합니다. "자기 애착은 단지 자신의 것만 추구하도록 우리를 내몹니다. 그러나 사랑은 다른 사람의 유익을 추구합니다. 사랑은 자아 추구를 내세우지 않으며, 자신의 유익을 추구하는 것보다는 다른 사람의 안녕에 신경 쓰고, 다른 사람의 잘됨을 자신의 것인 것처럼 민감하고 열정적으로 추구합니다."[7]

우리는 사도 바울의 삶과 사역을 관찰할 때 자신의 속죄받은 사실에 뿌리를 둔 바울의 근본적인 통찰력에 의해 압도되어야 합니다. "우리는 우리를 전파하는 것이 아니라 오직 그리스도 예수의 주 되신 것과 또 예수를 위하여 우리가 너희의 종 된 것을 전파함이라"(고후 4:5). 바울은 자신을 '교회를 위하여 죽으시고 부활하신 예수님을 위한 교회의 종'이라고 이해했습니다. 여기서 '예수님을 위하여'라는 수식 어구가 매우 중요합니다. 이것이 바울을 공포와 군중들 앞에서 연극하는 것으로부터 피하게 했기 때문입니다. '교회를 위해'는 '예수님을

---

7) Thomas Manton, *Complete Works* (Birmingham, AL: Solid Ground Christian Books, 2008), p. 18:310.

위하여'에 종속되는 것입니다.

　설교자는 주님의 종으로서 그리스도의 교회 안에 그리스도의 법을 나타내 보이도록 움직여야 합니다. 목사가 그리스도의 양무리에 열심을 다하게 하는 것은 바로 그리스도에 대한 충성스러움입니다. 그는 마음속에 양들의 진정한 필요를 알고 있습니다. 그리고 그것은 양 무리들이 원하는 것이 아닐 수도 있습니다. 양들을 위한 진정한 필요는 그가 사랑 안에서 진리를 말할 수 있게 합니다. 심지어 고통스런 가운데서도 말입니다. 그것은 그의 권고가 무시되고, 그의 말이 거부당하고, 그의 인격이 경멸될 때에도 자신이 섬기는 사람들을 포기하지 않도록 지켜 줍니다. 그는 다음의 사실을 알고 있습니다. "모든 성경은 하나님의 감동으로 된 것으로 교훈과 책망과 바르게 함과 의로 교육하기에 유익하니 이는 하나님의 사람으로 온전하게 하며 모든 선한 일을 행할 능력을 갖추게 하려 함이라"(딤후 3:16~17). 그는 하나님께서 그에게 베푸신 도구들을 효과적으로 사용하는 일에 있어서 부끄러움이 없습니다. 비록 처음에는 하나님의 자녀를 자르고 줄질하고 사포질하는 고통스러운 경험이 되더라도 말입니다. 충성스러운 복음 사역자는그리스도의 교회에 선한 일을 하는 것에 몰입되어 있으며, 그가 그런 선한 일을 하기 위해 자신이 섬기는 사람들에 의해 멸시받기를 달가워합니다. 그래서 바울은 이렇게 말할 수 있었습니다. "내가 너희 영혼을 위하여 크게 기뻐하므로 재물을 사용하고 또 내 자신까지도 내어 주리니 너희를 더욱 사랑할수록 나는 사랑을 덜 받겠느냐"(고후 12:15).

　이 사심 없는 사랑과 관심은 심지어 그것을 받기에 저항하고 달가워하지 않는 상황에서도 섬김을 계속하게 할 것입니다. 비록 양들이 날카로운 이빨과 발톱을 가지고 있지 않더라도, 부목자들은 섬김을 받는 사람들이 때때로 딱딱한 머리로 들이받으려고 하는 듯한 느낌을 받을 때가 있습니다. 불완전한 신자의 행동은 여전히 남아 있는 죄와 씨름하지만, 그들이 그리스도의 피로 산 무리라는 사실은 변하지 않으며, 그들은 그리스도의 몸의 일부로서 그들의 머리이신 예수님과 살아 있는 믿음으로 연합되어 있습니다. 목자는 그리스도의 양 무리의 유익을 계속적으로 구할 책임이 있고, 심지어 그들이 즉각적으로 그런 보살핌을 행복하게 받아들이지 않는 경우에도 그러합니다. 그것은 교회의 머리에 대한 사랑입니다. 그리고 그 사랑은 교인들이 살아 있도록 만들고 사심 없는 섬김 가운데 사역하도록 하기 위한 사랑을 지켜 줍니다. 목회자 자신이 전적으로 사랑스럽지 않았으며, 죄가 단지 그 안에 남아 있는 정도가 아니라 통치하고 있을 때 먼저 사랑받았다는 인식은, 그리스도에 의해 사랑받았고 구원된 비교적 사랑스럽지 않은 사람들을 사랑하고 섬길 수 있게 해 줍니다.

목사들과 설교자들의 심령 안에서 일하는, 오직 그리스도 안에 있는 하나님의 은혜만이 교회를 위한 이 희생적인 섬김의 사랑을 일으킬 수 있고 교회를 살아 있게 만듭니다. 그리스도 안에 있는 하나님의 은혜의 지속적인 공급과 내주하시는 성령께서 바울이 교회를 향한 사심 없는 태도를 유지하는 것을 가능하게 했습니다. 교회가 전체적으로 또는 부분적으로 그의 사랑을 무시했고, 그것에 대해 부주의했고, 심지어 때때로 진심 어린 사랑의 표현에 대해 분개했을 때에도 말입니다. 사심 없는 태도는 이기적인 사람에게서 자연적으로 발생하지는 않으며, 그분의 종들의 심령 안에 하나님의 성령에 의해 초자연적으로 만들어지는 어떤 것입니다. 그런 충성스러운 종들은 기도 가운데 사심 없는 태도를 추구하고, 그런 태도가 없음을 회개하며, 그것이 증진되기를 간구합니다. 육의 소욕을 저항하는 분은 하나님의 영이십니다. 그 육의 소욕 중 하나는 이기적인 야망입니다. 사심 없는 기질은 성령 안에서 살 때에만 성장합니다(갈 5:16~26).

바울은 그 자신이 골로새 교인들을 위해 기도했던 바로 그 내용들에 의존합니다. "이로써 우리도 듣던 날부터 너희를 위하여 기도하기를 그치지 아니하고 구하노니 너희로 하여금 모든 신령한 지혜와 총명에 하나님의 뜻을 아는 것으로 채우게 하시고 주께 합당하게 행하여 범사에 기쁘시게 하고 모든 선한 일에 열매를 맺게 하시며 하나님을 아는 것에 자라게 하시고 그의 영광의 힘을 따라 모든 능력으로 능하게 하시며 기쁨으로 모든 견딤과 오래 참음에 이르게 하시고"(골 1:9~11).

영혼에 심겨진 그리스도의 삶과 사랑의 흔적을 가진 바울은 다른 사람들에게서 무엇을 얻을 수 있을지를 구하는 일에 사역을 세우지 않았습니다. 오히려 그는 이런 질문을 가지고 접근했습니다. "내가 어떻게 최선을 다해서 다른 사람들을 섬길 수 있는가?" 비록 주님은 그에게 여러 무거운 시련을 통과하도록 이끄셨지만, 바울은 그 모든 가운데서도 다른 사람들의 영적인 번영을 구하는 일이 가능했습니다. 그는 그리스도께서 당하셨던 유형의 시련들을 겪은 것이 교회를 섬기는 것이었다는 것을 알았고, 이 지식은 바울의 영혼에 기쁨을 가져다주었습니다. 그는 모든 것을 능가하는 거대한 목적을 가지고 있었습니다. 그 목적은 돌봄을 받는 사람들의 구원과 성화인데, 그것은 그리스도의 영광을 위한 것이었습니다. 그는 하나님의 자녀들의 삶 속에서 나타난 그리스도의 형상을 보았을 때 크게 기뻐할 수 있었습니다.

동료 그리스도인들께

진정한 목사는 교회의 영적 건강함에 헌신된 사람입니다. 비록 교회의 건강함이 자신의 희생을 감수할 때 주어지더라도 말입니다. 만일 당신이 한 목회자를 생각한다면, 그가 어느 정도로 사심이 없는지를 고려할 기회를 가지십시오. 그가 자신의 아내와 자녀들, 친구들 그리고 이웃들을 대하는 방법을 보십시오. 그는 '나 먼저'의 사람입니까 아니면 그리스도를 먼저 섬기고 그 다음 다른 사람들, 마지막으로 자신을 고려합니까? 그는 비록 위험과 비난을 감수하더라도 기꺼이 양을 섬기려는 사람입니까? 그는 그의 목회적 돌봄 아래 있는 사람들의 유익을 위해 말해줄 필요가 있을 때, 어려운 얘기들을 할 만큼 당신과 다른 사람들을 사랑으로 섬길 듯 합니까?

그러나 당신은 또한 자신에게도 물어보아야 합니다. "나는 한 영혼의 외과 의사로부터 기꺼이 섬김을 받으려는가? 좋은 음식으로 먹이는 일에 충성스러울 뿐 아니라, 좋은 효과를 내지만 항상 맛이 달지만은 않은 약을 내 영혼의 건강을 위해 처방하는 그런 사람으로부터 말이다." 당신은 한 사람으로부터 돌봄을 받으려 합니까? 듣기에 항상 즐겁지만은 않은 것들을 말해줄 만큼 당신을 사랑하는 그런 사람으로부터 말입니다. 당신은 그런 상황에서 그를 사랑하고 그의 책망을 받아들이겠습니까? 만일 당신이 그의 충성스러운 돌봄을 거절한다면 충성스러운 목회자에 대한 개념만을 드높이는 것은 아무런 의미도 없습니다. 그는 말씀이 가진 모든 기능 안에서 모든 성경 구절을 사용하는 일에 헌신되어야만 합니다. 그리고 당신은 그가 성경의 명령과 교리를 겸손하게 따르며 그리스도께 충성스러운 한, 그의 돌봄을 받아들이는 데 헌신해야 합니다.

우리는 여러분을 돌보는 목회자들을 위해 기도하기를 촉구합니다. 그래서 그들이 예수님의 노복으로서, 그리스도를 위한 교회의 종으로서 교회를 섬기는 특권과 영광을 최상의 직분으로 알고 느끼도록 말입니다. 복음 사역자는 십자가가 심령에 새겨져 있는 사람이어야 합니다.

이보다 자아에 더 반대되는 것은 없습니다. 그러나 그는 특별히 십자가를 지는 삶을 살 것을 권고받습니다. 그는 하나님의 다른 모든 진정한 자녀들과 함께 주인의 걸음을 따라 걷기 위해 십자가를 지고 있습니다. 당신은 그를 위해 기도하겠습니까? 그래서 교회의 유익과 그리스도의 영광을 위해 모든 종류의 시련으로부터 나오는 기쁨을 알게 되도록 말입니다.

그리고 이런 태도와 행동은 단지 지역 교회의 목사님들께만 제한되어 있지 않음을 기억하십시오. 그것은 모든 하나님의 자녀들에게 촉구되는 것입니다. 당신의 목사가 알 수 있는 가장 큰 격려 중 하나는 당신도 또한 사심이 없고, 영혼들을 섬기고, 하나님의 가족 안에서 당신의 형제자매들의 복을 위해 그들과 함께 일하는 것을 보는 것입니다. 당신은 바울이 교회의 구성원이 갖추어야 할 모범을 촉구한 대로 그런 사람이 되기를 구하고 있습니까? 그리스도 예수 안에 있는 마음이(빌 2:5~8) 당신의 삶에서 증명되고 있습니까? 당신은 다른 사람들을 자신보다 더 생각합니까? 당신은 자신의 관심 뿐만 아니라 그들의 관심에도 신경을 씁니까(3~4절)? 하나님의 자녀들 가운데 있는 자기 부인의 영은 충성스러운 사람을 더 큰 자기 부인으로 불러냅니다.

동료 목사님들께

우리는 자신에게 다음과 같은 어렵고 날카로운 질문들을 해야 합니다. 나는 왜 이 일을 하는가? 나는 왜 기도하고, 준비하고, 설교하고, 쓰고, 말하고, 일하고, 방문하는가? 내 삶은 어떤 원리에 의해 조직되어 있는가?

여러분의 노력은 '자신을 위한' 것입니까 아니면 '다른 사람을 위한' 것입니까? 다시 말해, 당신은 그리스도께서 위해 자신의 삶을 주신 교회를 위해 진정으로 일합니까? 자아는 강력한 우상이며 결국 칭찬받는 존재가 되고자 하는 희망을 크게 품고 있을 수 있습니다. 자아는 고양되기 위해 심지어 모든 겸손의 형태를 취하기를 달가워합니다. 이렇게 될 때 우리의 이기적인 심령은 통탄할 정도로 노출된 채 거짓을 말합니다. 이기적인 심령은 영광의 보좌를 추구하기 위해 섬김의 가면을 쓸 수 있습니다. 얼마나 자주 그리고 얼마나 기꺼이 우리는 우리가 하는 일에 재빨리 기어 들어와서 방해하는 그런 종류의 거대한 '위선적인 사심 없음'을 회개하고 있습니까?

그리스도의 교회를 위한 시련은 감상적인 이론이 아님을 또한 기억하십시오. 그것은 우리가 목회하는 회중들을 매주 대할 때 생기는 불쾌함을 그대로 드러내는 현실입니다. 회중 한 명 한 명의 특이한 성격은 우리 자신과는 대조됩니다. 그들의 죄와 결점들이 우리를 개인적으로 그리고 목양적으로 신경 쓰이게 하고, 그들의 진리에 대한 부족한 반응과 때때로 노골적인 저항은 종종 우리의 두 손을 들게 만들고, 이런 것들에 대해서는 충분하게 대처할 방법이 없다고 결론짓게 합니다. 이런 사람들을 떠올려 보십시오. 여러분의 마음의 눈앞에 그들의 얼굴을 놓아보십시오. 여러분의 상상의 화면에 그들의 삶을 잠깐 실행해 보십시오. 우리는 그리스도의 양 떼를 돌보도록 부름 받았습니다. 여러분의 머릿속에 있는 그런 상상들 위에 '양들을 위하여'라고 쓸 수 있습니까?

우리는 그리스도의 몸에 대한 성경적인 현실성을 인식하는 가운데 우리의 모든 존재와 행위를 '그분을 위하여'에 먼저 기초시켜 놓지 않고서는, 결코 '양들을 위하여'에 우리의 사역들을 세울 수 없습니다. 구성원들을 섬기는 것은 그 머리를 섬기는 것입니다. 성전의 돌을 꾸미는 것은 그 성전 안에 거주하는 분을 영화롭게 하기 위한 것입니다. 교회는 피로 사서, 피로 정결하게 된, 예수 그리스도의 사랑받는 신부입니다. 결과적으로 우리는 죄로 물든 구원받은 사람들의 구체적이며 실제적인 지역 모임 안에서 섬기는 것입니다.

우리는 우리 자신의 심령을 세밀하게 점검해야 하고, 우리 자신이 예수님과 같은 생각을 가지고 있는지를 분별해야 합니다. 그는 섬김을 받으러 오시지 않았고 섬기려 오셨으며, 자신의 목숨을 많은 사람을 위한 희생 제물로 주시기 위해 오셨습니다(마 20:28). 우리는 사람들을 위해 속죄할 수 없고 그렇게 하도록 부름 받은 것이 아닙니다. 우리는 그들의 멸하지 않는 영혼들을 위해 십자가 중심의 섬김의 삶을 살도록 부름 받은 것입니다. 이것은 설교단으로부터 십자가에 달리신 그리스도를 설교하는 것이며 또한 십자가에 달리신 그리스도를 따라 사는 것을 의미합니다. 우리는 설교단 밖에 있을 때에도 분명하게 우리가 선포하는 십자가에 달리신 예수님의 추종자입니까? 사람들이 우리를 그렇게 일컬어 왔습니까? 우리는 사람들에게 그렇게 보여왔습니까? 우리는 그리스도께서 위하여 죽으신 사람들을 위한 우리의 사랑을 표현하기 위해 공개적으로 부끄러움이 되었습니까? 만일 그들이 그런 것을 볼 수 없다면, 우리의 하늘 아버지께서는 무엇을 보시겠습니까? 우리의 기도는 예수 그리스도의 교회를 위한 감사와 염려로부터 흘러나오며 그렇게 특징지어져 있습니까? 우리는 교회를 위해 우리에게 안겨진 시련을 기꺼이 견디고 있습니까? 우리는 자신을 부인하고 양들에게 도움이 되고 있습니까? 우리는 하나님의 자녀들을 위해 필요한 것은 무엇이든지 희생하고자 합니까? 우리의 수고는 양심적으로 하나님의 자녀들에게 향하고 있습니까? 우리가 받은 은사와 은혜와 복을 교회의 것으로 여기고 교회 안에서 발휘하고 있습니까?

우리의 최고의 관심사 중 하나는 사람들의 현재적이고 궁극적인 구원입니까? 우리의 가장 깊은 갈망과 희망 중 일부는 교회를 섬기는 가운데 촉발되고 있습니까? 우리는 예수 그리스도의 교회에 대해 경건한 부모와 같이 느끼며 행동합니까? 똑같은 마음과 심령을 가진 우리의 가장 가까운 동료들은 그런 태도와 행동을 우리에게 보여 주고 있습니까? 바울이 그리스도를 따랐던 것처럼, 우리는 바울을 따르고 있습니까?

바울은 우리에게 이같이 명령합니다. "자기의 유익을 구하지 말고 남의 유익을 구하라"(고전 10:24). 교회의 리더들인 우리는 이런 분야에 모범이 되고 있습니까? 우리는 양 무리들의 본보기로서 그리스도 안에 있었던 마음을 본받으면서 섬기는 마음으로 인도하고 있습니까? 월터 챈트리는 우리에게 상기시킵니다. "'자기중심적인 그리스도인'은 성립할 수 없는 모순적인 용어입니다. 자기를 섬기는 목회자는 세상에서 가장 혐오스러운 꼴불견입니다. 위대한 목자께서 사람을 불러 복음을 설교하고 그의 양 떼를 돌보라고 하실 때, 그분은(그리스도인으로서 그리고 목회자로서) 자아에 대한 이중적 부인(double denial)으로 부르시는 것입니다."[8] 당신의 심령은 혐오스러운 꼴불견이 아닙니까?

여러분은 충성스러워지고자 하십니까? 여러분은 당신을 사랑했고 당신을 위해 자신을 주셨던 그리스도께 그분의 자녀들을 위해 지속적이고 끈질긴 돌봄과 염려를 위해 부르짖을 준비가 되어 있습니까? 당신은 비록 당신이 더 사랑할수록 덜 사랑 받더라도 사랑에 풍성해지고자 하십니까? 당신은 하나님의 사람들을 그들이 원하는 것 보다 그들에게 필요한 것으로 섬기고자 하십니까?

우리와 같은 본성적으로 이기적인 죄인들이 어떻게 이런 기질을 구축

---

8) Walter Chantry, *The Shadow of the Cross: Studies in Self-Denial* (Edinburgh: Banner of Truth, 1981, 『자기부인』, 규장 역간), p. 57.

할 수 있습니까? 우리는 십자가에 달리신 구주께로 돌아가야 합니다. 그런 자기 부인적이고 교회 지향적인 초점은 예수님께서 우리를 위해 하신 모든 일을 기억하면서 십자가에서 많은 시간을 보낸 심령으로부터만 나올 수 있는 것입니다.

| 3장 | 바울의 사역 속에 있던 역경

나는 이제 너희를 위하여 받는 괴로움을 기뻐하고
그리스도의 남은 고난을 그의 몸된 교회를 위하여
내 육체에 채우노라 (골 1:2).

존 플라벨

비록 수많은 귀한 성도들이 그리스도를 위하여 그들의 피를 흘렸고, 그들의 영혼은 지금 제단 아래서 "얼마나 오래입니까, 주님!" 이라고 부르짖고 있지만, 더 많은 사람들이 같은 핍박의 길을 걸어오고 있고, 하나님의 비밀이 완성되기 전까지는 아직 많은 그리스도인의 피가 흘려져야만 합니다. 맑은 날이 있음에도 불구하고, 간혹 비가 온 후에 구름이 다시 돌아오는 것처럼 보입니다. 그러므로 당신은 자비로우신 하나님께서 때때로 그의 사랑하는 자녀들을 통탄할만한 고난으로 부르신 것을 봅니다.[1]

순교자에 대해 알고 있습니까? 교회사는 그리스도를 위해 자신의 목숨을 바친 훌륭한 그리스도인의 예로 넘쳐납니다. 서구 개신교의 불후의 명작들 중 하나는 폭스의 『기독교 순교사화』(Books of Martyrs, 생명

---

1) John Flavel, "Preparations for Sufferings, or The Best Work in the Worst Times" in *Works*, 6 vols. (Edinburgh: Banner of Truth, 1968), p. 6:9.

의말씀사 역간)인데 예수님을 섬기는 가운데 고난받은 그리스도인들의 역사를 종합해 놓은 것입니다. 근래에는 더 많은 이름이 추가되었습니다. 그 중에는 일부 연로한 그리스도인들에게는 시간적 차이가 별로 나지 않는 짐 엘리엇(Jim Elliot)이나 존 그리고 베티 스탐(John and Betty Stam)과 같은 사람을 포함합니다. 그러나 현대 서구에서는 많은 사람들의 경우 이야기는 들어서 알고 있지만, 소수만이 실제적으로 순교자들에 대해 알고 있을 뿐입니다. 우리 중 소수만이 우리가 사랑하는 사람들이 왕이신 예수님을 섬기다가 죽음으로서, 친구와 가족서열에서 생긴 개인적인 공백과 삶의 빈자리를 실제적으로 가지고 있습니다. 세상살이의 어느 한 편에서 본다면, 그리스도의 나라에 대항하는 적의 손에 의한 죽음은 매우 일반적인 것입니다.

두 명의 그리스도의 순교자를 알게 된 것은 우리의 특권이었습니다. 1999년 이후 아리프 칸(Arif Khan) 목사와 그의 부인 캐슬린(Kathleen)은 파키스탄 이슬라마바드에서 충성스럽게 일해 왔었습니다. 거기에서 아리프 목사는 한 교회를 개척했습니다. 2007년 8월에 세 명-불만을 품은 교회의 이전 회원, 그의 부인 그리고 공격적인 이슬람 지역에서 온 한 총잡이-이 계략을 가지고 칸의 집으로 들어가 우리의 친구들을 살해했습니다. [2]

우리의 친구들이었고, 신자였으며, 순교자들이었습니다.

왜 그들은 그곳에 있었습니까? 무엇이 그들을 안전한 미국에서 벗어나서 친구, 가족, 자녀와 손자 손녀들로부터 떨어져 나오도록 했습니까? 왜 그들은 모교회를 떠나야 했습니까? 왜 그들은 미국의 대외 정책과 행동이 파키스탄에 남아 있는 것을 위험하게 할 때 그곳에 머물

---

2) Daniel Bergner, "The Believers", *The New York Times Magazine*, 2007년 12월 30일자, (2010년 6월 28일 접속).

렀습니까? 왜 그들은 목숨의 위협에 직면한 채로 남아 있었습니까? 왜 그들은 생명의 피를 흘림으로 그들의 증언이 보증되도록 가르치고 살았습니까?

당신은 이 지점에 대해 어떻게 생각하십니까? 반드시 순교의 지점까지가 아니라 한 분 살아 계신 진정한 하나님을 위해 팔려가고, 그분을 위해 그리고 그분 때문에 당신이 가진 모든 것을 내어 드릴 수 있는 준비가 된 자발적이고 전적인 순종의 지점 말입니다.

칸은 우리에게 무엇을 이야기 해 주고 있습니까? 적어도 그들의 대답의 일부분 – 그러나 상당한 부분 – 은 예수 그리스도의 몸, 즉 교회를 위한 것이라는 점입니다. 그들은 교회를 세우고 구속받은 사람들에 의해 하나님의 가지각색의 지혜가 다른 사람들에게 알려지는 것에 대한 절실한 소망을 가지고 있었습니다 (엡 3:10). 그들은 복음이 잃어버린 세계에 전파되는 것이 중요하다는 것을 보았습니다. 이 사람들은 "죽기까지 자기들의 생명을 아끼지 아니하였습니다" (계 12:11). 현지인 목사들 중 한 명은 아리프 칸에 대해 이렇게 말했습니다. "그는 탁월한 사람이었습니다. 그는 그리스도를 위해 죽는 것을 피부의 검은 점이 제거되는 것처럼 순결해지는 것으로 말하곤 했습니다." [3]

우리는 주 예수 그리스도의 교회가 세워지고 강건해지는 것을 보기 위해 자신의 에너지를 소비하고 심지어 자신의 삶까지도 기꺼이 드리려는 사람을 자주 만날 수 없습니다. 이것은 칸의 마음이었습니다. 그리고 그것은 또한 사도 바울의 마음이기도 하였습니다.

바울은 하나님의 자녀들을 위해 자신의 모든 것을 드렸습니다. 그는 개인적인 큰 비용을 지불하면서까지 그들을 섬겼습니다. 그가 편지에

---

3) 앞의 글.

쓴 것처럼 바울은 골로새 교인들에게 그가 심지어 그들을 위한 사랑 때문에 감옥에 갇히는 고난 가운데서도 기뻐한다고 말합니다. 그는 그런 고난에 대해 특정한 성격과 목적을 부여합니다. "나는 이제 너희를 위하여 받는 괴로움을 기뻐하고 그리스도의 남은 고난을 그의 몸된 교회를 위하여 내 육체에 채우노라"(골 1:24). 그는 여기서 무엇을 의미하고 있으며 우리는 무엇을 이해해야만 합니까?

혼란

바울이 사용한 교회를 위한 고난과 관련된 언어는 논쟁적이고 양립하지 않는 해석들을 많이 불러일으켰습니다. 골로새서 1장 24절은 아마도 몇몇 주석가들이 지적한 것처럼 서신서 전체 중에 가장 논쟁적인 구절입니다. 그 구절은 많이 남용되었고, 어떤 경우 비전통적이고 미신적인 방법으로 해석됐습니다. 세 가지 주요 관점이 이 구절의 이해를 지배해 왔습니다. [4]

첫째는 속죄적 해석입니다. 일부 사람들은 바울이 하나님의 백성을 위한 대속의 죽음 안에서 예수 그리스도 사역, 즉 예수의 대리적인 구속의 고난에 바울이 기여하고 있다고 제안했습니다. 이것은 예수님의 십자가의 사역이 어느 정도 불충분하므로 성인(聖人)들이 무언가를 더 할 필요가 있다는 것을 암시합니다.

두 번째 견해는 종말론적인 해석으로서 바울이 예수님께서 재림하시기 전에 모든 교회가 반드시 통과해야 할 시련의 전체적인 분량을 언급하고 있다는 것입니다. 이런 견해를 견지하는 사람은 여기서의

---

4) 예를 들어 다음을 보라. Richard R. Melick, *Philippians, Colossians and Philemon in New American Commentary* (Nashville, TN: Broadman Press, 1991), pp. 32:238~240.

바울의 말을 다니엘서 7장 21~22절과 12장 1절과 같은 구절들의 완성으로 이해합니다. 신약에서는 마태복음 24장 4~11절과 마가복음 13장 9~20절과 같은 구절들이 연관됩니다. 일부 해석가들은 이들과 다른 구절들이 그리스도께서 영광 중에 오시기 전에 완성되어야 할 고난의 범위를 다루는 것으로 믿습니다. 그들은 메시아와 관련된 고난이 이 세대의 종말이 오는 것을 앞당기고 다가올 세대로 이끈다고 제안합니다.

세 번째 가능성은 신비적이고 영적인 해석입니다. 이런 이해를 가지고 볼 때, 바울은 사람들이 겪는 시련 안에서 하나님의 자녀들에게 보이는 예수님의 적극적인 연민을 언급하는 것입니다. 그럼으로써 하나님의 자녀들이 견디는 것을 그리스도께서도 견딘다는 것을 암시합니다. 이 개념은 바울이 심오하게 인지했던(행 9:4~5) 것으로 그리스도를 하나님의 자녀들과 동화시키는 것에 근거합니다. 이렇게 볼 때, 예수님을 겨냥했던 적들의 물리적인 고난을 바울이 자신의 몸으로 당한다는 제안이 가능합니다. 왜냐하면 주님 자신이 그것들을 담당하도록 현재 물리적으로 계시지 않으므로, 물리적 고난이 하나님의 자녀들에게 주어진 것으로 볼 수 있기 때문입니다. 바울은 예수님을 향한 공격 안에 자신을 두었다는 느낌을 가지고 있는 것입니다.[5]

분명함

그렇다면 바울은 과연 무엇을 의미하고 있습니까? 첫째, 우리는 문장 자체의 단어들을 고려해야 합니다. '채운다'(filling up)는 용어는

---

5) 더 상세하고 전문적인 부분의 개괄은 다음의 자료에서 발견된다. Peter Obrien, *Colossians and Philemon* (Colombia: Nelson, 1982), pp. 77~81 또는 Douglas Moo, *The Letters to the Colossians and to Philemon* (Grand Rapids: Eerdmans, 2008), pp. 151~153.

성경에서 오직 이곳에서만 발견됩니다. 이것은 누군가를 위해 무언가를 완성해야 한다는 개념입니다. 현재형 동사로 쓰인 점과 직접적인 문맥은 이것이 바울이 계속해서 하고 있는 어떤 것이었음을 우리에게 말해 줍니다. 바울이 '그리스도의 남은 고난'이라고 말할 때, 그것은 여전히 존재하거나 혹은 남겨진 것으로서 무언가 부족한 것이 있음을 뜻하는 것입니다.

그 다음으로 고난(affliction)이라는 단어가 있습니다. 이 단어는 억압, 환란, 고통 또는 핍박을 말하는 것입니다. 그러나 이것은 성경에서 예수님께서 우리의 죄를 위해 십자가를 지셨다는 것을 언급할 때는 결코 사용되지 않았다는 점이 매우 중요합니다.

둘째, 우리는 이 선포를 골로새서의 전체적인 문맥 안에 두어야 합니다. 이 서신의 전체적인 요점은 하나님의 자녀들을 구원하시고 다스리시는 머리로서 그리스도의 주권을 세우는 것입니다. 중보자 혹은 구속자는 바울이 25절에서 자신에게 붙인 "일꾼"이라는 단어와는 대조됩니다.

그러므로 골로새서 1장 14절에서 바울은 "그 아들 안에서 우리가 속량 곧 죄사함을 얻었도다."라고 하면서 예수님에 대해 말합니다. 현재적인 구속과 죄사함은 우리 구주의 보배로운 피에 기초하고 있습니다. 그것은 다른 죄인들이나 심지어 훌륭한 사도들의 희생적인 공로에 있는 것이 아닙니다.

바울은 예수님에 대해 이렇게 언급합니다. "아버지께서는 모든 충만으로 예수 안에 거하게 하시고 그의 십자가의 피로 화평을 이루사 만물 곧 땅에 있는 것들이나 하늘에 있는 것들이 그로 말미암아 자기와 화목하게 되기를 기뻐하심이라 전에 악한 행실로 멀리 떠나 마음으로 원수가 되었던 너희를 이제는 그의 육체의 죽음으로 말미암아 화목하게 하사 너희를 거룩하고 흠 없고 책망할 것이 없는 자로 그 앞에 세우고자 하셨으니"(골 1:19~22).

주 예수 그리스도께는 그분의 인격이든지 그분의 사역이든지 모자라는 것이 없습니다. 모든 구원의 충족성이 그리스도 안에 있습니다. 그리고 그분은 성부 하나님께서 사람들과 화해되게 하는 통로가 되십니다. 특별히 그분이 확고하게 하신 평화는 피로써 기록되었습니다. 그 피는 예수님께서 하나님의 백성들을 위해 십자가에서 흘리신 것입니다. 구원의 통로는 오로지 예수님의 피 흘리신 죽음뿐입니다.

이런 설명으로 볼 때 그리스도 이외에 다른 어떤 능력이나 필요는 존재하지 않습니다. 만일 모든 충족성이 그분 안에 있다면 타락한 사람들이 그분이나 그분의 사역에 무엇을 더하려고 할 수 있겠습니까? 만일 성부 하나님께서 십자가에 달리신 그리스도만을 통해 자신과 사람들을 화해하도록 하시기를 기뻐하셨다면, 특별히 그분의 영광스러운 부활이 그분에 대해 말했던 모든 것을 입증한 후에(롬 1:4, 4:25), 어떻게 그리스도만으로는 부족하다고 제안할 수 있단 말입니까? 만일 평화가 단 한번으로 십자가에서 그리스도의 보혈을 통해 이미 확보되었다면(엡 2:13~14), 평화를 위한 다른 어떤 기초가 있을 수 있단 말입니까?

진실로 바울은 이 주제를 다음과 같이 명확하게 언급합니다. "또 범죄와 육체의 무할례로 죽었던 너희를 하나님이 그와 함께 살리시고 우리의 모든 죄를 사하시고 우리를 거스르고 불리하게 하는 법조문으로 쓴 증서를 지우시고 제하여 버리사 십자가에 못 박으시고"(골 2:13~14).

그리스도와 그분의 사역의 완전성을 이루기 위해 사람들이 어떻게든 그것에 무언가를 더해야 한다고 말하는 것은 하나님께서 성육신하신 아들을 통해 이루신 심오한 본질을 완전히 오해하고 간과하는 것입니다.

이것은 자신을 구원하는 것은 말할 것도 없고, 영광스러운 예수님을 떠나서는 하나님을 기쁘시게 할 수 없는, 인간의 전적인 무능력을 인식하지 못하는 것입니다.

적극적으로든지 소극적으로든지 인간적인 노력을 영광스러운 구원의 신적인 계획에 주입하려는 것은 어리석고 신성모독적이지 않습니까? 예수님은 친히 "다 이루었다."(요 19:30)고 하시지 않으셨습니까? 만일 예수님께서 수립해 놓은 모든 것에 직접적으로 슬쩍 끼워 넣는 것이든 예수님의 사역과 반대되는 무언가를 언급한 것이라면 바울은 세상에서 가장 무능한 토론자가 되는 것 아닙니까? 아시는 대로 바울은 훨씬 더 현명한 사람입니다.

셋째, 우리는 또한 성경이 말하는 일관적이고 포괄적인 증언을 고려해야 합니다. 하나님 말씀의 분명한 가르침은 그리스도께서 홀로 골고다에서 모든 사람을 대신하여 한번 고난을 받으셨을 때 그의 자녀들의 구원을 위해 필요한 모든 것을 이루셨다는 것입니다(사 53:4~6; 히 1:3, 10:14). 그리스도의 희생적인 죽음에는 어떤 종류의 부족함도 없습니다. 그렇지 않다면 다른 공허한 가능성들을 열어두는 것이 됩니다. 그것은 여분의 노력 개념(대개 거룩한 사람들은 다른 사람이 도움을 받을 수 있는 잉여의 공적을 가지고 있다는 생각), 그리스도의 어머니 마리아 숭배, 죄를 씻기 위한 고행의 개념을 포함합니다.

골로새서 1장 24절을 속죄적 의미로 해석하는 것은 전적으로 잘못되었음이 이미 분명합니다. 그리스도의 죄를 위한 희생은 전혀 부족하지 않습니다. 바울이 겪었던 고난은 구원하는 공로를 가지고 있지 않습니다. 바울은 하나님의 자녀를 구속하는 일에 어떤 방법으로든 기여하지 못했습니다. 예수 그리스도 홀로 죄를 위해 한번 고난을 받으셨고 의롭지 못한 사람을 위한 의가 되셨으며, 우리를 하나님께로 데려가실 수 있습니다(벧전 3:18). 성경은 우리가 성부 하나님과 올바른 관계를 맺도록 하는 것은 구원을 위한 고난과 죽음을 통과한 그리스도 한 분이라는 점을 명확하게 하고 있습니다.

그러나 바울이 무엇을 의미했는지를 생각할 때 우리가 고려해야만 하는 다른 내용들이 성경에 있습니다. 고린도전서 12장 12절에서 바울은 성도들이 한 몸의 구성원이라는 점을 언급합니다. 그 몸의 머리는 그리스도이십니다. 똑같은 연합이 마태복음 25장 34~40절에서 명확하게 나타납니다. 여기서 하나님의 자녀를 위한 일은 그리스도 자신을 위한 것으로 간주됩니다. 이것은 선교의 통일성과 관련됩니다. 사도행전 13장 47절에서 바울은 그리스도를 드러내 보이는 일에 있어서 복음 사역의 동질성을 표현하기 위해 이사야서에 기록된 예수님의 언어(사 49:6)를 인용합니다. "주께서 이같이 우리에게 명하시되 내가 너를 이방의 빛으로 삼아 너로 땅 끝까지 구원하게 하리라 하셨느니라 하니." 이것은 더 나아가 고난의 통일성을 암시합니다. 그리고 바울은 사역의 초기부터 이런 기초를 의식 속에 지녔습니다. "땅에 엎드러져 들으매 소리가 있어 이르시되 사울아 사울아 네가 어찌하여 나를 박해하느냐 하시거늘 대답하되 주여 누구시니이까 이르시되 나는 네가 박해하는 예수라……그가 내 이름을 위하여 얼마나 고난을 받아야 할 것을 내가 그에게 보이리라 하시니"(행 9:4~5, 16).

요약하면 그리스도의 몸, 즉 교회의 시련은 그리스도 자신의 시련과도 같습니다(고전 1:5; 벧전 4:13). 그것은 구원에 기여하는 의미를 가지지는 않지만 그럼에도 불구하고 실제적인 것입니다.

그러면 우리는 바울이 그리스도의 남은 고난을 채우는 과정에 있다고 분명하게 선포한 것, 즉 무언가의 완성에 기여한다고 한 것을 어떻게 이해해야 합니까? 그리스도께서 구원을 위해 받으신 고난은 완성되었고 끝난 것이 분명합니다. 하나님은 법적으로 만족하신 반면에, 그리스도의 적들은 어떤 의미에서 만족하지 못했습니다. 그들의 증오는 소멸되지 않으며 그래서 그들은 그리스도에 대한 그들의 강한 혐오를 그분의 몸의 구성원들에게 표출합니다. 마치 그리스도께서 다음과 같이 말씀하신 것처럼 말입니다. "또 너희가 내 이름으로 말미암아 모든 사람에게 미움을 받을 것이나 끝까지 견디는 자는 구원을 얻으리라……제자가 그 선생 같고 종이 그 상전 같으면 족하도다 집 주인을 바알세불이라 하였거든 하물며 그 집 사람들이랴"(마 10:22, 25). 요한복음은 이렇게 전합니다.

> 세상이 너희를 미워하면 너희보다 먼저 나를 미워한 줄을 알라 너희가 세상에 속하였으면 세상이 자기의 것을 사랑할 것이나 너희는 세상에 속한 자가 아니요 도리어 내가 너희를 세상에서 택하였기 때문에 세상이 너희를 미워하느니라 내가 너희에게 종이 주인보다 더 크지 못하다 한 말을 기억하라 사람들이 나를 박해하였은즉 너희도 박해할 것이요 내 말을 지켰은즉 너희 말도 지킬 것이라 그러나 사람들이 내 이름으로 말미암아 이 모든 일을 너희에게 하리니 이는 나를 보내신 이를 알지 못함이라(요 15:18~21).

그리스도는 더 이상 속죄의 사역을 수행하지 않으십니다. 그러나 그분은 여전히 그분의 원수들에 의해 공격을 받으십니다. 그리고 원수들은 땅에서 그분의 종들을 공격함으로써 그 습격을 수행합니다. 윌리엄 헨드릭슨은 이렇게 말합니다.

> 우리는 비록 그리스도께서 견디셨던 괴로움(십자가에 죽으심)에

의하여 하나님께 대한 온전한 만족이 되셨고 그래서 바울은 십자가 이외에 다른 것을 자랑하지 않았지만(갈 6:14), 그리스도의 적들은 만족하지 않았다는 점을 명심해야 합니다! 그들은 예수님을 만족할 줄 모르는 증오로 미워했고, 그분의 괴로움을 가중하기를 원했습니다. 그러나 예수님께서 더 이상 육체적으로 이 땅에 거하지 않은 이후로 그들은 예수님을 공격하기 위해 특별히 준비된 화살로 그분의 추종자들을 공격합니다. 이런 점에서 볼 때, 모든 진정한 신자들은 적들이 예수님께서 견디셨던 고통에 부족하다고 보는 것을 대리적으로 당하게 됩니다. 그리스도의 고통은 이제 우리를 향하여 흘러 넘칩니다.[6]

존 맥아더는 이에 동의합니다. "바울은 그리스도께 주어질 것으로 의도된 핍박을 받은 것이었습니다. 예수님은 하늘로 올라가셨고, 그들은 그곳에 미치지 못합니다. 적들은 예수님께 가하고자 했던 모든 부상들을 채우지 못했기 때문에, 그들의 증오를 복음을 전하는 사람들에게 돌렸습니다. 이것이 바울이 그리스도의 남은 고난을 채운다고 했던 의미입니다."[7]

---

6) William Hendriksen, *Colossians in New Testament Commentary: Philippians, Colossians and Philemon* (Edinburgh: Banner of Truth, 1962), P. 87.

7) John McArthur, *Colossians and Philemon* (Chicago: Monday Publishers, 1996), P. 76.
　　역자 주 – 골 1:24 "그리스도의 남은 고난"에 대한 성경적 해석에 대해, 이것은 두말할 것도 없이 그리스도의 속죄 사역이 불충분했으므로 무언가를 더해야 한다는 개념이 아니라는 것은 분명하다. 그러나 이것은 그리스도께서 세상에 계실 때 당하신 고난이 사탄에게는 충분히 만족스럽지 않았고, 그래서 하늘로 올라가신 예수님께 그들이 접근하지 못하기 때문에 이 땅에 남은 그리스도의 추종자를 향하여 사탄이 고통을 가한다는 해석에는 그리스도의 승귀 교리와 마찰을 일으키는 중요한 문제점이 있다.
　　예수님은 십자가에서 죽으심으로 죄 값을 온전히 지불하셨다. 그리고 고난도 함께 종료되었다. 예수님께서 부활하신 이후로 사탄은 완전히 패배한 존재가 되었고, 예수님을 계속 공격할 목적과 힘과 능력을 잃었다. 부활하신 후 예수님께서 이 땅에 계시는 동안에도 사탄은 어떤 방식으로든지 예수님을 더 이상 괴롭힐 수 없었을 것이다. 실제로 그런 예가 성경에는 우리는 또한 요한계시록 12장을 기억해야 합니다. 이곳에서 다스리시는 아이가 그를 패배시키고 이제 그가 미칠 수 없는 곳에 있기 때문에 분노한 용이 여자의 남은 자손들과 싸우는 것을 봅니다. 비슷한 느낌이 우리 주님에 의해 마가복음 13장 9~20절에 주어졌습니다. 그런 시련은 제한된 강도와 지정된 기간이 있고, 예정된 시련의 완성은 마지막 심판으로 이끕니다. 그래서 바울도 종으로서 자신의 고난이 그 예정된 고난의 완성을 더 가깝게 해서 크고 두려운 주님의 날을 이끌 것이라는 점을 의식하였을지도 모릅니다.

우리는 언어로부터 그리고 해당 문맥과 더 넓은 범위의 문맥으로부터

기록되어 있지 않다. 부활하신 예수님은 사망을 깨뜨리시고 승리하신 분이기 때문이다. 따라서 높아지신 그리스도의 관점에서 본다면, 예수님께서 더 이상 물리적으로 이 땅에 계시지 않기 때문에 사탄이 예수님을 공격할 수 없게 되었다는 해석은 수용하기에 무리가 있다. 왜냐하면 이 해석은 부활 승천하심으로 승리하신 그리스도를 전적으로 배제하고 있기 때문이다. 예수님께서 육체로 이 땅에 더 이상 계시지 않기 때문에 사탄이 예수님께 고난을 가하지 못하는 것이 아니라, 예수님은 사망과 어둠의 권세를 깨뜨리고 부활하셨고 그래서 사탄은 전적으로 패배한 자가 되었기 때문에 고난을 가할 능력을 상실했으며, 예수님께서 이 땅에 계시더라도 고난을 가할 수 없게 된 것이다. 또한 예수님은 승천하셨다. 예수님은 하늘에서 만왕의 왕으로 통치하시고 전 우주를 다스리는 자리에 앉아 계신 것이다. 그렇기 때문에 사탄이 설령 예수님께서 계신 곳으로 접근할 수 있게 되더라도, 사탄은 더 이상 예수님께 고통을 가하거나 괴롭힐 수 없다. 그러므로 승리하여 왕좌에 오르신 예수님의 관점에서 볼 때, 예수님의 이 세상에서의 물리적 부재 또는 사탄의 천국 접근 불능에 근거하여 '남은 고난'을 해설하는 것은 설득력을 잃는다.

그러므로 그리스도의 '남은 고난'이 의미하는 바는 사탄이 그리스도께 더 이상 접근할 수 없기 때문에 그리스도께 고난을 줄 수 없으므로 바울이 대신하여 받도록 주어진 것이 아니다. 그보다 이것은 그리스도께서 신자들에게 남겨 두신 복음 사역의 확장을 위해 담당해야 할 모든 종류의 고난을 말한다. 이런 점에서라면 사탄이 그리스도께는 더 이상 직접 공격할 수 없게 되었으므로 신자들을 공격하게 된다는 점과 연결된다. 그러나 그리스도를 더 이상 공격할 수 없게 된 이유는 전술한 바와 같이 전혀 다르다. 그리스도께서 육체로 이 땅 위에 더 이상 계시지 않거나 단순히 사탄이 예수님의 보좌 앞으로 접근할 수 없어서가 아니라(물론 그들은 접근할 수 없지만), 사탄 자신이 승리하신 그리스도께 고난을 가할 능력을 상실했다는 점에서 그러하다. 그러므로 그리스도의 남은 고난은 그리스도께서 사탄에게서 받으셔야 할 고난을 땅 위의 성도들이 대신 받는 고난이라기보다는, 예수님께서 고난받으신 것처럼 복음 사역의 확장과 완성을 위해 땅 위의 신자들이 감당하도록 예수님께서 신자들에게 부여하신(남겨 놓으신) 고난이라고 보는 것이 성경 전체적인 맥락과 해당 본문의 문맥에 부합되는 해석이라 하겠다.

추론합니다. 비록 바울의 생각에 종말론적인 위기감이 있더라도 그의 초점은 그리스도와 그분의 자녀들 간에 존재하는 신비적인 연합에 있습니다. 사도 바울의 고난은 하나님의 사람으로서 사역을 통해 겪는 고난입니다. 그것은 죄 없으신 하나님의 아들의 고난에 기여하거나 그것과 경쟁적인 관계에 있는 중보적 고난이 아닙니다. 그리스도의 남은 고난으로 간주될 수 있는 유일한 것은 우리 육체에 그리스도를 대신하여 경험하는 하나님의 사람들에게 진행 중인 시련이며(골 1:24), 그것은 악한 사람들의 손에 의한 것입니다. 그런 악한 사람은 주님의 자녀를 핍박하는 일에 고정되어 있어야 하는데, 그리스도의 육신적 인격은 그들이 도달할 수 있는 영역 밖에 있기 때문입니다. 바울은 그리스도의 종과 대사로서 예수님께 대한 충성 때문에 악한 사람의 손에 의해 고난을 받았습니다. 사악한 사람들은 우리 주님을 죽이기를 구했던 것처럼(요 8:40), 그분의 추종자들을 죽이기를 꾀합니다. 세상은 그리스도에 대한 영구적인 적의를 가지고 있습니다. 그분은 그 적의를 받으시기 위해 이 땅에 개인적으로 있지 않지만 적들은 그리스도의 사람들 특별히 그분의 충성스러운 목회자들을 대적하고 핍박하는 것으로 적의를 표출합니다. 주님은 단호하게 우리가 그런 핍박을 견뎌야 할 것을 말씀하셨습니다. "내가 이것을 너희에게 이름은 너희로 실족하지 않게 하려 함이니 사람들이 너희를 출교할 뿐 아니라 때가 이르면 무릇 너희를 죽이는 자가 생각하기를 이것이 하나님을 섬기는 일이라 하리라 그들이 이런 일을 할 것은 아버지와 나를 알지 못함이라 오직 너희에게 이 말을 한 것은 너희로 그때를 당하면 내가 너희에게 말한 이것을 기억나게 하려 함이요 처음부터 이 말하지 아니한 것은 내가 너희와 함께 있었음이라"(요 16:1~4).

바울은 시련 중에서 그리스도와 관련된 특권과 위엄 때문에 기뻐합니다. 그런 고난들은 그리스도와 함께 누리는 교제의 복을 포함하고 있습니다. 바벨론에서 느부갓네살이 세운 우상에게 절하고 경배하는 것을 거절했던 다니엘의 충성스러운 세 친구를 기억하십시오. 그들은 하나님을 경배하기로 결단했고, 하나님께서 그들의 삶을 구해 내실 것인지에 관계없이 그들은 죽음을 바라보면서 화염으로 타오르는 용광로에 들어갔습니다. 그들이 화염에 던져진 것은 오직 한번 뿐이었습니다. 그리고 느부갓네살의 진노가 드러난 문자 그대로의 불 속에서 그들과 함께 넷째 인물이 발견되었는데 "하나님의 아들과 같은"(단 3:25) 형상이었습니다. 한 옛 순교자는 화형 막대기에 직면했을 때 부족한 확신과 씨름한다고 말하곤 했습니다. 그럼에도 그리스도께 영광을 돌리려고 결단하면서 그는 심령에 불안함을 가진 채로 죽음의 자리로 나아갔습니다. 그가 예수님의 임재의 감각이 회복된 것을 알았던 것은 화염이 그의 주변에 타올랐을 때였습니다. 화염이 더 높이 타오를 때 그는 기쁨으로 크게 외쳤습니다. "이제 그분이 오신다! 이제 그분이 오신다!" 바울이 그리스도인들을 핍박했을 때, 그리스도는 함께 계셨습니다(행 9:5). 그리스도 자신께서 하나님의 자녀들에게 주어진 공격과 무시를 느끼시는 것입니다.

그러나 바울이 이 모든 것을 그리스도와의 수직적인 관계에서 말할 때, 우리는 그가 다른 신자와 수평적인 관계에 대한 진로를 잃은 것이라고 상상해서는 안 됩니다. 사도 바울은 머리이신 그리스도와의 관계뿐만 아니라 몸의 다른 구성원들과의 관계도 의식하고 있습니다.

명료함: 교회를 위한 것

우리가 이미 본 것처럼, 바울의 고난은 공허한 상태에서 그리고 다른 사람들로부터 분리된 장소에서 일어나지 않습니다. 더구나 사도 바울은 그가 당하는 고난에 사심을 가지고 있지도 않습니다. 바울이 예수님의 종으로서 당하는 고난은 '그분의 몸, 즉 교회를 위한 것'입니다. 바울은 여기서 '당신을 위하여' 고난받는다는 것이 무슨 의미인지를 알려줍니다. 이 고난을 마땅히 받게 하는 원인은 '당신'의 정체(교회)입니다. 우리는 여기서 다시 바울의 목자적 심령이 드러나는 것을 봅니다. 바울이 당한 고난은 그리스도와 연결된 가운데 경험한 것일 뿐만 아니라 진정한 교회의 설립과 신앙 촉진을 도모하는 가운데 그리스도의 몸을 위해 경험한 것이기도 합니다.

왜 바울은 로마의 감옥에서 글을 쓰고 있습니까? 왜냐하면 이방인을 위한 그리스도의 사도로서, 그가 예루살렘에서 한 증언이 군중을 격노시켰고 그래서 자신을 보호하는 과정을 통해 로마의 감옥에 구금되었기 때문입니다. 그의 사역과 고난은 이방인들을 위한 것이며, 이들 중에는 골로새인들과 이 책을 들고 있는 독자들 중 대부분이 포함됩니다. 시련으로부터 풍성한 평안과 위로가 교회로 흘러 들어오며(고후 1:8~11), 권고와 본보기가 다른 곳으로 전달됩니다(딤후 3:10~12; 고전 11:1). 주석가 매튜 풀은 바울이 다음과 같이 효과적으로 말하고 있다고 전합니다. "그리스도는 나의 구속을 위해 필요한 고난을 자신의 위치에서 당하셨고, 이제 나는 그분의 영광을 위해 유용한 고통을 받는다. 그리스도는 십자가를 지심으로 구원을 이루셨고, 나는 나의 싸움을 통해 그의 나라와 그분의 목적을 진척시킨다." [8]

다른 사람들을 위해 고난받기 위한 바울의 준비와 고난의 잠재적인 효과에 대한 그의 인식은 종교개혁에 기여한 순교자, 휴 래티머가

---

8) Matthew Poole, *A Commentary on the Holy Bible*, 3 vols. (Edinburgh: Banner of Truth, 1963), p. 3:712.

담대하게 선포한 것을 우리에게 상기시킵니다. 그는 나이 어린 친구이
자 동료 목회자인 니콜라스 리들리와 함께 화형대에 묶였습니다. 화염
이 두 사람의 발 주위에 붙었을 때, 래티머는 옆에 있던 자신의 친구를
격려하기 위해 이렇게 말했습니다. "리들리 목사, 기뻐하시오. 그리고
남자같이 담대하시오. 우리는 하나님의 은혜로 오늘 잉글랜드에 하나
의 촛불을 밝히게 될 것이오. 그리고 내가 믿기로 그 촛불은 결코 꺼지
지 않을 것이오."[9] 여기서 고난─심지어 죽음─가운데 끼치는 그리스
도의 몸을 위한 축복이라는 관점에서 드러난 기쁜 확신을 봅니다. 이
런 의미들에 의해 그리고 이런 영성을 통해 진정한 복음은 전진합니다
(빌 1:12; 딤후 2:10). 더글라스 무는 다음과 같은 방식으로 언급합니다.

> 바울의 사도적 사역은 세상 가운데 그리스도의 사역의 '확장'이
> 기 때문에, 바울은 자신의 고난을 그리스도의 고난과 매우 가까운
> 것으로 간주합니다. 그런 고난은 교회를 위한 구속의 유익을 가지
> 지 않습니다. 그러나 그런 고난은 하나님의 신비의 종말적 계시를
> 선포하기 위해 바울이 감당해야 할 '직무'에 포함된 필수불가결한
> 부속물입니다. 바울의 고난은 골로새 그리스도인들을 포함하여 보
> 편적 교회들을 '위한 것'입니다. 그리고 물론 복음 때문에 죄수가
> 된 바울은 심지어 편지를 쓰는 중에도 그들을 위해 고난을 받고 있
> 습니다. 그리스도를 통해 구원받은 사람들의 교제를 위한 구성원으
> 로서 바울이 참여하기 때문에, 우리도 또한 바울의 고난으로부터
> 혜택을 받게 됩니다.[10]

9) 그리스도를 위해 순교한 사람들로서 존 후퍼(John Hooper), 롤랜드 테일러(Rowland
Taylor), 존 브래드포드(John Bradford)와 함께 휴 래티머(Hugh Latimer)와 니콜라스 리들
리(Nicholas Ridley)에 대해 더 배울 수 있는 자료로 다음을 보라. J. C. Ryle, *Five English
Reformers* (Edinburgh: Banner of Truth, 1981).

한때 교회를 핍박했던 바울은(고전 15:9) 이제 교회를 위해 핍박받는 존재가 되었습니다. 그는 이전에는 교회를 거의 돌보지 않았지만, 이제 교회를 위해 생사에 관계없이 자신을 헌신합니다. 바울의 삶에는 그리스도를 닮은 성격과 열정이 있습니다. 그의 회심 이후로 교회의 적들은 그의 적이 되었고, 그는 교회에 가해지는 공격 가운데 교회의 유익을 보존하기 위해 할 수 있는 모든 것을 하고 있으며, 택함받은 자들을 위해 모든 것을 견디고 있습니다(딤후 2:10). 바울은 교회에 가해지려는 모든 공격을 기꺼이 당하고자 합니다. 그는 교회의 모든 역경을 기꺼이 지고자 합니다. 바울은 하나님의 은혜에 의해 그리스도의 영광과 그 자녀를 위해 그리스도와 그의 자녀를 대항하는 세상의 적의를 흡수할 준비가 되어 있습니다.

바울의 기꺼이 고난당하고자 하는 마음은 그의 소명감에 기초하고 있습니다. 다음 장에서 살펴보겠지만 그는 하나님으로부터 예수 그리스도의 교회를 위한 종으로서의 직책을 받았습니다. 그는 자기 스스로 지명한 권위자가 아니었고, 하나님이 지명한 목회자였습니다. 바울은 주님과 같이 마땅히 섬김을 받아야 할 존재로 자신을 인식하지 않았고, 다른 사람들을 위한 종으로 보았습니다. 이것이 바로 그가 교회에 퍼부어진 모든 적대감과 공격을 직면하는 가운데 그리스도의 교회를 위해 그리고 교회와 함께 서 있기를 달가워하게 만든 이유입니다. 그가 교회를 섬기는 마음에는 거룩한 포기가 있었습니다. 그것은 그의 편지에 전반적으로 드러나고 있는 것으로 교회를 위해 고난받는 일에 준비된 기질이었습니다. 바울은 분명하게 다음과 같이 언급합니다.

---

10) Douglas Moo, *The Letters to the Colossians and Philemon* (Grand Rapids: Eerdmans), pp. 152~153.

우리가 이 보배를 질그릇에 가졌으니 이는 심히 큰 능력은 하나님께 있고 우리에게 있지 아니함을 알게 하려 함이라 우리가 사방으로 우겨쌈을 당하여도 싸이지 아니하며 답답한 일을 당하여도 낙심하지 아니하며 박해를 받아도 버린 바 되지 아니하며 거꾸러뜨림을 당하여도 망하지 아니하고 우리가 항상 예수의 죽음을 몸에 짊어짐은 예수의 생명이 또한 우리 몸에 나타나게 하려 함이라 우리 살아 있는 자가 항상 예수를 위하여 죽음에 넘겨짐은 예수의 생명이 또한 우리 죽을 육체에 나타나게 하려 함이라 그런즉 사망은 우리 안에서 역사하고 생명은 너희 안에서 역사하느니라(고후 4:7~12).

바울은 왜 그런 사역을 수행 했는지, 왜 그런 삶을 살았는지, 왜 그렇게 죽을 준비가 되었는지를 알았습니다. 아리프와 캐시 칸(Arif and Kathy Kahn)도 그것을 알았습니다. 수많은 순교자들—그들 중 많은 사람들을 세상은 결코 알 수 없겠지만, 그들이 사랑하고 섬겼던 주님께서는 아시는—도 그들의 순교의 이유를 알았습니다. 핍박받고 억압받고 사회적으로 무시되고 과소평가되고 쫓겨난 충성스러운 사람들—그리고 역사 속에 있었던 충성스러운 목회자들—은 그 이유를 알았습니다. 여러분은 고난받기를 즐거워하시겠습니까? '그의 몸, 즉 교회를 위해' 그렇게 하시겠습니까?

동료 그리스도인들께

예수 그리스도의 교회에 대해 여러분은 어떻게 느끼십니까? 여러분은 교회에 대해 어떤 생각을 가지고 있습니까? 교회에 대한 당신의 책임은 무엇입니까? 사도 요한은 형제를 향한 사랑을 진정한 그리스도인에게 있는 타협 불가한 특성으로 만듭니다(요일 3:14). 충성스러운 목회자는 그리스도의 몸을 위해 기꺼이 고난받을 것입니다. 그리스도의 몸을 향한 같은 태도를 간직하기 위해 모든 하나님의 자녀들이 기꺼이 고난을 받아야 하지 않겠습니까? 다른 성도들을 위한 고난으로의 부르심은 복음 사역자들에게는 특별한 의미를 부여합니다. 그러나 그 부르심은 몸의 모든 구성원들에게도 해당하는 광범위한 적용을 가집니다(고전 12장). 진실로 바울이 안디옥에서 돌에 맞았을 때 그리고 죽도록 내버려졌을 때, 그는 분명히 생명이 없는 자신의 육체 주위로 몰려들었던 신자들에게 오래지 않아 다음의 사실을 상기시킬 수 있었습니다. "우리가 하나님의 나라에 들어가려면 많은 환난을 겪어야 할 것이라"(행 14:22; 딤후 3:12 참고).

그리스도의 시련을 지나치게 두려워하지 않도록 합시다. 그러므로 그분의 영광과 그분의 이름을 위해 우리가 받아야 할 고난의 복을 빼앗기지 않도록 합시다. 바울은 이것을 영광의 일그러진 상징으로서 자기 학대적으로 추구해야 하는 것이 아니라, 특권으로 그리고 주어진 선물로서 견뎌야 하는 것으로 보았습니다. "그리스도를 위하여 너희에게 은혜를 주신 것은 다만 그를 믿을 뿐 아니라 또한 그를 위하여 고난도 받게 하려 하심이라"(빌 1:29). 여러분은 핍박의 불로부터 도망가려 하십니까? 그리스도께서 당신을 축복하기 위해 당신이 알지 못했던 방법으로 임재 하신 가운데 그 불 안으로 걸어가신 것을 잊어버린 채 말입니다(단 3장).

그리스도의 소중한 보물에 손을 올려놓은 모든 사람들을 위해 이 구절 가운데 주어진 무시무시한 경고를 잊지 마십시오. 그리스도는 땅에서 그분의 자녀들이 당한 모든 공격들을 주의하시고, 자비를 얻도록 자신에게 돌이키지 않은 모든 사람을 심판하시기 위해 다시 오실 것입니다. 예수님이 다시 오실 때, 교회를 향해 주먹을 움켜쥐고, 발길질하고, 방망이, 막대기, 돌, 총을 들고 일어나는 사람이 많을 것입니다. 많은 사람이 입을 열어 하나님의 자녀를 향해 폭력과 공격을 토해 낼 것입니다. 그들은 예수님께서 영광 중에 오시는 것을 볼 것이며, 바울이 들었던 것을 더 분명하게 듣게 될 것입니다. "나는 네가 핍박하는 예수다"(행 9:5). 회개하지 않은 채 그리스도와 그의 자녀들에게 대항하여 섰던 사람들은 기소될 것이고 저주받을 것이며, 영원한 형벌에 던져질 것입니다(마 25:41~46). 하나님 말씀과 그들이 지니고 있던 증언을 위해 죽임당한 제단 아래에 있던 영혼들은 공의와 심판을 위해 하나님께 울부짖어왔으며, 이제 그분과 그들의 적들에 대한 신적인 보복의 평화를 알게 될 것입니다(계 6:9~11). 의로운 심판이 나타날 때 공의는 수행될 것입니다(딤후 4:8).

그러므로 당신의 목회자를 위해 기도하고 그와 함께 서십시오. 그들의 소명을 인식하고 그 소명 안에서 그를 지원하고 격려하십시오. 바울이 고통을 받았을 때, 그는 데살로니가에 있는 형제들에게 이렇게 말할 수 있었습니다. "우리가 모든 궁핍과 환난 가운데서 너희 믿음으로 말미암아 너희에게 위로를 받았노라"(살전 3:7). 당신의 믿음, 당신의 견고함은 목회자들의 큰 격려가 될 것이며 그들 자신을 견고하게 하는 일에 달콤한 동기가 될 것입니다. 당신이 그들을 위해 하나님께 드리는 기도는 그들을 영적으로 상승시키고 그들 안에 어떤 힘도 남아 있지 않을 때에도, 당신의 영혼을 위해 충성스럽게 일할 수 있게 해 줄 것입니다.

동료 목사님들께

만일 당신이 그리스도를 충성스럽게 섬긴다면 당신은 고난받을 것입니다. 당신은 예수님께서 당신을 위해 자신을 주시고 사랑했던 것처럼 피를 흘리도록 부름 받지 않았을 수도 있지만, 당신은 시간과 눈물과 땀과 노동을 바칠 것입니다. 당신은 50명이 넘는 사람에게 설교하거나, 컨퍼런스에서 강연하거나, 기사나, 논문이나, 블로그 게시판에 글을 쓰거나, 또는 책을 저술하거나, 또는 어떤 중요한 위원회에 앉아 있지 못할 수도 있습니다. 당신의 고난은 육체적인 고통이라기보다는 감정적이고 영적이며 정신적인 고뇌일지도 모릅니다. 그러나 당신은 그리스도와 그의 교회를 섬기는 긴장 아래에 당신의 정신과 육체가 붕괴되는 것을 발견할지도 모릅니다. 자유주의의 물결이 당시의 교회 안으로 침입하는 것에 대한 싸움으로, 하강논쟁(Downgrade Controversy, 역자 주-스펄전이 당시 영국 교회의 신앙과 신학이 칼빈주의 또는 정통신앙의 흐름에서 벗어나 하강하고 있다고 주장하며 반론자들과 대결하였던 일)이라고 알려진 것의 끝지점을 향하여 가며, 찰스 스펄전은 진리를 고수하는 데 드는 비용을 치르고 있었습니다. 1891년 3월 그가 설립한 목회자 대학 출신의 설교자인 엘리스(E. H. Ellis)는 호주로 떠나버렸습니다. 스펄전은 이런 말로 작별 인사를 전했습니다. "안녕히 가세요, 엘리스. 당신은 결코 다시 나를 볼 수 없을 것입니다. 이 싸움은 나를 죽이고 있습니다."[11] 당신은 업적으로 볼 때 스펄전과 비교되지 않을 것입니다. 그러나 당신은 스펄전처럼 당신이 치르는 영적 싸움이 당신을 죽이고 있다고 느낄지도 모릅니다. 당신은 주중 내내 일하면서도 조금 앞으로 나아갔다가 뒤로 미끄러져

---

11) Charles Spurgeon, *Autobiography* (Pasadena, TX: Pilgrim Publications, 1992), p. 3:152.

버렸다고 느낄지도 모릅니다. 당신은 자신과 사역과 당신이 섬기는 사람들에게 하나님께서 성령을 물 붓듯 부어주시기를 갈망하며 살아가지만, 결코 그것을 경험할 수 없을지도 모릅니다. 당신은 아마도 당신의 구주가 맹렬하게 증오되며 사람들이 칼로 당신을 공격하는 그런 나라에 살고 있는지도 모릅니다. 당신은 당신의 구속자가 무례하게 멸시받고, 사람들이 말로써 여러분을 공격하는 그런 나라에 살게 될지도 모릅니다. 당신은 아마도 당신의 목숨이 위협받거나 혹은 아무도 당신이 살든지 죽든지 신경 쓰지 않는 그런 환경에서 살게 될지도 모릅니다. 당신은 아마도 무시되고, 거절당하며, 혐오의 대상이 될지도 모릅니다. 당신은 고생해서 생계를 유지하고, 몸부림치며, 분투해야 할 것입니다. 당신이 정복하고자 하는 산들이 있을 것이며, 당신이 간신히 오를 수 있는 언덕들이 있을 것입니다. 당신은 연약한 성도들이 확신을 가지는 것을 보기를 갈망할 것이며, 당신은 겨우 도달할 것처럼 보이는 복음의 빛을 가지고 무덤에 갈 때까지 그들이 몸부림치는 것을 볼 것입니다. 당신은 교만한 그리스도인들이 겸손해지고, 게으른 사람이 근면해지고, 고립된 사람들이 모여들고, 연로한 사람들이 열매를 맺으며, 젊은이들이 역동적으로 변하고, 관심이 없던 사람이 참여하고, 겁 많던 사람들이 담대해지고, 불쌍한 사람들이 쾌활해지고, 기죽은 사람들이 회복되는 것을 보기를 갈망할 것입니다. 당신은 조금 얻은 것으로 기뻐할 것이며, 진전이 거의 없는 것에 대해 실망할 것입니다. 그리고 당신은 그 길을 계속해서 가게 될 것입니다.

당신은 종종 당신이 섬기는 사람들에 의해 인정받지 못할 것이며, 그들은 당신이 이렇게 조그만 효과를 내면서 도대체 무얼 하는지 의아해 할 것입니다. 당신은 같은 질문을 자신에게도 하게 될 것입니다. 당신의 믿음은 아마도 흔들릴 것이지만 다시 제자리를 찾게 될 것입니다.

당신의 희망은 비틀거리다가 다시 강해질 것입니다. 당신의 사랑은 차가워지다가 다시 뜨겁게 타오를 것입니다. 당신은 월요일마다 사임할 준비가 되었다가 주일마다 다시 설교하기 위해 설 것이며, 하나님은 당신에게 힘과 기회를 주실 것입니다. 당신은 적들이 오는 것을 볼 것이며, 벽에 대고 울부짖을 것입니다. 당신은 그들의 접근을 지켜보다가 입구에 서서 막을 것입니다. 당신은 외로움을 느낄 것이고, 그럼에도 갈라진 틈 사이에 서 있을 것입니다. 당신은 실수를 발견할 것이며 진리를 설교할 것입니다. 당신은 이리들을 지켜보고 양들을 먹일 것입니다. 당신은 당신의 위대한 본보기처럼 "그 잃어버린 자를 내가 찾으며 쫓기는 자를 내가 돌아오게 하며 상한 자를 내가 싸매 주며 병든 자를 내가 강하게 하려니와 살진 자와 강한 자는 내가 없애고 정의대로 그것들을 먹일 것입니다"(겔 34:16). 당신은 당신이 사랑하는 사람들이 세상과 정욕과 마귀의 습격으로 상처 입고 부러지고 난타당하는 것을 보게 될 것입니다. 당신은 우는 여인과 불쌍한 남성이 가장 어두운 시간에 당신에게 찾아와 이유를 묻고 희망의 말을 듣기 위해 당신을 쳐다보는 일을 겪을 것입니다. 당신은 지옥의 무리들과 세상이 예수 그리스도의 교회에 퍼부을 수 있는 모든 사탄적인 악의의 표현을 보게 될 것입니다. 그리고 당신은 당신의 영혼, 힘, 마음, 심령, 육신을 그것들과 교회 사이에 두게 될 것입니다. 그리고 어느 날 그것이 신속히 혹은 천천히 당신을 죽일 것이며, 당신은 전장에서 당신의 힘을 소비하면서 압박을 받고, 상급을 얻기 위해 [천국으로 가는] 강을 건널 것입니다.

왜 여러분은 이런 일을 하고자 합니까? 왜 여러분은 이런 일을 하고 있습니까? 왜냐하면 교회는 그리스도의 몸이고 모든 구성원은 그분께 귀하기 때문입니다.

만일 당신이 교회가 그리스도의 몸이 된다는 것이 무슨 의미인지를 알고 품는다면 당신은 그런 고난 속에서 기뻐할 것입니다. 왜냐하면 그것들은 그분의 몸, 즉 교회를 위한 것이기 때문입니다. 만일 우리가 구속자의 발자국을 따라 걷는다면, 우리는 어떻게 그런 고통들을 피할 수 있겠습니까? 우리는 고난을 피하기 위해 고난의 즐거움과 충성스러움을 희생할 수 있겠습니까?

우리는 사도 바울처럼 그리스도와 그분의 자녀들 간의 연합을 생각해야 합니다. 적개심이 여전히 머리와 그분의 몸을 향하고 있다는 것을 인식해야만 합니다. 그리고 적극적인 태도 안에서 그런 인식이 일어나게 해야 합니다. 바울은 예수 그리스도의 좋은 군사처럼 굳건히 섰습니다. 그리고 우리도 동일하게 기도하며 일해야 합니다. 그는 동료 신자들에게 남자처럼 행동하기를 부탁했습니다. "깨어 믿음에 굳게 서서 남자답게 강건하라"(고전 16:13). 싸움은 죽음까지 이르지만 그리스도는 지옥의 문이 그분의 교회를 대항하여 이기지 못할 것이라고 약속하셨습니다(마 16:18).

깨어 있으십시다. 그리스도의 적들은 여전히 교회를 공격하고 있습니다. 그리고 마지막이 올 때까지 그럴 것입니다. 여러분은 용맹스럽게 교회를 위해 그리고 교회와 함께 기꺼이 서고자 하십니까? 여러분은 무엇이 오게 될지─명성의 상실, 신앙을 고백하는 교회 안팎으로부터의 대적, 물리적인 핍박─알지 못합니다. 그러나 당신의 보살핌에 의탁한 사람들을 방어할 것입니까?

우리가 하나님의 자녀들과 하나님의 적들 사이에 설 때, 많은 좋은 일들이 올 것입니다. 그리스도의 몸, 즉 교회는 절조 있는 용기의 본보기와 주님을 위한 증거를 지니고 있기 때문에 거룩한 기쁨을 발견할 것입니다. 만일 우리가 바울을 따른다면 우리는 굽고 패역한 세대(빌 2:15)

안에 살면서 이런 기질을 다른 사람들에게 전달해 줄 수 있을 것입니다. 바울은 빌립보 교회에 자신의 고난이 가진 선한 효과를 주장합니다. "형제들아 내가 당한 일이 도리어 복음 전파에 진전이 된 줄을 너희가 알기를 원하노라 이러므로 나의 매임이 그리스도 안에서 모든 시위대 안과 그 밖의 모든 사람에게 나타났으니 형제 중 다수가 나의 매임으로 말미암아 주 안에서 신뢰함으로 겁 없이 하나님의 말씀을 더욱 담대히 전하게 되었느니라"(빌 1:12~14).

그것은 괴로운 시간에 교회의 몸에 평안의 근원이 될 것입니다. 바울은 고린도 교회에 이렇게 말했습니다. "우리가 환난 당하는 것도 너희가 위로와 구원을 받게 하려는 것이요 우리가 위로를 받는 것도 너희가 위로를 받게 하려는 것이니 이 위로가 너희 속에 역사하여 우리가 받는 것 같은 고난을 너희도 견디게 하느니라"(고후 1:6).

고난은 당신을 불과 물을 통과하게 해서 풍성한 충족의 장소로 데려갈 것입니다(시 66:12). 고난은 그리스도의 교회가 그리스도의 날에 완전하고 완벽하게 되는 복을 확고하게 해 줄 것입니다. "우리의 소망이나 기쁨이나 자랑의 면류관이 무엇이냐 그가 강림하실 때 우리 주 예수 앞에 너희가 아니냐 너희는 우리의 영광이요 기쁨이니라"(살전 2:19~20).

고난은 최종적으로 다음과 같이 선포되는 날에 교회의 머리의 영광을 빛나게 할 것입니다. "보라 나와 및 여호와께서 내게 주신 자녀들이 이스라엘 중에 징조와 예표가 되었나니 이는 시온 산에 계신 만군의 여호와께로 말미암은 것이니라"(사 8:18).

바울은 모든 진정한 교회 안에 있는 하나님의 자녀들을 사랑했고 지속적으로 그들의 최상의 유익을 마음에 간직했습니다. 그는 고난으로 말미암아 다른 사람들에게 유익함이 생긴다는 것을 알았기 때문에 고난 가운데 즐거워했습니다. 그는 자신의 것 이상으로 지체들의 유익을 추구했습니다. 그는 그리스도의 몸, 즉 교회를 위해 기쁨으로 고난을 받았습니다. 오직 하나님의 도우심으로 우리도 그렇게 고난받을 수 있을 것입니다.

| 4장 | 바울의 사역 속에 있던 근원

내가 교회의 일꾼 된 것은
하나님이 너희를 위하여 내게 주신 직분을 따라(골 1:24~25).

당신은 결코 목회를 직업으로 볼 수 없습니다. 직업이란 자발적인 것이고 선택할 수 있는 것입니다. 목회는 하늘이 내린 것이며 하나님 가족의 법칙, 즉 경륜에 속하는 것입니다. 목회는 단순히 의무를 인정하는 것 이상이며, 그리스도의 억누르는 사랑의 경험이며, 우리가 진실로 그리고 분명하게 받은 소망과 기쁨과 성령님과 권능에 의해 우리에게 전달된 복음의 무한한 가치를 인식하는 것입니다.[1]

스티븐 팅

바울은 하나님으로부터 택함 받은 사람들의 심령에 이루어진 새 창조에 대해 경탄하기를 결코 멈추지 않았습니다. "그런즉 누구든지 그리스도안에 있으면 새로운 피조물이라 이전 것은 지나갔으니 보라 새 것이 되었도다"(고후 5:17). "보라"는 단어는 거만하고, 무례하고, 신성모독적인 핍박자로서 사도 바울이 부활하신 그리스도에 의해 직면하여 붙들린 후, 처음에는 그분의 영광에 의해 압도되었고 다음에는

---

1) Stephen H. Tyng, The Christian Pastor: *The Office and Duty of the Gospel Minister* (Birmingham, AL: Solid Ground Christian Books, 2006), pp. 28~29.

그분의 영광에 의해 크게 기뻐했던 다메섹 도상의 경이로움 같은 것을 보여 줍니다. 이 다메섹의 사건은 제자들에게는 거의 믿을 수 없는 일이었습니다. 그들은 한때 바울의 이름이 언급되는 것만으로도 두려워했습니다(행 9:26). 예수 그리스도는 이 사람을 그리스도인으로 만드셨습니다. 그리고 그 이상으로 그를 목회자로 만드셨습니다. 바울의 새로워진 심령은 본능적으로 이렇게 질문했습니다. "주님, 제가 무엇을 하기를 원하십니까?" 이에 대한 하나님의 대답은 바울이 나중에 회상했던 것처럼 분명하고 절대적인 것이었습니다.

> 일어나 너의 발로 서라 내가 네게 나타난 것은 곧 네가 나를 본 일과 장차 내가 네게 나타날 일에 너로 종과 증인을 삼으려 함이니 이스라엘과 이방인들에게서 내가 너를 구원하여 그들에게 보내어 그 눈을 뜨게 하여 어둠에서 빛으로, 사탄의 권세에서 하나님께로 돌아오게 하고 죄사함과 나를 믿어 거룩하게 된 무리 가운데서 기업을 얻게 하리라 하더이다(행 26:16~18).

이 마주침은 사도 바울로 하여금 자신의 정체성과 부르심에 대한 심오한 감각을 느끼게 했습니다. 그것은 한 사람으로서 자신이 누구이며 한 목회자로서 자신은 무엇을 해야 하는가라는 은혜 속에서 일어난 인식이었습니다. 그러나 바울의 자아인식은 거만한 자아존중 혹은 과시, 자아 확신에 기반한 자만과 같은 것은 아니었습니다. 바울은 겸손한 사람이 되었고, 항상 다음과 같은 사실 때문에 경이로워 했습니다. "모든 성도 중에 지극히 작은 자보다 더 작은 나에게 이 은혜를 주신 것은 측량할 수 없는 그리스도의 풍성함을 이방인에게 전하게 하시고"(엡 3:8).

그러나 바울은 또한 자신이 특권을 받은 사람이라는 것을 알았습니다. 그는 확증된 하나님의 부르심을 받았고, 자신이 예수 그리스도의 사도라는 것을 알았으며(골 1:1), 그가 다른 복음 사역자들과 함께 하나님의 종이라는 것을 인식했습니다(7절). 그러나 또한 특별한 자비를 받은 사람으로서 유순한 마음을 가지게 되었습니다. "맨 나중에 만삭되지 못하여 난 자 같은 내게도 보이셨느니라 나는 사도 중에 가장 작은 자라 나는 하나님의 교회를 박해하였으므로 사도라 칭함 받기를 감당하지 못할 자니라 그러나 내가 나 된 것은 하나님의 은혜로 된 것이니 내게 주신 그의 은혜가 헛되지 아니하여 내가 모든 사도보다 더 많이 수고하였으나 내가 한 것이 아니요 오직 나와 함께 하신 하나님의 은혜로라"(고전 15:8~10). 이 점에서 바울은 진실로 그리스도를 닮은 사람입니다. 그는 자신의 삶이 순종과 섬김의 삶이라는 것을 알았고, 더욱이 교회, 교회의 영광스러운 머리 그리고 복 받은 구성원들과의 관계라는 측면에서 자신의 정체성을 확장했습니다.

비록 바울은 자신을 골로새 교인들과의 관계 안에서 묘사했지만, 그는 또한 이방인을 위한 그리스도의 사도로서 모든 교회와의 관계 안에서도 똑같은 정체성을 가진다는 것이 사실입니다. 교회는 바울과 같은 종을 결코 다시 가지지 못했습니다. 그는 고린도 교회에 편지를 쓰면서 그가 가진 부르심에 대한 감각을 다음과 같이 표현했습니다. "우리는 우리를 전파하는 것이 아니라 오직 그리스도 예수의 주 되신 것과 또 예수를 위하여 우리가 너희의 종 된 것을 전파함이라……이는 모든 것이 너희를 위함이니 많은 사람의 감사로 말미암아 은혜가 더하여 넘쳐서 하나님께 영광을 돌리게 하려 함이라"(고후 4:5, 15).

바울은 또한 그의 동료 종들이 한 특정 교회 안에서 또한 여러 교회와의 관계 안에서 어떤 사람이 되어야 하는지 본보기를 보여 주고 있습니다. 왜냐하면 모든 감독이 하나님의 종이며 그분 집의 청지기이기 때문입니다(딛 1:7). 예를 들어, 에바브라—그는 아마도 골로새 교회의 목회자들 중 한 명으로서—는 사도 바울과 같은 영성을 가진 사람인데, 그가 섬기는 교회를 대표하는 그리스도의 충성스러운 사역자입니다(골 1:7). 당신은 복음 사역 가운데 사도적 영성과 목표를 가지기 위해 사도가 될 필요는 없습니다. 바울이 골로새서 1장 28절에서 선언한 대로 "우리는 그리스도를 설교합니다." 모든 충성스러운 목회자는 사도처럼 예수님을 설교합니다. 오늘날의 복음 사역자들은 그들의 특성, 관계, 의무, 희망을 사도 바울로부터 여전히 배울 수 있습니다. "형제들아 너희는 함께 나를 본받으라 그리고 너희가 우리를 본받은 것처럼 그와 같이 행하는 자들을 눈여겨 보라"(빌 3:17).

교회의 종

바울이 하나님으로부터 받은 청지기 직분에 따라 복음의 종 혹은 목회자가 된다고 말할 때, 그리스도 안에 있는 하나님의 은혜에 대한 경이감이 사도 바울로부터 흘러나옵니다. 죄인 중의 괴수였던 그가 "목회자가 되었습니다"(골 1:25). 핍박자가 이제는 설교자요 목사가 된 것입니다. 교회에 고통을 가하던 자가 이제 교회를 위해 고난을 받습니다. 그것은 바울이 말했던 것처럼, "와서 이 경이로움 안에서 교제하라. 나 자신이 예수님의 교회를 위한 종이 되었노라."라고 말한 것과 같습니다.

첫째로 소명을 관찰하십시오. 바울은 이 직무에 자원자가 아니었습니다. 그가 이 직무에 있어서 가진 희망과 기쁨은 자연적인 산물이 아니었습니다. 그는 하나님께서 복음 사역을 맡기셨으므로 기꺼이 감당하고 있습니다. 그는 스스로 복음 사역을 택하지 않았는데, 그가 가진 기꺼이 사역을 감당하려는 감각은 자신 안에서 일하시기 위해 밖으로부터 오신 성령님의 것이기 때문입니다. 그는 이 점에서 거짓 교사들과는 대조됩니다. 그들은 자기 스스로 쓴 추천서를 가지고 와서 고린도 교회에 고통을 가하던 소위 '초월 사도'(super-apostles) 같은 사람들입니다(고후 3:1). 그들은 그들 자신이 중요하다고 생각하는 감각, 신분, 가치에 대한 현혹된 개념 이외에 어떤 권위도 가지지 않았습니다. 바울에게 있어서 분명한 암시는 하나님의 저항할 수 없는 은혜가 일하셨다는 것입니다. 하나님은 그 직무를 위해 바울을 빚으셨습니다. 그리고 죄로부터 자유와 구원을 주셨고 그에게 하나님의 영광을 위한 열정의 불을 붙여 그의 남은 삶을 특징지으셨습니다.

그러나 우리는 여기서 또한 역할에 대해 살펴 볼 수 있습니다. 그것은 사도 바울이 부름 받은 것이었습니다. 그는 일하는 종으로서 목회자가 되었습니다. 그는 인도자였지 주인은 아니었습니다. 주 그리스도는 땅에서 지내시는 동안 제자들이 누가 가장 큰 자인가라는 문제로 논쟁할 때 그들에게 경고할 필요가 있으셨습니다. "예수께서 이르시되 이방인의 임금들은 그들을 주관하며 그 집권자들은 은인이라 칭함을 받으나 너희는 그렇지 않을지니 너희 중에 큰 자는 젊은 자와 같고 다스리는 자는 섬기는 자와 같을지니라 앉아서 먹는 자가 크냐 섬기는 자가 크냐 앉아서 먹는 자가 아니냐 그러나 나는 섬기는 자로 너희 중에 있노라"(눅 22:25~27).

베드로는 주님의 꾸짖음을 결코 잊지 않았으며 후에 예수 그리스도의 종으로서 살아가는 동안 그때 경험했던 감각을 가지고 소통했습니다. "너희 중에 있는 하나님의 양 무리를 치되 억지로 하지 말고 하나님의 뜻을 따라 자원함으로 하며 더러운 이득을 위하여 하지 말고 기꺼이 하며 맡은 자들에게 주장하는 자세를 하지 말고 양 무리의 본이 되라 그리하면 목자장이 나타나실 때에 시들지 아니하는 영광의 관을 얻으리라"(벧전 5:2~4).

우리가 이전에 본 것처럼, 그리스도는 세상의 기대를 바꾸셨는데, 이것은 바울이 베드로처럼 잘 배웠던 교훈입니다. 바울의 위대함은 그리스도께서 그러하셨던 것처럼 섬김 속에 있습니다. 진정한 하나님의 사람은 섬기는 일을 통해 다른 사람을 인도합니다. 그는 지배하기 위해 부름 받은 것이 아니라 돌보기 위해 부름 받은 것입니다. 그는 실패하기 때문에 일어납니다. 높아지는 방법은 낮아지는 것입니다. 이것은 세상이 쉽게 붙들 수 없는 역설입니다. 그리고 이것은 하나님의 진정한 종들을 구별 짓는 행동 양식입니다. 바울이 가진 자신에 대한 감각은 세상을 위한 현관 신발 먼지떨이가 되어야 한다는 것과 같은 어리석은 자기말살이 아닙니다. 바울은-자신의 주인처럼-모든 사람의 종으로 자신을 규정했습니다(막 10:45). 그는 존경받기 위해 부름 받지 않았고 일하도록 부름 받았습니다. 그는 사람에게 칭찬받기 위해 보내진 것이 아니라 사람들을 대표하여 활동하도록 보냄 받았습니다. 그가 받은 소명은 허리를 숙여 섬기는 영광스러운 특권이며, 힘들고 겸손한 사역의 차원 높고 위엄 있는 부르심입니다.

하나님께서 수여하신 청지기직

바울은 이제 자신에 대한 관념 그리고 자신이 수행하는 섬김 뒤에 있는 지배적인 인식을 조명합니다. 그의 사역은 "하나님이 너희를 위하여 내게 주신 직분을 따라"(골 1:25) 된 것입니다. 바울은 하나님 자신에 의해 사역으로 부름을 받은 병사입니다. 그는 디모데에게 말할 때 다른 병사들과 같이 자기 자신에 대해 이야기하고 있습니다. "병사로 복무하는 자는 자기 생활에 얽매이는 자가 하나도 없나니 이는 병사로 모집한 자를 기쁘게 하려 함이라"(딤후 2:4).

세상에서 어떤 사람이 위임을 받을 때처럼, 바울은 하나님의 동의하에서 일하며 하나님의 뜻에 의해 통제 받습니다. 그의 소망은 하나님을 기쁘시게 하는 것입니다. 그는 교회의 종입니다. 왜냐하면 그는 하나님의 청지기이기 때문입니다. 그의 권위는 하나님으로부터 나오고, 그는 궁극적으로 하나님 앞에 자신이 담당한 일에 대한 책임을 져야 합니다. 그는 하나님의 계획과 목적에 맞추어 행동합니다. 그리고 그런 행동에 대해 하나님께 책임을 져야 합니다. 우리는 바울이 가진 이런 감각을 고린도전서 4장에서 볼 수 있습니다. "사람이 마땅히 우리를 그리스도의 일꾼이요 하나님의 비밀을 맡은 자로 여길지어다 그리고 맡은 자들에게 구할 것은 충성이니라 너희에게나 다른 사람에게나 판단 받는 것이 내게는 매우 작은 일이라 나도 나를 판단하지 아니하노니 내가 자책할 아무것도 깨닫지 못하나 이로 말미암아 의롭다 함을 얻지 못하노라 다만 나를 심판하실 이는 주시니라"(고전 4:1~4).

의무에 해당하는 인식, 즉 거룩한 책무에 대한 감각은 나중에 그의 편지 안에서 강력하게 서술됩니다. "내가 복음을 전할지라도 자랑할 것이 없음은 내가 부득불 할 일임이라 만일 복음을 전하지 아니하면 내게 화가 있을 것이로다 내가 내 자의로 이것을 행하면 상을 얻으려니와 내가 자의로 아니한다 할지라도 나는 사명을 받았노라 그런즉 내상이 무엇이냐 내가 복음을 전할 때에 값없이 전하고 복음으로 말미암아 내게 있는 권리를 다 쓰지 아니하는 이것이로다"(고전 9:16~18).

사명(dispensation)으로 번역된 단어는 다른 두 개의 단어로부터 파생된 것입니다. 그리고—비록 무엇보다 소중한 하나님의 통치 혹은 주권적인 계획안에서 일한다는 감각이 있을지 모르지만(엡 1:10, 3:2, 9 참조)-그것은 아마도 가족에 대한 청지기직, 감독, 조정 혹은 지도라는 근본적인 개념을 수반합니다. 사명(dispensation)은 바울 시대에 다른 사람의 재산을 관리하거나 이윤을 살피는 사람들을 묘사할 때 흔히 사용되었습니다. 그것은 요셉이 보디발의 집안 사무를 맡았던 것과 유사한 직무입니다.

> 요셉이 그의 주인에게 은혜를 입어 섬기매 그가 요셉을 가정 총무로 삼고 자기의 소유를 다 그의 손에 위탁하니 그가 요셉에게 자기의 집과 그의 모든 소유물을 주관하게 한 때부터 여호와께서 요셉을 위하여 그 애굽 사람의 집에 복을 내리시므로 여호와의 복이 그의 집과 밭에 있는 모든 소유에 미친지라 주인이 그의 소유를 다 요셉의 손에 위탁하고 자기가 먹는 음식 외에는 간섭하지 아니하였더라 요셉은 용모가 빼어나고 아름다웠더라(창 39:4~6).

다시 말해, 바울은 여기서 우리에게-그의 삶을 위한 하나님의 계획과 목적에 따라-그가 교회, 즉 하나님의 집 안에서 하나님의 일을 감독하고 조정해야 하는 하늘이 내린 작정을 가지고 있으며(딤전 3:5, 15), 말씀과 성령을 통해 그리스도로부터 받은 명령에 따라 교회의 관리자요, 청지기로 만들어졌음을 말하고 있습니다. 그는 어떤 면에서 수탁인, 즉 하나님을 대신하여 하나님의 '영적인 보물들'을 관리하는, 하나님의 집에서 하나님의 사무를 보는 감독자입니다. [2]

예수 그리스도의 교회를 위한 바울의 섬김은 그에게 지정되었고,

---

2) William Hendriksen, *Colossians in New Testament Commentary: Philippians, Colossians and Philemon* (Edinburgh: Banner of Truth, 1932), p. 88.

하나님의 은혜롭고 주권적인 뜻에 맞추어 관리하도록 그에게 위임되었습니다. 주 하나님은 한 계획을 가지고 계시며 그 계획을 충족하기 위해 사도 바울을 직원으로 지명하셨고, 섬김의 한계와 기간은 하나님께서 정하셨습니다. 바울은 차원 높은 특권과 신성한 위탁을 소유했습니다. 그리고 그는 그것들에 반하거나 그 외의 일들을 행하는 데에는 자유롭지 못했습니다. 그는 하나님께서 계신 집의 종이었습니다. 그 집은 교회였고 집의 머리는 주님 자신, 즉 그리스도이십니다(히 3:6). 교회를 위한 바울의 수고는 하나님께서 그에게 주신 청지기직에 따라서 수행되어야 했고, 그 자신의 일정에 따라 마음대로 결정할 수 없었습니다. 장 딜르는 이렇게 설명합니다.

> 청지기 혹은 사명자는 자신의 지성과 자신의 기호에 따른 것을 할 힘이 없으며, 오직 주인이 그에게 준 것만 분배할 권한이 있습니다. 그리고 정확히 그런 정황 속에서 주인은 청지기를 묘사해 왔습니다. 만일 청지기가 스스로 더 많은 일을 하려고 떠맡으면, 즉 그가 위탁받은 것의 범위를 넘어서면, 그 범위를 넘어서 그가 한 말이나 행동은 모두 무효가 되고 어떤 힘도 지니지 못하며, 가정의 누구도 그것에 순종하도록 강요할 힘을 가지지 못합니다. [3]

주 그리스도는 바울의 구주이셨고 주인이셨습니다. 그리고 사도 바울은 자신이 하나님의 진리를 위한 관리자임을 알았습니다. 자신의 지위에 대한 이런 인식은 그가 쓴 편지들의 표면에 지속적으로 드러

---

3) Jean Daillé, *The Epistle to the Colossians in An Exposition of the Epistles of Saint Paul to the Philippians and Colossians* (Stoke-on-Trent, UK: Tentmaker Publication, 2008), p. 72.

납니다.

　　내가 내 자의로 이것을 행하면 상을 얻으려니와 내가 자의로 아
니한다 할지라도 나는 사명을 받았노라(고전 9:17).

　　이러므로 그리스도 예수의 일로 너희 이방인을 위하여 갇힌 자
된 나 바울이 말하거니와 너희를 위하여 내게 주신 하나님의 그 은
혜의 경륜을 너희가 들었을 터이라(엡 3:1~2).

　　도리어 그들은 내가 무할례자에게 복음 전함을 맡은 것이 베드로
가 할례자에게 맡음과 같은 것을 보았고(갈 2:7).

　　이 교훈은 내게 맡기신 바 복되신 하나님의 영광의 복음을 따름
이니라(딤전 1:11).[4]

　이 구절들은 모든 권위가 – 다른 곳에서와 마찬가지로 교회 안에서
도 – 하나님의 권위에 종속된다는 것을 분명히 합니다. 그리스도의 교
회 안에서 목회자의 권위는 그리스도에게서 파생되고, 그리스도를 대
신하여 수행되고, 이 수행에 대해 그는 그리스도께 책임을 집니다. 바
울은 자신의 부르심에 대한 이와 같은 인식을 에베소 장로들과 나눕
니다.

　　오매 그들에게 말하되 아시아에 들어온 첫날부터 지금까지 내가

---

4) 롬 15:15~16; 고후 5:18~19; 딛 1:1~3을 또한 참고하라.

항상 여러분 가운데서 어떻게 행하였는지를 여러분도 아는 바니 곧 모든 겸손과 눈물이며 유대인의 간계로 말미암아 당한 시험을 참고 주를 섬긴 것과 유익한 것은 무엇이든지 공중 앞에서나 각 집에서나 거리낌이 없이 여러분에게 전하여 가르치고 유대인과 헬라인들에게 하나님께 대한 회개와 우리 주 예수 그리스도께 대한 믿음을 증언한 것이라(행 20:18~21).

다른 경우, 그는 이 점에 있어서 더욱 견실함을 보입니다. 갈라디아 이단을 직면할 때, 바울은 신자들에게 이런 방식으로 도전합니다. "이제 내가 사람들에게 좋게 하랴 하나님께 좋게 하랴 사람들에게 기쁨을 구하랴 내가 지금까지 사람들의 기쁨을 구했다면 그리스도의 종이 아니니라 형제들아 내가 너희에게 알게 하노니 내가 전한 복음은 사람의 뜻을 따라 된 것이 아니니라 이는 내가 사람에게서 받은 것도 아니요 배운 것도 아니요 오직 예수 그리스도의 계시로 말미암은 것이라"(갈 1:10~12).

목회자는 자유롭거나 무책임한 사람이 아닙니다. 그 자신의 의지 혹은 변덕스러운 마음이 그를 지배하는 것이 아닙니다. 어떤 특정한 교회의 의지나 변덕이 그를 지시하는 것도 아닙니다. 그가 설교하는 것은 하나님의 복음이고, 그는 다름 아닌 설교하는 일에 있어서 자유로운 것입니다. 그가 누구이며 무엇을 해야 하는지에 대해 그의 인식을 지배하고 그의 삶을 인도하는 것은 전능하신 하나님의 의지와 목적입니다. 그는 하나님으로부터 주어진 청지기직에 대한 현재적 감각—종종 무거운 감각—아래에서 수고합니다. 그리고 그는 하나님 앞에 서 있는 사람처럼 그리스도의 몸에 대한 책임을 이행함으로 그 청지기직에 맞추어 교회를 섬깁니다. "오직 하나님께 옳게 여기심을 입어 복음을 위탁 받았으니 우리가 이와 같이 말함은 사람을 기쁘게 하려 함이 아니요 오직 우리 마음을 감찰하시는 하나님을 기쁘시게 하려 함이라"(살전 2:4). 바울을 통제하는 것은 바로 청지기직에 대한 감각이었습니다. 그것은 그가 최우선으로 가진 애착이었고, 그를 지배하는 염려였습니다. 그의 사역, 메시지, 방법들은 모두 하나님께 종속된 것입니다.

교회는 여전히 이런 사람들을 필요로 합니다. 그리고 여전히 하나님께서는 교회를 위해 그런 사람들을 보내어 주십니다. 바울에게 주어진 청지기직은 교회에 한정된다는 사실에 매우 주의해야만 합니다. 이것은 하나님의 의도이며 목적입니다. 즉, 그는 교회의 유익을 위해 교회에 복음 사역자들을 주십니다.

만일 한 사람이 하나님께 부름을 받는다면 그의 마음은 진실로 하늘의 것에 있고, 그의 발은 주님의 교회 중앙에 굳건하게 두어야 하는 것입니다. 그가 하나님 앞에서 우선적으로 지고 있는 의무는 교회의 유익을 확보하는 것입니다. 왜냐하면 이 청지기직이 사도 바울에게 주어진 것은 '당신을 위한'-그리스도의 몸을 위한-것이기 때문입니다. 이제 하나님께서 교회에 목사를 주실 때, 교회가 목사의 마음의 최전방에 있을 뿐 아니라, 하나님의 마음에도 선두에 있음을 주목하십시오. 부활하신 그리스도는 교회를 돌보도록 지명한 사람들을 보내실 때, 자신의 심령에 교회의 현재적 유익과 영원한 유익을 가지십니다.

그가 어떤 사람은 사도로, 어떤 사람은 선지자로, 어떤 사람은 복음 전하는 자로, 어떤 사람은 목사와 교사로 삼으셨으니 이는 성도를 온전하게 하여 봉사의 일을 하게 하며 그리스도의 몸을 세우려 하심이라 우리가 다 하나님의 아들을 믿는 것과 아는 일에 하나가 되어 온전한 사람을 이루어 그리스도의 장성한 분량이 충만한 데까지 이르리니 이는 우리가 이제부터 어린아이가 되지 아니하여 사람의 속임수와 간사한 유혹에 빠져 온갖 교훈의 풍조에 밀려 요동하지 않게 하려 함이라 오직 사랑 안에서 참된 것을 하여 범사에 그에게까지 자랄지라 그는 머리니 곧 그리스도라 그에게서 온 몸이 각 마디를 통하여 도움을 받음으로 연결되고 결합되어 각 지체의 분량대로 역사하여 그 몸을 자라게 하며 사랑 안에서 스스로 세우느니라(엡 4:11~16).

바울은 고립적으로 사역하지 않았습니다. 비록 사도였지만, 그는 단순한 한 명의 목회자가 아니라 그리스도의 교회를 위해 교회에 주어진 목회자입니다. 교회는 그의 모든 노력의 목적이며 그의 관심의 중심부입니다. 그의 모든 수고는 하나님으로부터 받은 청지기직과 부합되도록 교회와 관련되어 있습니다. 그는 골로새 교회에 편지를 쓰는 가운데(비록 골 2:1은 그가 사람들 중 대부분을 개인적으로 만난 적이 없다고 제안하지만) 그가 가진 청지기로서의 권위의 범위를 넘지 않습니다. 왜냐하면 하나님께서 지금도 각각의 교회를 위해 목회자들을 보내시는 것처럼, 하나님께서 그를 사도로서 교회를 위해 교회에게 주셨기 때문입니다.

경건한 사역자는 단순히 교회가 원하는 목회자가 아니라 교회가 필요로 하는 목회자라는 점을 볼 수 있게 하는 것이 바로 이런 청지기적 관점에서 나온다는 것을 깨달을 수 있겠습니까? 그리스도에 대한 믿음을 고백하는 교회 안에서도 진정으로 구원받지 않은 사람들이 있습니다. 그리고 그들은 무엇을 하는지 그리고 무엇을 하는데 실패하는지 그리고 어떻게 움직이고 무엇을 기대하는지를 통해 드러나게 될 것입니다. 그들은 종종 하나님의 뜻과 명백하게 반대되는 의제들을 가질 것입니다. 그 의제들이 공적으로 드러나든지 그렇지 않든지 관계없이 말입니다. 이것은 여러 방법을 통해 증명될 것입니다. 유명한 웨일즈의 설교자, 크리스마스 에반스(Christmas Evans)는 한때 사탄이 교회에 들어올 때 어떤 방식으로 오는지 그가 상상한 것을 묘사한 적이 있습니다.

　사람이 복음을 듣는 모습은 그의 심령과 감정과 소망의 본질에 대한 지표입니다. 만일 사탄이 회중 안에 들어온다고 가정했을 때, 그는 어떤 형태의 청중이 될까요? 그는 모든 진리, 의, 경건함의 뿌리 깊은 적입니다. 그리고 교회의 예배자들 가운데서 영혼의 성화, 헌신, 영적인 감정은 그를 심하게 괴롭힙니다. 만일 어느 날 그가 사람의 모양을 가지고 영원불변하는 복음을 듣는 청중들 가운데 자리를 차지한다면 예배를 가능한 많이 방해하고 괴롭히기 위해, 그는 눈에 잘 띄는 자리를 차지할지도 모릅니다. 설교단 아래든지 중2층 앞이든지 관계없이 모든 사람의 눈에 띄는 자리 말입니다. 그리고 그는 흉측한 인상을 짓고 눈을 감고 자고 있는 것처럼 보일 것입니다. 그는 전해지고 있는 메시지에 의해 전달되는 작은 감정적 표시마저도 걱정스런 마음으로 억제할 것입니다. 죄의 각성, 순종, 평화, 기쁨은 눈곱만큼도 드러내지 않을 것입니다. 그는 얼굴을 찡그리고 이맛살을 찌푸리며 머리를 흔들고, 그가 듣는 복음에 대해 갖은 불만을 보이면서, 마치 그곳의 모든 사람들을 동일한 악마 같은 성질로 바꾸려는 것처럼 할 것입니다. 그런 것이 하나님의 말씀에 대해 회중이 보일 수 있는 적대적 태도일 것이라고 저는 생각합니다. 그러나 그리스도의 이름을 가진 사람들 중에 많은 사람이 이런 똑같은 그림을 보이고 있음을 우리는 보아 왔지 않습니까?[5]

얼마나 많은 목사들이 노려보고 인상을 찌푸리며, 으르렁 거리는 얼굴들 앞에서 설교해 왔습니까? 한 충성스러운 목회자가 어떻게 그런 상황에서 그의 진로를 유지하면서 꾸밈없이 열정적으로 복음을 설교할 수 있습니까? 오직 하나님 앞에서 자신이 받은 청지기직의 감각에 붙들려야만 가능한 것입니다.

또한 여전히 죄인이지만 구원받은 죄인으로서, 배움을 추구하는 진정한 양들이 있습니다. 그들은 대체로 충성스러운 사역이 어떤 것인지에 대한 개념을 가지고 있지만, 실제적으로 그것을 항상 즐기지는 않으며 특별히 가정에 대한 것일 때 그러합니다. 그들의 무지와 오만은 – 심지어 의식하지 못하는 – 성경에 반대되는 목적으로 일하도록 인도할 수 있고, 때때로 격렬한 폭발을 수반하기도 합니다. 종종 그런 폭발적인 공격을 감내하는 사람들은 목회자들입니다. 공적이든지 개인적이든지, 진정한 그리스도인의 소망에 널리 미치기 위한 특별한 진리의 적용들은 심지어 양으로부터 염소 같은 반응을 불러일으킬 수 있습니다. 일부 목회자들은 정기적으로 다음과 같은 모호한 주장을 듣습니다. "당신은 성령님을 위한 적용을 남겨 두어야 합니다." 이것은 다음의 의미를 축약한 것입니다. "어떻게 감히 당신이 그런 것을 내게 또는 적어도 내가 포함된 회중에게 얘기하죠?" 또는 "그처럼 나의 양심을 다시 누르는 것은 내가 원하는 진리의 일부가 아닙니다!" 심지어 진정한 신자들도 에반스가 묘사한 사탄의 모습과 닮아서 앞쪽 중앙에 앉아, 허세를 부리고 격노하면서 성경을 내동댕이 칩니다. 그것은 목회자가 – 비록 자신의 많은 결점들과 함께 자신도 죄인이지만 – 그들의 삶의 일부 뒤틀린 부분을 바로잡기 위해 복음의 통치적 적용을

---

5) 다음 자료에서 인용함. Owen Jones, *Some of the Great Preachers of Wales* (Stoke-on-Trent, UK: Tentmaker Publication, 1995), p. 179.

구하면서 그들의 가정에 필요한 것들을 그러나 그들이 마음으로 원하지 않는 진리들을 불어넣기 때문입니다.

일부는 소극적이지만 공격적 접근을 이용합니다. 즉, 너무 통상적인 모습이 되어버린 거슴츠레 뜬 눈으로, 적용된 진리들이 단순히 흘러가 버리거나 지나쳐버리게 합니다. 그런 '청중들'은 태평스럽게 이전처럼 동일하게 악하고 열매 없는 행동 양식을 반복할 뿐입니다.

어떻게 충성스러운 목사가 그런 대적을 극복하고 그들이-아마도 그들의 최상이 아니라면 최악의 상태에서-원하는 것보다는 그들에게 필요한 것을 진정한 양들에게 계속해서 줄 수 있겠습니까? 오직 하나님 앞에서 져야 할 책임을 견고하게 인식해야만 가능한 것입니다.

하나님으로부터 주어진 이런 청지기적 감각은 신적인 임무인데, 교회를 위해 목사의 감정, 관심, 노동, 은혜, 은사를 튼튼하게 합니다. 그것은 그를 충성스럽게, 열정적이게, 정직하게 하고 그가 두려워하고, 무관심해지고, 회피적이고 차가워질 때조차도 신실하게 만듭니다. 교회는 그런 목회자의 태도를 통해 기뻐할 수 있으며, 목회자는 그것을 인식해야만 합니다. 그가 가진 모든 것은 교회를 위해 하나님께서 주신 것입니다. 그는 부여받은 청지기직에 자신의 회중들을 맞추어야 하고, 그리스도께서 구속한 사람들을 위해 자신을 바쳐야 합니다. 왜냐하면 그가 부름 받고 위탁 받은 것은-교회의 유익을 위해-교회에 대한 것이기 때문입니다.

동료 그리스도인들께

자신의 값으로 사신 소유인 우리를 향한 하나님의 자상함을 인식하고 기뻐하십시오! 자신의 피로 우리를 구속하셨을 뿐만 아니라,

하나님은 우리를 눈동자 같이 지키시며 우리가 돌봄을 받을 수 있도록 충성스러운 사람들을 계속해서 보내 주십니다. 하나님은 바울을 이방인들과, 골로새인들과, 우리에게, 즉 모든 교회에 주셨습니다. 우리는 사도 바울의 돌봄과 가르침, 하나님께서 자신의 뜻에 따라 지명하신 사람들의 가르침과 돌봄과 수고를 받아들여야 합니다.

당신은 당신을 돌보는 목회자를 어떻게 생각하십니까? 우리는 종종 섭리에 대한 이해 가운데 사람들을 분리시키려는 유혹을 받습니다. 그것은 우리가 일이나 사건들을 하나님의 통제 아래에 있는 것처럼 설명하는 것을 좋아하지만, 우리가 접촉하는 사람들에 대해서는 불평하기를 좋아합니다. 당신은 주님께서 그 특정한 목회자를 '당신을 위해' 주셨다고 고려해 보았습니까? 그가 부름 받은 사람으로서 충성스럽다고 가정할 때, 행복하든 그렇지 않든 그는 우연한 산물이 아니라 하나님께서 특별히 정하여 보내신 선물입니다. 그는 하나님으로부터 지명되었고, 사역을 위해 위임 받았고, 교회에 의해 그렇게 인식되며, 몸의 유익을 위해 은혜와 은사들을 부여받았습니다. 그의 모든 부족함과 개성을 포함하여—그리고 그가 그것을 얼마나 많이 가지고 있든지 관계없이!—그는 여전히 당신을 위한 주님의 종으로 남아 있습니다. 당신은 그를 어떻게 생각하며 기도하고 있습니까? 당신은 그로 인해 감사합니까? 당신은 그의 성화를 위해 기도합니까? 당신은 하나님께서 그가 담당한 양 무리들을 가르칠 수 있도록 성경으로부터 더 많은 것을 깨닫도록 주님께 요청합니까? 만일 당신이 그렇게 하지 않는다면 이 순간부터 그렇게 하겠습니까?

당신은 어떻게 그와 관계를 맺고 있습니까? 히브리서 기자의 진지한 권고를 기억하십시오. "너희를 인도하는 자들에게 순종하고 복종하라 그들은 너희 영혼을 위하여 하기를 자신들이 청산할 자인 것 같이 하느니라 그들로 하여금 즐거움으로 이것을 하게 하고 근심으로 하게 하지 말라 그렇지 않으면 너희에게 유익이 없느니라"(히 13:17; 살전 5:12~13 참고). 당신은 이 책임을 의식하고 있습니까? 당신은 목자의 심령에 기쁨을 가져다주는 그리스도의 양입니까? 당신은 그를 대함에 있어서 그를 당신의 성화를 위한 하나님의 특정한 도움임을 인식하면서 마땅히 겸손하게 자신을 낮춥니까?

만일 당신이 목사를 필요로 하는 교회의 한 지체로서, 충성스러운 부목자(undershepherd)를 얻도록 구하고 있다면 하나님의 마음에 맞게 기도하고 있다고 확신할 수 있습니다. 주 예수님은 자신의 교회에 선물을 주십니다. 그리고 그분의 심령은 교회를 향해 넓게 열려 있습니다. 그리스도는 항상 자신의 심령에 교회의 현재적 그리고 영원한 유익을 가지고 있습니다. 당신은 하나님의 뜻에 반대되는 것을 구하지 않고 하나님께서 주시기를 기뻐하는 것을 구해야 합니다. 하나님 앞에서 희망적인 확신을 가지고 날마다 구하십시오. 그리고 충성스럽게 목회함으로 여러분에게 영원한 유익을 주고 여러분 가운데에서 하나님을-두려움이나 편견 없이-섬기며, 하나님의 심령을 추구할 사람을 구하십시오.

이 점을 생각할 때 더 넓은 의미의 교회를 잊지 마십시오. 우리가 살고 있는 시대-추수할 들판에 일꾼이 부족한 때-에 진실로 필요한 것 중 하나는 주님께서 추수를 위해 일꾼들을 보내시는 것입니다(마 9:38). 당신은 이런 기도를 하고 있습니까? 당신은 그렇게 해야 할 특정한 의무를 가지고 있습니다. 우리는 또한 이 책을 읽고 있는 젊은 층의 사람들이 이 점에서 잠시 멈추기를 촉구합니다. 당신은 이 점에서 교회와 당신 자신의 기도에 대한 응답의 일부일 수 있다는 가능성을 주의 깊게 고려해 왔습니까? 마태복음 9장 끝 부분으로부터 마태복음 10장의 첫 부분을 떼어놓지 마십시오. 마태복음 9장 끝에서 예수 그리스도는 제자들에게 하나님이 보내신 추수꾼들을 위해 기도하라고 명령하십니다. 바로 그 다음으로 같은 제자들에게서 우리가 보는 것은 좋은 소식을 이스라엘의 집의 잃어버린 양들에게 전하기 위해 준비되어서 파송된 장면입니다.

형제들이여, 우리는 당신이 보냄을 받지도 않고서 목회로 나아가기를 바라지 않습니다. 그러나 우리는 만일 주님이 당신을 보내신다면 기꺼이 준비가 되기를 바랍니다. 당신 자신의 심령을 세밀하게 점검하는 가운데, 과거와 현재의 충성스러운 신앙의 선배들의 권고를 통해 그리고 충성스러운 지역 교회의 정황 속에서 당신이 주 그리스도께서 자신의 교회를 위해 주시는 은혜와 선물들을 받은 사람인지 아닌지를 주의 깊게 살피십시오.

아마도 당신은 다음과 같은 생각을 할 수도 있습니다. 당신의 현재 담임목사는 하나님께 은혜를 받은 사람이 아니라고 생각할 수도 있습니다. 아마도 당신의 목회자는 심지어 한 통상적인 사람의 수준에도 미치지 못한다고 생각할 수도 있습니다! 또는 아마도 그는 보냄을 받지도 않고 사역을 하고 있다고 생각할 수도 있습니다. 아마도 그는 진정으로 회심하지 않았을지도 모릅니다. 아마도 그는 다른 사람이 아니라 자기 자신을 섬기고 있는지도 모릅니다. 그런 고통스러운 상황을 대처함에 있어서 당신이 여전히 하나님의 자녀라는 것을 잊지 말고, 당신의 영혼을 돌보는 참 위대한 목자(예수 그리스도)가 있음을 잊지 마십시오. 우리는 당신이 떠나든지 남든지 필요한 권고를 드리고 싶지 않습니다. 우리는 당신을 위해 결정을 내릴 수는 없습니다. 그러나 우리는 그런 사람을 그리스도인으로서의 사랑과 허심탄회함으로 대하고, 말과 행위와 기도를 통해 할 수 있는 대로 모든 좋은 일을 하시기를 촉구합니다. 그는 돈을 목적으로 일하는 사람일지도 모르고 심지어 도둑일 수도 있습니다. 심지어 이런 어려운 상황까지도 하나님께서 인도하신 것이며, 하나님은 자신을 사랑하는 사람들을 위해 모든 것을 합력하여 선을 이루게 하실 것을 잊지 마십시오(롬 8:28). 그리고 사람이 악한 것을 추구한다 할지라도 하나님은 그것을 넘어서서 선을 행하실 수 있습니다(창 50:20). 이런 도구를 하나님이 사용하셔서 이런 일이 없었다면 결코 드러나지 않을 은혜를 우리에게 주실지 누가 알겠습니까? 당신은 기도와 본보기를 보임으로써 그런 사람을 효과적으로 대하고 승리하는 삶을 살 수 있게 하는 도구가 될 수 있습니까? 당신은 모든 일에 대한 결말이 어떨지를 보아야 합니다. 영혼을 돌보는 사람들-고귀하고 거룩한 책무를 가진 사람들-은 양들의 위대한 목자에게 보고서를 제출할 것입니다. 하나님께서 직접 무익한 목자들을 다루실 것입니다. 그 중 일부는 불을 통과하여 구원될지 모릅니다(고전 3:12~15). 더 나아가, 살아 계신 하나님의 양 무리들을 찢고 학대한 사람들을 위해 준비된 끔찍한 결말이 있습니다. 그런 이리 같은 자칭 목자들은 하나님 앞에서 해명해야 할 것이고, 항상 선을 행하시는 하나님은 온 땅위에서 선하신 심판자로 서십니다(창 18:25).

이 모든 일을 통해 볼 때, 당신 또한 청지기직을 가지고 있다는 것을 기억하십시오. 당신이 누구이든지 그리고 무슨 일을 하든지, 만일 당신이 예수 그리스도의 몸의 구성원이라면 당신은 교회 안에서 그리스도를 섬기기 위해 성령에 의해 무장되어 있습니다(고전 12:4). "우리에게 주신 은혜에 따라 각각 다른 은사"(롬 12:6)를 가지고 있는 것입니다. 당신도 섬김을 받으려 함이 아니라 섬기러 오신 분의 한 제자입니다. 심지어 "더 약하게 보이는 몸의 지체가 도리어 요긴합니다"(고전 12:22). 하나님 자신이 몸을 조성하셨고 유능한 기술과 지혜로 그렇게 하셨습니다. "우리는 그가 만드신 바라 그리스도 예수 안에서 선한 일을 위하여 지으심을 받은 자니 이 일은 하나님이 전에 예비하사 우리로 그 가운데서 행하게 하려 하심이니라"(엡 2:10). 몸에 속한 당신의 지위를 경멸하지 마십시오. 교회에서 종이 아닌 사람은 아무도 없습니다. 비록 몇몇은 다른 사람보다 더 큰 탁월함을 갖추고 있기는 하지만 말입니다. 교회 안에 있는 모든 그릇은 영광을 위해 만들어졌습니다. 비록 각각 자신의 고유한 신분과 기능이 있지만 말입니다. 당신은 사도적 지위를 가지고 있지는 않습니다. 그리고 당신은 공적인 목회적 역할을 가지고 있지 않을지도 모릅니다. 그러나 당신은 교회 안의 동료들의 유익과 그리스도의 영원한 이름의 영광을 위해 하나님께서 부여하신 은혜와 은사를 가지고 있습니다. 회중을 인도하도록 지명된 사람들의 돌봄 아래에서 그리고 그들의 안내를 받아, 받은 능력을 사용하여 그리스도의 영광과 그의 나라의 확장에 헌신하여 예수님의 재림의 때를 준비하십시오.

동료 목사님들께

당신이 당신의 정체성과 소명을 생각한다면 문제의 뿌리로 돌아가십시오. 당신은 본성적으로 어떤 존재였습니까? 당신은 타락한 심령을 가진 비참한 사람이었고, 죄 아래 팔려서 모든 종류의 허물을 따라갔으며, 마치 목마른 사람이 시원한 물을 추구하듯, 사악한 욕구와 정욕으로 타오르는 갈망을 채우기 위해 항상 추구해온 사람이 아니었습니까? 당신은 종교적인 고집쟁이, 바리새인 중의 바리새인이었고, 자아와 자기 의로 가득하여 다른 사람보다 우월하다는 교만으로 가득하지 않았습니까? 당신은 하나님의 진리에 완전히 무지했고, 하나님에 대해 아무런 생각 없이 오랜 세월을 배회하지 않았습니까? 당신은 훈련된 죄인이었고, 진정으로 하나님을 알기보다는 하나님에 대한 것만을 알았으며, 당신에게 주어진 바로 그 빛을 거역해온 사람이 아니었습니까? 얼마나 비참했고, 무익했고, 죄 많았던 우리입니까! 그리고 우리가 종종 발견하는 우리의 심령 안에 남아 있는 불결함이 얼마나 많습니까!

당신은 은혜로 어떤 사람이 되었습니까? 하나님의 자녀, 즉 피로 산, 피로 씻음 받은, 피로 보증된 그리스도인이 되었습니다! 타락한 심령은 깨끗해졌고, 죄의 다스리는 권능은 영원히 깨졌습니다. 그저 종교로서 받아들였던 마음은 갈가리 찢어졌고, 그 자리에 성령님께서 구주의 삶과 죽음과 부활의 기초 안에서 살아 계신 하나님과의 진정한 교제를 주셨습니다. 무지는 없어졌고 그 자리에 전능하신 하나님에 대한 참되고 성장하는 지식이 있게 되었습니다. 성경의 가르침은 한때 생명이 없는 뼈대였지만 이제 당신을 구원하신 하나님을 알고 섬기기 위한 수단이 되었습니다. 당신은 구속되었고, 더 나아가 예수 그리스도의 복음을 설교함으로 하나님과 교회를 섬기도록 부름 받았습니다. 단지 그리스도인일 뿐 아니라 설교자가 된 것입니다!

친구여, 성도들 중의 가장 미천한 자였던 당신이 은혜를 받아 이방인 가운데 그리스도의 헤아릴 수 없는 부요함을 설교해야 하는 이 직무를 경이로워 해 본 적이 있습니까(엡 3:8)? 당신은 그래야만 합니다! 단지 하나님이 당신을 자신에게로 부르신 것뿐만 아니라 당신을 보내어 당신처럼 다른 사람을 어둠에서 빛으로 돌리도록 한 일이 당신의 지속적인 기쁨과 경이로움의 근원이 되어야만 합니다. 이 경이로움의 감각을 잃지 마십시오. 왜냐하면 그 감각은 당신을 사랑하여 당신을 위해 자신을 내어주신, 그리스도께 대한 감사의 마음으로 드리는 순종과 기쁨의 행동으로써 당신이 하는 모든 것을 위엄 있게 만들기 때문입니다.

이런 생각들은 당신을 겸허하게 하며 교만하지 않게 유지시켜 줄 것입니다. 그것은 당신을 비판적으로 만들기보다는 안전하도록 해 줄 것입니다. 그것은 결코 교만에 기여하게 하지 않을 것이며 당신에게 안정감을 주고, 다시 사신 예수님의 교회를 위한 당신의 헌신에 확신을 줄 것입니다. 그것은 당신에게 종의 기질을 부여할 것입니다.

또한 종의 신분을 가진 당신은 교회 안에서 한 충성스러운 청지기로서 흠이 없도록 부름 받았다는 것을 기억하십시오(딛 1:7). 당신이 지역교회로부터 복음 사역자로서 인식될 때, 교회는 당신이 복음 사역의 일을 위해 하나님으로부터 위임되었다는 것을 인정하는 것입니다. 당신은 하나님의 청지기이기 때문에 그들의 종입니다.

그것은 당신의 의무가 하나님의 시간 속에서, 그분의 뜻에 맞추어 수행된다는 것을 의미합니다. 당신은 교회가 무엇을 필요로 하는지에 대해 당신 자신의 생각을 구축하지 않고, 하나님의 뜻에 맞게 이행하는 것입니다. 하나님께서 교회에 무엇이 필요하다고 생각하시는지에 의해 당신의 정체성이 제한받게 됩니다. 그것들에는 당신이 무엇을 어떻게 설교하는지, 어떤 말씀과 정신을 가지고 목양하는지, 교회와 교회의 모든 구성원들의 삶의 시작과 진행을 이끄는 하나님의 진리에 대한 당신의 헌신, 교회의 목적, 목표, 건강, 진보 등이 해당합니다. 이 모든 것은 기본적으로 하나님이 다스리는 것입니다. 바울은 이 점에 대해 젊은 디모데와 그렇게 열렬하게 소통을 했던 것입니다. 바울은 디모데를 속히 볼 수 없을 것을 염려하면서 다음과 같은 사실을 알리기 위해 글을 씁니다. "이 집은 살아 계신 하나님의 교회요 진리의 기둥과 터니라"(딤전 3:15).

나중에 그는 그의 동료 사역자 디모데에게 다음과 같이 촉구합니다.

> 누구든지 네 연소함을 업신여기지 못하게 하고 오직 말과 행실과
> 사랑과 믿음과 정절에 있어서 믿는 자에게 본이 되어 내가 이를 때
> 까지 읽는 것과 권하는 것과 가르치는 것에 전념하라 네 속에 있는
> 은사 곧 장로의 회에서 안수 받을 때에 예언을 통하여 받은 것을 가
> 볍게 여기지 말며 이 모든 일에 전심 전력하여 너의 성숙함을 모든
> 사람에게 나타나게 하라 네가 네 자신과 가르침을 살펴 이 일을 계
> 속하라 이것을 행함으로 네 자신과 네게 듣는 자를 구원하리라(딤
> 전 4:12~16).

우리는 그리스도 안에서 자유롭게 된 사람입니다. 그러나 자유로워
진 일꾼은 아닙니다. 우리는 하나님의 뜻을 이행하도록 부름 받았고,
우리는 우리가 수행하는 의무와 처신하는 방법들에 대해 우리를 부르
신 하나님 앞에 책임을 져야 할 것입니다.

그러므로 우리의 직무를 최대한 부지런하게 수행하여 충성스러운
자가 되기를 사모합시다(고전 4:2). 주님의 청지기는 주님께서 그가 하
는 모든 것을 보시는 것처럼 실천하고, 그에게 주어졌던 주님의 뜻을
따라 행하기 위해 기쁘게 일합니다. 그는 항상 주님의 뜻을 분별하기
위해 성령으로 조명된 하나님 말씀에 의지합니다. 그리고 그 말씀만을
가감하거나 변질시키지 않은 채로 그가 직무를 이루기 위해 검토하는
것입니다. 우리가 받은 소명과 위임의 경계 안에서 일합시다. 그리고
우리 자신이 가진 위임의 범위를 넘어서는 것으로 인해 하나님의 책망
이나 선한 사람들의 저항에 우리 자신을 노출하지 맙시다. "충성되고
지혜 있는 종이 되어 주인에게 그 집 사람들을 맡아 때를 따라 양식을

나눠 줄 자가 누구냐 주인이 올 때에 그 종이 이렇게 하는 것을 보면 그 종이 복이 있으리로다 내가 진실로 너희에게 이르노니 주인이 그의 모든 소유를 그에게 맡기리라"(마 24:45~47).

게으름이나 냉담함을 피하고 하나님과 함께 중량감을 인식하면서 우리에게 부과된 짐을 받아들입시다. 해딩턴(Haddington)의 존 브라운(John Brown)은 새로 안수받은 후배 목회자들에게 다음과 같은 권면을 하였습니다. "나는 당신의 마음의 허황됨을 압니다. 당신은 회중이 너무 작다는 것으로 주눅이 들 것입니다. 당신 주위의 동료들이 가진 회중들에 비해서 말입니다. 그러나 한 연로한 사람의 말을 깊이 생각하십시오. 당신이 맡은 양 떼에 대한 책임을 지기 위해 주 그리스도 앞에 나올 때, 그분의 심판석 앞에 설 때, 비로소 당신이 충분히 큰 회중을 돌보았다는 생각을 갖게 될 것입니다."[6]

당신은 마지막 날에 보고를 드리기 위해 준비되도록 섬기고 있습니까?

그러나 청지기가 가지는 이런 감각은 의무의 문제만은 아닙니다. 그것은 또한 하나님께서 당신을 보내셔서 청지기와 같은 사람이 되도록 당신에게 자유를 주시는 것입니다. 즉, 당신은 교회가 원하는 것이 무엇이냐에 의해 지배되지 않으며 지배될 필요도 없습니다. 하나님께서 기뻐하시면, 당신은 하나님의 뜻을 알고 그 뜻을 행하는 일에 굶주린 회중들이 모인 충성스러운 교회 속에서 섬기게 될 것입니다. 그러나 심지어 그때에도 당신은-다양한 이유들 때문에-회중의 뜻에 의해 자주 지배되고, 주님의 길과 뜻보다는 자신들의 방법에 더 관심을 가지는

---

6) James Hay and Henry Belfrage, *Memoir of the Rev. Alexander Waugh* (Edinburgh: William Oliphant and Son, 1839), pp. 64~65. Mark Dever, *What Is a Healthy Church?* (Wheaton, IL: Crossway, 2007), p. 37에서 재인용. 비슷한 권면이 스펄전에 의해서도 주어졌고, 아마도 많은 다른 지혜로운 목사들에 의해서도 그러할 것이다.

사람들을 많이 발견할 것입니다. 어떤 측면에서는 교회 안의 교제 가운데 자기 자신들의 결함있는 생각을 주장하고 그것을 위해 일하면서 하나님 말씀보다 이성주의, 전통주의, 실용주의, 운명주의에 의해 다소간 지배되는 사람들이 많이 있을 것입니다. 그들은 영향, 권위, 능력에서 다양한 차이를 가지겠지만, 당신은 — 그리스도와 같은 영으로 섬기는 동시에 당신의 소명과 책임을 의식하면서 — 하나님의 자녀들이 이생에서 그리고 천국에서 영원한 복을 누리도록 하나님의 일정표를 진척시키기 위해 침착하고 부지런하게 일할 수 있습니다. 때때로 싸워야 할 싸움이 있고, 해결해야 할 긴장, 누그러뜨려야 할 뻔뻔한 사람들, 협상해야 할 딱딱한 업무상 모임, 설교에 대해 화난 반응을 다루는 일, 심방 중에 또는 그 후에 관리해야 할 폭발이 있을 것입니다. 이 모든 것 가운데, 당신이 교회의 청지기라는 감각, 그리스도의 선하고 온전한 뜻을 이행하기 위해 교회의 머리에 의해 위임 받았다는 감각은 그리스도께서 그분의 교회에 당신을 보내신 목적을 추구하는 일에 있어서 당신을 신중하지만 담대하고, 지혜롭지만 충성스럽고, 온순하지만 단호하고, 겸손하지만 분명하게 해 줄 것입니다.

당신은 그리스도의 교회를 위한 복음의 종입니다. 바울이 본을 보인 것처럼 당신의 소명과 의무를 기쁘게 인식하고 받아들이고 깨달으십시오. 바울은 이렇게 말할 수 있었습니다. "내가 그리스도를 본받는 자가 된 것 같이 너희는 나를 본받는 자가 되라"(고전 11:1). 하나님으로부터 받은 청지기직을 품고 그 직분을 이루기 위해 하나님의 은혜를 통해 수고합시다. 그래서 그날에 우리 주님께서 이렇게 말하는 것을 들을 수 있도록 말입니다. "잘하였도다 착하고 충성된 종아……네 주인의 즐거움에 참여할지어다"(마 25:21, 23).

| 5장 | 바울의 사역 속에 있던 본질

하나님의 말씀을 이루려 함이니라

이 비밀은 만세와 만대로부터 감추어졌던 것인데

이제는 그의 성도들에게 나타났고 하나님이 그들로 하여금

이 비밀의 영광이 이방인 가운데 얼마나 풍성한지를 알게 하려 하심이라

이 비밀은 너희 안에 계신 그리스도시니 곧 영광의 소망이니라(골 1:25~27).

'치장하는' 교회라는 새로운 조류가 일어나고 있습니다. 이런 격렬한 패러다임의 이동 안에서, 강해는 엔터테인먼트로, 설교는 연기로, 교리는 드라마로, 신학은 연출법으로 대체 되었습니다. 설교단은 한때 교회의 중심점이었지만 현란한 공연과 희극 같은 구경거리를 도입하는 유행을 따르는 예배 형식으로부터 나온 모든 것들, 즉 다양한 교회 성장 기술에 의해 가려졌습니다. 교회 성장에서 우위를 차지하기 위해, 목회자들은 새 물결을 타고 교회를 재개발하고 복음을 재포장하여 '소비자' 들에게 팔기 위한 상품을 만듭니다.[1]

스티븐 로슨

진정한 목회자의 사역을 나타내는 가장 중요하고 모든 것을 포괄하는 요소들은 무엇입니까?

---

1) Steven Lawson, *Famine in the Land* (Chicago: Moody Publisher, 2003), p. 25.

우리는 이전 장에서 하나님의 메신저, 즉 복음을 전하는 목회자의 인격과 역할에 대해 고찰했습니다. 우리가 계속해서 바울을 살피고 그의 본보기로부터 배울 때, 그의 메시지와 함께 그 메시지를 붙들고 있는 도구를 확인할 필요가 있습니다. 만일 우리가 그의 사역에 대한 중요한 범위와 세부 사항을 요약하기 위해 시도한다면, 무엇이 포함될수 있을까요? 그의 수고는 무엇으로 특징지어질 수 있습니까? 그의 노력의 본질적인 요소는 무엇이었을까요? 말씀의 설교자가 되는 것은 무엇을 의미하는 것일까요? 그의 메시지의 중심에는 무엇이 있을까요? 그는 자신의 직무를 어떻게 수행했습니까? 우리는 바울의 복음전파 사역에 대한 도안과 묘사를 고찰함으로써 그런 질문들에 답하고자 합니다.

도안

하나님으로부터 신성한 청지기직을 부여받은 바울은 골로새 교인들에게 말합니다. 그의 직무는 "하나님의 말씀을 이루는"(골 1:25) 것이었다고 말입니다. 이것은 그의 사역의 위임에 있어서 중심에 있습니다. 바울은 어떤 관점에서 하나님 말씀을 이룬 것입니까? 이 단어 이룬다(fulfil)는 성경에서 몇 가지 다른 느낌을 가질 수 있습니다. 그리고 그것은 풍성한 개념을 가집니다. 근본적인 개념은 '채우는' 또는 '무언가를 완전하게 수행하는 것'인데, 이 모든 개념들이 성경에서 발견됩니다. [2]

우리는 어떻게 이 요소를 함께 짜 맞추어서 바울이 골로새 교인들

---

2) 마 13:38; 롬 15:19; 행 12:25을 보라.

에게 선포한 것에 대한 일관된 이해를 얻을 수 있을까요? 골로새 교인들과 넓게는 교회 전반에 대해 청지기직의 본질을 파악하도록 바울이 우리와 골로새 교인들에게 요구하는 것은 무엇일까요?

만일 우리가 주 예수 그리스도로부터 받은 바울의 위임을 기억한다면, 이런 질문들에 대답하는데 도움이 될 것입니다. 바울은 아그립바 왕 앞에서 그 경험을 자세히 설명했는데 사도행전 26장 1~20절에 그 내용이 기록되어 있습니다.

> 그 일로 대제사장들의 권한과 위임을 받고 다메섹으로 갔나이다 왕이여 정오가 되어 길에서 보니 하늘로부터 해보다 더 밝은 빛이 나와 내 동행들을 둘러 비추는지라 우리가 다 땅에 엎드러지매 내가 소리를 들으니 히브리 말로 이르되 사울아 사울아 네가 어찌하여 나를 박해하느냐 가시채를 뒷발질하기가 네게 고생이니라 내가 대답하되 주님 누구시니이까 주께서 이르시되 나는 네가 박해하는 예수라 일어나 너의 발로 서라 내가 네게 나타난 것은 곧 네가 나를 본 일과 장차 내가 네게 나타날 일에 너로 종과 증인을 삼으려 함이니 이스라엘과 이방인들에게서 내가 너를 구원하여 그들에게 보내어 그 눈을 뜨게 하여 어둠에서 빛으로, 사탄의 권세에서 하나님께로 돌아오게 하고 죄사함과 나를 믿어 거룩하게 된 무리 가운데서 기업을 얻게 하리라 하더이다 아그립바 왕이여 그러므로 하늘에서 보이신 것을 내가 거스르지 아니하고 먼저 다메섹과 예루살렘에 있는 사람과 유대 온 땅과 이방인에게까지 회개하고 하나님께로 돌아와서 회개에 합당한 일을 하라 전하므로.

바울의 의식 속에서 타오르는 이 분명한 명령은 그의 글을 통한 호소와 반복으로 볼 때 명확한 것입니다. 예를 들어, 그는 골로새서 1장 12~14절에서 골로새 교인들의 구원을 말함에 있어서 비슷한 어휘들을 이미 사용해 왔습니다. 사도들을 통한 그리스도의 사역에 대해 누가가 기록한 내용 중에 적어도 각기 다른 세 번의 경우에서 똑같은 기록이 나타납니다.

주께서 이르시되 가라 이 사람은 내 이름을 이방인과 임금들과 이스라엘 자손들에게 전하기 위하여 택한 나의 그릇이라(행 9:15).

거기서 배 타고 안디옥에 이르니 이곳은 두 사도가 이룬 그 일을 위하여 전에 하나님의 은혜에 부탁하던 곳이라 그들이 이르러 교회를 모아 하나님이 함께 행하신 모든 일과 이방인들에게 믿음의 문을 여신 것을 보고하고 제자들과 함께 오래 있으니라(행 14:26~28).

후에 내가 예루살렘으로 돌아와서 성전에서 기도할 때에 황홀한 중에 보매 주께서 내게 말씀하시되 속히 예루살렘에서 나가라 그들은 네가 내게 대하여 증언하는 말을 듣지 아니하리라 하시거늘 내가 말하기를 주님 내가 주를 믿는 사람들을 가두고 또 각 회당에서 때리고 또 주의 증인 스데반이 피를 흘릴 때에 내가 곁에 서서 찬성하고 그 죽이는 사람들의 옷을 지킨 줄 그들도 아나이다 나더러 또 이르시되 떠나가라 내가 너를 멀리 이방인에게로 보내리라 하셨느니라(행 22:17~21).

그리스도께서 사도 바울에게 위임하신 것은 분명히 하나님의 구속의 계획과 그 계획안에서 바울이 감당하게 될 위치 안에서 이루어진 중대한 선포였습니다. 우리는 바울이 가진 사고와 감정 안에서 반복적으로 이 개념과 마주치게 됩니다.

> 이 은혜는 곧 나로 이방인을 위하여 그리스도 예수의 일꾼이 되어 하나님의 복음의 제사장 직분을 하게 하사 이방인을 제물로 드리는 것이 성령 안에서 거룩하게 되어 받으실 만하게 하려 하심이라(롬 15:16).

> 그러나 내 어머니의 태로부터 나를 택정하시고 그의 은혜로 나를 부르신 이가 그의 아들을 이방에 전하기 위하여 그를 내 속에 나타내시기를 기뻐하셨을 때에 내가 곧 혈육과 의논하지 아니하고……도리어 그들은 내가 무할례자에게 복음 전함을 맡은 것이 베드로가 할례자에게 맡음과 같은 것을 보았고……우리는 이방인에게로, 그들은 할례자에게로 가게 하려 함이라(갈 1:15~16, 2:7, 9).

> 하나님은 한 분이시요 또 하나님과 사람 사이에 중보자도 한 분이시니 곧 사람이신 그리스도 예수라. 그가 모든 사람을 위하여 자기를 대속물로 주셨으니 기약이 이르러 주신 증거니라. 이를 위하여 내가 전파하는 자와 사도로 세움을 입은 것은 참말이요 거짓말이 아니니 믿음과 진리 안에서 내가 이방인의 스승이 되었노라(딤전 2:5~7).

그래서 바울이 하나님 말씀을 이룬다고 말할 때, 자신의 사고 가운데 이방인을 향한 선교를 주요한 부분에 두고 있음이 거의 분명합니다. 바울은 하나님의 계획과 목적에 맞추어 하나님 나라 안으로 이방인을 데려오기 위한 하나님의 수단으로써, 죄인들을 위한 하나님의 일꾼으로서 복음을 변호하고 입증하는 것입니다. 이 부분에서 세상 모든 나라를 향한 복음의 전파라는 지리적인 확장감이 있습니다. 그러나 아마도 더 두드러진 것은 신적인 권능을 침투적이고 유효하게 만드는 영적인 강도에 대한 느낌입니다(롬 15:17~19 참고). 복음의 역동적이고 성공적인 전진이 여기서 나타나고 있습니다. 바울은 복음의 도안이 충만하게 전개되도록, 구원을 목적으로 하는 복음의 충만한 범위를 제시하도록, 복음의 전체적인 그림을 제시하도록 부름 받았습니다.

바울은 하나님으로부터 큰 청지기직을 부여받았으며, 그는 깨달았던 그대로, 이방인을 하나님께로 불러 그들을 하나님의 새로운 언약백성이 되게 하고 구원받은 유대인들과 연합하고자 하시는 하나님의 도구로써 하나님의 진리들을 충만하고 자유롭게 선포했습니다. 존 에디는 이렇게 언급합니다.

> 그는 복음의 도안대로 시행했습니다. 즉 세상을 위한 향유로서 복음을 들어 올렸습니다. 혈육과 인종에 구별 없이 복음을 선포했습니다. 그는 복음의 목적을 좁히지 않았고, 복음의 영향을 제한된 지역에 가두지 않았습니다. 그는 이방인을 위한 사도로서 복음을 그 목적의 장엄함과 그것의 적합성과 충족성의 보편적 성격에 맞게 휘몰아치면서 순회되도록 펼쳐 보였습니다. 그는 유대의 지리적 경계를 넘어서 그 일을 시행했고 회당의 벽을 넘어서 복음을 높이 들어 올렸으며 열방을 향해 그것을 증거했습니다……인간을 위한 중생의 도구로써 복음이 완전하다는 것을 입증했습니다. [3]

---

3) John Eadie, *A Commentary on the Greek Text of Paul's Letter to the Colossians* (Birmingham, AL: Solid Ground Christian Books, 2005), pp. 94~95.

다시 말해, 바울은 복음을 날게 했습니다! 이방인을 위한 사도는 광범위하고 강력하게 복음이 통치하도록 그것에 자유를 주었습니다. 그리고 자신의 청지기직과 부르심에 부합하도록 열방을 하나님의 나라로 데려오기 위한 복음의 목적이 이루어지도록 하나님께서 의도하신 대로 멀리, 깊게 나아가게 했던 것입니다.

묘사

바울이 하나님의 말씀을 이룬다고 말할 때, 그는 말씀을 '비밀'로 간주합니다. 대부분의 사람들이 비밀(mystery)이라는 단어를 들을 때, 그들은 특별한 종류의 이야기를 생각합니다. 여러분의 문화적인 인식에 따라, 그것은 아마도 셜록 홈즈(Sherlock Holmes), 허클 포이롯(Hercule Poirot), 스쿠비 두(Scooby Doo) 또는 후디드 클로(Hooded Claw, 역자 주-미국 애니메이션 캐릭터)로 알려진 다소 유령 같은 인물이 나오는 값싼 돈벌이용 작품과 관련될 수도 있습니다. 일반적으로는 일부 혼란으로 가려져 뒤얽힌 은밀한 일(주로 범죄)과 이성의 주의 깊은 적용을 통한 적발을 필요로 하는 이야기를 말합니다. 종종 설명을 통해 짜여진 실마리와 힌트가 있고, 퍼즐의 빠진 조각이 마침내 제자리를 찾아 들어갈 때까지 줄거리는 두터워지며, 의혹은 쌓여갑니다. 그러면서 우리는 처음부터 알지 못했던 진실이 드러나기를 기다리게 됩니다.

성경적인 개념도 약간의 유사성이 있지만 — 예를 들어, 무언가 결국 우리에게 드러난다는 개념 — 그것은 더욱 단순하며 동시에 훨씬 더 풍성합니다. 성경에서 비밀은 신적인 계시에 의해서만 알려지는 진실입니다. 리돈은 이렇게 설명합니다.

신약에서 '비밀'이라는 단어는 무엇을 의미할까요? 그것은 황홀함, 모순, 불가능을 묘사하기 위해 사용되는 것이 아니라, 언제나 진리 그러나 다소간 감추어져 왔거나 감추어져 있는 진리를 묘사하기 위한 것입니다. 비밀은 진리이며 사실입니다. 그 단어는 결코 다른 어떤 것에 적용되지 않습니다. 즉 황홀함, 불가능, 인식된 모순, 비현실성의 유령 같은 유형에 결코 적용되지 않습니다. 그것은 부분적으로 감추어진 사실로서의 진리를 말합니다. [4]

우리는 다니엘서 2장 19~30절에서 구약 성경에 나오는 비밀의 개념에 해당하는 배경을 발견합니다. 느부갓네살은 형상과 같은 큰 이미지가 등장하는 공포스러운 꿈을 꾸었습니다. 그는 본 것을 아무에게도 말하지 않으려 했고, 다만 그의 수하에 있던 지혜로운 사람들에게 꿈과 죽음의 공포에 대한 꿈의 해석을 말하도록 요청했습니다. 다니엘과 그의 동료들도 이 요청에 부름을 받았습니다. 그러나 그들은 그 비밀에 관련하여 하늘의 하나님으로부터 자비를 구하기 위해 기도할 시간을 요청했습니다.

이에 이 은밀한 것이 밤에 환상으로 다니엘에게 나타나 보이매 다니엘이 하늘에 계신 하나님을 찬송하니라 다니엘이 말하여 이르되 영원부터 영원까지 하나님의 이름을 찬송할 것은 지혜와 능력이 그에게 있음이로다 그는 때와 계절을 바꾸시며 왕들을 폐하시고 왕들을 세우시며 지혜자에게 지혜를 주시고 총명한 자에게 지식을 주시는도다 그는 깊고 은밀한 일을 나타내시고 어두운 데에 있는 것을

---

4) H. P. Liddon, *Penny Pulpit*, no. 1152, in *Sermon Bible*: Bible Explorer 4.0. CD-ROM.

아시며 또 빛이 그와 함께 있도다 나의 조상들의 하나님이여 주께서 이제 내게 지혜와 능력을 주시고 우리가 주께 구한 것을 내게 알게 하셨사오니 내가 주께 감사하고 주를 찬양하나이다 곧 주께서 왕의 그 일을 내게 보이셨나이다 하니라 (단 2:19~23).

다니엘은 느부갓네살 왕에게 말했습니다. 그가 꿈에서 본 형상에 대해 그리고 손대지 아니한 돌들이 나와서 그 형상을 쳐서 깬 후에 그 돌들이 큰 산이 되어 온 땅을 덮는 일에 대해 말입니다. 그는 느부갓네살에게 주어진 다가올 일들에 대한 지식과 예언자로서 그에게 주어진 이해가 하나님께로부터 온 것임을 직접적으로 표현했습니다. "왕이여 왕이 침상에서 장래 일을 생각하실 때에 은밀한 것을 나타내시는 이가 장래 일을 왕에게 알게 하셨사오며 내게 이 은밀한 것을 나타내심은 내 지혜가 모든 사람보다 낫기 때문이 아니라 오직 그 해석을 왕에게 알려서 왕이 마음으로 생각하던 것을 왕에게 알려 주려 하심이니이다"(단 2:29~30).

하나님께서 다니엘에게 알리신 은밀한 일이 있습니다. 그리고 오직 하나님만이 사람에게 그 꿈과 그 뜻을 계시하실 수 있습니다. 그러나 다니엘이 경험했던 이야기는 비밀을 일반적으로 정의하는 것뿐만 아니라 바울이 말하고 있는 특별한 비밀의 내용을 확인하는 일에 있어서도 우리에게 도움을 줍니다. 다니엘은 느부갓네살에게 여러 왕국들이 흥망성쇠해 나가지만, 모든 것이 결국 하나님께서 땅 위에 세우실 무너지지 않는 나라에 의해 파괴될 것이라고 설명합니다. 당신은 아마도 "음, 그건 분명하군요."라고 말할지도 모릅니다. 그러나 과연 그러합니까? 오직 신적인 설명에 의해 조명된 가늠자로만 분명하게 되는 것 아닙니까? 당신이 만일 그런 꿈을 꾸었다면 그런 일로 결론지어질 것이라는 것을 곧장 이해할 수 있겠습니까? 아닙니다. 그것은 하나님께서 다니엘을 통해 알리셔야 했습니다. 베드로가 이와 관련해서 말한 것이 있습니다.

> 이 구원에 대하여는 너희에게 임할 은혜를 예언하던 선지자들이 연구하고 부지런히 살펴서 자기 속에 계신 그리스도의 영이 그 받으실 고난과 후에 받으실 영광을 미리 증언하여 누구를 또는 어떠한 때를 지시하시는지 상고하니라 이 섬긴 바가 자기를 위한 것이 아니요 너희를 위한 것임이 계시로 알게 되었으니 이것은 하늘로부터 보내신 성령을 힘입어 복음을 전하는 자들로 이제 너희에게 알린 것이요 천사들도 살펴 보기를 원하는 것이니라 (벧전 1:10~12).

신약 성경에서는 똑같은 개념을 표현하기 위해 같은 언어가 사용됩니다. 우리 주님은 마가복음 4장 11절에서 이 비밀과 관련된 개념을 사용하십니다. 바울은 고린도전서 15장 51절에서 성도의 영화를 비밀이라고 말합니다. 하나님께서 말씀하지 않으셨다면 당신은 그 비밀을 스스로 믿을 수 있을 방법이 없는 것입니다. 고린도전서 2장 7~10절에서 우리는 다음과 같이 기록된 것을 봅니다.

> 오직 은밀한 가운데 있는 하나님의 지혜를 말하는 것으로서 곧 감추어졌던 것인데 하나님이 우리의 영광을 위하여 만세 전에 미리 정하신 것이라 이 지혜는 이 세대의 통치자들이 한 사람도 알지 못하였나니 만일 알았더라면 영광의 주를 십자가에 못 박지 아니하였으리라 기록된 바 하나님이 자기를 사랑하는 자들을 위하여 예비하신 모든 것은 눈으로 보지 못하고 귀로 듣지 못하고 사람의 마음으로

생각하지도 못하였다 함과 같으니라 오직 하나님이 성령으로 이것
을 우리에게 보이셨으니 성령은 모든 것 곧 하나님의 깊은 것까지
도 통달하시느니라(고전 2:7~10).

바울은 로마의 교인들에게 편지를 쓸 때에 이 단어를 다시 사용합니
다. "나의 복음과 예수 그리스도를 전파함은 영세 전부터 감추어졌다
가 이제는 나타내신 바 되었으며 영원하신 하나님의 명을 따라 선지자
들의 글로 말미암아 모든 민족이 믿어 순종하게 하시려고 알게 하신
바 그 신비의 계시를 따라 된 것이니 이 복음으로 너희를 능히 견고하
게 하실 지혜로우신 하나님께 예수 그리스도로 말미암아 영광이 세세
무궁하도록 있을지어다"(롬 16:25~27).

위의 두 예시 본문 안에서 드러난 문맥과 내용은 열방 가운데 복음
이 전해지는 일 – 하나님께서 다니엘과 다른 예언자들을 통해 알리기
시작하셨던 바로 그 신비 – 을 통해 결정적인 신적인 행동과 그리스도
안에서 빛을 가져온 분명한 신적인 진리를 보여 주는 것입니다. 우리
가 생각하는 것처럼 이방인을 향한 선교는 우리가 이미 사도행전 26
장 16~18절에서 본 바대로 분명한 시각 안에 들어와 있습니다.

하나님 말씀은 이 비밀 – 예수 그리스도의 비밀 – 과 함께 일해야만
합니다. "크도다 경건의 비밀이여, 그렇지 않다 하는 이 없도다 그는
육신으로 나타난 바 되시고 영으로 의롭다 하심을 받으시고 천사들에
게 보이시고 만국에서 전파되시고 세상에서 믿은 바 되시고 영광 가운
데서 올려지셨느니라"(딤전 3:16). 이 비밀은 예수 그리스도 안에서 죄인
들을 하나님과 화해시키는 좋은 소식입니다. 여기서 이 비밀은 속죄 사
역의 영광스러운 성격과 거대한 확장을 선포하고 있습니다. 그리고 이것
은 하나님이 계시하지 않는 한, 사람이 알 수 없는 – 알 수 있는 능력이

없는—어떤 것입니다. "감추어진 일은 우리 하나님 여호와께 속하였거니와 나타난 일은 영원히 우리와 우리 자손에게 속하였나니 이는 우리에게 이 율법의 모든 말씀을 행하게 하심이니라"(신 29:29).

하나님의 지식과 사람의 무지를 비교하기 위해 잠시 멈추십시오. 하나님을 떠나서는 어떤 영적인 진리도 올바르게 알려질 수 없습니다. "육에 속한 사람은 하나님의 성령의 일들을 받지 아니하나니 이는 그것들이 그에게는 어리석게 보임이요, 또 그는 그것들을 알 수도 없나니 그런 일은 영적으로 분별되기 때문이라"(고전 2:14). 사람들은 성경을 그들의 타락한 이성에 종속시키는 일에 재빠릅니다. 그들의 타락한 이성을 하나님 말씀에 종속시켜야 함을 잊어버리거나 무시하면서 말입니다. 하나님의 계시보다는 인간의 이성에 세워진 어떤 종교적 또는 도덕적 체계—진정한 기독교의 왜곡을 포함하여—는 진실로 썩은 기초 위에 세워진 것입니다. 그러나 인간은 그들이 죄로 앞을 볼 수 없다는 것마저도 깨닫지 못합니다. 하나님은 우리에게 진리를 말씀하실 뿐만 아니라 우리가 그것을 깨달을 수 있게 하셔야 합니다. 당신은 눈먼 사람에게 태양이 빛난다고 말할 수 있습니다. 그러나 그는 그것을 보기 위해 볼 수 있는 눈이 필요합니다. 문제는 태양에게 있는 것이 아니라 눈먼 사람의 눈에 있는 것입니다.

아마도 어떤 사람들은 인간 이성의 망치로 복음의 껍질을 깨려고 설명합니다. 그러나 그렇게 해서는 열매를 얻지 못할 것입니다. 복음이 설교되고 해설되더라도 사람들은 이렇게 말합니다. "그것은 앞뒤가 맞지 않아요." 그들이 의미하는 바는 "나는 이해하지 못한다."는 것입니다. 하나님은 이렇게 대답하십니다. "내가 없이 어떻게 그걸 알 수 있겠니? '이는 내 생각이 너희의 생각과 다르며 내 길은 너희의 길과 다름이니라 여호와의 말씀이니라 이는 하늘이 땅보다 높음 같이 내 길은 너희의 길보다 높으며 내 생각은 너희의 생각보다 높음이니라 기록된 바 하나님이 자기를 사랑하는 자들을 위하여 예비하신 모든 것은 눈으로 보지 못하고 귀로 듣지 못하고 사람의 마음으로 생각하지도 못하였다 함과 같으니라'"(사 55:8~9; 고전 2:9). 복음은 인간의 이해를 필요로 합니다. 그러나 하나님께서 우리에게 알려 주신대로 복음을 받아들이지 않는 한, 우리는 복음을 이해할 수 없습니다. 이것은 그리스도 안에 있는 하나님의 은혜로 가능합니다. 하나님은 은혜를 계획하셨고, 이루셨고, 선포하셨고, 적용하셨습니다.

성경은 예수 그리스도 안에서 믿음을 통해 얻는 구원에 대한 진리를 다루는 하나님의 계시입니다. 바울은 이 비밀을 선포함으로 하나님 말씀대로 순종했습니다. 그의 메시지는 하나님의 계시된 진리였고, 그는 이 사실을 편지 속에서 계속해서 설명하고 있습니다.

감추어진 비밀

바울은 자신이 품고 사역해야 했던 그 비밀-하나님께서 죄인들에게 주신 좋은 소식의 성격과 범위에 대한 진리-이 오랫동안 감추어졌었다고 우리에게 말합니다. 예수 그리스도에 의해 설립된 하나님 나라의 성격과 확장은 하나님께서 드러내 보이시기 전에는 사람들에게 알려지지 않았습니다. 다니엘서의 기록은 분명하지 않았습니다. 그것들은 풍성하게 제시되기는 했어도 충분히 설명되지는 않았던 것입니다.

히브리 사람들은 복음의 본질과 범위 모두에 있어서 모호하고 제한된 개념을 가졌습니다. 많은 사람이 하나님 나라를 이 세상의 것, 즉 지상에서의 지배로 보았습니다. 우리 주님은 이런 세속적인 개념(요 6:15)에 대항하여 싸우셨습니다. 심지어 그분의 제자들도 오랜 시간 큰 혼란 속에 있었고, 예수님께서 승천하실 때 어떤 일이 일어날지 여전히 어리둥절했습니다. "그들이 모였을 때에 예수께 여쭈어 이르되 주께서 이스라엘 나라를 회복하심이 이 때니이까 하니"(행 1:6). 더욱이 이방인을 위한 복에 대한 암시가 있었지만(사 49:6), 대부분의 유대인들─심지어 믿는 유대인들도─은 이방인이 구원받을 수 있는 길은 유대인이 됨으로서 가능할 것이라고 상상했습니다(행 10장과 갈 2:11~21에 기록된 갈라디아 교회들 또는 베드로의 문제에 대한 바울의 주장을 고려하십시오).

그리고 이방인 자신들은 어떠했습니까? 진리가 추후에 널리 전파될 것을 암시하는 몇몇 영광스러운 예외가 있었지만, 그들에게는 하나님이 없었고, 소망도 없었습니다(엡 2:11~12). 시편 147편 19~20절은 분명하게 말합니다. "그가 그의 말씀을 야곱에게 보이시며 그의 율례와 규례를 이스라엘에게 보이시는도다 그는 어느 민족에게도 이와 같이 행하지 아니하셨나니 그들은 그의 법도를 알지 못하였도다 할렐루야."

그들은 하나님 말씀을 알지 못했습니다(롬 2:14, 3:1~2 참고). 그들은 어둠 속에 앉아 있었습니다. 그들은 하나님께서 그들에게 오시기 전까지 하나님을 알려고 하지도 않았고 알 수도 없었습니다.

계시된 비밀

"그러나 이제……." 이 단호한 어구 안에 들어 있는 자비는 얼마나 놀라운 것인지요!

아마도 우리는 빛을 가지고 있는 일에 대해 경이감을 상실해 온 듯합니다. 즉 우리는 빛을 당연한 것으로 여기게 되었습니다. 우리는 어둠의 권세 아래에 있었고, 진리가 감추어진 시간 안에서 살았으며, 빛을 알려고 하지 않았던 것이 거의 명확합니다. 전능하신 하나님, 자비하신 주님을 찬양합시다. 우리는 복음의 시대에 살고 있으며 우리에게는 좋은 소식이 권능 가운데 설교되고 있습니다.

바울이 골로새 교회를 위해 비밀이라는 단어를 일부러 강조하고 있을 수도 있습니다. 거짓 교사들이 괴롭히던 골로새 교회는 세상이 정의하는 것과 같은 비밀의 개념을 사랑했다는 암시가 있습니다. 그러나 거짓 교사들은 비밀을 진리로부터 하나님의 백성을 다른 데로 돌리기 위해 사용하고 있었습니다. 오늘날 거짓 교사들이 하는 것처럼, 그들은 언어를 사용하여 하나님의 비밀과 종교의 내적인 기밀을 표현했습니다. 대중적인 종교적 오류와 관련된 많은 것들이 무지한 사람들에게는 비밀과 신비에 싸여 있었지만, 이 내용을 파악하게 된 옛 사람들에 의해 이제 이 오류를 알 수 있게 되었습니다. 바울의 요점은 진리가 더이상 소수만을 위해 감추어져 있는 것이 아니라, 모든 사람이 볼 수 있게 드러나게 되었다는 것입니다. 사람의 유익과 구원을 위해 필요한 모든 것은 하나님의 거룩한 말씀을 통해 분명하게 계시되어 왔습니다. 우리의 구원을 위해 필요한 어떤 것도 어둠 속에 남아 있지 않게 된 것입니다.

이것은 구속사 안에서 중추적이며 실로 드라마틱한 출현입니다. 이전 시대의 사람들과 비교하면 감추어졌던 것들이 이제는 빛으로 나아왔고, 그리스도 예수 안에서 그리고 새 언약 안에서 사람들에게 보이게 되었습니다.

바울은 또한 이것이 신적인 드러냄이라는 것을 분명하게 합니다. 구원의 진리는 우연히 혹은 인간의 노력에 의해 발견되지 않았습니다. 왜냐하면 그것은 인간의 지혜를 넘는 것이기 때문인데, 하나님은 그것을 공개적으로 보이셨고, 신적인 권능에 의해 명백하게 하신 것입니다. 그것은 이 비밀을 자신의 백성에게 알게 하시려는 하나님의 주권적인 의지이며, 단호한 결심이고, 희망이었습니다. 주님은 그분의 자유로운 은혜 안에서 진리를 드러내셨습니다. 이것은 인간의 계획과 기대에 부합하는 것은 아니었습니다. 많은 유대인들은 진리를 보려고 하지 않았고 대부분의 유대인들은 그것을 원하지 않았으며, 대부분의 이방인들은 그들이 무엇을 놓치고 있는지도 알지 못했습니다. 베드로가 이방인이었던 고넬료의 가정에 임한 하나님의 자비에 대해 도전받았을 때, 그는 이렇게 반응했습니다. "내가 누구이기에 하나님을 능히 막겠느냐"(행 11:17)?

또한 즐거운 특권이 여기에 있습니다. 우리는 바울의 흥분감을 감지해야 합니다. 그의 언어는 복음의 비밀이 드러났다는 사실이 하나님의 성도들—모든 주님의 구속받은 자—에게 알려진 것에 대한 기쁨을 표현하기 위해 의도된 것입니다. 단지 이성적으로만이 아니라 구원의 경험을 통해, 귀로 듣는 말씀을 통해서만이 아니라 영혼을 얻은 생명을 통해 진리를 소유하게 된 것은 영광스러운 일입니다.

더 나아가 우리는 하나님의 계획에 대한 계시가 충족되었다는 것을 인식해야 합니다. 그리스도는 하나님의 구원 목적을 이루셨고 그렇게 함으로써 그분은 구원을 알게 하셨고, 그것을 빛으로 나오게 하셨습니다. 하나님은 그리스도를 십자가에서 속죄 제물로 주셨습니다(롬 3:25) 그리고 그리스도는 복음의 설교를 통해 교회, 즉 자신의 몸의 생명 속에서 밝히 드러나셨습니다.

더욱이 하나님의 구원 계획은 완수되기 위해 전진합니다. 이것은 고등 지식을 가진 무리에게만 유용한 것이 아니라 그리스도의 소유 안으로 들어온 모든 하나님의 진정한 자녀들이 가진 기쁨이요, 즐거움입니다. 이것은 교훈과 참여를 통해 나타난 계시입니다. 즉, 진리를 아는 것만이 아니라 우리는 그 안으로 들어가는 것입니다!

그리스도인 친구들이여, 이 복음의 비밀을 알도록 하나님께서 의도하신 것을 구원의 경험을 통해 경이로워 해 본 적이 있습니까? 하나님은 당신이–모든 성도들과 함께–이 복음의 실재들을 충만한 느낌을 가지고 알도록 영원 전부터 뜻하셔서 계획하셨습니다. 하나님은 당신이 복음이라는 특권의 조각이나 부스러기가 아니라 그것의 장엄한 탁월함, 가치 없고 하찮은 것이 아니라 보석으로 아로새겨진 금을 알도록 하셨습니다.

바울은 모든 성도들에게 '이 비밀의 영광이 이방인 가운데 얼마나 풍성한지' 알려졌다고 말합니다. 이 복음의 비밀은 모든 면에서 장엄합니다. 바울은 그가 경험했던 영광의 강도를 드러내기 위해 언어에 다소간 색을 입힙니다. 그는 하나님의 속성, 복음 안에서의 신적인 빛의 섬광, 예수 그리스도 안에서 주어진 아낌없는 복을 번쩍거리도록 드러내기 위해 적합한 표현을 찾고 있습니다(골 2:2~3 참고). 이 비밀에는 무언가 밝고, 중요하고, 영원한–또한 풍부한–것이 있습니다. 영광(Glory)은 바울이 그리스도의 존재와 그분 안에 있는 사람들의 상태를 위해 자주 사용하는 단어입니다. 그리고 여기서 그는 영광의 풍성함을 강조하기 위해 언어 사용에 노력을 기울입니다.

그러나 우리는 또한 여기서 "이방인 가운데" 나타난 영광의 범주를 봅니다. 시간, 공간 그리고 문화적으로 다른 우리 대부분은 이 선포의 중요성을 이해하기가 어렵습니다. 전에는 하나님께서 사람에게 계시하실 때, 보통 그분의 옛 언약 백성, 즉 이스라엘에게 계시하셨습니다. 이들은 하나님의 이름에 의해 부름 받고, 땅 위의 다른 사람들 보다 더 큰 종교적 특권을 받은 사람들이었습니다. "그들에게는 양자 됨과 영광과 언약들과 율법을 세우신 것과 예배와 약속들이 있고"(롬 9:4). 그러나 여기서 바울은 하나님께서 사랑과 자비 안에서 이방인들에게 비밀의 영광의 풍성함을 알리기로 뜻하셨다고 말합니다. 하나님의 이 놀라운 행위에 대한 언급 가운데 메이어는 다음과 같이 주장합니다.

"하나님께서 아브라함의 자녀의 심령 속에 머물러야 한다는 것은 초자연적인 겸손의 행위로 간주되었습니다. 그러나 그분이 이방인의 심령에 머무를 곳을 찾아야 한다는 것은 믿어지지 않는 것이었습니다."[5]

결코 – 그리스도 안에서 좋은 소식이 오기 전까지는 결코 – 우리는 하나님에 의해, 하나님 자신을 위해 많은 이방인 공동체가 부름 받은 것을 볼 수 없었습니다. 그러나 이제 여기서 이방인으로서 오직 지옥에만 합당하다고 여겨졌던 사람들이 유대인 백성에 의해 천국으로 오는 것을 하나님은 달가워하고 계십니다. 하나님은 한때 영적으로 파산했던 사람들을 그분의 유일한 아들 안에서 발견되는 모든 풍성함과 부요함을 주시기로 결심하십니다. 우리는 유대인 백성들 가운데 있는 메시아는 기대할 수 있었습니다. 그러나 구속받은 성도들의 공동체로서 이방인들 가운데 계신 메시아는 새로운 은혜이며 경이로움입니다. 윌리엄 핸드릭슨은 "이방인의 심령과 삶 속에 그리스도는 자신의 영을 통해 모든 영광스러운 부요함 가운데 실제로 거하신다."고 말합니다.[6]

바울은 구원이 더 이상 단지 한 민족만을 위한 것이 아니라고 강조하고 있습니다. 하나님은 새로운 공동체와 사회를 설립하셨습니다. 그것은 유대인 혹은 이방인만으로 이루어진 것이 아니라 예수님 안에서 똑같은 자격을 가진 그리스도인으로 양쪽 모두 포함된 영적인 나라입니다. "새 사람을 입었으니 이는 자기를 창조하신 이의 형상을 따라 지식에까지 새롭게 하심을 입은 자니라 거기에는 헬라인이나 유대인이나 할례파나 무할례파나 야만인이나 스구디아인이나 종이나 자유인이 차별이 있을 수 없나니 오직 그리스도는 만유시요 만유 안에 계시

5) "F. B. Meyer, *The Secret of Guidance* (NewYork: Fleming H. Revell Company, 1896, 『주님의 오묘한 인도』, 생명의말씀사 역간), p. 34.
6) William Hendriksen, *Colossian in New Testament Commentary: Philippians, Colossians and Philemon* (Edinburgh: Banner of Truth, 1932), p. 89.

니라"(골 3:10~11). 이제 더 이상 장벽은 없습니다. 유대인들만을 위한 계획이나 이방인만을 위한 어떤 계획은 없습니다. 양쪽 모두를 위한 한 분 메시아가 계십니다. 그들은 그리스도 안에서 그분의 피에 의해 한 인류, 한 교회가 되었습니다.

바울은 이 주제를 에베소 교인들에게 보내는 편지에서 발전시킵니다.

> 그러므로 생각하라 너희는 그때에 육체로는 이방인이요 손으로 육체에 행한 할례를 받은 무리라 칭하는 자들로부터 할례를 받지 않은 무리라 칭함을 받는 자들이라 그 때에 너희는 그리스도 밖에 있었고 이스라엘 나라 밖의 사람이라 약속의 언약들에 대하여는 외인이요 세상에서 소망이 없고 하나님도 없는 자이더니 이제는 전에 멀리 있던 너희가 그리스도 예수 안에서 그리스도의 피로 가까워졌느니라 그는 우리의 화평이신지라 둘로 하나를 만드사 원수 된 것 곧 중간에 막힌 담을 자기 육체로 허시고 법조문으로 된 계명의 율법을 폐하셨으니 이는 이 둘로 자기 안에서 한 새 사람을 지어 화평하게 하시고 또 십자가로 이 둘을 한 몸으로 하나님과 화목하게 하려 하심이라 원수 된 것을 십자가로 소멸하시고 (엡 2:11~16).

그는 나중에 이 개념을 확장시킵니다.

> 이러므로 그리스도 예수의 일로 너희 이방인을 위하여 갇힌 자 된 나 바울이 말하거니와 너희를 위하여 내게 주신 하나님의 그 은 혜의 경륜을 너희가 들었을 터이라 곧 계시로 내게 비밀을 알게 하신 것은 내가 먼저 간단히 기록함과 같으니 그것을 읽으면 내가 그리스도의 비밀을 깨달은 것을 너희가 알 수 있으리라 이제 그의

거룩한 사도들과 선지자들에게 성령으로 나타내신 것 같이 다른 세대에서는 사람의 아들들에게 알리지 아니하셨으니 이는 이방인들이 복음으로 말미암아 그리스도 예수 안에서 함께 상속자가 되고 함께 지체가 되고 함께 약속에 참여하는 자가 됨이라 이 복음을 위하여 그의 능력이 역사하시는 대로 내게 주신 하나님의 은혜의 선물을 따라 내가 일꾼이 되었노라 모든 성도 중에 지극히 작은 자보다 더 작은 나에게 이 은혜를 주신 것은 측량할 수 없는 그리스도의 풍성함을 이방인에게 전하게 하시고 영원부터 만물을 창조하신 하나님 속에 감추어졌던 비밀의 경륜이 어떠한 것을 드러내게 하심이라 이는 이제 교회로 말미암아 하늘에 있는 통치자들과 권세들에게 하나님의 각종 지혜를 알게 하려 하심이니 곧 영원부터 우리 주 그리스도 예수 안에서 예정하신 뜻대로 하신 것이라 우리가 그 안에서 그를 믿음으로 말미암아 담대함과 확신을 가지고 하나님께 나아감을 얻느니라(엡 3:1~12).

얼마나 영광스러운 복음 메시지가 바울의 청지기직에 부여된 것입니까! 이것이 그가 설교했던 메시지였습니다. 한참 멀리 벗어나 있던 사람들을 위한 구원이 여기에 있습니다. 유대인과 이방인 사이의 그리고 하나님과 사람 사이의 화해가 여기에 있습니다. 하나님 앞에서, 그리스도 안에서 한 사람이 있고, 모든 민족으로부터 나와서 하나님의 사람들로 모인 한 무리가 있습니다. 바울은 이 위대하고 영광스러운 진리를 선포할 때 값을 치러야 했습니다. 그리고 그는 복음의 대적들에 의해 주어진 역경과 마주치면서 그 진리를 선포해야 했습니다.

이것은 하나님의 '또 다른 계획'이 아님을 주목하십시오. 하나님은 유대인들에 대해 실패하지 않으셨습니다. 그리고 하나님은 이전에 무시되었던 이방인들에게 다가감으로써 좋지 않은 것 중에서 최상의 것을 도모하시는 것이 아닙니다. 이것은 하나님이 영원부터 계획한 목적으로서 수행하시는 것인데, 바로 비밀을 충만하게 드러내시는 일입니다. 하나님께서 자신을 아브라함에게 계시하셨을 때 그분은 이 사실에 대한 전조를 말씀하셨습니다. "여호와께서 아브람에게 이르시되 너는 너의 고향과 친척과 아버지의 집을 떠나 내가 네게 보여 줄 땅으로 가라 내가 너로 큰 민족을 이루고 네게 복을 주어 네 이름을 창대하게 하리니 너는 복이 될지라 너를 축복하는 자에게는 내가 복을 내리고 너를 저주하는 자에게는 내가 저주하리니 땅의 모든 족속이 너로 말미암아 복을 얻을 것이라 하신지라"(창 12:1~3). 훗날 하나님께서는 아브라함에게 확신시키셨습니다. "네 씨로 말미암아 천하 만민이 복을 받으리니 이는 네가 나의 말을 준행하였음이니라 하셨다 하니라"(창 22:18).

시편 2장에서 하나님은 자신이 보내실 메시아에게 말씀하십니다. "내게 구하라 내가 이방 나라를 네 유업으로 주리니 네 소유가 땅 끝까지 이르리로다"(8절). 이사야서 11장 10절은 이 주제에 대한 본보기를 제공합니다. 선지자는 지속적으로 그 주제를 빛 가운데로 나오게 합니다. "그 날에 이새의 뿌리에서 한 싹이 나서 만민의 기치로 설 것이요 열방이 그에게로 돌아오리니 그가 거한 곳이 영화로우리라." 호세아 선지자는 이 영광스러운 실재의 일견을 제공하고 있습니다. "그러나 이스라엘 자손의 수가 바닷가의 모래 같이 되어서 헤아릴 수도 없고 셀 수도 없을 것이며 전에 그들에게 이르기를 너희는 내 백성이 아니라 한 그곳에서 그들에게 이르기를 너희는 살아 계신 하나님의 아들들이라 할 것이라"(1:10). 그리고 다시 이렇게 말합니다. "내가 나를 위하여 그를 이 땅에 심고 긍휼히 여김을 받지 못하였던 자를 긍휼히 여기며 내 백성 아니었던 자에게 향하여 이르기를 너는 내 백성이라 하리니 그들은 이르기를 주는 내 하나님이시라 하리라 하시니라"(호 2:23).

하나님께서 이방인들에게 알게 하시려고 뜻하셨던 위대한 비밀은 어떤 뒤늦은 생각이 아니었습니다. 그것은 그분의 영원한 이름의 영광을 위해 처음부터 나온 하나님의 계획이었습니다. 사람들은 지속적으로 못보고 지나쳤지만 하나님께서는 비밀을 계속 말씀하셨고, 그 비밀은 웅장한 함축과 장엄한 충만함 가운데 그리스도 안에서 드러났습니다.

하나님의 목적은 항상 이 풍성한 영광의 비밀이 열방 가운데 구원의 충만함 속에서 선포되어야 하는 것이었습니다. 이것이 이 비밀의 경이로움입니다. "그가 이르시되 네가 나의 종이 되어 야곱의 지파들을 일으키며 이스라엘 중에 보전된 자를 돌아오게 할 것은 매우 쉬운 일이라 내가 또 너를 이방의 빛으로 삼아 나의 구원을 베풀어서 땅 끝까지 이르게 하리라"(사 49:6).

로마서 15장 8~12절에서 사도 바울은 열방을 통해 복음이 확장되는 관점을 가지고 그리스도 안에 있는 하나님의 영광을 주장합니다.

> 내가 말하노니 그리스도께서 하나님의 진실하심을 위하여 할례의 추종자가 되셨으니 이는 조상들에게 주신 약속들을 견고하게 하시고 이방인들도 그 긍휼하심으로 말미암아 하나님께 영광을 돌리게 하려 하심이라 기록된 바 그러므로 내가 열방 중에서 주께 감사하고 주의 이름을 찬송하리로다 함과 같으니라 또 이르되 열방들아 주의 백성과 함께 즐거워하라 하였으며 또 모든 열방들아 주를 찬양하며 모든 백성들아 그를 찬송하라 하였으며 또 이사야가 이르되 이새의 뿌리 곧 열방을 다스리기 위하여 일어나시는 이가 있으리니 열방이 그에게 소망을 두리라 하였느니라.

비교해 보면, 유대인들의 의식주의—이것은 골로새에 있는 뒤범벅이 된 오류의 한 측면이었습니다—는 약하고 비루한 요소들로 구성되었습니다. 이것은 복음의 영광의 풍성함에 비교할 수 없는 것입니다. 빛이 이방인에게 왔습니다. 희망이 좌절된 사람들에게 왔습니다. 멀리 분리되어 있던 사람들이 가까이 옮겨졌습니다. 자격을 갖추지 못한 많은 사람들이 복음의 영광을 알고 즐길 수 있게 되었습니다.

설명된 비밀

그렇다면 이방인들 가운데 있는 비밀의 영광이 가진 풍성함은 무엇입니까? 바울은 마침내 그 의미를 우리에게 밝힙니다. 그는 지금까지 긴장을 조성하며 그것을 뒤로 미루어 왔습니다. 이것은 복음의 비밀의 핵심이며 절정인데, 표현에서 나타납니다. "네 안에 계신 그리스도, 영광의 소망"이라는 표현에서 『거룩한 전쟁』(The Holy War)에 나오는 존 번연(John Bunyan)의 수사적 표현을 사용한다면, 임마누엘(Emmanuel)이 맨소울(Mansoul, 역자 주—임마누엘은 그리스도를 맨소울은 사람의 영혼을 뜻하는 이름이라고 할 수 있겠다) 안에 거할 곳을 차지한 것입니다. 승리하신 메시아가 그분의 백성 안에—개별적으로 그리고 공동체적으로—거하시며 그렇게 하심으로써 그분과 함께 그들이 영광을 받게 될 것을 확신시키십니다.

바울은 여기서 신학적으로 혼란에 빠지고 있습니까? 우리 안에 거하시는 분은 성령님이 아니십니까? 그렇습니다. 그러나 그분은 그리스도의 영이십니다. 그 영은 약속된 보혜사(요 14:16~17)이시며, 그분에 의해 예수님은 그분의 백성들과 함께 있게 됩니다(19~28절). 이것은 성령님을 그분의 고유한 역할로부터 내쫓기 위함이 아니라 성령님 안에서 그리스도를 드러내기 위한 것입니다. 바울은 그리스도 이외의 모든 것으로부터 멀어지도록 우리에게 권고합니다. 왜냐하면 그리스도는 성령님을 통해 개인적으로 그분의 택하신 백성들 안에 거할 곳을 취하시기 때문입니다. 그리스도는 단순한 관념이 아니고, 철학적 공론도 아니며(골 2:8), 살아 있는 실재이며, 그 어떤 다른 도움도 필요로 하지 않으시는 완전한 구주이십니다.

이것이 비밀의 영광이 가진 풍성함입니다. 구원의 충족성 가운데, 화해의 승리 안에서 그리스도는 영광을 받으신 메시아입니다. 그리스도 자신—그저 그분의 복이나 은사가 아니라—이 우리 안에 계십니다. 그리스도는 우리 안에서 다스리시며, 우리 심령 속에서 왕좌를 차지하시며, 우리를 충만하게 하시며, 공급하시며, 변화시키시며, 우리 안에서 일하십니다. 그리스도의 백성은 그리스도의 몸입니다. 그리고 그리스도는 교회의 부활하신 머리로서 교회 안에 삶을 부으셔서 교회가 그리스도의 삶을 살게 하십니다. 이것은 모든 골로새 그리스도인들과 그리스도를 '모시고' 있는 모든 성도들의 객관적이면서 주체적인 경험입니다. 그리스도는 그저 그분의 백성 가운데 계신 것이 아니라 개인적으로 모든 그리스도인의 심령 속에 영원한 처소를 취하십니다. 그분은 살아 있는 돌로 지어진 새로운 언약 성전의 영광이십니다(벧전 2:4~10).

더욱이 당신 안에 있는 그리스도의 실재는 '영광의 소망', 즉 다가올 영광의 보증입니다. 그것은 천국 약속의 닻입니다. 새로운 삶을 통해 승리하는 경험은 영생에 대한 흔들리지 않는 약속을 가져다줍니다(고후 5:1~5). 바울이 그리스도에 대해 에베소 교인들에 한 증언을 기억하십시오.

> 모든 일을 그의 뜻의 결정대로 일하시는 이의 계획을 따라 우리가 예정을 입어 그 안에서 기업이 되었으니 이는 우리가 그리스도 안에서 전부터 바라던 그의 영광의 찬송이 되게 하려 하심이라 그

안에서 너희도 진리의 말씀 곧 너희의 구원의 복음을 듣고 그 안에
서 또한 믿어 약속의 성령으로 인치심을 받았으니 이는 우리 기업
의 보증이 되사 그 얻으신 것을 속량하시고 그의 영광을 찬송하게
하려 하심이라 (엡 1:11~14).

만일 그리스도께서 당신 안에 계신다면 당신은 멸망할 수 없습니다.
그분은 당신을 잃지 않으실 것입니다. 만일 그분이 그렇게 하신다면,
그분은 당신보다 더 많은 것(즉 하나님의 자녀)을 잃으시게 됩니다. 왜냐하
면 그리스도는 우리를 하나님의 자녀라고 말씀하셨기 때문입니다.
"볼지어다 나와 및 하나님께서 내게 주신 자녀라"(히 2:13).
　　그리스도의 전체 몸―유대인과 이방인 신자들, 예외나 구분 없이―
은 새로운 하늘과 땅, 약속된 땅에 이르게 될 것입니다.

만일 너희 속에 하나님의 영이 거하시면 너희가 육신에 있지 아
니하고 영에 있나니 누구든지 그리스도의 영이 없으면 그리스도의
사람이 아니라 또 그리스도께서 너희 안에 계시면 몸은 죄로 말미
암아 죽은 것이나 영은 의로 말미암아 살아 있는 것이니라 예수를
죽은 자 가운데서 살리신 이의 영이 너희 안에 거하시면 그리스도
예수를 죽은 자 가운데서 살리신 이가 너희 안에 거하시는 그의 영
으로 말미암아 너희 죽을 몸도 살리시리라 (롬 8:9~11).

그리스도의 내주는 하늘의 복에 대한 우리의 기대를 보증합니다.
이 내주하심과 그로 말미암은 확실한 결과는 복음의 비밀이 드러내는
영광의 풍성함입니다. "우리 생명이신 그리스도께서 나타나실 그때에
너희도 그와 함께 영광 중에 나타나리라"(골 3:4).

조지 횟필드(George Whitefield)가 브리스톨(Bristol) 부근에 있을 때, 그는 하나님 말씀을 킹스우드(Kingswood) 지역에서 전했습니다. 그곳은 석탄 광부들이 살고 있는 죄로 만연한 곳으로 그들의 행위는 야만적이었습니다. 도덕적으로, 영적으로 그리고 종종 신체적으로 비참한 사람들이 땅 위의 아주 누추한 곳에 살고 있었습니다. 그들은 횟필드가 전하는 예수님을 듣기 위해 몰려들었습니다. 그리고 킹스우드 광부들의 심령 속에서 성령님께서 일하신 첫 징표는 그들의 얼굴에 묻은 검은 석탄가루를 관통하여 흘러내리는 회개의 눈물에 의해 만들어진 흰 줄이었습니다. 나중에 찰스 웨슬리(Charles Wesley)는 이 멸시 받은 성도들을 위한 찬송시를 썼습니다. '당신 안에 계신 그리스도'는 지금 우리에게도 해당하는 것인데, 그것은 또한 우리 자신의 노래이기 때문입니다.

당신의 영혼은 이탈되어
평화의 경로에서 멀어졌네
그 외롭고 사람들이 오가지 않는 길에서
생명과 행복을 위해
당신은 얼마나 오랫동안 어리석은 사랑에 빠져
타락의 길로 떼지어 들어가며
하늘의 지혜를 미워하며
하나님의 자녀들을 조롱했던가?

광란과 비참한 마음으로
당신은 우리 삶의 처지를 헤아려 보내
우리의 죽음 안에서 어떤 영광스러운 것도
그리고 위대하고 선한 것은 아무것도 볼 수 없네

고통받고 슬퍼하기 위해 태어났으므로

당신의 발 아래에 우리는 놓여 있네

그리고 우리의 삶은 전적으로 저주받았네

그리고 죽음을 아무도 슬퍼하지 않네

너무 비참하고 컴컴한 가운데

너무 바보스럽고, 무기력하고, 가난하여

당신이 멸시한 사람들

당신의 경멸에도 불구하고 우리는 일어나네

우리는 성령님을 통하여

더 나은 것을 증거할 수 있네

그분의 피가 우리의 모든 자랑이 되어

우리를 제사장과 왕이 되게 했으므로

천사들은 우리의 종이고

우리가 가는 모든 길을 지키네

그들은 은혜 입은

신성한 영혼들을 지키며 돌보네

하늘의 복 위에

그들은 우리의 모든 발걸음에 참여하네

하나님 자신이 우리의 아버지이시며

예수님은 우리의 친구되시네

측량할 수 없는 부요함

예수님의 사랑 안에서 우리는 아네

그리고 즐거움이 샘으로부터 솟아오르네

우리의 영혼에 생명이 넘쳐 흐르고

우리는 성령님을 받네

우리는 항상 슬픔 가운데 살지만

지혜와 은혜와 능력이

우리를 영원히 기쁘게 하네

그분과 함께 우리는 빛 속에 거니네

우리는 그분의 형상 안에서 빛나네

우리의 옷은 영광스러운 빛의 옷들이고

우리의 의는 신성하고

우리는 연민을 가지고

이 땅의 모든 왕들을 내려다 보네

우리는 다시 태어남으로 인하여

결코 헤어지지 않는 면류관을 얻네

동료 그리스도인들께

하나님의 성도들이 가진 특권과 영광을 생각하십시오. 여러분은 복음의 비밀에 참여함으로 계시를 받아 알게 되었습니다. 하나님은 예수 그리스도 안에서 복음의 영광스러운 풍성함에 따라서 복음 안에서 당신에게 말씀하시고, 당신과 다른 사람들을 복음의 외부에서 안으로 끌어들이십니다.

당신은 하나님께서 도우시므로 복음을 영광스러운 충만함 가운데 증거할 설교자들을 찾지 않으시겠습니까? 공허한 환상으로 당신의 귀를 즐겁게 할 사람보다는 도움이 필요한 죄인들과 굶주린 성도들에게 하나님 자신의 계시, 하나님의 비밀을 알게 할 사람을 찾아야 하지 않겠습니까? "영광의 소망이신 그리스도가 당신 안에 있습니까?"

하나님은 그분이 알려지도록 작정하신 것을 드러내셨습니다. 복음은 너무 복잡하거나 이상야릇해서 이해할 수 없는 것이 아닙니다. 복음은 위대하고 영광스럽고 은혜로운 것입니다. 하나님께서 모든 종류의 죄인들을 구원하시고, 우리의 비참함을 보이시고, 그분의 자비와 위엄을 보이시는 것은 바로 이 복음에 의해서입니다. 논리가 이 복음을 억누를 수 없습니다. 그것을 소멸시킬 수도 없고, 에워쌀 수도 없습니다. 이성을 계시에 종속시키고 완전한 복음에 추가적인 장식의 필요를 느끼지 않는 사람을 찾으십시오. 자기 자신이 그리스도의 복음에 압도된 사람 그리고 그리스도를 알리는 일 이외에 다른 소망을 가지고 있지 않은 사람을 찾으십시오. 이것이 다른 사람에게 하나님 말씀을 충성스럽게 설교한다는 것의 의미입니다. 예수님을 떠나서는 영광의 소망이 없다는 것에 설득된 한 사람을 구하십시오. 주 그리스도를 떠나서 또는 그리스도를 전하면서 또 다른 어떤 소망을 추가해서 설교하려는 사람의 말을 듣지 마십시오. 왜냐하면 그것은 진리가 아니기 때문입니다. 인간적인 노력, 종교, 의식, 이성, 다른 영들과 인도함 또는 어떤 다른 것 혹은 어떤 다른 사람을 높이는 사람에게는 주의를 기울이지 마십시오.

충성스럽게 사역을 감당하기 위해 노력하는 여러분의 목회자를 위해 기도하는 것을 잊지 마십시오. 바울은 이 일을 위해 골로새 교인들을 격려했습니다. "기도를 계속하고 기도에 감사함으로 깨어 있으라 또한 우리를 위하여 기도하되 하나님이 전도할 문을 우리에게 열어 주사 그리스도의 비밀을 말하게 하시기를 구하라 내가 이 일 때문에

매임을 당하였노라 그리하면 내가 마땅히 할 말로써 이 비밀을 나타내리라"(골 4:2~4)

어떤 사람도 자신의 힘으로 복음을 증거할 수 없습니다. 어떻게 한낱 피조물에 불과한 사람이 그리스도의 영을 떠나서 그리스도의 비밀을 명백하게 드러낼 수 있겠습니까? 하나님께서 택하신 자의 완전한 구원을 위해 당신이 의존해 왔던 그리스도의 영광과 향기를 당신의 목회자가 선포할 수 있도록 기도하십시오.

동료 목사님들께

하나님의 구원 계획의 영광스러운 확장의 관점을 잃지 않도록 합시다. 하나님의 의도는 그분의 교회가 모든 나라와 만백성 가운데 큰 무리가 되는 것입니다. "이 일 후에 내가 보니 각 나라와 족속과 백성과 방언에서 아무도 능히 셀 수 없는 큰 무리가 나와 흰 옷을 입고 손에 종려 가지를 들고 보좌 앞과 어린 양 앞에 서서 큰 소리로 외쳐 이르되 구원하심이 보좌에 앉으신 우리 하나님과 어린 양에게 있도다 하니"(계 7:9~10).

당신이 섬기는 교회가 비록 그것을 현재 경험하는 중에 있지 않을지라도 그런 목적의 표본이라고 할 수 있겠습니까? 당신은 하나님 아래에서 이런 회중을 세우기 위해 노력하고 있습니까? 아마도 당신은 오직 하나의 문화 혹은 하나의 종족으로만 된 지역에 살고 있는지도 모릅니다. 당신의 기도는 더 나아갈 수 있습니까? 아마도 당신은 풍성하게 다문화적인, 세상의 모든 사람들이 거리에 붐비고 다니는 환경에 살고 있는지도 모릅니다. 당신의 노력과 기대는 그들 모두에게 뻗치고 있습니까? 우리가 목회하는 회중 안으로 민족적 또는 사회적 편협이

들어오지 못하게 합시다. 바울은 세상의 모든 사람들에게 그리스도의 복음을 전하는 목회자가 되는 것을 기뻐했습니다. 그리고 그것은 또한 우리의 기쁨이 되어야 합니다.

또한 당신에게 주어진 특권을 생각하십시오. 바울처럼 당신의 특권도 한때 숨겨졌지만 우리 하나님께서 그리스도 예수 안에서 빛 가운데 알게 하신 것입니다.

> 모든 성도 중에 지극히 작은 자보다 더 작은 나에게 이 은혜를 주신 것은 측량할 수 없는 그리스도의 풍성함을 이방인에게 전하게 하시고 영원부터 만물을 창조하신 하나님 속에 감추어졌던 비밀의 경륜이 어떠한 것을 드러내게 하려 하심이라 이는 이제 교회로 말미암아 하늘에 있는 통치자들과 권세들에게 하나님의 각종 지혜를 알게 하려 하심이니 곧 영원부터 우리 주 그리스도 예수 안에서 예정하신 뜻대로 하신 것이라 우리가 그 안에서 그를 믿음으로 말미암아 담대함과 확신을 가지고 하나님께 나아감을 얻느니라(엡 3:8~12).

우리는 이 특권을 붙들고 있습니까? 만일 내가 신자라면, "내가 그리스도와 함께 십자가에 못 박혔나니 그런즉 이제는 내가 사는 것이 아니요 오직 내 안에 그리스도께서 사시는 것이라 이제 내가 육체 가운데 사는 것은 나를 사랑하사 나를 위하여 자기 자신을 버리신 하나님의 아들을 믿는 믿음 안에서 사는 것"입니다(갈 2:20). 만일 내가 복음 사역자라면, 그 실제는 내가 무엇을 설교하고 어떻게 설교하는지에 있어서 그 성격이 드러납니다. 우리는 각 사람이 예수 그리스도 안에서 온전함을 입도록 하는 수단으로써 그리스도의 비밀을 말하도록 부름 받았습니다(골 4:3). 하나님은 그리스도를 영광의 소망인 우리 안에 두시는 것만 아니라, 그 훌륭한 진리의 지속적인 선포를 위해 우리를 그분의 대사로 만드시기를 기뻐하셨습니다. 가서 누군가에게 예수님에 대해 말하십시오!

더욱이 이 도구는 사역의 동기, 방법, 상황 또는 형태를 짐작할 필요가 없게 합니다. 형제들이여, 우리는 영적인 욕망과 기대에 대한 최근의 유행이나 방식, 특정한 때의 감미로운 사건, 현재의 문화적 조류를 감지하기 위해 노력할 필요가 없습니다. 우리가 어떻게 사람들을 말씀으로 가르칠지 알기 위해 전심으로 노력할 때, 우리는 하나님께서 이미 우리에게 답을 주셨음을 깨닫고 기뻐할 수 있습니다. 그 답을 통해 뛰는 심장은 바로 하나님 말씀으로 충족되는 것입니다. 즉 사셨고, 죽으셨고, 부활하셨고, 다스리시고, 다시 오시는 전능하신 하나님의 아들을 광범위하게 그리고 강력하게 전파하는 것입니다. 그 직무를 수행하는 상황은 다소간 바뀌었지만 그 직무 자체는 바뀌지 않았습니다. 당신은 골로새에서 설교하지 않지만, 하나님께서 두신 장소에서 죄악으로 물든 심령을 가진 사람들 앞에서 설교합니다. 그 중 일부는 이미 은혜로 구원받았지만 그들 모두가 하나님의 영광 안에 있는 그리스도의 마지막 계시라는 관점으로 경고되고 가르쳐질 필요가 있습니다.

우리는 다른 어떤 것을 위해 하나님 말씀을 설교하는 일을 버릴 수 없습니다. 우리는 설교단에서 예수님 대신 다른 어떤 것을 높이기 위해 말할 수 없습니다. 교회는 설교단 위에 단 하나의 주제를 가지고 있으며 목회자는 그 주제로부터 설교합니다. "선생이여 우리가 예수를 뵈옵고자 하나이다"(요 12:21). 우리가 좋은 소식을 선포할 때마다 우리 심령 내부와 우리 눈앞에 예수 그리스도가 있어야 하지 않겠습니까? 우리는 하늘의 부르심을 가지고 있습니다. 신적인 임명이 우리에게 주어졌습니다. 우리는 말씀을 전하기 위해 때를 얻든지 못 얻든지 항상 준비되어 있습니까(딤후 4:2)? 바로 이것이 복음 사역입니다.

만일 당신이 목회 사역을 고려하는 청년이라면, 당신 자신을 이 시금석 위에 세우십시오. 이것이 당신이 바라는 것입니까? 이것이 당신의 목표입니까? 하나님께서 알게 하신 그리스도에 대한 것들을 넓게는 세상에 그리고 특정하게는 하나님의 사람들에게 선언하는 것보다 더 높은 특권을 품을 수 있습니까? 당신은 성경 안에 몰입하여 그 안에 깊이 들어가는 고된 일에 당신 자신을 내어놓으므로 하나님 말씀으로 언제든지 당신의 양 떼를 먹일 수 있습니까? 당신은 "진리의 말씀을 옳게 분별하며 부끄러울 것이 없는 일꾼으로 인정된 자로 자신을 하나님 앞에 드리기를"(딤후 2:15) 힘쓸 것입니까?

이것이 하나님 말씀의 설교자가 된다는 의미입니다. 그저 단순히 짤막한 설교로는 안 됩니다. 우리는 그리스도의 양들을 먹이기 위해 부름 받았습니다(요 21:15~17). 하나님 말씀은 우리가 자라도록 하나님께서 우리에게 주신 첫 번째 방편입니다(벧전 2:1~3). 하나님께서 인가하지 않으신 것을 추구함으로 우리의 차원 높은 소명을 버리지 않도록 합시다. 사람들을 말씀으로 가르치는 방법은 세속적인 관념이나 널리 유행하는 교회의 관습적인 조류에 편승하는 것이 아니며, 부차적인 것을 가지고 효과를 보겠다는 희망으로 종교적인 생각과 혼합적인 영성을 함께 섞어 엮는 것도 아닙니다. 사람들을 말씀으로 가르치는 것은 성경을 열고, 연구하고, 그것에 순종하는 것입니다. 당신이 성경으로부터 발견한 것과 발견한 분을 설교하는 것입니다. 그리고 하나님의 영광스러운 은혜를 찬미하기 위해 당신이 행하고 당신이 말하는 것 가운데 선포되시는 예수님을 따르는 것입니다.

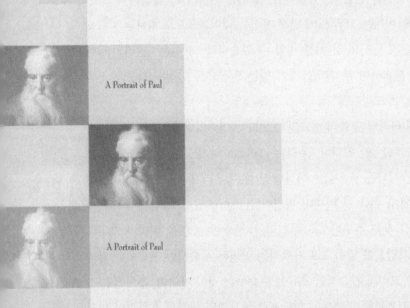

A Portrait of Paul

A Portrait of Paul

| 6장 | 바울의 사역 속에 있던 주제

우리가 그를 전파하여 각 사람을 권하고 모든 지혜로

각 사람을 가르침은 각 사람을 그리스도 안에서

완전한 자로 세우려 함이니 (골 1:28).

당신은 정신과 마음의 교육을 받아왔고, 복음의 일꾼이라는 직무를 위해 준비해 왔습니다. 당신은 이제 그 신성한 사역의 출발점에 서 있는 것입니다. 당신이 성실한 '하나님의 비밀 청지기' 처럼 사역을 얼마나 잘 수행할 수 있을지는, 당신이 예수 그리스도를 드러내는 설교에 얼마나 집중하느냐에 달려 있습니다. 그러므로 의심의 여지 없이 당신이 준비하고 있는 과정에서 혹은 지금 당신이 사역하고 있는 상태에서, 성경에서 가르치고 있는 바와 같이 그리고 사도들의 예를 통해 우리 앞에 확인되는 바와 같이, 우리의 주이시며 구원자이신 그리스도 예수를 설교하는 일에 대한 온전한 이해를 추구하는 것은 매우 중대한 일이 되어야만 합니다. 이 일은 그리스도의 일꾼으로서의 사역을 점점 더 명확하게 해 줄 것입니다. 왜냐하면 일꾼 자신이 주인의 마음 안에서 그리고 자신에게 계시된 은혜의 능력과 고귀함을 체험하는 가운데 성장할 것이기 때문입니다. [1)]

찰스 맥일베인

1861년 3월 25일 월요일 오후에 일어났던 일입니다. 한 젊은이가 새롭게 지어진 예배당의 설교단에 말씀을 전하기 위해 섰습니다. 이 예배당은 그의 설교를 듣기 위해 몰려오고 있는 수천 명의 회중들을 위해 지어진 것이었습니다. 그 사람은 바로 역사 속에서 설교의 황태자로 불리게 될 사람입니다. 그는 이미 하나님으로부터 크게 쓰임을 받았고, 계속해서 허다한 죄인들을 구원하고 거룩하게 하는 일에 주님의 손 안에서 쓰임을 받게 될 것입니다. 그리스도의 나라 확장을 위한 그의 노력은 경이적인 것이 될 것입니다. 런던에서 25년을 사역한 이후, 그는 복음의 원리에 기반하여 복음의 주제를 가지고 운영되는 66곳 이상의 기구들을 통솔하게 될 것입니다. 책들과 기사들이 그의 펜으로부터 쏟아져 나올 것이며, 사람들의 관심을 모으게 될 것입니다. 그의 설교는 수천 명의 사람들에게 들려질 것이고, 기록되며, 다른 많은 언어들로도 번역되어 배포될 것입니다. 그리고 그가 사망한 이후 오랫동안 지구촌 곳곳의 사람들이 부지런히 그의 설교를 읽을 것입니다. 그는 관록 있는 사람들에 의해 뜨거운 찬사를 받으며 이렇게 평가될 것입니다. "사도 바울이 죽은 이후로 짧은 기간 동안 이렇게 많은 사역과 이렇게 큰 결실들로 가득하게 채워진 때는 없었습니다."[2]

이 사람은 누구이며, 그의 복음 사역을 효과적으로 만든 근원에는 무엇이 있습니까? 그는 찰스 해든 스펄전이며, 그의 비밀은 메트로폴리탄 교회에서 사도행전 5장 42절(그들이 날마다 성전에 있든지 집에 있든지 예수는 그리스도라고 가르치기와 전도하기를 그치지 아니하니라)을 주제로 설교하기 위해

---

1) Charles P. McIlvaine, *Preaching Christ: The Heart of Gospel Ministry-An Address to Those Entering the Christian Ministry* (Edinburgh: Banner of Truth, 2003), pp. 1~2.

2) Pilgrim Publication, B. H. Carroll, Memorial Address, 1892, quoted in "Introduction to C. H. Spurgeon," http://www.pilgrimpublications.com/about/c-h-spurgeon-biography-page/introduction-to-c-h-spurgeon/, (2009년 5월 29일 접속).

그가 처음으로 입을 열 때 곧장 드러났습니다. 그는 다음과 같이 전했습니다.

오늘 여기 있는 사람들 중에 자신을 지금 제 자신이 있는 위치 안으로 들여보내어 제가 지금 느끼는 감정을 느끼도록 할 수 있는 사람이 있는지 모르겠습니다. 만일 그런 사람들이 있다면, "나는 설교하기에는 전적으로 모자라는 사람이라고 느낍니다."라고 제가 말할 때, 진실로 그러하다는 것을 저에게 말해 줄 수 있을 것입니다. 그리고 진실로 저는 제가 설교를 한다기보다는 진리에 대한 어떤 형태의 선포를 할 것이고, 이 진리부터 미래의 설교들이 만들어지게 될 것이라고 생각합니다. 저는 금화보다는 금 덩어리를 줄 것이고, 정으로부터 다듬어진 조각품보다는 채석장의 돌덩이를 제공할 것입니다. 사도 시대에 행해졌던 설교의 한 가지 주제는 예수 그리스도였다는 것이 드러납니다. 바울 시대에는 현대 신학의 총체이자 실체를 한 번에 한 단어로 표현하는 것이 어렵지 않았습니다. 그것은 예수 그리스도였습니다. 만일 당신이 당시 제자들 중 한 사람에게 무엇을 믿느냐고 묻는다면, 그는 이렇게 답했을 겁니다. "나는 그리스도를 믿습니다." 만일 당신이 그에게 당신이 믿는 신의 몸을 보여 달라고 요구한다면 그는 위를 가리키며, 신은 오직 한 몸만을 가지고 있는데 그것은 예수 그리스도의 고통받고 십자가에 못 박힌 인간의 몸이며, 그분은 하늘로 올라가셨다고 할 것입니다.

저는 한 가지 제안을 드립니다. 그리고 오, 주님께서 어느 그리스도인도 거부할 수 없는 그 제안을 수행하도록 우리에게 은혜를 주시기를 바랍니다. 이 강단이 서 있는 한, 이 교회에 예배자들이 지속해서 모여드는 한, 이 교회의 사역 주제는 예수 그리스도의 인격에 대한 것이 되어야 함을 제안 드립니다. 저는 제 자신이 칼빈주의자라는 것을 공언하는 일을 결코 부끄러워하지 않습니다. 저는 현대적으로 가치 절하된 형태보다는, 칼빈 자신의 신학에 따르는 칼빈주의자입니다. 저는 침례교의 이름을 취하는 것에 머뭇거리지 않습니다. 제가 우리 주 예수 그리스도의 의식을 부끄러워하지 않는다는 것을 보여 주는 세례용 물통이 저곳에 있습니다. 그러나 만일 저의 신조가 무엇이냐고 묻는다면, 저는 이렇게 답해야만 한다고 생각합니다. "그것은 예수 그리스도입니다." 저의 존경하는 길(Gill) 박사(역자 주-스펄전의 두 번째 전임목사였던 John Gill 박사를 말함.)님은 신의 육신을 다음과 같이 존경스럽고 훌륭한 방법으로 묘사했습니다. 하나님께서 도우셔서 제가 제 자신을 영원토록 그곳에 고정하고 묶어두고자 하는 하나님의 몸은 신성함의 체계도 아니며, 인간적인 논문도 아니며, 바로 예수 그리스도입니다. 그분은 복음의 총체이시며 실체이시고, 그분 자신 안에 모든 신학이 있으며, 모든 고귀한 진리의 성육신이며, 길과 진리와 생명이신 온전히 거룩한 인격적인 구현체입니다.[3]

찰스 스펄전의 광범위하고 강력하면서도 효과적인 복음 사역의 중심에는 무엇이 있습니까? 대답은 매우 단순합니다. 예수 그리스도입니다. 예수 그리스도는 그의 설교의 중심에 있었습니다. 스펄전은 그리스도를 사랑했고, 그리스도를 따랐으며, 그리스도께 순종했고, 복음의 진정한 일꾼이었으며, 그리스도를 선포했습니다. 스펄전은 좋은 무리들 안에 있었으며 같은 동기를 품고 같은 영광스러운 예수님의

---

3) Charles Spurgeon, "The First Sermon in the Tabernacle" in *The Metropolitan Tabernacle Pulpit* (1861; reprint, Pasadena, TX: Pilgrim Publications, 1995), p. 7:169.

인격을 설교했던 충성스러운 사람들의 오랜 전통을 견지했습니다.

분명히 스펄전은 죽은 후에 다시 사신 예수님을 설교했던 사도 바울을 따릅니다. 골로새서 1장 27절에서 바울은 구원자 예수 안에서 이방인들을 구속하시기 위한 오래된 비밀의 영광의 풍성함에 대한 하나님의 의도가 알려져야 할 것을 말했습니다. 이제 28절에서, 그는 '우리가 설교하는'이 위대한 구원자가 모든 것의 최종적인 요약이며 절대적인 핵심인 예수님이심을 드러냅니다. 예수 그리스도를 이 땅 가운데 알려지도록 하기 위한 하나님의 의지는 바울과 그의 동역자들의 사역을 통해 수행됩니다.

우리는 바울이 결함이 있는 구원에 대한 이해를 가지고 골로새 교회를 공격했던 거짓 교사들을 논박했던 것을 보면서, 사도 바울이 제시한 논증적인 점을 인식해야만 합니다. 이들 오류주의자들은 하나님 앞에서 올바로 서기 위한 길로서 할례, 천사숭배, 금욕주의 등과 같은 허황된 덕목들에 대해 많은 가르침을 주었습니다(골 2:14~23). 이렇게 함으로써 그들은 예수님의 탁월함과 성부 하나님께 갈수 있는 유일한 길로서의 독보적인 역할을 부인한 것입니다. 바울은 사실상 "이들 모조 구원자들로부터 돌아서십시오! 오직 한 분 구원자가 있으니 주 예수 그리스도입니다. 따라서 예수님은 저의 설교와 가르침의 총체이자 실체이십니다."고 말하고 있는 것입니다.

그러므로 모든 진실한 목회자들도 그러해야 합니다. 바울은 이 이야기 속에서, 그의 설교와 거짓 교사들의 가르침의 차이점을 강조하고 있습니다. 바울이 글을 쓰는 양식을 통해 의도하고 있는 바는 예수 그리스도가 설교의 중심이 되어야 한다는 메시지가 두루 퍼지도록 하는 것입니다. 비록 모든 번역이 같은 강도로 느껴지지는 못하더라도 말입니다. 그는 아마도 자연스럽게 다음과 같이 얘기하는 것 같습니다.

"우리는 그리스도를 설교한다." 그러나 바울은 예수님을 앞세웁니다. "예수님을 우리는 설교한다." 주 예수 그리스도는 바울의 설교에 있어서 가장 큰 주제입니다. 예수님은 바울과 그의 동료들이 어느 누구를 향해서도 부끄러워하지 않고 선포했던 한 가지 주제였습니다. 그리고 그들은 '훈계'(권함)와 '가르침'을 통해 그렇게 했습니다(골 1:28).

바울은 자신이 예수 그리스도를 알리는데 사용했던 도구들을 여기서 보여 주고 있습니다. 그것은 선포, 훈계, 가르침입니다(역자 주−한글 성경에는 골 1:28에 전파, 권함, 가르침으로 번역됨). 바울의 사역은 꾸준합니다. 그가 사용하는 언어를 보면 가장 중요한 필요로서 예수님을 선포하는 것과 부수적인 필요로서 경고와 교훈을 사용하는 것이 그의 꾸준하게 계속되는 실천임을 보여 줍니다. 바울의 사역은 넓습니다. 그는 이 도구들을 '모든 사람'에 대하여 사용합니다. 골로새의 오류주의자들의 특징인 배타성이 없으며, 영적인 귀족풍의 감각도 없습니다. 그는 모든 진리를 모든 사람이 예외 없이 품도록 했습니다−헬라인이나 유대인이나, 할례자나 무할례자나, 야인이나 스구디아이인이나, 종이나 자유자나 관계없이 말입니다(골 3:11). 더구나 바울의 사역은 초점이 맞추어져 있습니다. 이들 도구들은 개인적으로 적용되었습니다. 바울은 빌레몬이나 오네시모와 같이 개인을 가르칩니다. 빌레몬은 골로새 교회의 이전 회원이었고, 오네시모는 도망자였다가 지금은 회심한 종이 되었습니다. 이 복음의 수단들은 모든 사람을 위한 것이며, 특정한 사람들이 지닐 수 있도록 부여되었고, 각각은 특정한 상황에서 이성적인 적용을 돕기 위한 도구들입니다.

선포

설교한다는 것은 무엇을 의미합니까? 사도 바울이 '우리가 전파(설교)하여'라고 말했을 때 사용하고 있는 단어 '설교'는 선포되거나 공포되어야 할 공적이고 권위적인 선언을 나타냅니다. 이 단어는 대사 혹은 전령과 같이 다른 사람을 대신하여 전달하는 메시지를 가리킬 수 있습니다. 문자적으로는 "알려지게 하도록", "드러내어 말하도록", "소통하기 위해" 혹은 "선포하기 위해" 메시지를 큰 소리를 내어 공적으로 전달하는 것입니다. 당신은 이것을 아마도 요즘 몇몇 사람들이 더 기술적인 용어로서 사용하는 선교적인 설교라고 묘사할지도 모르겠습니다. 이 용어는 이전에 결코 구원하시는 예수님을 온전히 인격적으로 만난 적이 없는 사람들이 듣도록 복음을 분명히 전달하는 설교를 말하는 것입니다.

바울은 권위를 가진 진리를 엄숙하고 공적으로 선언하는 것을 이야기 하고 있습니다. 그는 예수 그리스도의 사도로서, 예수님을 대신하여 의사소통을 하도록 주님으로부터 권위를 부여 받았습니다. 하늘나라의 대사 중 한 명으로서, 다른 사도들과 똑같은 방법으로 위임 받은 그는 예수님이 그를 불러 전달하라고 하신 메시지를 공적으로 선언하기 위해 이 마을 저 마을로 돌아다녔습니다. 바울의 임무는 타락한 사람들, 즉 하나님으로부터 멀어진 사람들에게 그리스도를 알리는 것이었습니다. 바울은 로마제국을 두루 다니면서 예수님의 희생의 죽음을 통해 진노하시는 하나님과 평화를 이루기 위해 예수님께서 하신 일들을 모든 사람에게 선포하였으며, 거룩하고, 공의롭고, 은혜로운 주권자와의 화해를 통한 개인적인 교제를 전했습니다.

바울과 그의 동료 사역자들은 몇몇 사람에게 자신의 말을 조용하게 그저 중얼거린 것이 아니었습니다. 그들은 잡담이나 하나의 복음 이야기를 하기 위해 단순히 한 무리의 사람들을 모은 것이 아니었습니다 (비록 이 임무를 이루기 위해 반드시 큰 군중을 모을 필요는 없지만 말입니다). 이것은 단순한 대화가 아니었습니다. 그리고 심지어 그것은 공적인 대화나 토론도 아니었습니다. 비록 대화와 토론 모두 분명히 사도들의 무기들이기는 하였을지라도 말입니다. 바울은 여기서 예수 그리스도, 죄인들의 유일한 구원자에 대한 메시지를 두려움 없이 담대하게 공포하기 위해 그와 그의 동료 전사들이 어떻게 성령 하나님께 의지하는지를 말하고 있는 것입니다.

그리스도를 설교한다는 것은 무엇을 말하는가

예수님에 대한 선포는 진정한 주님의 종이 수행하는 핵심적인 의무입니다. 그렇다면 그것은 실제적으로 무엇을 의미하는 것입니까? 예수 그리스도를 설교한다는 것은 갈보리 십자가에서 죄인들을 대신하여 완성된 대속의 사역과 예수님의 영광스러운 인격의 심오한 함축과 그에 대한 위대한 진리들을 선포하는 것이며, 성경 모든 부분에서 드러난 대로 예수님을 알리는 것입니다.

선언된 메시지는 그리스도 안에 있는 하나님의 구원의 목적이어야 합니다. 바울과 그를 진정으로 따르는 사람들은 단지 하나의 시스템이나 법칙의 조합을 결코 선포하지 않으며, 이단자들에 의해 내뿜어진 혼란스러운 비상식들을 전하지도 않습니다. 바울과 그의 동료 사역자들은 철학을 설교하지 않습니다. 그들은 정치를 설교하지 않습니다. 설교는 설교자들의 환상, 즉 지나치게 공들인 상상을 전하기 위한 열정적인 노력이 아닙니다. 그것은 영적인 계급과 천사들의 능력에 대한 공허한 사색이 아닙니다. 그것은 단지 세속적인 감각만을 흥분시키고 감질나게 하는 피상적인 이론들의 그럴듯한 체계적 분할도 아닙니다.

복음 사역자들은 한 인격을 선언합니다. 죄인들의 가장 깊은 필요를 충족시키는 유일한 분이시며, 영광의 희망을 가진 살아 계신 인격으로서, 그분은 모든 진정한 삶의 근원이십니다. 그 인격은 바로 예수 그리스도이십니다. 바로 하나님의 성육신하신 성자이시며, 하나님께서 택하신 사람들을 위한 유일한 구속자이십니다. 바울이 예수님은 하나님의 것임을 선언하면서 신약에 있는 가장 고상하고 가장 찬란한 그리스도론 중 몇 부분을 통해 예수님을 드러내 보인 것을 기억하십시오.

> 그가 우리를 흑암의 권세에서 건져내사 그의 사랑의 아들의 나라로 옮기셨으니 그 아들 안에서 우리가 속량 곧 죄사함을 얻었도다 그는 보이지 아니하는 하나님의 형상이시요 모든 피조물보다 먼저 나신 이시니 만물이 그에게서 창조되되 하늘과 땅에서 보이는 것들과 보이지 않는 것들과 혹은 왕권들이나 주권들이나 통치자들이나 권세들이나 만물이 다 그로 말미암고 그를 위하여 창조되었고 또한 그가 만물보다 먼저 계시고 만물이 그 안에 함께 섰느니라 그는 몸인 교회의 머리시라 그가 근본이시요 죽은 자들 가운데서 먼저 나신 이시니 이는 친히 만물의 으뜸이 되려 하심이요 아버지께서는 모든 충만으로 예수 안에 거하게 하시고 그의 십자가의 피로 화평을 이루사 만물 곧 땅에 있는 것들이나 하늘에 있는 것들이 그로 말미암아 자기와 화목하게 되기를 기뻐하심이라 (골 1:13~20).

바로 이 예수님이시며 다른 사람이 아닙니다. 예수님은 첫 창조와 새로운 창조의 으뜸이십니다(골 1:15~16). 예수님은 모든 나라와 민족과 족속 가운데 있는 하나님의 사람들 안에 거하시며, 그들의 영광의 소망입니다. 예수님은 선언된 메시지의 총체이자 본체이십니다.

이 점이 그리스도의 진정한 종과 거짓 종 사이에 엄청난 차이점을 드러냅니다. 이 표준은 절대적으로 유지되며 바울 시대에 중요했던 것과 동일하게 지금 우리 세대에도 중요합니다. 세계 곳곳의 설교단에는 씨앗대신 껍데기가 심겨지고 있으며, 사람들은 충만한 설교를 통한 그리스도 중심의 진리 대신 사람이 만들어낸 종교의 건조한 껍질로 양육되고 있습니다. 바울이나 그의 동역자들은 결코 이런 유형에 가담하는 사람이 되지 않으려 했습니다. 그리스도가 무시되는 곳에서는 모든 참되고 성경적이며 진정한 기독교는 속히 사라지며, 신비적인 공허에서 나온 구름 속에서 방황하게 됩니다. 그런 상황에서 죄인들의 갈증을 해소하기 위해 음료를 제공하지만, 사람들은 생명수 보다는 치명적인 독극물로 그들의 영적인 식욕을 돋구게 됩니다. 그런 가르침은 구원을 낳지 못합니다.

그리스도가 선포될 때 구원을 위해 필요한 모든 것이 예수님 한 분께만 발견된다는 것이 분명하고 확실하게 인식되어야 합니다. 그런 메시지는 필연적으로 모든 사람들과 모든 사물들을 배제시키고 오직 예수님만을 높이게 됩니다. "다른 이로써는 구원을 받을 수 없나니 천하 사람 중에 구원을 받을 만한 다른 이름을 우리에게 주신 일이 없음이라 하였더라"(행 4:12). 존 에디는 다음과 같이 전합니다.

> 그리스도는 인격적으로 매우 영광스럽고 하시는 모든 일에 완전하십니다. 그분은 몸을 입으신 하나님이시며, 피를 흘리시며, 평화를 이루신 분이며, 온 우주의 통치자이십니다. 우리는 바로 그분을 설교하는 것입니다. 그저 단순히 그리스도의 교리가 아니라 바로 그분 자신입니다. 그리고 그분은 바울 혼자만이 아니라 그의 모든

동료들에 의해 설교되었습니다. 그리스도는 선포를 위한 하나의 연속된 주제였습니다. 그리고 만일 예수님이 영광의 소망이 되신다면, 그들이 모든 상황에서 더 넓고 멀리 그분을 선포하기를 기뻐하는 것은 당연합니다. 사도들의 설교는 정확하고 명확했습니다. 그리스도는 한 분 구속자로서, 믿는 심령들에게 피로써 용서를, 그분의 영으로써 정결함을, 보증과 임재로써 완전함을, 능력으로써 보호함을, 공감으로써 평안을, 내주하심으로써 영광의 소망을 주십니다. [4]

이것은 항상 복음의 메시지였습니다. 우리는 이런 메시지를 우리 주님에게서 뿐만 아니라 사도들에게서도 발견합니다.

아마도 예수님께서 자기 자신에 대해 설교했다는 것이 이상하게 들릴지도 모릅니다. 그러나 이것이 이상하거나 본질적으로 거만하다고 할 것은 전혀 없습니다. 몸을 입으신 하나님의 성자로서, 그분 한 분만이 자신에 대해 설교할 수 있는 자격-진실로 이 자격은 필요한 것입니다-이 있습니다. 따라서 우리는 예수님께서 자신을 다른 사람들에게 상세히 설명한 것을 발견합니다.

두 개의 주요 문단을 생각해 보십시오. 요한복음에서 그 중 한 가지가 발견됩니다. 요한복음 5장은 안식일에 예수님께서 베데스다 연못에서 한 사람을 고쳐주신 것을 기뻐하신 내용을 기록하고 있습니다. 이 사건은 당시 종교 지도자들로부터 격렬한 반대와 뜨거운 논쟁을 불러일으켰습니다. 우리는 이 병 고침과 그 결과에 대한 사실을 읽을 수 있습니다. "그러므로 안식일에 이런 일을 행하신다 하여 유대인들이 예수를 박해하게 된지라 예수께서 그들에게 이르시되 내 아버지께서

---

4) John Eadie, *A Commentary on the Greek Text of Paul's Letter to the Colossians* (Birmingham, AL: Solid Ground Christian Books, 2005), pp. 101~102.

이제까지 일하시니 나도 일한다 하시매 유대인들이 이로 말미암아 더욱 예수를 죽이고자 하니 이는 안식일을 범할 뿐만 아니라 하나님을 자기의 친 아버지라 하여 자기를 하나님과 동등으로 삼으심이러라"(요 5:16~18). 우리 주님은 부인할 수 없는 성부와의 동등성을 입증하시면서 다음과 같이 말씀하십니다. "또한 나를 보내신 아버지께서 친히 나를 위하여 증언하셨느니라 너희는 아무 때에도 그 음성을 듣지 못하였고 그 형상을 보지 못하였으며 그 말씀이 너희 속에 거하지 아니하니 이는 그가 보내신 이를 믿지 아니함이라 너희가 성경에서 영생을 얻는 줄 생각하고 성경을 연구하거니와 이 성경이 곧 내게 대하여 증언하는 것이니라"(37~39절).

주 예수님은 유대인 지도자들이 그에게 긍정적으로 반응하지 않은 주요 이유들을 지적하십니다. 그들은 지식이 부족하지 않았습니다. 진실로 그들은 올바른 지식—바로 하나님 말씀(롬 3:2)—을 가지고 있었습니다. 그러나 그들은 그것을 잘못 읽었습니다. 예수님은 그들이 성경을 찾고 있었다고 말씀하십니다. 왜냐하면 그들은 그 안에서 영생을 가질 수 있다고 믿었기 때문입니다. 그리고 예수님은 이들 성경이 "내게 대하여 증거하는 것이다."라고 말씀하십니다. 이들 종교 지도자들은 성경을 읽기 위해 올바르고 필요한 행동을 했습니다. 그럼에도 이 부지런한 구약의 독서가들과 교사들은 이 성경들을 이해하는 일에 있어서는 부족했습니다. 이것은 단지 성경 해석학적인 결점이 아니라 영혼을 파괴시키는 결함이었습니다. 그들의 구약 연구는 완전히 초점을 빗나갔는데 그것은 그들이 주인공을 놓쳤기 때문입니다. 그들은 마치 태양의 중심성에 대한 인식이 없이 그리고 빛을 즐기고 열을 느끼지도 못한 채, 정확한 도표들에 의지하여 태양계를 연구하는 사람과도 같았습니다. 그들의 모든 노력은 그들이 예수 그리스도를 메시아로 볼 수 있도록 이끌지 못했습니다. 또한 그들이 오직 예수님께만 발견할 수 있는 구원을 붙들도록 촉진하지도 못했습니다.

우리 주님은 그들이 만일 성경을 정확하게 이해했다면 그들이 구원받기 위해 예수님께 나아왔을 것이라고 분명하게 말씀하십니다. 왜냐하면 성경이 말하는 분은 바로 예수님이기 때문입니다. "그들이······ 나를 증거하는 것이라." 성경은 신약과 구약을 총망라하여 성자 하나님에 대한 완전한 계시입니다. 예수님은 착각하고 있으며 화가 나 있는 이 사람들에게 말씀하십니다. 그들이 구약을 올바르게 읽었다면 예수님이 약속된 하나님의 메시아였음을 분명하게 볼 수 있도록 했을 것이라고 말입니다.

성경은 필수적인 초점을 간직하지 않은 사람들에 대해서는 여전히 닫혀진 채로 있습니다. 어떤 사람이 주님께로 돌아올 때 그 장막은 벗겨지지만, 주님께로 돌아오기 전까지 그 장막은 그대로 남아 있습니다 (고후 3:15~16). 그리스도는 요한복음 5장에서 "모세를 믿었더라면 또 나를 믿었으리니 이는 그가 내게 대하여 기록하였음이라 그러나 그의 글도 믿지 아니하거든 어찌 내 말을 믿겠느냐 하시니라."라고 대적자들에게 말씀하시므로, 그리스도께서 구약 성경의 고동치는 심장이며, 으뜸가는 주제임을 반복해서 증거하십니다. 브루스는 유대인 대적자들의 통탄할 현실에 대해 효과적으로 요약합니다. "비극은 이 사람들이 신성한 글들을 모든 고통을 감내하며 탐구하였지만, 그들의 목적으로 이끌 수 있는 단서를 결코 발견할 수 없다는 것이었습니다. 그 목적이란 영생이었는데, 그것은 성경이 증거하고 있는 예수님 한 분에게서만 얻을 수 있는 것이었습니다."[5]

---

5) F. F. Bruce, *The Gospel of John* (Grand Rapids: Eerdmans, 1983), p. 136.

레온 모리스는 여기에 동의합니다. "구약 성경은 올바로 읽는다면 그리스도께로 인도합니다. 그러나 예수님 당시의 서기관들은 성경에 대한 뻣뻣한 경외감을 가지고 있었고, 성경이 말하고 있는 놀라운 것을 이해하는 데 실패했습니다. 따라서 그들은 성경이 가리키고 있는 예수님을 인식하는 일에 실패하게 된 것입니다."[6]

누가복음에서 같은 내용의 두 번째 예를 생각해 봅시다. 예수님께서 돌아가신 후, 제자들은 완전히 풀이 죽었고, 부활에 대한 모든 이야기는 그들에게는 쓸데없는 가라지처럼 보였습니다(눅 24:11). 예수님이 부활하신 바로 그 날에, 두 제자들이 엠마오로 내려가고 있었습니다. 그들은 근래에 있었던 일들을 이야기하고 있었는데, 그때 예수님은 그들 옆에서 동행했습니다. 예수님은 부드럽게 그들의 슬픈 얼굴과 심각한 대화에 대해 물으셨습니다. 그리고 한 제자 글로바는 성경에서 나타나는 구절들 중에서 가장 눈에 띄면서도 아이러니한 질문을 부활하신 주님께 했습니다. "당신이 예루살렘에 체류하면서도 요즘 거기서 된 일을 혼자만 알지 못하느냐"(18절). 예수님께서 은혜롭게 "무슨 일이냐?"라고 대답하며 물으셨을 때의 표정은 오직 상상할 수 있을 뿐입니다.

제자들은 그분에게 이스라엘을 구속하시는 분이 나사렛의 대단한 예언자 예수님이었기를 희망했다고 설명했습니다. 예수님은 돌아가셨고, 그분이 부활하셨다는 소식이 돌아다니고, 무덤은 빈 것으로 확인되었지만, 그곳에 예수님의 흔적은 없었다고 말했습니다.

우리 주님은 그들을 인자하게 꾸짖으시며 지난 수 주 동안 예루살렘에서 무슨 일이 일어났는지를 그들에게 가르치셨습니다. "미련하고

---

6) Leon Morris, *Reflection on the Gospel of John* (Peabody, MA: Hendrickson Publishers, 1986), p. 200.

선지자들이 말한 모든 것을 마음에 더디 믿는 자들이여 그리스도가 이런 고난을 받고 자기의 영광에 들어가야 할 것이 아니냐 하시고 이에 모세와 모든 선지자의 글로 시작하여 모든 성경에 쓴 바 자기에 대한 것을 자세히 설명하시니라"(눅 24:25~27).

이 설교는 얼마나 놀라운 것이었을까요! 우리가 그러하듯이, 일부 그리스도인들ㅡ그리고 설교자들ㅡ은 그 모든 대화를 엿듣고 싶어했고, 엠마오로 가는 도상에서 이루어진 대화에 깊이 관여하기를 원했습니다. 어떻게 우리 주님께서 이 제자들을 그 훌륭한 구절들ㅡ예수님을 가리키고 있는 형상과 그림자, 예언과 예측ㅡ안으로 데려가셨는지 상상할 수 있을까요?

그리스도는 아마도 창세기 3장 15절에서 시작하셨을지도 모릅니다. 그리고 종종 '원복음'(protoevangel)이라고 불리는 그 놀라운 약속을 보이셨을 것이고, 그 영광스러운 다이아몬드는 뱀에게 부어진 저주의 공포 안에서 빛났습니다. 그곳에는 그분의 뒤꿈치에 대한 뱀의 공격을 느끼는 가운데 뱀의 머리를 짓밟을 여자의 후손이 있어야 했습니다.

그리고 예수님은 그들에게 아브라함의 약속된 후손이 그리스도였으며 그분 안에서 땅의 모든 가족들이 복을 누리게 된다는 것을 보여 주었을까요? 아니면 그리스도와 같은 행동 양식을 투사함으로 아브라함이 그의 유일한 아들 이삭을 바친 이야기를 하셨을까요? 실로 메시아가 오시기까지 유다를 떠나지 않는 통치의 지팡이에 대한 야곱의 기대(창 49:10)를 설명하셨을까요? 그분은 보호자 요셉과 하나님의 백성의 위대한 선지자인 구출자 모세를 통해 메시아적 특징과 소명에 대해 어떤 자취를 드러내 보이셨을까요? 그분은 유월절 양의 심오한 중요성을 어떻게 설명하셨을까요? 레위기에 적힌 희생과 의식에 대한 방대한 율법을 통해 무슨 의미를 전달하셨을까요? 그분은 들어 올려진 불뱀을 본 사람들은 죽지 않고 살게 되었다는 것에 대해 무엇을 말씀하셨을까요? 그분은 발람이 야곱에게서 한 별이 나와야 한다는 예언을 통해 그리고 그분의 적들과 소유를 파괴할 이스라엘로부터 나와야 할 통치의 지팡이를 통해 무슨 중요한 것을 말씀하셨을까요? 그분은 이스라엘의 심판과 구속을 통해 무슨 예시를 보이셨던 것일까요? "그는 다스릴 자가 아니다."라고 고백하면서, 자신들이 생각해 왔던 것보다 훨씬 더 영광스러운 어떤 다른 사람을 기대하면서 그들이 다윗의 혈통을 바라보았을 때, 그리스도는 무엇을 느끼셨던 것일까요? 그분은 다윗의 혈통과 하나님의 자녀에 대한 언약적인 돌봄을 통해 신적인 신실하심에 대해 어떤 경이로움을 설명하셨을까요? 그의 눈이 하나님을 보게 될 것이라는 신실한 기대 안에서 욥은 훌륭하게 명예 회복이 되었던 것일까요? 그리스도는 이스라엘의 노래들로부터 그분의 인격과 사역에 대한 끊임없는 증언들을 발견하면서 어떤 교훈의 풍성함을 끌어내셨을까요? 이사야서의 고난받는 종 또는 다니엘서의 인자에 대해 그분은 어떤 날카로운 통찰을 말씀하셨을까요? 예수님은 충성스러운 예레미야와 추방당한 에스겔이 겪은 많은 분투를 어떻게 드러내었을까요? 소선지서를 쓴 선지자들의 증거대로 예수님의 이름의 영광을 예수님께서 풀어내셨을 때 그들의 중요한 진술들은 화음으로 울려 퍼지며 되살아났을까요? 예수님께서 그런 것들을 설명했을 때 호세아의 고통과 평안이 움직이며 살아났을까요? 담대한 예언자들의 단호한 경고들이 영원의 계획안에서 갑자기 그 의미가 통하게 되었을까요? 요나의 경험은 그분의 가르침에 어떤 열매를 주었을까요? 미가가 전에 결코 받지 못했던 영광을 베들레헴 에브라다는 얻게 된 것일까요? 하박국의 믿음은 이전보다 더욱 밝게 번쩍였을까요? 스가랴의 정결하게 하는 샘은 더욱 달콤하게 흐르고 못 박힌 예수님은 그때보다 더욱 훌륭하게 나타나게 되었을까요? 그분의 거룩한 만지심으로 말라기의 열렬한 기대가 열리고 풍성하게 열매를 맺었을까요? 예수님께서 말씀하셨던 대로 율법과 예언들이 드러난 엠마오 도상의 그 시간은 얼마나 큰 경이로움으로 넘쳤을런지요!

예수님께서 설교하신 가운데 어떤 문장들이 나열되었던지 우리는 우리 주님이 그분 자신을 진술하신 것을 봅니다. 예수님은 예수님 자신을 설교 하셨습니다. "모세와 모든 선지자의 글로 시작하여 모든 성경에 쓴 바 자기에 대한 것을 자세히 설명하시니라"(눅 24:27).

우리가 그리스도를 설교하고자 한다면, 우리는 그리스도 자신께서 하셨던 대로 해야 합니다. 그리스도를 설교하는 것은 성경 전체를 열어서 어떻게 그 모든 것이 우리 구주를 향하고 연결되어 있는지를 보이는 것입니다. 우리 주님은 이렇게 반복해서 말씀하셨습니다. "내가 너희와 함께 있을 때에 너희에게 말한 바 곧 모세의 율법과 선지자의 글과 시편에 나를 가리켜 기록된 모든 것이 이루어져야 하리라 한 말이 이것이라"(눅 24:44).

예수님은 하나님 말씀이 그분 자신이 하나님의 아들, 약속된 그리스도, 영광스러운 구속자이심을 증명한다는 것을 우리에게 보이셨습니다. 예수님은 구약의 기자들이 표현했던 대로 그분 자신이 위대한 마지막이요, 만물의 궁극적인 성취임을 우리에게 말씀하십니다. 그분은 성경의 핵심 요소이며 중심주제입니다. 사역을 위한 우리의 모형으로서, 예수님은 설교의 본질이 그분 자신의 인격을 설교하는 것임을 우리에게 보이셨고, 사도들은 그분의 발자국을 따랐습니다.

그들은 진정한 제자들이었고 주님의 방법대로 그들의 사역을 감당했습니다. 그들은 탈선하지 않고 같은 길을 따름으로써 주님과 같은 선상에 서는 것에 대해 만족했습니다. 그들은 성경 전체로부터 나사렛의 예수님이 메시아임을 설교했습니다. 그들은 예수님의 인격과 사역의 충만함 가운데 그분을 설교 했습니다. 약속된, 살아 있는, 죽으신, 부활하신 그리고 다스리시는 그리스도로서의 예수님은 그들의 주제이자 노래였습니다 (고전 15:1~4).

우리는 사도들의 사역이 기록된 것들을 통해 그것을 확인합니다. 우리는 바울이 회심한 이후부터 회당에서 그리스도가 하나님의 아들임을 설교하는 것을 발견합니다 (행 9:20). 그리고 그는 예수님이 바로 그리스도였음을 사람들에게 설득합니다. 비시디아 안디옥에서 바울은 하나님께서 그분의 백성을 인도하시는 것을 밝히면서 다윗으로 좁혀 들어가며 곧장 예수님을 증거하고 있습니다. "하나님이 약속하신 대로 이 사람의 후손에서 이스라엘을 위하여 구주를 세우셨으니 곧 예수라" (행 13:23). 그 후로 이어지는 설교는 모든 것이 그리스도에 대한 것입니다. 큰 선포와 도전으로 그는 이렇게 설교를 맺습니다.

> 그러므로 형제들아 너희가 알 것은 이 사람을 힘입어 죄사함을 너희에게 전하는 이것이며 또 모세의 율법으로 너희가 의롭다 하심을 얻지 못하던 모든 일에도 이 사람을 힘입어 믿는 자마다 의롭다 하심을 얻는 이것이라 그런즉 너희는 선지자들을 통하여 말씀하신 것이 너희에게 미칠까 삼가라 일렀으되 보라 멸시하는 사람들아 너희는 놀라고 멸망하라 내가 너희 때를 당하여 한 일을 행할 것이니 사람이 너희에게 일러줄지라도 도무지 믿지 못할 일이라 하였느니라 하니라 (행 13:38~41).

우리는 바울을 데살로니가 회당에서 발견합니다. 그곳에서 그는 "자기의 관례대로 그들에게로 들어가서 세 안식일에 성경을 가지고 강론하며 뜻을 풀어 그리스도가 해를 받고 죽은 자 가운데서 다시 살아나야 할 것을 증언하고 이르되 내가 너희에게 전하는 이 예수가 곧 그리스도라."(행 17:2~3)고 전했습니다. 또 그는 아그립바 앞에서 증거합니다. "하나님의 도우심을 받아 내가 오늘까지 서서 높고 낮은 사람 앞에서 증언하는 것은 선지자들과 모세가 반드시 되리라고 말한 것밖에 없으니 곧 그리스도가 고난을 받으실 것과 죽은 자 가운데서 먼저 다시 살아나사 이스라엘과 이방인들에게 빛을 전하시리라 함이니이다 하나라"(26:22~23). 우리는 바울을 감옥에서 봅니다. 그곳에서 그는 유대인들과 복음을 나누었습니다. "아침부터 저녁까지 강론하여 하나님의 나라를 증언하고 모세의 율법과 선지자의 말을 가지고 예수에 대하여 권하더라"(28:23). 그리고 이방인들에게도 그리스도를 선포합니다. "바울이 온 이태를 자기 셋집에 머물면서 자기에게 오는 사람을 다 영접하고 하나님의 나라를 전파하며 주 예수 그리스도에 대한 모든 것을 담대하게 거침없이 가르치더라"(30~31절).

로마인들에게 보내는 편지의 서문은 그가 쓴 다른 모든 서신서들의 어조와 일맥상통 합니다. "예수 그리스도의 종 바울은 사도로 부르심을 받아 하나님의 복음을 위하여 택정함을 입었으니 이 복음은 하나님이 선지자들을 통하여 그의 아들에 관하여 성경에 미리 약속하신 것이라 그의 아들에 관하여 말하면 육신으로는 다윗의 혈통에서 나셨고 성결의 영으로는 죽은 자들 가운데서 부활하사 능력으로 하나님의 아들로 선포되셨으니 곧 우리 주 예수 그리스도시니라"(롬 1:1~4).

우리는 성경의 다른 부분에 기록된 사도들의 설교에서 어떤 다른 것도 발견하지 못합니다. 우리는 오순절에 베드로의 입으로부터 나오는 설교도 같다는 것을 확인합니다. "너희도 아는 바와 같이 하나님께서 나사렛 예수로 큰 권능과 기사와 표적을 너희 가운데서 베푸사 너희

앞에서 그를 증언하셨느니라"(행 2:22). 그리고 성경의 증언들을 길게 얘기한 후 그가 전하는 주제의 예리한 핵심을 다음과 같이 말합니다. "그런즉 이스라엘 온 집은 확실히 알지니 너희가 십자가에 못 박은 이 예수를 하나님이 주와 그리스도가 되게 하셨느니라 하니라"(36절).

우리는 솔로몬의 행각에서 다음의 내용을 듣습니다.

> 그러나 하나님이 모든 선지자의 입을 통하여 자기의 그리스도께서 고난 받으실 일을 미리 알게 하신 것을 이와 같이 이루셨느니라 그러므로 너희가 회개하고 돌이켜 너희 죄 없이 함을 받으라 이같이 하면 새롭게 되는 날이 주 앞으로부터 이를 것이요 또 주께서 너희를 위하여 예정하신 그리스도 곧 예수를 보내시리니 하나님이 영원 전부터 거룩한 선지자들의 입을 통하여 말씀하신 바 만물을 회복하실 때까지는 하늘이 마땅히 그를 받아 두리라 모세가 말하되 주 하나님이 너희를 위하여 너희 형제 가운데서 나 같은 선지자 하나를 세울 것이니 너희가 무엇이든지 그의 모든 말을 들을 것이라 누구든지 그 선지자의 말을 듣지 아니하는 자는 백성 중에서 멸망받으리라 하였고 또한 사무엘 때부터 이어 말한 모든 선지자도 이 때를 가리켜 말하였느니라 너희는 선지자들의 자손이요 또 하나님이 너희 조상과 더불어 세우신 언약의 자손이라 아브라함에게 이르시기를 땅 위의 모든 족속이 너의 씨로 말미암아 복을 받으리라 하셨으니 하나님이 그 종을 세워 복 주시려고 너희에게 먼저 보내사 너희로 하여금 돌이켜 각각 그 악함을 버리게 하셨느니라(행 3:18~26).

똑같은 기록을 반복해서 전합니다. "그에 대하여 모든 선지자도 증언하되 그를 믿는 사람들이 다 그의 이름을 힘입어 죄사함을 받는다 하였느니라"(행 10:43). 비슷한 방법으로 신약의 전체 내용이 이 사실을 제시하고 있습니다.

이런 예들 – 그리고 이 예들은 여러 번 중복될 수 있습니다 – 이 전체 성경에 드러나 있는 대로 그리스도의 인격과 사역을 설교하는 것은 모든 부름 받은 사도들의 설교에서 핵심이었음을 우리에게 보여 줍니다. 예수님과 사도들은 처음부터 표준을 세웠고, 이 표준을 따르는 사람들 중 최상의 사역자들은 이 방식에 가장 잘 고착되어 있는 사람들이었습니다. 조엘 비키는 이 사실을 우리에게 회상시킵니다.

> 종교개혁자들과 청교도들의 경험적인 설교는 그리스도를 설교하는 것에 초점을 두었습니다. 성경이 분명히 보여 주듯, 복음 증거는 그분의 독생자에게 부여되었던 기록들을 증언해야 합니다(행 2:3, 5:42, 8:35; 롬 16:25; 고전 2:2; 갈 3:1). 따라서 청교도들은 그리스도가 분명하지 않은 어떤 설교도 유효한 경험적 설교가 아니라고 가르쳤습니다. 윌리엄 퍼킨스(William Perkins)는 모든 설교의 핵심은 "그리스도를 찬양하기 위해 그리스도에 의해 그리스도만을 설교하는 것"이라고 말했습니다. 토머스 아담스(Thomas Adams)는 다음과 같이 얘기했습니다. "그리스도는 예언되고, 상징되고, 예표되고, 보여지고, 설명되고, 장마다, 거의 모든 줄에서 발견되는 전체 성경의 대의이다. 성경은 아기 예수를 둘러싼 강보와 같은 것이다." 아이작 암브로즈(Isaac Ambrose)는 다음과 같이 조언했습니다. "본질, 중심부, 영, 그리고 전체 성경의 범위로서 예수를 생각하라." 이 그리스도 중심의 맥락에서 개혁적이며

청교도적 복음 전도는 진리를 경험하게 하는 날카로운 심미안을 가진 적용에 의해 특징지어졌습니다. [7]

유명한 복음주의적 성공회 주교 J. C. 라일은 다음과 같이 동의합니다. "우리 마음속에 세워진 원리가 되게 합시다. 성경을 읽을 때 그리스도는 성경 전체의 중앙부에 위치한 태양이라는 것을 말입니다. 우리가 그분을 바라보는 한, 우리는 영적인 지식을 찾는데 있어서 결코 큰 오류는 범하지 않을 것입니다. 일단 그리스도를 시야에서 잃어버리면 우리는 성경 전체가 어두워지고, 어려움으로 가득 차는 것을 발견하게 될 것입니다. 성경 지식을 얻는 열쇠는 예수 그리스도입니다." [8]

그리스도를 설교하는 것은 우리의 설교가 성경에서 전체적으로 드러난 대로 예수님의 인격과 사역의 범위 위에 항상 닻을 내리고 있다는 것을 의미합니다. 성경은 전체적으로 그리스도를 향하고 있습니다. 그리스도는 우리 사역의 거대한 주제가 되어야만 합니다. 우리는 성경을 그리스도 중심적으로 그리고 그리스도론에 입각하여 설교해야 합니다.

하나님의 참 목회자는 그리스도와 그분의 복음을 설교할 것입니다−그 좋은 소식은 전적으로 신적이고, 전적으로 인간적이며, 하나님의 백성을 위해 하나님의 법을 완전하게 지키셨던 죄가 없는 인격이며, 사람들을 대신하여 성부 하나님의 의로운 심판을 받으신 우리 주님에 대한 것입니다. 복음은 그리스도에 대한 모든 것입니다. 복음이 무엇이냐 하는 것은 누구에 대한 것인가에 의존합니다. 그것은

7) Grace Online Library, "What Is Reformed Experimental Preaching?" Joel R. Beeke, (2009년 5월 14일).

8) J. C. Ryle, *Expository Thoughts on the Gospel: Luke 11-24* (Grand Rapids: Baker, 2007), p. 501.

죄인을 구원하시려고 세상 안으로 들어오신 하나님의 아들 예수 그리스도에 대한 것입니다 (딤전 1:15).

그리스도를 설교하지 않는다는 것은 무엇을 의미하는가

이제 우리는 다른 모든 설교는 불법적이고 오직 '갈보리 설교'만을 하겠다는 결론에 이른 것입니까? 우리의 모든 설교가 같은 소리를 내야 하는 것입니까? 우리는 똑같은 높이와 강약과 음조를 가진 같은 음색을 내기 위해 꾸준히 노력하는 것입니까?

물론 아닙니다! 그리스도와 그분의 십자가에 죽으신 것 이외에는 알지 않는 것 (고전 2:2)을 자신의 사역으로 삼았던 사도 바울은 또한 에베소에서 지내는 동안 하나님의 모든 권면을 선포했습니다 (행 20:27).

그리스도를 설교한다는 것은 칭의, 성화, 영화, 섭리의 교리와 같은 성경에서 발견되는 다른 중요한 주제들을 설교하는 것에서 우리를 배제하는 것을 의미하지 않습니다. 이 모든 주제들은 정기적으로 설교단에서 선포되어야 합니다. 그러나 만일 우리가 예수님과 사도들의 진정한 본보기가 되려고 한다면, 우리는 구원의 교리를 그리스도의 빛 안에서 항상 설교해야 하고, 그 교리들로부터 우리를 우리의 구주께로 데려다 주는 길을 발견해야 합니다. 우리의 설교의 초점이 어떤 주제나 본문이 되었든지 관계없이 우리는 주어진 시간에 그 주제와 본문을 설명하여 그리스도가 드러나게 하고 우리의 영광스러운 주님이자 주인에게로 올라가야 합니다. 그리스도를 설교하는 것은 우리의 메시지에 그저 부속물로 붙이는 것이 아니고 무작위적인 복음 선포의 일부분도 아닙니다. 그분은 단순히 반복되어야 할 이름이 아닙니다. 우리는 우리가 해설하는 모든 진리가 예수님과 연결되어 있음을 보아야 합니다. 알렉산더 맥라렌은 이 점을 잘 언급했습니다.

그리스도가 우리를 위하여 사셨고 죽으셨던 사역은 모든 상황에서 명백하게 중심에 있습니다. 그리고 이것으로부터 모든 것이 드러나며, 더 넓은 영역으로 나아가게 되고, 많은 주제를 포함하게 됩니다. 그리스도를 중심에 놓는 것은 생각과 경험의 영역을 내쫓지 않으며 초보적인 진리에 대한 앵무새 같은 반복이나 평범한 일의 한정된 되풀이에 설교자를 가두지도 않습니다. 그것은 모든 주제들은 그리스도로 인도될 것을 요구합니다. 그리고 모든 가르침이 그분에게로 향할 것을 요구합니다……그리스도를 설교하는 것은 다른 주제를 배제하지 않으며, 그 모든 주제들의 방향과 목적을 가리키는 것입니다. 광범위하고 풍성함을 담고 있는 다양한 주제들을 다루는 일은 단순히 가능할 뿐만 아니라 설교자에게는 의무적인 것입니다. 그의 사역의 좌우명 속에서 어떤 가치 있는 뜻을 가지고 이런 다양함을 취해야 합니다. 그 좌우명은 바로 다음과 같은 것입니다. "나는 여러분 가운데 예수 그리스도의 구원과 그리스도께서 십자가에서 죽으신 것 외에는 알지 않기로 결정했다." [9]

성경에서 그리스도를 발견하고 그분을 우리의 설교와 목회 사역 안으로 모셔오는 일은 고뇌에 찬 일이 아닙니다. 목회학의 오래된 지도자 중 한 명인 윌리엄 테일러는 다음과 같이 우리를 훈계합니다.

복음은 바울이 설교했듯이 그것이 적용될 때 사람의 행위와 경험의 모든 부분에 접근하는 일에 있어서 충분하고도 남는 것이었습니다. 십자가는 그가 사용했던 것처럼 가장 넓은 지역에 가장 큰 힘을

---

[9] Alexander Maclaren, *The Expositor's Bible* (Grand Rapids: Eerdmans, 1956), p. 6:224.

발휘한 도구였습니다. 그러므로 저는 당신도 그와 같이 '예수 그리스도와 그분이 십자가에서 죽으신 것을 설교' 해야 한다고 주장합니다. 이것은 설교단을 단방향의 포열로 만든다는 것을 의미하지 않습니다. 그렇게 되면 성벽의 포진지 앞에 놓여 있는 물체만을 맞힐 수 있을 뿐입니다. 저는 설교단을 망루에 비유하고자 합니다. 그곳에 선회포를 장착하면 인간의 삶에 관계된 전 범위를 쓸어버릴 수 있습니다. 그리고 모든 부도덕과 불경함과 이기심과 죄들을 깨뜨릴 수 있습니다. 저는 한 가지 모양만을 가진 작은 방에 당신을 가두려 하지 않습니다. 저는 비록 좁은 구획이지만 당신을 관측소 안에 두어서 회전하는 망원경을 가지고 주위를 빙글빙글 돌고 조망하면서 통솔하고, 게다가 별들을 자세히 볼 수 있도록 하려는 것입니다. 나는 당신이 마치 앵무새가 우는 것처럼 '특정한' 단어들을 계속해서 반복해 모든 의미를 담은 요소들이 그것으로부터 나오도록 해야 한다고 주장하는 것이 아닙니다. 십자가 밑에 있는 큰 원리로부터 적용을 만들고 선포함으로 그리스도인들을 돕고 죄인들을 사로잡아 회심에 이를 수 있게 해야 한다고 주장하는 것입니다. [10]

테일러는 사도적인 자세로 글을 쓰면서 분명한 사실을 붙들었습니다. 성경을 찾아보십시오. 그래서 하나님의 사람들이 매번 어떻게 교리와 실천의 모든 문제들, 믿음과 삶의 모든 문제들을 그리스도가 죽으신 십자가 앞으로 끌어와서 십자가 아래서 해결하였는지를 살피십시오. 바울은 교회 안에서 종족, 파벌, 개인 간의 분열을 발견했습니까? 율법

---

10) William Taylor, *The Ministry of the Word* (Harrisonburg, VA: Sprinkle Publications, 2003), pp. 102~103. 이 부분과 관련하여 "설교단의 주제와 범위" (The Theme and Range of the Pulpit)에 대한 전체 장을 자세히 읽어볼 만하다.

주의가 기어들어오고 있었습니까? 자유주의와 율법 폐기론주의는 그들에게 교묘하게 환심을 사고 있었습니까? 이단적인 요소를 설교하는 거짓 교사들이 있었습니까? 슬퍼하고 의심하는 기독교인들이 있었습니까? 신자들은 안위 아니면 훈계가 필요하였습니까? 이들 위험과 어려움의 모든 것들에 대한 올바른 해결점은 예수님이었고 항상 예수님입니다. 그분은 하나님 나라로 들어가는 입구일 뿐만 아니라 하나님 나라 안에서의 영구적인 삶의 원리입니다. 기독교인의 삶 안에는 그분으로부터 이탈되는 것이 아무것도 없습니다. 그분은 복음 바퀴의 황금 허브입니다. 그리고 복음의 전체는 그분이 중심에 보존되어 있는 한, 진실한 균형을 유지하게 됩니다.

우리가 주제를 올바르게 붙들고 있을 때, 예수님 안에 있는 진리의 설교와 가르침 가운데 길을 잃거나 방황하지 않게 됩니다. 때때로 설교자들은 심지어 최상의 의도를 가지고 있더라도 설교 가운데 단지 도덕적으로만 고찰하는 습관에 빠집니다. 종종 구약의 이야기 또는 신약의 일화(逸話)는 어떻게 살아야 하고 어떻게 살면 안 되는지에 대한 본보기, 선함과 악함의 본보기일 뿐 그 이상이 되지 못합니다. 도덕성과 의무와 본보기는 성경 어느 곳에나 있습니다. 그러나 이런 것보다 더 중요한 것이 있습니다. 그리고 이런 것은 그리스도와의 올바른 관계 안에서 항상 존재하는 것입니다. 이런 설교들은 우리를 갈보리로 데려가야 하며, 시내 산으로 데려가서는 안 됩니다. 때때로 설교 가운데 부족한 것으로 보이는 것은, 예를 들어 위대한 다윗으로부터 더 위대한 다윗의 자손이신 예수님께로 이어지는 합당한 연결입니다. 수많은 방법을 통해 그리스도를 가리키고 예표하며 신적인 은혜가 풍성히 담긴 벽걸이 융단과도 같은 구약 성경은―주 그리스도를 떠나서는 추구될 수 없는―덕행을 위한 교범으로만 사용되기 쉽습니다. 우리는 그리스도를 예표하는 성경의 내용들은 그리스도 자신이 설교된 것임을 잊어서는 안 됩니다.

어떤 사람들은 성경에서 예수님을 발견한 것으로 뽐내지만, 성경이 모든 하나님의 자녀들에게 강조하는 거룩의 요구를 강하게 제시하는 일에는 실패합니다. 일부의 사람들은 이런 것들을 찾아 나서기에는 너무 분주하여, 거룩하신 하나님의 아들의 형상에 우리를 맞추도록 하나님께서 의도하고 계신다는 시각을 완전히 잃고 맙니다. 나사렛 예수님은 하나님의 거룩함이 완전하게 한 사람을 특징지을 때와 같은 분입니다. 왜냐하면 예수님 안에서 거룩하신 하나님께서 한 사람이 되셨기 때문입니다.

우리는 성육신하신 예수님 안에 있는 하나님의 구원하시는 사역과, 성령께서 하나님이 구속하신 모든 자녀들의 심령에 거하신다는 실제 속에 하나님의 백성이 뿌리 내리도록 하지 않은 채, 그들에게 정당한 성경의 요구들을 강조하는 것은 쉬운 일이라는 점을 인식해야 합니다. 또한 그리스도를 그들의 양심 안에 눌러 붙이지 않은 채, 사람들 앞에서 그리스도를 높이고 그분을 구주로 제시하면서, 이론상으로는 아니더라도, 구원받은 사람들의 개인적인 삶의 실천 가운데서는 주님으로서 그리스도를 피해 가도록 만드는 일도 쉬운 일입니다.

주 예수님은 모든 덕행의 동기이자 수단입니다. 진정한 성도의 덕행을 거룩함이라고 부릅니다. 그리고 그것은 갈보리 십자가에서 출발합니다. 우리는 항상 십자가에서 출발해야만 하며 거기에 있기를 기뻐해야 하고, 종종 그곳으로 돌아가며, 동시에 날마다 구주를 더욱 닮는 진정한 제자들의 길을 따라 걷도록 하는 것은 십자가임을 기억해야 합니다. 설교단에서 윤리적 교훈만을 던져주는 것은 예수 그리스도 안에 있는 삶으로부터 떠나서 거룩함의 껍질을 위임하는 것일 뿐이며, 이것을 촉진하는 사람과 희망하는 사람 모두에게 바보스러운 일입니다.

더욱이 그리스도를 설교하는 일은 우리 자신의 의견을 말하지 않도록 우리를 지켜줍니다. 그것은 우리가 설교단에 설 때든지 아니면, 응접실에서든지 또는 다른 장소에서든지 자신을 뽐내지 않는다는 것뿐만 아니라 우리 자신의 생각을 내세우지 않는 것을 의미합니다. '내 생각에는' 그리고 '내가 느끼기로는'이라고 연달아 말하는 설교를 발견하는 일은 매우 쉽습니다. 솔직해집시다. 하나님께서 진리로 계시하신 것을 알리는 것을 사역으로 삼는다면, 한 미천한 사람이 생각하고 느끼는 것을 누가 돌보겠습니까? 진리에 기초하고 있는 지혜로운 가르침이 있습니다. 그것은 어떤 부분들을 확실성을 가지고 말할 수 없다 할지라도, 우리는 하나님의 영을 가지고 있다고 생각하는 것입니다(고전 7:40 참고). 그러나 설교단은 살아 계신 주님의 대사로서 부름 받은 사람이 자신의 흠 있는 상상을 하나님의 완벽한 계시와 섞어 짜거나, 자신의 타락한 마음에서 스며 나오는 것으로 하나님의 진리의 순결한 물결을 더럽히기 위한 자리가 아닙니다. 설교단은 심리학적인 필요를 가진 사람들을 위해 가능한 많은 사람에게 자신의 의견을 알리기 위해 쉽게 사용될 수 있습니다. 그래서 자기 자신을 추구하는 비성경적이고 때때로 감상적인 영성과 그런 유형에 속한 몇 조각의 권위를 제공하게 됩니다. 그러나 설교단은 하나님께서 예수님을 알리신 것처럼, 모든 진정한 삶의 양식과 삶의 출발점으로써 주 예수님을 높이는 것 이외의 일들을 위해 쓰여서는 안 됩니다.

찰스 스펄전은 주 예수님에 대한 자신의 초점을 결코 잃지 않았습니다. 그는 초창기 설교에서 이렇게 전했습니다.

한 젊은이가 존경할 만한 목사가 있는 가운데 설교했습니다.

그리고 설교를 마친 후 그는 옛 목회자에게 가서 말했습니다. "제 설교를 어떻게 생각하십니까?" 그 목사가 말했습니다. "진실로 허접한 설교일세." 그 젊은이가 말했습니다. "허접한 설교라고요? 그것을 연구하는 데 분명히 오랜 시간을 들였습니다. 그런데 왜 제 본문 설교가 매우 좋은 것이라고 생각하지 않으십니까?" 그 옛 설교자가 말했습니다. "음, 그래. 정말 좋지.""그런데 왜 제 설교를 허접하다고 하시죠? 제가 사용한 은유가 적절했고 주장도 단호했지 않습니까?""그럼, 그것들은 얘기한대로 아주 좋았지. 그렇지만 그것은 여전히 허접한 설교였네.""왜 그것을 허접하다고 하시는지 이유를 말씀해 주시겠습니까?" 그 목사가 말했습니다. "왜냐하면, 거기엔 그리스도가 없었기 때문이지." 젊은이가 말했습니다. "음, 그리스도는 본문에 없었습니다. 우리는 항상 그리스도를 설교하지는 않습니다. 우리는 본문 안에 있는 것을 설교해야 합니다." 그러자 그 노인은 말했습니다. "젊은이, 잉글랜드에 있는 모든 마을과 도시와 동네마다, 어디를 가든지 런던으로 통하는 길이 있지 않은가?" 그 젊은이가 말했습니다. "그렇죠." 그 늙은 목사가 말했습니다. "성경 안의 모든 본문에는 성경의 중심지, 즉 그리스도로 가는 길이 있지. 그리고 친애하는 형제여, 당신의 일은 본문에 이를 때, 말하기를 '이제 그리스도로 가는 길은 무엇이지?' 라고 생각한 후 설교를 하는 것이지. 중심지-그리스도-로 향하는 그 길을 따라 달려가면서 말일세. 나는 성경 안에서 그리스도로 가는 길이 없는 본문은 아직 발견하지 못했다네. 만일 내가 그 안에서 그리스도로 가는 길이 없는 본문을 하나 발견한다면, 나는 길을 하나 만들 걸세. 나는 산울타리로 가서 도랑을 파고 어쨌든 내 주인에게로 돌아갈 걸세. 왜냐하면 그리스도의 향기가 없는 설교는 어떤 좋은 결과도 만들 수 없기 때문이지."[11]

스펄전은 끝까지 그리스도로 가는 길을 따라갔습니다. 그는 1891년 6월 7일 주일 오전에 메트로폴리탄 터바너클에서 마지막 메시지를 전했습니다. 이 확고부동한 설교자는 다음과 같이 말했습니다.

> 만일 당신이 그리스도의 종으로서 일을 한다면, 당신은 그분이 마음이 온유하고 겸손하다는 것을 발견할 것이고, 당신은 당신의 영혼에 쉼을 발견할 것입니다. 그분은 가장 고결한 지도자입니다. 왕들 중에서 최고로 선택된 왕 중에서도 그분과 같은 사람은 결코 없었습니다. 그분은 항상 가장 격렬한 전투 가운데서 발견됩니다. 차가운 바람이 불어올 때 그분은 항상 언덕의 바람이 휘몰아치는 부분을 차지합니다. 십자가의 가장 무거운 끝자락이 그분의 어깨에 항상 내려져 있습니다. 만일 그분이 우리에게 짐을 지도록 명령하신다면 그분도 항상 지십니다. 만일 사랑 안에서 영광스럽고, 관대하고, 친절하고, 부드럽고, 참으로 넉넉하고 과분한 어떤 것이 있다면, 당신은 항상 그분 안에서 그것을 발견합니다. 그분의 섬김은 삶이며, 평안이며, 기쁨입니다. 오, 당신은 그런 것들을 당장 얻으려 하겠지요! 하나님은 예수 그리스도의 깃발 아래 들어오도록 당신을 도우십니다![12]

---

11) Charles Spurgeon, "Christ Precious to Believers" in *The New Park Street Pulpit* (1860; reprint, Grand Rapids: Baker Books, 1994), p. 5:140. 약간 다르게 다음에서도 나타남. *The Soul Winner* (Grand Rapids: Eerdmans, 1964) pp. 106~107.

12) Charles Spurgeon, "The Statute of David for the Sharing of the Spoil", in *The Metropolitan Tabernacle Pulpit* (1892; reprint, Edinburgh: Banner of Truth, 1970), p. 37:324.

스펄전은 그의 사역의 처음부터 끝까지 '이 강단이 서 있는 한, 이 교회에 예배자들이 모여드는 한, 이 교회 안에서의 사역의 주제'-예수 그리스도-를 붙들었습니다. 스펄전은 하나님의 실패하지 않는 은혜를 힘입어 그리스도 중심의 사역을 했고, 그로 인해 하나님은 그와 그의 사역 아래에 있는 사람들에게 풍성하게 복 주셨습니다.

훈계와 가르침

만일 우리가 이 거대한 진리의 흐름 안에서 움직이는 두 개의 조류에 서서 더 가까이 바라본다면 그리스도를 설교하는 일에 있어서 더 큰 도움을 받을 것입니다. 바울은 그리스도를 말함으로 "우리가 그를 전파하여 각 사람을 권하고(훈계하고) 모든 지혜로 각 사람을 가르친다." (골 1:28)고 했습니다. 전에 지적한 대로, 바울은 이런 방법들을 사용하여 그리스도에 대한 선포가 사람의 심령에 밀접하게 와 닿도록 한 것입니다.

'경고'는 우리가 즉각적으로 알아듣게 되는 것 보다 더욱 확고한 의미를 가지고 있습니다. 보다 정확한 단어는 훈계가 되겠지만, 우리는 여전히 이 단어에 대한 올바른 개념이 지닌 신성함을 제시할 필요가 있습니다. 그것은 마음 속에 무언가를 더하거나, 심령 속에 어떤 것을 내려놓는 것을 말합니다. 훈계는 마음속에 무언가를 놓거나 혹은 심령에 어떤 것을 두도록 하는 것입니다. 한 작가는 이 행동을 '누군가의 머릿속에 어떤 감각을 밀어 넣는 것'으로 묘사했습니다. 이 단어는 길을 빗나간 사람을-신자이든지 아니든지-올바른 믿음 또는 행동에 대해 상담하는 것과 관련이 있습니다. 이것은 그 사람을 돕는다는 관점 속에서 적절한 질서 가운데 그 사람의 성향을 세우는 것과 관련이 있습니다.

훈계는 마음의 눈앞에 주목할 만한 무언가를 걸어놓기 위해, 의지와 정서 안으로 그것을 깊이 새겨 넣기 위해 고안된 행동입니다. 그것은 바로잡음, 각성 또는 영혼을 북돋우기 위한 경고, 꾸짖음, 권고, 위로를 포함합니다.

이 단어의 강도는 사도행전 20장 31절에서 분명해집니다. 여기서 바울은-여러 가지 명백하게 표현된 염려들을 늘어놓은 다음-에베소 장로들이 3년 동안 그가 모든 사람을 대하여 밤낮으로 눈물로 훈계하던 것을 기억할 것을 요청합니다. 약간 다른 어감이 고린도전서 4장 14절 안에서 명백하게 보입니다. 여기서 바울은 예수님의 종으로서 아볼로와 자신이 아버지로서의 뜨거운 마음을 가지고 있음을 드러내면서 이렇게 말합니다. "내가 너희를 부끄럽게 하려고 이것을 쓰는 것이 아니라 오직 너희를 내 사랑하는 자녀 같이 권하려 하는 것이라."

훈계의 목적은 사람을 일깨우고, 영혼을 일으키고, 반성을 불러내고, 회개를 촉구하는 것입니다. 그렇게 함으로써 죄가 식별되고, 제기되며, 오류가 드러나고, 경고되고, 거룩함이 묘사되고, 격려됩니다. 즉 틀린 곳을 바로잡고 올바르게 하는 기초적인 태도들을 반영하는 행동이 촉진될 것입니다. 그것은 목회적인 돌봄인데 사람의 눈을 들여다보고, 죄와 거룩함의 문제들을 품도록 안내하며, 그것들이 스며들고 인식되도록 하여서 그 바탕 위에서 분명한 실천을 이끌어 내는 것입니다. 그것은 영원의 의미를 밀접하게 느끼게 하고 주님의 크고 두려운 날과 모두가 반드시 맞는 심판에 대한 인식을 항상 가지게 합니다. 그것은 하나님의 찬란함 속에서 예수 그리스도를 볼 수 있게 하며, 그리스도 안에 있는 믿음의 필요를 강조하며, 마음속에 그리스도를 품게 합니다.

같은 방법으로 목회자는 자기 자신을 '가르침에' 헌신하도록 합니다. 가르침은 교훈 혹은 훈련인데 공식적이건 아니건 관계없습니다. 가르침은 무언가를 다른 사람에게 설명하거나 해설하는 것을 의미하는데 통상 성경의 객관적인 진리를 가르치는 사역과 연결되어 있습니다. 여기서 설교자는 이해 위에서 사역합니다. 그리스도는 목회자의 가르치는 능력이 드러나는 가운데 주의 깊고 조직적인 가르침을 위한 수단들과, 간절히 추구하는 마음에 심겨진 명백한 진리와 분명한 방향성에 의해 선포됩니다(딤전 3:2). 훈계자로서 목회자가 마음을 찌르는 침투적인 소금이라면, 가르치는 자로서 그는 살피고 비추는 빛이 됩니다. 그리스도의 진리는 분명하게, 명백하게, 온화하게 설명됩니다. 선지자들이 선언했고 성부 하나님께서 계시하셨던 예수님의 인격과 사역의 충만함은 각각의 설교자가 발휘하는 독특함과 더불어 드러나게 됩니다.

이것들은 '모든 지혜 안에서' 사용되어야 할 것들입니다. 바울은 그리스도를 가르치는 것과 훈계하는 방법이 동일하다고 간주합니다. 골로새 교인들에게 편지를 쓰는 중에 사도 바울은 지혜를 몇 번이나 언급하면서 염두에 둡니다(1:9, 2:3, 2:23, 3:16, 4:5). 거짓 교사들의 계율과 교리들은 "자의적 숭배와 겸손과 몸을 괴롭게 하는 데는 지혜 있는 모양이나 오직 육체 따르는 것을 금하는 데는 조금도 유익이 없습니다"(2:23). 그러나 바울이 '모든 지혜 안에서' 지혜의 총체이신 그리스도를 설교할 때(3절), 미묘하게 사람의 지혜를 공격하고 대적합니다. 바울은 자신의 본성적인 인간의 지혜 또는 이성에 따라서 사람들을 경고하거나 가르치지 않았습니다. 그보다 그는 성령 하나님께서 그에게 주신 지혜 안에서 이 일들을 했습니다(고전 2:13). 이것은 영적인 지혜인데 하나님 말씀 안에서 발견되고 하나님으로부터 나오는 것입니다.

그러므로 목회자는 말씀으로 무장되어서 효과적인 수단을 사용하여 적절한 시기에 일하기 위해 준비되어야 합니다. 목회자는 특별한 필요와 그에 상응하는 복음적인 권고를 파악하고 있어야 합니다. 목회자는 그리스도 안에서 하나님의 영광을 위해 자신의 사역을 수행할 때 사람들의 마음을 끌고, 친근하고, 접근하기 쉽고, 열심 있고, 생기 있어야 합니다. 그는 사람들에게 있는 모든 허위적 핑계를 근절하고 그들을 진리의 지식으로 이끌기 위해 존재합니다. 이런 수단들에 의하여 그는 죄인들을 예수님께로 인도하고 바퀴의 축에 항상 그리스도를 두면서 사람과 믿음의 문제에 있어서 하나님의 자녀들을 지도합니다.

동료 그리스도인들께

당신은 그리스도 중심의, 그리스도로 충만한, 그리스도를 찬미하는 사역 아래에서 도움을 받고 있습니까? 당신은 충만한 그리스도의 인격 안에서 선포되는 그리스도를 듣고 있습니까? 그리스도는 신이시며 인간이시고, 우리를 가르치기 위한 예언자이시며, 속죄하시기 위한 그리고 우리를 위해 중보하시는 제사장이시며, 하나님의 아들로서 우리를 다스리시는 왕이십니다. 당신은 그리스도의 사역에 대해 듣고 있습니까? 그리스도의 죄 없는 순종의 삶이 당신에게 유효합니까? 당신은 우리 대신 하나님의 진노를 당하신 그리스도의 속죄의 죽음을 배웁니까? 죽음으로부터 그리스도의 부활을 듣습니까? 그리스도께서 천지를 다스리실 때 그분의 영광스러운 통치는 어떤 것입니까? 충성스러운 목회자는 이런 것을 직접적으로 그리고 간접적으로 당신 앞에 종종 제시할 것입니다. 당신은 하나님의 은혜 때문에 그런 사역에 위임되거나 당신을 목양하는 사람에게 그런 자격을 요구할 수 있습니다. 주님은 구원에 이어서 따르는 영적인 성숙을 신경 쓰는 사역자들에 의해 자신의 백성이 돌보아지기를 원하십니다. 하나님은 이 사역에 소홀한 사람들에게 책임을 물을 것이므로 결국 그들의 손에 피를 묻히게 될 것입니다. 하나님은 복음 사역자들을 지명하셨고, 자신의 영광과 당신의 유익을 위해 당신의 마음과 심령에 정직하고 진지하게 그리고 친밀하게 그리스도를 심도록 훈계와 교훈을 가지고 선포하게 하셨습니다. 우리는 그런 사람이 군대와 같이 일어나 추수할 곳으로 공격해 들어가도록 기도해야 합니다.

충성스러운 사람의 사역은 그 일에 있어서 그리스도의 향기를 뿜어낼 것입니다. 주 예수님은 죄로부터 택하신 사람들을 구원하기 위해 오신 분으로서(마 1:21), 우리가 살아가는 동안 그분의 방법을 통해 우리를 마지막 날까지 지키신다고 약속하신 분으로서 명백하게 그리고 분명하게 드러나게 될 것입니다. 이것은 당신이 출석하고 있는 교회 안에서 당신이 들어야 할 그리스도이십니다. 이것은 성경 안에서 주중과 주일에 당신에게 설교하는 사람으로부터 선포될 때 당신이 들어야 하고 당신이 따라가야 할 그리스도이십니다.

모든 것을 거십시오! 당신의 영혼의 영원한 안위가 달려 있습니다. 그리스도는 가장 소중한 분이 되어야 합니다. 당신은 당신이 예배하는 곳의 교회를 섬길 수 있는 목사나 설교자를 찾고 있습니까? 그 직분을 위해 사람을 면접할 때 그에게 직접적으로 물으십시오. "그리스도에 대해 어떻게 생각하십니까?" 그의 답변과 그가 그 답을 할 때의 영적 상태에 주의를 기울이십시오. 만일 예수님이 이 사람에게 가장 소중하다면 적어도 회중을 위한 좋은 목자가 되기 위한 기초는 그에게 놓여 있는 것입니다. 만일 아니라면 양털인 양 덮여 있는 마음속을 살짝 들여다보고 무리를 돌보기 위해 이리를 초대하지 않도록 분명한 주의를 기울이십시오.

후보자의 설교를 들어 보십시오. 그는 성경의 요구와 명령만 외치고 당신이 그것들에 의해 깨지고 난타당한 채 내버려두고 있지는 않습니까? 아니면 그는 주 예수님 안에서 정당한 의무와 필요를 잘 연결하고, 어떻게 주님과 함께 주님 안에서 이런 것들을 수행할 수 있는지를 보여 주면서 그리스도 안에서 깨진 것을 싸매고 있습니까(골 2:6~7)? 그 후보자는 공적으로 선포하고 일대일로 가르칠 때 당신의 모든 영적인 필요를 채우고, 당신이 평안을 주시는 예수님께로 돌아가도록 꾸준히 당신을 권면합니까? 그는 당신의 어깨에 지울 교훈의 빛을 가져오고 훈계의 소금을 당신의 심령에 문질러 바릅니까?

이것이 그리스도의 충만함 가운데 그리스도를 설교한다는 의미입니다. 이것은 모든 복음 증거자들의 본보기입니다. 당신 자신도 다른 사람들에게 그리스도를 전할 기회들을 가지고 있습니다. 이 책임은 넓은 의미에서는 오직 안수받은 목회자들만의 일은 아닙니다. 주님께서 당신에게 말씀을 전할 기회를 주실 때, 직장에서든, 도서관에서든, 상점에서든, 자녀의 잠자리에서든, 또는 설교 후의 회중석에서든, 그리스도에 대해 다른 사람들에게 말해 보았습니까? 이것은 초대 교회의 형태였습니다. 심지어 잔인한 핍박과 법에 의거한 적대적 환경 가운데서도 말입니다. "그 흩어진 사람들이 두루 다니며 복음의 말씀을 전할 새"(행 8:4). 가르침과 훈계에 대해서라면 회중들 가운데 서로 의무가 있다는 점을 기억하십시오. 바울은 로마의 성숙한 신도들에게 편지를 쓰면서 이렇게 전했습니다. "내 형제들아 너희가 스스로 선함이 가득하고 모든 지식이 차서 능히 서로 권하는 자임을 나도 확신하노라"(롬 15:14). 골로새 교회는 찬양하는 가운데 이 의무를 수행하도록 권면받았습니다. "그리스도의 말씀이 너희 속에 풍성히 거하여 모든 지혜로

피차 가르치며 권면하고 시와 찬송과 신령한 노래를 부르며 감사하는 마음으로 하나님을 찬양하고"(골 3:16). 다른 영적 싸움을 싸우고 있던 데살로니가 교회는 사도들의 가르침에 순종하지 않는 자들을 훈계하도록 권고받았습니다. "누가 이 편지에 한 우리 말을 순종하지 아니하거든 그 사람을 지목하여 사귀지 말고 그로 하여금 부끄럽게 하라 그러나 원수와 같이 생각하지 말고 형제 같이 권면하라"(살후 3:14~15).

그러나 당신에게 그런 가르침은—충성스러운 목사로부터든 아니면 동료 신자로부터든—결코 편안하고 일상적인 삶으로 인도하지 않을 것이라는 점을 기억하십시오. 만일 그 사람이 당신의 영혼에 충실하다면 당신은 항상 이야기와 농담을 듣지는 않을 것입니다. 당신은 당신 자신에 대해 항상 괜찮다고 느끼지도 않게 될 것입니다. 이따금 당신은 지구상에서 걸어 다녔던 사람들 중에 가장 가치 없는 죄인으로서 당신 자신을 보게 될지도 모릅니다. 당신은 아마도 종종 죄 때문에 울게 될지도 모릅니다. 당신은 당신의 특권과 복에 대해서만 아니라 당신의 영혼에 지워진 책임과 의무에 대해서도 듣게 될 것입니다. 당신의 영혼은 고양되기도 하고 겸손하게 낮아지기도 할 것입니다. 당신은 종종 기뻐하기 전에 애곡할 것입니다. 당신은 충성스러운 제자로서 십자가에서 죽으신 예수님의 발자국을 따라 걷도록 부름 받을 것이고, 당신이 그것으로부터 빗겨나갈 때 그 길에 다시 서도록 요청받을 것입니다.

그런 사역을 발견하고 그런 사역을 위해 기도하는 낮은 자리가 당신이 경험해야 하는 것입니다. 모든 그리스도인이 거룩의 개념을 좋아하고 충성스러운 사역의 관념에 박수를 치지만, 그것에 대한 성경의 힘을 느낄 때 항상 섬세하게 그것을 적용하지는 않습니다. 우리는 다른 사람들이 훈계받고 가르침을 받는 것을 보는 일에 열정적이지만, 우리에게도 사랑스럽고 충성스러운 예수님의 종이 우리를 쳐다보고, 우리 마음 안에 무언가를 넣어 두고, 진리를 우리에게 심어주고, 그 진리를 내버려지도록 하지 않을 것이며, 마음에 깊이 스며들 때까지 강조하고 밝게 비출 때까지 높이 들어 올리게 될 날이 분명히 올 것입니다. 그때 우리가 만들어내는 변명들은 얼마나 많습니까? 진리를 무시하기 위해 우리가 내놓은 이유의 목록은 어떤 것입니까? 진리와 그것의 요구를 피하기 위해 우리는 얼마나 많은 회피와 자기기만을 마음속에 그리고 있습니까?

당신이 충성스러운 복음 사역의 특권을 즐기기 위해 기도할 때, 당신이 그것을 수용하기 위해 마음으로 준비해야 할 것을 위해서도 기도하십시오. 그것이 당신에게 결실을 가져오도록 기도하고 주님의 말씀이 자유롭게 전진하며 영광 받으실 것을 구하며, 모든 장벽이 허물어져 충성스러운 훈계와 가르침을 받을 수 있도록 기도하십시오(살후 3:1). 이런 사역이 결핍되는 것은 재난입니다. 그것을 거절하는 것은 테러입니다. 그것을 수용하고 품는 것은 비할 바 없는 복입니다.

동료 목사님들께

우리는 기초적이면서도 심오하게 그리스도 중심적이어야 합니다. 우리는 사역의 한 중심에 있는 그리스도의 영광 안에서 그리스도를 보고, 그 사역의 중심에 그리스도를 두어야 합니다. 크고 작은 모든 상황에서 다른 사도들이 그랬던 것처럼 주님을 품어야 합니다. 우리는 하나님께서 지명하신 도구들을 사용하여 우리 앞에 있는 모든 사람들의 구원과 영적인 성숙을 위해 수고해야 합니다. 우리의 의무는 그리스도를 나타내는 것인데, 공개적으로 그분을 선포하고 훈계와 가르침과 같은 지정된 도구를 사용하여 엄중하고, 효과적으로, 진지하게 그리고 기도하는 가운데 남녀노소 모든 사람의 삶 속에 그리스도를 각인시켜야 합니다. 이것이 하나님 말씀을 이루는 데 있어서 우리가 해야 할 일입니다(골 1:25). 아무것도 우리를 단념시키지 못합니다. 아무것도 우리를 그만 두게 하지 못합니다. 아무것도 우리를 좌절 속으로 집어넣지 못합니다. 앞으로 살펴보겠지만 비록 엄청난 역경이 있더라도 영광스러운 결말이 있고, 따라서 우리는 이 소명을 열정적으로 그리고 충성스럽게 추구해야 합니다.

우리 사역 가운데 그리스도를 더욱 충만하게 자유롭게 설교하는 것을 방해하는 것은 무엇입니까? 분명히 우리는 그리스도를 사랑합니다. 그렇지 않습니까? 우리는 그리스도를 모든 것 위에 존귀한 분으로 존중하고 있지 않습니까? 만일 그렇다면 어떻게 우리가 마땅히 해야 하는 대로 그리스도를 설교하지 않을 수 있습니까? 최근에 혹은 수개월간 아니면 아마도 수년 동안 우리 사역의 주제가 그리스도가 되지 않았던 이유라도 있습니까? 우리를 방해하는 것이 우리의 자만심입니까? 아니면 그리스도께서 다른 사람들과 나누시지 않는 영광을 우리가 취하려고 나서는 교만이 방해가 됩니까? 우리를 뒤로 물러나게 하는 것이 우리의 자기중심적 태도입니까? 어떤 어려운 상황에서 자신을 보호하려는 목적으로 목회하는 일이나 그리스도 중심으로 설교하기 위해 준비하는 노력으로부터 벗어나고자 하는 자기중심적 태도 말입니다. 그리스도를 중심으로 설교하지 못하는 것이 공포, 즉 결과에 대한 공포, 사람들의 반응에 대한 공포 또는 그런 높은 주제를 다루기에 우리 자신이 불충분하다는 생각에서 나오는 공포, 다시 말해 성령님의 능력이 우리를 충분하게 하신다는 사실에 대한 불확실한 마음입니까?

여기서 우리는 근본을 생각해야 합니다. 당신은 사도 바울처럼 "우리는 그리스도를 설교한다."라고 말할 수 있습니까? 당신의 사역은 예수님 중심입니까? 그분의 영광스러운 인격과 그분의 완성된 사역, 죄인들을 위한 유일한 구주로서 성경의 모든 곳에 드러난 대로 그리스도를 증거하고 있습니까? 그리스도는 당신의 사역 중에 원리와 실제의 모든 것 가운데 뛰어나신 분입니까(골 1:18)? 18세기의 걸출한 침례교 신학자 앤드루 풀러는 겁 없는 설교자를 다음과 같이 분명하게 나타냈습니다.

> 만일 당신이 그리스도를 설교한다면 당신은 소재의 결핍을 두려워할 필요가 없습니다. 그분의 인격과 사역은 충만하며 풍성합니다. 모든 신적인 속성이 그분 안에서 나타납니다. 모든 모양이 그분을 예표합니다. 예언들은 그분을 향하고 있습니다. 모든 진리는 그분과 관계가 있습니다. 율법 자체는 그분께로 인도되기 위해 설명되고 강조되어야 합니다……그리스도를 설교하는 것이 모든 설교 목적의 해답이 될 것입니다. 이것은 회심을 위해 죄로 각성된 죄인들을 평화로 이끌고, 진정한 기독교인의 평안으로 이끌기 위해 하나님께서 인정하신 교리입니다. 십자가의 교리가 우리를 평안하게 하지 못한다면 우리는 평안해지기 위한 권리를 가지고 있지 않음을 드러내는 것입니다. 이 교리는 나태한 사람들이 활기를 띄도록 의도되어 있고, 모든 그리스도인을 은혜 앞으로 이끌며, 뒤처진 사람들을 회복시킵니다. 이것은 모든 인류가 가진 하나님의 진리를 깨닫지 못하는 병을 위한 보편적인 치료약입니다.[13]

---

13) Andrew Fuller, "Preaching Christ" in *Complete Works* (Harrisonburg, VA: Sprinkle Publications, 1988), pp. 1:503~504. 균형 있는 조언을 위해 다음 것도 보라. Fuller's letter on "The Uniform Bearing of the Scriptures on the Person and Work of Christ" (pp. 1:702~704).

그리스도 예수 우리 주님을 선포하는 일은 그분을 설교하는 것입니다. 그리고 그분에 의해 하나님 나라는 확장됩니다. 그분 안에서 하나님의 능력은 구원이 됩니다. 그분을 통해 삶과 평화, 복이 교회 안으로 들어옵니다. 그분 홀로 모든 시간과 장소에 있는 교회들의 모든 필요에 답하십니다. 그분은 구주이시고 우리가 사람들에게 제시해야 하는 분입니다. 세례 요한이 "보라! 세상 죄를 지고 가는 하나님의 어린 양이다!"라고 외쳤던 것처럼 말입니다. 설교에 대한 의무 자체가 저절로 그리스도를 설교하는 것이 되지는 않습니다. 율법을 설교하는 것만으로는 그리스도를 설교하는 것이 되지 않습니다. 원리만을 설교하는 것은 그리스도를 설교하는 것이 아닙니다. 우리는 그리스도 자신을 설교해야 합니다.

더 나아가 우리는 그리스도와 같은 방법으로 그리스도를 설교해야 합니다. 우리는 온유함과 담대함의 충실함에 굳건하고 절조 있는 부드러움을 지닌 그리스도와 같은 영을 주시도록 하나님께 기도해야 합니다. 훈계하고 가르치는 책임과 선포하는 의무는 결코 하나님의 사람들에게 상처를 입히고 거리낌 없이 빈정대기 위한 수단이 되어서는 안 됩니다. 우리는 의무를 수행하고 사역의 도구들을 도입하기 위해 하늘로부터 온 지혜(약 1:5, 3:17~18)가 필요합니다. 우리는 이런 목회적 도구들을 잘 사용하기 위해 정직성과 청렴성을 유지하고, 그리스도를 설교하기 위해 때때로 겪는 고통스러운 수고를 감당하는 일에 연약해지지 않도록 하나님께서 공급하시는 은혜가 필요합니다.

만일 당신이 이런 방식으로 설교한다면 당신은 죄인들이 지루해하고, 당황하고, 짜증내고, 화내는 것을 볼 수도 있습니다. 그러나 당신은 그리스도를 충분히 높여서 존경해야 하며 그렇게 함으로써 사람들의 소중한 영혼들은 낮아지고 각성되어서 그들이 회심한 존재라는 것을 하나님 앞에서 증명하게 될 것입니다. 당신은 아마도 예수님이 선포될 때 심지어 성도들이 흔들리고, 괴로워하고, 훈계받고, 부끄러움 당하고, 거역적이고, 저항적이고, 교만해지는 것을 볼지도 모릅니다. 죄들은 드러나고, 의무는 서서히 주입되고, 거룩함은 제시되고, 십자가가 성도들의 삶 속으로 밀고 들어가서 지워지지 않는 흔적을 남길 때 은혜는 높여집니다. 하나님의 백성 안에 남아 있는 죄는 그들의 전 삶에 적용되는 '십자가에서 죽으신 그리스도'에 대항하여 강한 적대감을 불러낼 것입니다. 그러나 그리스도는 모든 것 가운데 탁월함을 가지셔야 합니다. 그럼에도 우리는 하나님의 백성을 너무 사랑한 나머지 그들이 무지와 죄 안으로 들어가는 것을 허용하고 맙니다. 그리스도의 백성에게 그리스도를 설교하십시오. 그들은 그리스도가 절대적으로 필요하고 그리스도는 그들에게 선을 행하실 것입니다.

설교단에 장식되어 있는 십자가를 다시 바라보십시오. 그리고 십자가를 기억하십시오. "선생이여 우리가 예수를 뵈옵고자 하나이다"(요 12:21). 그렇게 되게 하십시오. 설교자와 목사로서 당신이 하는 모든 일 속에서 그리스도의 위엄과 고귀함 가운데 그리스도를 높이 올리는 것을 당신의 목적으로 삼으십시오.

우리는 어떻게 이것을 이룩할 수 있습니까? 먼저 우리는 그리스도와 더 많은 시간을 보내야 합니다. 보이지 않는 그리스도를 위한 그리스도인의 사랑은 그분과 교제하는 일을 통해 성장합니다. 그리스도는 인격이시고, 살아 계신 주님이며 구주이시고, 우리가 사는 모든 날 동안 우리와 함께 하시기를 약속하신 분입니다. 우리는 그리스도와 매일 시간을 보내야 하며, 그렇게 할 때, 우리는 그분의 위대함과 영광에 압도될 것이고 결국 우리는 그분에 대해 다른 사람에게 말하기를 원하게 될 것입니다.

이것은 그저 주일이나 다른 사역적인 의무를 위해 우리의 설교를 준비하는 일에 들이는 시간의 문제가 아닙니다. 우리는 '직업적인' 필요를 위해서만 성경을 읽어서는 안 됩니다. 마치 변호사가 자신의 법률 책을 넘기듯이 말입니다. 여기서 앤드루 풀러가 젊은 목회자에게 안수할 때 준 권면을 들어봅시다.

> 목회자로서 뿐만 아니라 그리스도인의 삶을 살도록 하십시오. 다른 사람에게 유익을 끼칠 뿐만 아니라 자신도 유익을 얻도록 읽고, 설교하고 대화하십시오. 목회자의 삶의 가장 큰 유혹 중 하나는 신적인 진리를 그리스도인으로서가 아니라 목회자로서 취급하려는 것입니다. 즉 자신보다는 다른 사람들을 위한 것으로 다루는 것입니다. 그러나 말씀은 회중들에게 들려질 뿐 설교한 대로 그들에게 유익을 주지는 못합니다. 그것이 '믿음과 결부'되어 있지 않는 한 말입니다. 만일 우리가 기독교인으로서 성경을 연구한다면, 우리가 성경과 더 많이 친숙해질수록 성경에 있는 진리의 중요성을 더 잘 느끼게 될 것입니다. 그러나 만일 우리의 목적이 다른 사람에게 얘기할 뭔가를 발견하려는 것이라면 우리의 친숙함은 덫이 될 것입니다. 그것은 군인과 의사와 장의사가 죽음을 다루는 것과 비슷합니다. 그들은 죽음에 친숙할수록 생명의 중요성을 덜 느끼게 될 것입니다.[14]

우리가 성경을 공부할 때 단지 학자로서 다루지 않고 겸손한 신자

---

14) Andrew Fuller, "Scriptural Knowledge and Love Necessary for the Ministry," *Complete Works*, p. 1:482. 그는 복음 사역에 있거나 시작하려는 사람들을 향한 일련의 설교와 연설을 통해 설교자들에게 반복적으로 비슷한 권고를 준다.

로서 말씀을 받도록 합시다. 우리의 노력이 단지 다른 사람을 위한 것만이 되지 않도록 합시다. 우리 자신에게 먼저 그리스도를 설교합시다. 만일 우리가 열렬함을 가지고 다른 사람에게 그분을 설교하고자 한다면 우리는 주님과 지속적이고 생생한 교제를 가져야만 합니다.

　우리는 어떻게 그렇게 할 수 있습니까? 약혼녀가 신랑 될 사람의 연애편지를 읽을 때, 장마다 정성을 기울여서 사랑이 담긴 구절들을 읽고 또 읽는 것처럼, 우리는 그리스도인으로서의 목마름을 가지고 하나님 말씀을 읽어야 합니다. 우리는 예수님 안에 있는 진리를 묵상해야 합니다. 우리는 성경의 구절들을 암송하고 곱씹어야 합니다. 우리는 많이 기도하고, 성경의 저자와 대화하면서, 성령님의 조명을 구하면서, 더욱 우리 눈이 열려 "예수 그리스도의 얼굴에 있는 하나님의 영광을 아는 빛"(고후 4:6)을 볼 수 있도록 기도해야 합니다. 그리고 나서야 우리는 우리 자신이 아니라 예수 그리스도를 설교할 수 있게 되고, 우리 자신을 예수님을 위해 하나님의 백성을 섬기는 종으로 인식할 수 있게 됩니다(고후 4:5).

　만일 우리가 다른 사람에게 주님을 설교하고자 한다면, 우리는 주님께 더 가까이 결속되고자 하는 마음을 가져야 합니다. 하나님은 우리를 불러 그분의 아들과의 교제로 이끄셨습니다(벧후 3:18). 우리는 다음과 같이 되어야 합니다. "그와 같은 형상으로 변화하여 영광에서 영광에 이르니 곧 주의 영으로 말미암음이니라"(고후 3:18). 이 영광스러운 과정이 일어날 때 우리가 그리스도를 설교하는 일이 감정이 없는 일상적인 인공 샘이 기계적 압력으로부터 뿜어내는 물의 흐름과 같이 되지는 않을 것입니다. 그보다는 그리스도에 의해 황홀경에 사로잡힌 심령에서 능동적으로 흘러넘치고, 예수님과 함께 솟아나며, 거품을 일으키는 영혼의 천연 샘이 될 것입니다.

우리가 설교하려는 분은 그리스도뿐입니다. 그리고 그리스도만이 우리가 이런 방법으로 설교하도록 성령님을 통해 가능하게 하시는 분입니다. 당신은 이 직무의 무게를 느끼십니까? 좋습니다! 그렇다면 우리는 하나님께서 우리 마음과 심령과 영혼에 힘을 불어넣어 주셔서 하나님의 아들 예수 그리스도를 높임으로 하나님의 영광을 섬길 수 있도록 엎드려 간청할 준비가 된 것입니다. 찬송시 작가 존 베리지(John Berridge)는 설득력 있는 단어로 그런 소망을 표현했습니다. 마음속으로 깊이 기도합시다.

은혜의 수단들이 내 손안에 있고
하나님의 명령에서 은혜가 나오네
그분은 은혜의 사역을 충족시키시네
비록 나는 읽고 지켜보고 기도하지만
주님께서 나의 길을 가리키시며
여전히 모든 일을 수행하시네

나는 적절한 말로 표현할 수 없네
올바르게 생각할 수도 없네
그러나 주님으로부터 내 심령과 언어가 준비되네
본질상 나는 선함을 볼 수 없네
그러나 나의 모든 선함은 하나님으로부터 흘러 나오네
그리고 은혜가 그 안에 포함되네

나는 이제 은혜를 보며
예수님의 은혜가 전적으로 필요함을 진정으로 고백하네

그분의 영의 빛과 함께
나는 그분의 자상한 매일의 돌봄을 구하네
오 주님, 나의 심령과 언어를 준비시키시고
올바로 말하고 생각하게 하소서

당신을 깊이 사랑할 수 있도록 내 심령을 준비시키시고
탁월한 당신의 진리를 사랑하게 하시며
당신의 사랑하는 자녀들을 사랑하게 하시고
어떻게 믿음으로 사는지 가르쳐 주시며
당신의 죽음의 공덕을 느끼고
당신의 임재를 가까이에서 발견하게 하소서

내 언어를 준비시키셔서 기도하고 찬양하게 하시며
섭리의 길 속에서 말하게 하시고
하늘의 진리가 밝혀지고
연약한 영혼들을 능히 강하게 하시고
방자한 사람들을 바로 잡고, 우둔한 사람을 일깨우며
죽음에 처한 죄인들이 용기를 얻게 하소서

| 7장 | 바울의 사역 속에 있던 목적

우리가 그를 전파하여 각 사람을 권하고
모든 지혜로 각 사람을 가르침은 각 사람을
그리스도 안에서 완전한 자로 세우려 함이니(골 1:28).

우리는 기독교 사역의 필요에 대해 말할 때 신적인 은혜의 무한한 넓이와 권능을 제한하지 않습니다. 신성한 도구를 사용하는 것은 마치 그것 없이는 하나님께서 일하지 못하시는 것처럼 하나님께는 필요한 것도 아니며 필요한 것이 되지도 못합니다. 그러나 그것은 하나님께서 지명하신 것이며 세상을 향한 하나님의 자비의 목적을 이루기 위한 수단으로써 지정된 순서 안에서 필요한 것으로 만드신 것입니다. 따라서 이것은 회심과 그리스도인의 모든 영적 성장 단계가 이어지며 세워지도록 하나님께서 정하신 수단입니다. 비록 하나님의 가족에 포함될 단 한 명의 죄인만이 있거나, 완전함을 추구하고자 하는 성도의 심령 안에 미칠 은혜가 단 하나 뿐이라고 할지라도 말입니다.[1]

찰스 브리지스

---

1) Charles Bridges, *The Christian Ministry: With an Inquiry into the Causes of Its Inefficiency* (Edinburgh: Banner of Truth, 1967), p. 10.

바울은 살아 있는 하나님의 종으로서 골로새 교인들에게 자신이 지고 있는 짐을 가슴에 사무치도록 증거했습니다. 그는 그들에 대한 책임을 깊이 느끼고 있습니다. 그는 그의 의무에 대해 심오하게 의식하고 있습니다. 바울의 골로새 교인들을 향한 열렬함과 부드러움은 그에게 그들의 심령에 들어갈 수 있는 열린 문을 제공하였고, 상황이 요구하였을 때 그들과 밀접하게 교제할 수 있게 해 주었습니다.

전에 언급한 대로 바울은 하나님의 동역자이기 때문에 우리는 하나님의 계획과 바울의 의도 사이에 정확하고 완전한 의사소통을 발견하기를 기대해야 하고 진실로 그것을 발견해야 합니다. 우리가 복음 사역자로서 가진 직무의 궁극적인 목표를 고려할 때 "각 사람을 그리스도 안에서 완전한 자로 세우려 함이니."라고 하는 것보다 더 명확한 설명은 어디에도 없습니다. 바울은 복음 사역자의 세 가지 도구를 확인시켜 줍니다. 그것은 예수 그리스도를 선포하는 것과 그것에 부속된 훈계와 가르침입니다. 바울은 그의 회중들의 의지와 이해와 정서 안으로 진리를 불어넣기 위해 간구하면서 격렬하게 그리고 충실하게 목회적인 도구들을 사용했습니다. 그는 참으로 지혜롭게 모든 도구들을 사용하여 무기력함으로부터 그들을 흔들어 깨우고, 노력하도록 그들의 마음을 움직이고, 거룩함으로 그들을 인도하려고 했습니다.

바울은 이 도구들을 사용하여 지속적이며 포괄적으로 그리고 특정하게 비그리스도인들에게 접근했으며 그리스도인들을 가르쳤습니다. 그의 사역 범위는 하나님의 계시된 의지만큼 광활했습니다. 그래서 바울은 모든 사람이 하나님 나라에 들어가도록 그리고 하나님 나라 안에 있는 모든 사람을 양육하기 위해 수고했습니다.

왜 바울과 복음의 사역자로서 그를 따르는 사람들은 그렇게 열심히 이 직무에 헌신합니까? 그것은 그들이 도무지 다른 일은 잘하지 못해서입니까? 그들은 모든 것을 아는 것처럼 완고하고 논쟁적이어서 모든 사람들이 그들처럼 생각할 때까지 다그치기를 쉬지 않는 사람들입니까? 디오드레베처럼 그들은 자신의 탁월함을 사랑하는 것입니까(요삼 1:9)? 그들은 걸림돌이 되고 주제넘게 참견하는 사람들입니까? 그들은 본래 공격적이고 좋은 논쟁거리에서 이기는 것 이외에는 좋아하는 것이 없는 사람들입니까?

바울이 복음 사역으로 나아갈 때 그 충성스러운 목회자에게 이런 종류와 다른 많은 고소들이 퍼부어질지도 모릅니다. 그렇습니다. 그는 죄가 없지 않습니다. 때때로 그는 자신이 가진 특정한 요소를 과장하려는 경향이 있고, 또 다른 때에는 필요한 충돌을 피하려는 경향이 있습니다. 그는 좌절할 수도 있습니다. 그는 종종 연약해질 것입니다. 그는 때때로 잘못 인도함을 받을지도 모릅니다. 그는 자신이 희망하고 의도했던 것보다도 덜 지혜롭게, 덜 은혜롭게, 덜 주의를 기울인 채, 덜 부드럽게 말할 수도 있습니다. 그러나 만일 그가 진정한 하나님의 사람이라면 위에 언급한 그런 불쾌한 고소들은 근본적으로 잘못임이 판명될 것입니다. 그는 그에게 사악함을 전가하려는 사람들이 상상할 수 있는 것보다 훨씬 더 높고 고상한 목적을 지니게 될 것입니다.

그렇다면 왜 그는 이 직무에 지치지 않고 자신을 내어 줍니까? 왜 그는 그만두고 단념하고 기가 꺾이지 않도록 애씁니까? 왜 그는 좌절에 저항합니까? 무엇이 그를 항상 전진하게 합니까?

참 경건을 위한 염려

골로새 교인들에게 편지를 쓰는 중에 사용한 바울의 언어는 분명한 목적을 나타냅니다. 바울은 우리의 주의를 이 모든 도구들－선포하고 훈계하고 가르침-의 은혜로운 실행 가운데 그가 기대하는 결말로 향하도록 이끕니다. 즉 그는 모든 목회자들이 가져야 할 복음 장비들의 사용을 지시하는 지배적인 원리를 가리킵니다. 그의 모든 선포와 훈계와 가르침의 결말과 목표는 단순히 이것입니다. "각 사람을 그리스도 안에서 완전한 자로 세우려 함이니."

모든 설교와 목회적 노력 가운데 이 목적은 의식적으로 간직되어야 합니다. 그것은 하나님의 사람의 입으로부터 나오는 모든 말 뒤에 놓여 있어야 합니다. 그것은 그의 사고 안에 스며들어야 하고 정신적인 '기억 근육'과 같은 유형의 것이 되어서 그의 모든 선포와 훈계와 가르침을 인도해야 합니다. 이 목적을 지킴으로써 주님의 종은 하나의 위대한 목적에 놓여 있는 그의 거룩한 직무에 쓰이는 모든 도구들을 하나님의 인도 아래에서 사용할 수 있게 됩니다. 그것은 목회자가 가진 심령의 짐이며 그의 공적 및 사적인 사역과 기도 가운데 빛을 발합니다. 우리는 골로새서 4장 12절에서 바로 이 일을 위해 간구하는 충성스러운 에바브라를 발견합니다. "그리스도 예수의 종인 너희에게서 온 에바브라가 너희에게 문안하느니라 그가 항상 너희를 위하여 애써 기도하여 너희로 하나님의 모든 뜻 가운데서 완전하고 확신 있게 서기를 구하나니." 에바브라의 고백은 하나님께서 구속하신 모든 사람들을 이끌기에 충분한 고결한 근거입니다. 그것은 그의 열정을 자극하고 그의 노력을 유지시키는 원인입니다.

바울의 사고의 특징, 그의 사역의 일관된 범위를 주목하십시오. 그는 그리스도를 설교하는 것을 목표로 할 때, 모든 지혜 가운데 모든 사람을 훈계하고 모든 사람을 가르쳐서 '각 사람'을 그리스도 안에서 완전하게 세우기를 희망합니다.

아마도 오류주의자들은 구원이 오직 최상류층 사람들만을 위한 것이라고 주장한 듯합니다. 대조적으로 바울은 모든 사람을 위해 복음을 설교했습니다. 이 구절에서 '각 사람'의 단호한 삼중적 사용은 복음의 보편성을 강조합니다. 가난한 자와 부자, 종과 자유자, 남자와 여자, 유대인과 이방인—모든 사람이 바울의 복음 사역의 레이더망에 놓였습니다. 우리 주님께서 명령하신 대로 복음은 "모든 피조물"(막 16:15)을 위한 것이었습니다. 그래서 바울의 사역의 범위도 결코 제한되지 않았습니다. 그의 사역에는 원칙에 의거한 부푼 희망과 넓은 범위가 있습니다. 그렇다고 해서 바울이 어리석거나 순진한 것은 아닙니다. 그는 모든 사람이 사랑과 믿음 안에서 예수 그리스도 앞에 무릎 꿇어 절하지는 않을 것이라는 점을 알고 있습니다. 그는 또한 그의 대적들이 영적인 영역뿐만 아니라 인간적인 영역에서도 적대적으로 행동하는 것을 고려합니다. 동시에 "우리를 대하여 오래 참아 아무도 멸망하지 아니하고 다 회개하기에 이르기를 원하는"(벧후 3:9) 하나님의 종으로서 자신을 바라봅니다. 바울의 거룩한 소망은 설교와 가르침을 통해 모든 사람이 하나님께 나아와 회개하고 예수 그리스도 안에 있는 믿음에 이르기를 보는 것입니다. 그는 정신적으로 이 점에서 아무도 제외시키지 않습니다—가장 마음이 굳은 사람도, 가장 악의적인 사람도, 가장 공격적인 사람도 가장 적대적인 사람도 모두 포함됩니다. 그는 모두를 위해 기도합니다. 왜 누군가를 단념하고 포기해야 합니까? 바울 자신이 그리스도 안에 있는 하나님의 구원의 효력에 대한 강력한 본보기가 아닙니까?

나를 능하게 하신 그리스도 예수 우리 주께 내가 감사함은 나를 충성되이 여겨 내게 직분을 맡기심이니 내가 전에는 비방자요 박해 자요 폭행자였으나 도리어 긍휼을 입은 것은 내가 믿지 아니할 때에 알지 못하고 행하였음이라 우리 주의 은혜가 그리스도 예수 안에 있는 믿음과 사랑과 함께 넘치도록 풍성하였도다 미쁘다 모든 사람이 받을 만한 이 말이여 그리스도 예수께서 죄인을 구원하시려고 세상에 임하셨다 하였도다 죄인 중에 내가 괴수니라 그러나 내가 긍휼을 입은 까닭은 예수 그리스도께서 내게 먼저 일체 오래 참으심을 보이사 후에 주를 믿어 영생 얻는 자들에게 본이 되게 하려 하심이라(딤전 1:12~16).

그러므로 거룩하게 영감된 소망이 거룩하게 위임된 수고를 촉진시키고, 모든 수고는 마음속에서 거룩하게 형성된 목적과 함께 수행됩니다.

성숙한 거룩함의 계발

바울은 '각 사람을 그리스도 예수 안에서 완전한 자로 세우기'를 희망합니다. 이것은 즉각적으로 '이 완전함이 무엇인가?'라는 질문에 대한 답을 요구합니다.

바울은 사람들이 전적으로 죄가 없이 사는 것을 기대한다고 말하는 것입니까? 매우 주의 깊고 특정한 느낌 안에서 생각해 볼 때, 그렇다고 할 수 있습니다. 그것이 바울의 궁극적인 소망입니다. 바울은 이상과 실제, 즉 주 하나님께서 가지신 창조물에 대한 적절하게 높은 목표와 타락한 세상 안에 있는 삶의 냉정한 사실 사이에 있는 정당한 긴장 속에 언제나 살고 있었다는 점을 기억합시다. 바울은 영화로움 안에서만 충만하게 이룰 수 있는 죄 없는 완전함을 향해 점진적으로 나아가는 것을 목표로 하고 있습니다. 바울은 하나님께서 그분의 모든 택하신 자들을 그분의 아들 예수 그리스도처럼 완전하고 영광스럽게 하실 때를 기대하고 있는 것입니다(요일 3:2).

이제 우리는 이 단어를 사용함에 있어서 다른 목적이 있다는 것을 고려해야 하는데, 그것은 바울이 편지를 쓸 때 기본적으로 마음에 두었던 것입니다. 이 완전함은 믿음과 기질 안에서의 완비됨, 즉 성숙함으로 표현되는 것이 적절합니다. 이 단어는 손상을 입지 않는 상태 혹은 총체적인 것과 관련이 있습니다. 이 완전함은 그리스도 안에서 충만하게 성장한 사람의 모습이며 그래서 그는 심판의 날에 어리둥절해하지 않고 하나님 앞에 나타날 수 있는 것입니다.

만일 우리가 구약을 살펴보면 바울이 완전함에 대해 말할 때 그것이 무엇을 의미하는지를 이해하는 일에 몇 가지 도움을 발견할 수 있습니다. 열왕기상에 있는 내용을 살펴봅시다. 솔로몬 왕은 성전 준공식에서 하나님의 백성들이 모인 가운데 축복하고 있습니다. 그의 결론적인 요구는 이것입니다. "너희의 마음을 우리 하나님 여호와께 온전히 바쳐 완전하게 하여 오늘과 같이 그의 법도를 행하며 그의 계명을 지킬지어다"(8:61). 다시 열왕기상 11장 4절에서, 우리는 슬프게도 솔로몬 자신이 이 표준으로부터 벗어난 정황에 대해 증언하고 있는 구절 안에서도 완전함에 대한 똑같은 이해를 발견합니다. "솔로몬의 나이가 많을 때에 그의 여인들이 그의 마음을 돌려 다른 신들을 따르게 하였으므로 왕의 마음이 그의 아버지 다윗의 마음과 같지 아니하여 그의 하나님 여호와 앞에 온전하지 못하였으니." 여기서 온전함은 '충성스러움'으로 번역될 수 있을 것입니다. 그것은 하나님의 뜻에 전적으로 맞춰진 심령을 가진 그리고 하나님 말씀 안에서 또한 그분의 법규 안에서 행하며 그분의 계명을 지키는 일에 대한 주 하나님을 향한 충성심입니다.

다음으로, 창세기와 신명기로부터 두 본보기를 고려하십시오. 우리는 창세기 6장에서 사람들이 지면에 흩어져 살게 되면서 나타난 끔찍한 영적 침체의 날들에 대해 읽습니다. 그리고 노아만이 주님의 눈앞에서 은혜를 발견했습니다. 이 충성스러운 하나님의 사람은 이렇게 묘사되었습니다. "노아는 의인이요 당대에 완전한 자라 그는 하나님과 동행하였으며"(창 6:9). 이것을 신명기 18장 13절의 명령과 비교해 보십시오. "너는 네 여호와 앞에서 완전하라." 이것은 '비난할 점이 없는'이라는 의미입니다. 하나님께서 택하신 백성의 삶은 가나안에 있는 이방 민족들의 혐오할 만한 관습과 적나라하게 대조되었습니다. 그들은 주위 이방인들의 신앙 관습을 특징짓는 우상 숭배의 불결함으로부터 전적으로 자유로운 영적인 흠 없음으로 표식이 됩니다. 이 문장들은 노아-분명히 그의 이어지는 역사에서 보여지듯이 남은 죄를 가지고 있는 사람-의 완전함 그리고 가나안 땅 안에 있을 때 하나님 앞에서 하나님의 백성의 완전함을 각각 논합니다. 그것들은 손상되지 않고 흠집 없는 충만한 건강을 소유한다는 관점에서 논리적으로 올바릅니다. 이것은 신실하고 정직한 기질이며 전반적으로 그 기질에 대해 반대되지 않는 것입니다. 이 단어는 하나님과 동행함에 있어서 거리낌 없이 하나님께 완전하게 묶인 한 사람을 묘사합니다.

골로새서 1장 22절에 있는 바울의 언어로 돌아가서, 우리는 사도 바울이 그리스도의 구속사역의 궁극적인 목적을 말하는 것을 봅니다. 그리스도는 한때 하나님으로부터 도외시 되었고 사악한 행위에 의해 마음속으로 하나님을 대적했던, 그러나 이제 그리스도의 죽음을 통해 하나님과 화해된 우리와 같은 죄인들을 하나님 앞에 거룩하고 흠이 없고 비난할 여지가 없이 드러나도록 하시기 위해 죽으셨습니다. 이것이 우리가 방금 살펴본 바로 그 개념입니다. 우리는 바울이 에바브라의 기도를 깊은 신뢰와 함께 기록한 것을 이미 언급했습니다. 이 기도는 전능하신 하나님이 선포한 목적에 전적으로 부합하고 있습니다. "그리스도 예수의 종인 너희에게서 온 에바브라가 너희에게 문안하느니라 그가 항상 너희를 위하여 애써 기도하여 너희로 하나님의 모든 뜻 가운데서 완전하고 확신 있게 서기를 구하나니"(골 4:12). 바울과 에바브라는 디모데와 함께—그리고 그들을 따르는 모든 진정한 복음 사역자들과 함께—하나님의 선언된 의지에 충실하게 부합하는 가운데 거룩하게 지정된 목적을 위해 기도하고 있고 또한 그렇게 일하고 있습니다.

그러므로 우리는 바울이 그의 마음에 가지고 있는 완전함이 기본적으로 죄가 없는 완전함, 즉 하나님을 불쾌하게 할 어떤 것이 전적으로 결여된 것이 아니라는 것을 봅니다. 그보다 그는 신실하고, 절조 있고, 삶의 균형이 있는 거룩함, 주 우리 하나님께 대한 정직함과 포괄적인 충성심을 말하고 있습니다. 그는 하나님 말씀 안에 살며 주님께 전적으로 맞추어진 심령을 드러내는, 하나님의 계명에 주의하며 기쁘게 순종하는 삶을 가리키고 있습니다. 기본적으로 이것은 성숙하고 충만한 경건함이며 여기에 '참 이스라엘 사람'이 있다고 하나님과 사람과 천사들 앞에서 선언하는 것입니다.

바울은 같은 직무와 같은 목적을 에베소서에서 좀 더 확장시키면서 이렇게 말합니다.

> 그가 어떤 사람은 사도로, 어떤 사람은 선지자로, 어떤 사람은 복음 전하는 자로, 어떤 사람은 목사와 교사로 삼으셨으니 이는 성도를 온전하게 하여 봉사의 일을 하게 하며 그리스도의 몸을 세우려 하심이라 우리가 다 하나님의 아들을 믿는 것과 아는 일에 하나가 되어 온전한 사람을 이루어 그리스도의 장성한 분량이 충만한 데까지 이르리니 이는 우리가 이제부터 어린아이가 되지 아니하여

사람의 속임수와 간사한 유혹에 빠져 온갖 교훈의 풍조에 밀려 요
동하지 않게 하려 함이라 오직 사랑 안에서 참된 것을 하여 범사에
그에게까지 자랄지라 그는 머리니 곧 그리스도라 그에게서 온 몸이
각 마디를 통하여 도움을 받음으로 연결되고 결합되어 각 지체의
분량대로 역사하여 그 몸을 자라게 하며 사랑 안에서 스스로 세우
느니라(엡 4:11~16).

우리는 우리 심령 안에 남아 있는 죄와 우리가 살고 있는 타락한 환
경이 그런 목적에 저항하는 일에 영향을 미치도록 결합한다는 것을 인
식해야 합니다. 내면적 그리고 외면적인 죄와 허물은 진정한 그리스도
인의 영적 진전에 장애물을 만듭니다. 목회자가 성도들의 영적 성장을
목적에 두고 나아갈 때, 그는 저항하여 일어나는 모든 장애물을 극복
해야 합니다.

주어진 문맥 속에서, 우리는 충만한 영적 성장이 복음 사역을 위한
합당한 목적이라는 사실에 설득되어야 합니다. 우리는 하나님의 종으
로서, 우리 주님께서 우리를 불러서 그분의 지명된 도구인 선포와 훈
계와 가르침을 통해 그분의 명백히 규정된 목적을 이루신다는 점을 확
신해야 합니다. 당신은 그렇게 설득되었습니까? 당신은 하나님께서
자신의 백성들이 충만한 영적 성숙을 향하여 지속적으로 성장해 가도
록 요청하는 것을 복음 사역자들에게 기대하신다는 것을 받아들입니
까? 당신은 이런 목적을 품고, 경고하고, 가르치고, 경책하고, 바로잡
고, 촉구하는 사람이 설교자라는 것을 받아들입니까?

골로새 교회에 거짓말이 있었습니다. 그것은 거짓 교사들이 퍼뜨린
거짓말이었습니다. 그것은 신비적인 완전함이 있다는 것이었는데 영
적인 완성, 높고 확신에 찬 성취로서 오직 영적으로 상위 부류에 있는

사람에게만 속한 것이라고 하였습니다. 그런 생각은 일부 사람들에게 과장된 망상에 빠지는 기초를 제공했습니다. 마치 자신이 이미 영적인 성취와 가장 높은 수준에 도달한 것처럼 말입니다. 다른 사람들은 그리스도인으로서 노력하면서 경건함을 추구하는 일을 중단했을지도 모릅니다. 아마도 그들은 자신들이 신성한 그룹에 속하지 않으므로 경건함에 있어서 낮은 수준에 머무르도록 운명 지어진 것으로 확신하게 되었는지도 모릅니다.

　이런 똑같은 마귀의 거짓말은 지금도 존재합니다. 우리는 특정한 사람들을 치켜세우면서 마치 우리와 같은 일반적인 사람들이 도달할 수 있는 하나의 이상인 것처럼 그들의 거룩함에 대한 성취를 칭찬할 때 이렇게 속삭이는 것을 듣습니다. "음, 나는 그저 일반적인 그리스도인일 뿐이야. 분명히 아무도 나에게 그런 삶을 기대하지 않을 거야." 당신은 "그저 일반적인 그리스도인"이라는 말을 듣습니까? 그러나 그저 일반적인 그리스도인과 같은 사람은 없습니다. 오직 우리 주인이시며 구주이신 예수 그리스도, 하나님의 사랑하시는 아들의 속죄의 죽음을 통해 하나님과 화목하게 된 살아 계신 하나님의 피로 산 아들들―이 모든 것을 받기에는 합당하지 않은―만이 있을 뿐입니다. 영적인 진전과 성숙에 정도의 차이가 있습니다. 특수한 부르심과 사역들이 있습니다. 특정한 의무와 기회가 일부의 그리스도인들에게 주어집니다. 그러나 구원에 있어서 어떤 구별이나 차별은 없습니다. 영적인 우위 그룹이 있다는 거짓말은 일부 사람들을 유혹하여 그들은 이미 이루었으므로 지속적인 전투를 요구하는 삶을 그저 부드럽게 통과해 나가는 것으로 생각하게 만듭니다. 또 어떤 사람들은 자신들은 결코 그런 높은 차원에 도달할 수 없는 것으로 가정하고 그래서 그런 온전함을 향한 싸움을 중단합니다. 아마도 일부 사람들에게 그런 거짓말은 그저 쉽게 빠져 나갈 수 있는 탈출구가 됩니다. 즉 게으름을 가리기 위한 외투, 성화의 힘든 싸움으로 괴로움을 당하지 않아도 될 변명 말입니다.

그것은 왜 바울이 각 사람을 '그리스도 예수 안에서 완전한' 자로 세우고자 했는지를 분명하게 해 줍니다. 이 목적을 이루도록 만드는 심히 위대하고 긴요한 분이 있는데 모든 것이 이 분 안에서 움직입니다. 이 분 안에서 모든 자랑과 절망과 게으름이 종결되어야 합니다. 이 목적은 그리스도 안에 거하는 것에 의존하고 그것에 묶여있습니다. 어떤 그리스도인들이 보이는 영적 진보는 그분과 연합한 덕분입니다. 우주의 모든 권능이 여기에 있습니다! 누가 예수님과 연합해 있을 때 모든 필요한 은혜와 힘이 나오는 것을 부인할 수 있습니까? 누가 '그리스도가 네 안에 있을 때' 영광의 소망을 내쫓아 버릴 수 있습니까? 그리스도인이 경건함 가운데 전진해 나아가는 것은 주 예수님과의 교제 안에서입니다. 신자들이 죄를 이기고 은혜 안에서 자라는 것은 하나님으로부터 나오는 능력을 통해서입니다. 그것은 하나님의 자녀가 그리스도를 닮아가는 가운데 성령님의 내주하시는 역사에 의해 추구하고 받게 되는 특징입니다. 이것은 그리스도와 연합된 사람 안에 있는 영적 성장을 위한 목적과 그 목적을 이루기 위한 영적인 권능을 결합시킵니다. "하나님이 미리 아신 자들을 또한 그 아들의 형상을 본받게 하기 위하여 미리 정하셨으니 이는 그로 많은 형제 중에서 맏아들이 되게 하려 하심이니라"(롬 8:29). 이것은 그리스도 안에서 하나님을 그리고 하나님 안에서 그리스도를 아는 지식에 놓여 있는 영생입니다(요 17:3).

하나님께서 지명하신 복음 사역을 위한 도구들을 제공해서 사람들이 결실을 맺을 수 있도록 하는 것은 목사와 설교자들의 직무입니다. 그리하여 모든 사람들이 그리스도께 나아오고, 그리스도 안으로 들어오게 되고, 주 예수님께 의존하고, 그분으로부터 나오는 영적인 성숙에 이르게 하는 것이 목적입니다. 그런 성숙한 거룩함은 우리 구원의 하나님을 영화롭게 하도록 예수님을 닮아간다는 꾸준한 성장의 증거입니다.

그리스도의 재림에 대한 인식

바울이 하나님 지향적으로 하나님의 방법을 따라 행한 선교는 명확한 종말론적 기대에 기초하고 있고 종말론적인 위기와 함께 진행되었습니다. 모든 사람이 예수 그리스도 안에서 완전하게 세워지도록 바라볼 때 그는 우리 주님의 재림과 그날에 있게 될 심판을 심오하게 인식하는 사람으로서 행동하고 있는 것입니다. 이 날은 모든 심판이 전체적으로 시행될 날입니다. "우리가 다 하나님의 심판대 앞에 서리라"(롬 14:10). 사도 바울은 설교자와 교사로서 그의 모든 사역 가운데 마지막 심판을 의식합니다. 그것은 항상 그의 영을 누르고 있습니다. "그런즉 우리는 몸으로 있든지 떠나든지 주를 기쁘시게 하는 자가 되기를 힘쓰노라 이는 우리가 다 반드시 그리스도의 심판대 앞에 나타나게 되어 각각 선악간에 그 몸으로 행한 것을 따라 받으려 함이라 우리는 주의 두려우심을 알므로 사람들을 권면하거니와 우리가 하나님 앞에 알리어졌으니 또 너희의 양심에도 알리어지기를 바라노라"(고후 5:9~11).

바울은 세상의 결말과 영혼의 심판을 바라보는 가운데 살았습니다. 모든 복음 사역자들은 바울처럼 그렇게 살아야 합니다. 그리스도안에 있는 하나님과 자신의 백성 사이의 화해는 이 심판의 날을 염두에 두고 수행된 것이었습니다(골 1:22~23). 그리고 바울은 심판의 날을 바라보는 일을 항상 자신 앞에 두었습니다.

바울은 그저 시작에만 만족하지 않습니다. 그는 결말에 큰 관심을 가집니다. 우리는 이 점에서 바울을 닮아야 합니다. 바울은 세상의 결말과 영혼의 심판을 바라보는 가운데 살았습니다. 따라서 모든 복음 사역자는 그렇게 살아야 합니다. 17세기의 위대한 침례교 설교자이자 풍유가인 존 번연이 그리스도인의 삶 그리고 영적 전투의 여정과 방식을 묘사하기 위한 목적으로 펜을 들었을 때 그는 그의 책 이름을 『게으름뱅이의 침체』라고 하지 않고 『순례자의 전진』(The Pilgrim's Progress, 역자 주-우리말로는 천로역정으로 알려짐)이라고 불렀습니다. 우리 중 아무도 천상의 도성에 이르기까지는 경주를 끝내지 못합니다. 하나님의 종들이 '파멸의 도시에서 뿐만 아니라 심지어 천국의 문 앞에서도'[2] 지옥으로 가는 길이 있다는 것을 알고 있으면, 그들의 헌신된 돌봄이 본향에서 안전하게 마무리될 때까지 쉴 수 없습니다. 진정한 영혼의 목자는 그리스도인들이 자기만족적인 낮은 영적 수준에 있는 것을 보며 쉴 수 없습니다. 그는 죄와 거룩의 문제를 다룸에 있어서 게으름과 무지와 나태함을 보고 있지 못합니다. 바울은-마지막 시간에 이르러 영원함이 동터올 때까지 계속되는 이 사역 가운데 그와 더불어 일하는 모든 사람들과 함께- '그리스도 예수 안에서 각 사람을 완전한 자로 세우는 일'에 부름 받았습니다. 사람들은 그리스도가 선포되는 것을 들으며 하나님과 사람 사이의 유일한 중보자이자 위대하고 유효한 하나님의 택하신 구속자이신 그분께 무릎 꿇고 절하며 하나님 나라로 들어갑니다. 일단 그곳에 들어가면 그들은 마지막 날에 영적인 건강과 성숙함 가운데 하나님께로 인도된다는 관점에서 돌봄을 받게 됩니다. "나의

---

2) John Bunyan, *The Pilgrim's Progress* in Works (Edinburgh: Banner of Truth, 1991), p. 3:166. 이것은 전체 이야기 첫 부분의 거의 마지막에 해당하는 매우 진지하게 만드는 어구다. 이 표현은 참된 하나님의 사람이 충성스럽게 수행하는 경고 사역의 본보기가 된다.

복음에 이른 바와 같이 하나님이 예수 그리스도로 말미암아 사람들의 은밀한 것을 심판하시는 그 날이라"(롬 2:16)

이 일이 잘 이루어져야 한다는 것은 충성스러운 목회자가 가진 가장 큰 염려입니다. 그것은 그의 어깨를 누르는 떠나지 않는 압력이며, 그리스도의 부목자로서 그는 그의 주인의 양들을 안전하게 그리고 무사히 본향으로 데려가는 일에 실패하지 않아야 합니다. 그는 그의 돌봄을 신뢰하는 사람들이 마침내 시온 산 위에 올라 하나님의 건강하고 행복한 자녀라고 분명하게 선포되어는 것보다 더 큰 소망을 가지고 있지 않습니다.

따라서 바울은 빌립보 성도들에게 당당히 권면합니다. "모든 일을 원망과 시비가 없이 하라 이는 너희가 흠이 없고 순전하여 어그러지고 거스르는 세대 가운데서 하나님의 흠 없는 자녀로 세상에서 그들 가운데 빛들로 나타내며 생명의 말씀을 밝혀 나의 달음질이 헛되지 아니하고 수고도 헛되지 아니함으로 그리스도의 날에 내가 자랑할 것이 있게 하려 함이라"(빌 2:14~16).

다시 바울은 데살로니가 교회에 열정적인 목회적 심령을 가지고 그의 돌봄과 투쟁과 근심을 설명하면서 편지를 씁니다. "형제들아 우리가 잠시 너희를 떠난 것은 얼굴이요 마음은 아니니 너희 얼굴 보기를 열정으로 더욱 힘썼노라 그러므로 나 바울은 한번 두번 너희에게 가고자 하였으나 사탄이 우리를 막았도다 우리의 소망이나 기쁨이나 자랑의 면류관이 무엇이냐 그가 강림하실 때 우리 주 예수 앞에 너희가 아니냐 너희는 우리의 영광이요 기쁨이니라"(살전 2:17~20)

그리스도가 오실 때 죄 없음의 완벽함이 거룩한 성숙의 완전함을 삼킬 것입니다. 그날 바로 그 순간에 마침내 하나님의 모든 목적들이 드러나고 충만하게 이루어지고 온전히 이해됩니다. 그것이 복음 사역자의 결과적이고 궁극적인 목표입니다. 하나님께서 그분의 택하신 모든 자들을 그분의 아들 예수 그리스도와 같이 온전하고 영광스럽게 완성시키는 것을 보는 것 말입니다(요일 3:2). 그는 그리스도의 날 안에서 기뻐하며 바라봅니다. 즉 그는 허무하게 달리거나 수고하는 것이 아닙니다. 그는 그날을 위해 살고, 그날을 위해 준비되고, 심지어 그날을 위해 기꺼이 죽을 수도 있습니다. 윌리엄 스틸은 이렇게 주장합니다. "지금 이 시간 당신의 직무인 영원을 위한 직무로부터 벗어난 모든 유혹은 마지막 결과에 비추어 제쳐두어야 합니다. 당신이 지금 하고 있는 일의 마지막은 무엇입니까? 하나님께서 지명하신 그 목적은 무엇입니까?"[3]

복음 사역은 그분의 백성들의 구원과 성화를 위해 하나님께서 지정하신 도구임을 주의 깊게 생각합시다. "능히 너로 하여금 그리스도 예수 안에 있는 믿음으로 말미암아 구원에 이르는 지혜가 있게 하는"(딤후 3:15) 것은 성경입니다. 또한 "모든 성경은 하나님의 감동으로 된 것으로 교훈과 책망과 바르게 함과 의로 교육하기에 유익하니 이는 하나님의 사람으로 온전하게 하며 모든 선한 일을 행할 능력을 갖추게 하려 함"입니다(16~17절). 설교자(목사)는 그리스도의 영과 그의 강력한 일하심에 기도로 의존하면서 성경에 집중하여 하나님의 구원하시는 목적을 이룹니다. 훈계와 가르침과 함께 예수 그리스도를 선포함은 하나님 나라에 들어가기 위해 그리고 그 나라 안에서 영적으로 전진하기 위해 필요합니다. 구원해 대한 시작은 로마서 10장 14~15절에 있습니다. "그런즉 그들이 믿지 아니하는 이를 어찌 부르리요 듣지도 못한 이를 어찌 믿으리요 전파하는 자가 없이 어찌 들으리요 보내심을 받지

---

3) William Still, *The Work of the Pastor* (Edinburgh/Fearn, Ross-shire: Rutherford House/Christian Focus, 2001, 『목사의 길』, 복있는사람 역간), p. 136.

아니하였으면 어찌 전파하리요 기록된 바 아름답도다 좋은 소식을 전하는 자들의 발이여 함과 같으니라." 이것과 연결되는 내용은 요한복음 17장 17절입니다. "진리로 거룩하게 하옵소서 아버지의 말씀은 진리니이다." 보증된 결말—그 자체가 새롭고 영광스러운 출발입니다—은 고린도전서 15장 50~58절에 있습니다.

> 형제들아 내가 이것을 말하노니 혈과 육은 하나님 나라를 이어 받을 수 없고 또한 썩는 것은 썩지 아니하는 것을 유업으로 받지 못하느니라 보라 내가 너희에게 비밀을 말하노니 우리가 다 잠 잘 것이 아니요 마지막 나팔에 순식간에 홀연히 다 변화되리니 나팔 소리가 나매 죽은 자들이 썩지 아니할 것으로 다시 살아나고 우리도 변화되리라 이 썩을 것이 반드시 썩지 아니할 것을 입겠고 이 죽을 것이 죽지 아니함을 입으리로다 이 썩을 것이 썩지 아니함을 입고 이 죽을 것이 죽지 아니함을 입을 때에는 사망을 삼키고 이기리라고 기록된 말씀이 이루어지리라 사망아 너의 승리가 어디 있느냐 사망아 네가 쏘는 것이 어디 있느냐 사망이 쏘는 것은 죄요 죄의 권능은 율법이라 우리 주 예수 그리스도로 말미암아 우리에게 승리를 주시는 하나님께 감사하노니 그러므로 내 사랑하는 형제들아 견실하며 흔들리지 말고 항상 주의 일에 더욱 힘쓰는 자들이 되라 이는 너희 수고가 주 안에서 헛되지 않은 줄 앎이라.

동료 그리스도인들께

하나님은 그분의 종들이 그분의 백성들을 불러 충만한 영적 성숙을 향하여 전진하여 올라가도록 일할 것을 기대하십니다. 당신은 이 사실을 믿으며 받아들입니까? 당신은 목회자가 당신의 영적 성숙을 염려하는 것이 성경적으로 합당한 것이라는 것에 설득됩니까?

예수 그리스도의 전체 교회가 이 목표 안에서 연합하는 것은 지극히 중요합니다. 건강한 교회는 모든 성도들이 하나님의 백성들을 위한 하나님의 목적을 향해 함께 수고합니다. 여러분은 그리스도 예수 안에서 완전함이라는 결연한 목표와 함께 살아가고 있습니까? 베드로는 모든 하나님의 자녀가 다가올 심판 날의 빛 가운데서 살도록 요청합니다.

> 이 모든 것이 이렇게 풀어지리니 너희가 어떠한 사람이 되어야 마땅하냐 거룩한 행실과 경건함으로 하나님의 날이 임하기를 바라보고 간절히 사모하라 그 날에 하늘이 불에 타서 풀어지고 물질이 뜨거운 불에 녹아지려니와 우리는 그의 약속대로 의가 있는 곳인 새 하늘과 새 땅을 바라보도다 그러므로 사랑하는 자들아 너희가 이것을 바라보나니 주 앞에서 점도 없고 흠도 없이 평강 가운데서 나타나기를 힘쓰라(벧후 3:11~14).

당신은 하나님 말씀의 소리를 듣고 당신의 영혼 안에 이런 의식과 성향을 가지고 목회적 권고를 받아들입니까? 당신은 타성에 젖은 채로 천국에 들어가지 못합니다. 그리고 가만히 서 있고서는 영광에 이르지 못합니다. 당신은 변화되어야 하고 전진해야 하며 그렇게 함으로써 크게 힘을 얻게 될 것입니다. 그리고 당신의 목회자가 영적 성숙함을 향해 나아가도록 돕는 하나님의 종이며 다른 사람의 일에 간섭하기 좋아하는 방관자들이 아니라는 점을 받아들여야 합니다.

당신은 목사들과 설교자들이 자격을 받았을 뿐만 아니라 이 목적을 바라보고 하나님 앞에서 의무를 받아서 모든 사람을 경고하고, 가르치고, 경책하고, 바로 잡고, 촉구한다는 것을 수용합니까? 그러면 당신은 그들로부터 어떻게 말씀을 듣습니까? 그것은 항상 즐겁지만은 않을 것이고, 때때로 죄를 지적할 때 그리고 그리스도의 십자가가 여러분의 깨지기 쉬운 영혼 안으로 밀려들어올 때 분명히 고통스러울 것입니다. 하나님의 은혜로 당신의 영혼이 들어올려질 때가 있을 것이고, 심령이 속에서 뜨겁게 타오를 때가 있을 것이며, 영광이 가까이 느껴질 때가 있을 것입니다. 그때 그리스도는 존귀하게 드러나며 교회는 가장 훌륭한 모습이 되며 모든 것들이 하나님의 영광을 위해 가치를 지니게 됩니다. 그러나 만일 당신이 충성스러운 목회자를 가지고 있다면 당신의 얼굴이 하얗게 질리고, 이를 악물게 되고, 볼이 붉어지고, 위장이 끓어오르고, 심장이 멈추고, 변명이 흘러나오고, 방어 작용이 일어날 때가 또한 있을 것입니다. 그가 사람을 가리지 않고 하는 말과 담대함 때문에, 집에 있을 때 여러분의 목사에 대해 불평을 하려는 유혹을 받을 수도 있을 것입니다. 당신은 심방을 통해 권고받은 후에 장로들 앞에서 욕설을 퍼붓고 싶은 유혹이 들지도 모릅니다. 멈추어 생각하십시오. 무엇이 문제의 진실입니까? 이런 목회자들은 진실로 그들의 부담을 던져버리고 그들의 권위를 남용하는 것입니까? 아니면 그들은 당신이 안전하게 영광에 이르는 것을 보기 위한 무거운 책임을 이행하기 위해 그렇게 하는 것일 수도 있습니까?

당신의 목회자는 부름 받고, 갖추어진 사람으로서 당신이 예수 그리스도의 은혜와 진리 안에서 성장하는 것에 깊은 관심을 가지고 말하고 있습니까? 만일 그가 하나님의 사람이라면 당신의 분투와 눈물이 더 큰 경건함을 향한 디딤돌로 판명되지 않는 한 기쁨이 없을 것입니다. 당신의 비탄 속에는 어떤 기쁨도 없을 것입니다. 왜냐하면 그는 진리와 의의 줄을 붙들고 있기 때문입니다. 그는 당신이 경건함을 추구하는 노력에서 면제되기를 바라는 암시적이거나 명백한 간청을 마땅히 거절해야만 합니다. 결국 당신의 영혼의 건강이 관련되어 있습니다. 이런 목회자야 말로 다음과 같이 말하는 사람입니다. "우리의 소망이나 기쁨이나 자랑의 면류관이 무엇이냐 그가 강림하실 때 우리 주 예수 앞에 너희가 아니냐 너희는 우리의 영광이요 기쁨이니라"(살전 2:19~20). 부성적인 돌봄과 함께 그는 그의 영혼의 에너지를 부어 죄인들이 예수님께 나아가 경건함 안에서 전진하는 것을 보고자 합니다. 왜냐하면 그는 죄인들의 복을 받기를 바라고, 우리 하나님과 구주의 영광을 추구하기 때문입니다.

그렇습니다. 목회자들도 죄인입니다. 그들은 때때로 말하는 방식 또는 내용에 있어서 잘못을 저지를 것입니다. 그러나 그들이 마음속에서 진정으로 하는 말이 무엇인지를 들어 보십시오. 그리스도의 종들을 도우시도록 하나님께 기도하십시오-그들은 예수님을 위한 당신의 종입니다-그래서 이 큰 목적, 그리스도인의 성숙의 문제를 붙들고 항상 그들의 마음을 그 점에 고정하도록 말입니다. 하나님께 구하여 그들이 심령 속에 그리스도의 재림의 영광스러운 날을 마음에 품고 일하게 하십시오. 그들이 지혜와 겸손을 받아 복음의 도구들을 높고 거룩한 그들의 직무를 위해 사용하고 결코 다른 것에는 사용하지 않도록 기도하십시오. 하나님께 탄원하여 그들이 결코 그들의 위치와 권위를 오용하지 않고 하나님의 영광에 부합하도록 만드는데 사용하게 하십시오. 그들의 정체성을 위해 그리고 모든 사악하고 얕은 동기를 억누르도록 기도하십시오. 그것들은 그들의 목적을 뒤틀거나 그들의 목표로부터 멀어지게 하는 것들이기 때문입니다.

당신은 아마도 설교하고 영혼을 돌볼 충성스러운 사람을 찾게 될지도 모릅니다. 아마도 당신은 당신의 영혼과 당신 가족의 영혼을 보살펴

줄 교회를 찾아야 할지도 모릅니다. 그렇게 될 때 하나님께서 지명하신 다른 많은 사람들과 함께 당신이 죄로부터 구원받는 진심에서 우러난 소망을 가지고 은혜롭지만 단호하게 그리스도와 같은 방식 안에서 행동할 진정한 하나님의 사람을 위해 기도하고, 그런 사람을 찾으십시오. 당신이 거룩해지고 영광에서 영광으로 변화하도록 예수님을 여러분에게 선포하고 훈계하며 가르칠 사람을 구하십시오. 그는 영원의 관점에서 살고 그 관점에 따라 행동하는 사람이어야 한다는 것을 확정하십시오.

마지막으로 당신 자신을 영원과 함께 간주하십시오. 우리는 모두 그리스도의 심판대 앞에 나타나야만 합니다. 각 사람이 선하든지 나쁘든지 육체 안에서 행한 일에 따라 심판받을 것입니다(고후 5:10). 만일 당신이 그날에 행복을 누리려고 한다면, 당신은 그리스도께 나아가야 하고 그리스도께 붙들려야 하고 그리스도와 함께 행동해야 합니다. 당신의 영혼을 돌보는 한 목회자가 존재한다는 사실만으로는 그 일을 이룰 수 없을 것입니다. 당신은 좋은 설교를 듣고 충성스러운 사역의 궤도 안에 자신이 존재하도록 단순히 위탁한 사실에만 의존할 수는 없습니다. 여러분은 선포된 예수님을 반드시 모셔야 하고 여러분의 영혼을 위한 사랑에서 다루어진 경고와 가르침에 주의해야 합니다. 영혼들을 돌보기를 구하며 충성스럽고 열렬하고 충실한 하나님의 종들과 함께 있었던 많은 사람들이 결국 그들을 삼키기 위해 입을 벌리고 있는 지옥에서 발견되었습니다. 왜냐하면 그들은 결코 충성스러운 가르침을 받아들이지 않았기 때문이었습니다. 당신을 구원하실 분은 오직 그리스도이시며 그분의 종들이 아닙니다. 그들이 얼마나 은혜롭든지 혹은 은사를 받았든지 관계없이 말입니다. 당신은 목회자들이 가리키는 구주께서 당신의 구원자임을 분명하게 알아야 합니다. 당신이 만일 자신의 영혼을 가치 있게 여긴다면 그리스도를 믿어야 하며 그분의 발자취를 따라가야 합니다.

동료 목사님들께

하나님은 우리가 그분의 백성들을 불러 충만한 영적 성숙을 향하여 항상 전진하며 성장하도록 일하실 것을 기대하십니다. 우리는 이 사실을 받아들여만 합니다. 우리는 우리의 권위가 하나님께서 임명하신 것이며 권리와 함께 또한 부르심을 수행하기 위해 충성스럽게 감당해야 할 의무를 받았음을 감사해야 합니다. 우리는 그것의 사용과 오용에 대해 책임을 지게 될 것입니다. 우리가 의무를 경시하는 것과 목회를 통해 드러내는 잔인함은 동일하게 두려운 범죄입니다. 태만함과 양들을 공격하는 일은 이리들을 방관하거나 독려하는 것과 마찬가지로 나쁩니다. 윌리엄 스틸은 이렇게 지적합니다. "목자는 단지 야수들을 쫓는 파수꾼이 아닙니다. 야수들과 다른 모든 위험으로부터 양들을 구원하는 것은 그들을 먹이는 것과는 다릅니다. 만일 그들이 먹지 못한다면 그들이 안전한지 아닌지는 무슨 문제가 됩니까? 굶주린 채로 안전하게 되는 것이 무슨 좋은 일입니까?"[4] 우리 앞에 놓여 있는 하나님의 눈을 의식할 때 우리는 영원의 관점에서 그리스도 중심의, 그리스도를 영화롭게 하는 선포, 훈계, 가르침에 우리 자신을 헌신해야 합니다.

그렇다면 당신은 하나님께서 주신 모든 힘을 끌어내는 명백한 목표가 당신의 손에 있음을 깨닫고 있습니까? 이점을 고려할 때 우리는

---

4) 앞의 책, p. 135.

온전히 구속받은 사람으로서 영원한 중요성을 일으키며 헌신을 요구하는 직무가 우리를 누르고 있음을 느끼게 됩니다.

하나님께서 진지하고 절조 있고 삶에 있어서 균형 있는 거룩함을 추구하도록 – 당신과 당신에게 위탁된 사람들을 위해 – 하나님과의 교제 안으로 당신을 불렀음을 깨닫습니까? 당신은 정직하고 전적인 충성심을 주 우리 하나님께 드리는, 그분에게 전적으로 맞추어진 그리고 그분의 말씀에 따라 살아가기 위한 심령을 계발해야 합니다. 당신은 그리스도 안에서 하나님을 향한 심오한 사랑의 결탁을 증진시켜야 합니다. 그것은 하나님의 명령에 주의 깊게 기쁨으로 순종하는 가운데 나타나며 그 사랑의 결탁에 의해 하나님의 명령은 수행됩니다. 하나님은 그분의 백성을 우리의 가르침과 돌봄 안에 두시며 그래서 그들은 하나님과 사람과 천사들 앞에서 선언되는 성숙한 경건함에 이르게 되고 살아 계신 하나님의 진정한 자녀들이 됩니다. 우리는 하나님의 사람들이 확신을 가지고 그리스도 앞에 서고, 불신자가 가지는 두려움이 없이 다가오는 심판의 날을 맞이할 수 있도록 일해야 합니다.

당신은 당신의 일이 이 명백한 상황을 바라보는 가운데 수행되어야 할 것을 인정하십니까? 다음의 말씀을 생각하십시오. "인자가 자기 영광으로 모든 천사와 함께 올 때에 자기 영광의 보좌에 앉으리니 모든 민족을 그 앞에 모으고 각각 구분하기를 목자가 양과 염소를 구분하는 것 같이 하여 양은 그 오른편에 염소는 왼편에 두리라"(마 25:31~33)

형제여, 그날에 당신은 당신이 돌보았던 사람들이 예수님 앞에 나와서 그들의 삶과 수행한 일을 보고하는 장면을 보게 될 것입니다. 그날에 당신도 동일하게 그렇게 해야 합니다. 그들의 보고는 또한 여러분의 사역을 반영하는 것이 될 것입니다. 당신과 나는 그리스도의 심판대 앞에 반드시 서야만 하고 그곳에서 우리는 사람으로서만이 아니라 목회자로서 어떠했는지를 답하게 될 것입니다. 우리는 그 점을 알아야만 하며 그것을 깨닫고 그래서 마치 주님께서 우리를 통해 '하나님과 화해되도록' 간청하시는 것처럼 설교해야 합니다. 그러므로 주님의 두려운 심판을 분명히 알고 사람들을 설득합시다.

이런 것들이 우리를 압박하도록 해서 충성스러움과 의로움을 가지고 우리의 의무를 그리스도처럼 온유하게 수행하도록 합시다. 우리는 온유해지기를 사랑해야 하고 가혹해지는 것을 혐오해야 합니다. 그러나 우리는 무엇보다도 죽지 않는 영혼들의 복지를 위해 단호하게 진실해야 한다는 점에 압박을 받습니다. 사도 바울을 특징짓는 진정한 부성적인 영을 기억합시다.

> 우리는 그리스도의 사도로서 마땅히 권위를 주장할 수 있으나 도리어 너희 가운데서 유순한 자가 되어 유모가 자기 자녀를 기름과 같이 하였으니 우리가 이같이 너희를 사모하여 하나님의 복음뿐 아니라 우리의 목숨까지도 너희에게 주기를 기뻐함은 너희가 우리의 사랑하는 자 됨이라 형제들아 우리의 수고와 애쓴 것을 너희가 기억하리니 너희 아무에게도 폐를 끼치지 아니하려고 밤낮으로 일하면서 너희에게 하나님의 복음을 전하였노라 우리가 너희 믿는 자들을 향하여 어떻게 거룩하고 옳고 흠 없이 행하였는지에 대하여 너희가 증인이요 하나님도 그러하시도다 너희도 아는 바와 같이 우리가 너희 각 사람에게 아버지가 자기 자녀에게 하듯 권면하고 위로하고 경계하노니 이는 너희를 부르사 자기 나라와 영광에 이르게 하시는 하나님께 합당히 행하게 하려 함이라(살전 2:7~12).

영혼들이 귀하다는 시각과 그들에게 예수님을 선포해야 하는 임무를 잃지 맙시다. 당신은 아마도 사람들의 눈살과 찌푸림과 분노와 혐오를 통해 그 일을 그만두게 하는 유혹에 직면할지도 모릅니다. 당신은 충성스러운 가르침을 약화시키기 위해 듣기 좋은 칭찬의 웃음과 유혹으로 구슬려질 것입니다. 결과에 따르는 두려움에 의해서든지 혹은 비타협적인 수고와 노력을 기울임으로 일어나든지 의로운 과정을 단념하라는 압력이 커질 것입니다. 당신이 설교하고 훈계하고 가르칠 때, 사람들이 영적으로 매우 조금 밖에 자라지 않는 것 때문에 낙담하게 될지도 모릅니다. 당신은 회개와 믿음에 이르지 못하는 것은 말할 것도 없이 죄인들이 말씀을 듣기를 싫어할 때 슬픔에 잠길지도 모르고, 하나님의 자녀들이 영적 둔감함에 빠진 것을 보고 실망하게 될지도 모릅니다. 당신은 심지어 절망으로 번민하게 될지도 모르고 이렇게 질문하게 될지도 모릅니다. "무엇이 목적이지? 왜 나는 이렇게 애쓰지?"

당신은 애쓸 것입니다. 왜냐하면 여러분은 위대하고 영광스러운 부르심을 가지고 있기 때문입니다. 당신은 애쓸 것입니다. 왜냐하면 여러분은 "각 사람을 그리스도 예수 앞에서 완전한 자로 세우도록"(골 1:28) 부름 받았기 때문입니다. 예수님은 그분의 백성들을 위해 그분의 피를 주셨고 당신이나 그들이 떨어져 나가기를 허락하시지 않을 것입니다. 그리스도께서 위해 죽으신 모든 사람이 하나님 나라로 모여들 것이며 아무도 잃어버린바 되지 않을 것입니다. 예수 그리스도는 당신을 결코 떠나지도 버리지도 않으실 것이며, 당신을 강하게 하시고 도우시고 든든히 서도록 인도하실 것입니다. 당신은 그리스도의 은혜가 여러분의 필요를 위해, 즉 용기와 에너지와 소망과 기쁨과 힘과 의로움 가운데 인도받는 일에 충분하다는 것을 증명하고 발견하게 될 것입니다. 그리스도는 당신의 주님이시고 당신의 하나님이십니다. 그리고 당신은 그분의 백성을 위한 그분의 종입니다. 그리스도와의 관계를 느슨하게 하지 마십시오. 사람들과의 관계를 느슨하게 하지 마십시오. 그리스도는 그분의 양들을 돌보고 그들이 안전하게 본향으로 오는 것을 보기 위해 당신을 지명하셨고, 그분은 부족함이 없도록 채우셔서 직무를 수행하도록 당신을 들어 쓰실 것입니다.

당신은 심지어 가장 나쁜 시간에도 뒤돌아 갈 수 없다는 것을 압니다. 당신은 설교자가 되는 일의 막중한 무게감을 느낍니다. 당신은 손을 들어 항복하기 위해 준비되어 있는지도 모릅니다. 당신은 다른 소명을 추구하기 위한 생각을 할지도 모릅니다. 그럴 때 당신에게 전화가 걸려오고, 누군가 당신을 방문하며, 전자우편 수신함에 격려의 편지가 들어올 것입니다. 그리고 나면 당신은 선하신 목자께서 당신을 위해 하신 것처럼 양들을 위해 당신의 삶을 내어주기 위해 밤중에도 위험을 무릅쓰고 밖으로 나갈 것입니다.

그리고 당신은 가장 좋은 시간을 누릴 때가 있을 것입니다. 당신은 어둠 가운데 걸어왔던 사람의 눈에서 이해의 빛이 밝아오는 것을 볼 때가 있을 것입니다. 당신은 아마도 나약하고 죄로 금이 간 노력이 하나님의 능력에 의해 사용되어 죄인들을 하나님 나라로 인도해 갔다는 것에 대해 아무 이유 없이 그러나 하나님의 영광 가운데 말하는 누군가의 얼굴을 볼 수도 있고, 그런 소식의 메모를 받을지도 모르며, 보고를 들을지도 모릅니다. 당신은 하나님의 자녀가 복음의 특권을 즐길 때 영적인 어두움이 밝아지는 것을 볼 것입니다. 당신은 수년 동안 특정한 죄와 분투해온 성도들이 식별할 수 있는 영적 진보를 이루는 것을 볼 것입니다. 당신은 죄인들이 구원받고 죄를 멀리하는 것을 볼 것이고, 아마도 그들이 영광으로 들어가는 걸음을 상상하게 될지도 모릅니다. 당신은 신자들이 특정한 교리와 처음이든지 수백 번이든지 씨름한 후에, 성령께서 예수님 안에 있는 진리의 시야를 더 선명하게 열어 주시는 것을 보게 되는 특권을 누릴 것입니다. 당신은 영적인 실재가 그들의 영혼 안에서 일하시며 그들의 삶 안에서 역사하시는 것을 볼 것입니다. 여러분은 화난 사람들이 부드러워지고 자긍심으로 가득한 사람들이 점차로 그리스도 예수 안에 있는 겸손한 마음을 드러내는 것을 볼 것입니다. 여러분은 깨어진 결혼이 회복되고 부패한 가족들이 점차로 건강해지며, 파선한 교제가 세워지고 결점이 있는 교제가 강화되는 것을 볼 것입니다. 당신은 하나님 말씀의 망치가 사람들의 심령을 두들길 때 죄를 깨뜨리는 것을 볼 것입니다. 당신은 그리스도인들이 갑자기 혹은 천천히 놀라운 복음의 특권에 감사하는 것을 볼 것이며, 그들의 눈에서 솟아오르는 눈물이나 그들의 얼굴에 환하게 빛나는 웃음을 지켜보게 될 것입니다. 당신은 특정한 시간에 일부 연약한 양들에게 필요한 정확한 말씀이 당신의 설교로부터 주어졌다는 것을 수줍어하는 가운데 알게 될 것입니다. 여러분은 때때로 깊은 감사와 공감의 표시를 듣게 될 것입니다. 그것은 여러분이 이렇게 질문하도록 만들 것입니다. "내가 누구길래 그런 복의 도구가 된단 말인가?" 그리고 하나님께 겸손함으로 감사를 올려드릴 것입니다.

짧게 말해 당신은 사람들의 영혼에 복음이 뿌리내리고 그 뿌리들이 영혼들의 기반에 더욱 깊이 박히는 것을 진실로 지켜보게 될 것입니다. 그리고 한때 메마르고 시들했던 나무가 싹을 틔우고 꽃을 피우고 성령의 열매들을 맺어서 하나님께 영광 돌리는 것을 볼 것입니다. 여러분은 진정한 영적인 행복에 대한 진리를 알게 될 것입니다. "복 있는 사람은 악인들의 꾀를 따르지 아니하며 죄인들의 길에 서지 아니하며 오만한 자들의 자리에 앉지 아니하고 오직 여호와의 율법을 즐거워하여 그의 율법을 주야로 묵상하는도다 그는 시냇가에 심은 나무가 철을 따라 열매를 맺으며 그 잎사귀가 마르지 아니함 같으니 그가 하는 모든 일이 다 형통하리로다"(시 1:1~3). 당신은 당신의 일이 헛되거나 허공을 치지 않는다고 격려하는 사람들을 얻게 될 것이고, 처음이자 마지막이라는 심정을 가지고 복음 사역에 임해야 함을 기억하게 될 것입니다.

영원함이 당신의 어깨를 누르게 하십시오. 다가올 날을 묵상하십시오. 살아왔고, 살고 있고, 살게 될 모든 영혼들을 위한 그 영원한 시간의 중요성을 고려하십시오. 파멸의 도성에서 뿐만 아니라 천국으로 가는 바로 그 문 앞에서도 지옥으로 가는 길이 있다는 것을 기억하십시오. 당신은 당신의 돌봄에 위탁된 영혼들이 본향에 안전하게 도달할 때까지 쉴 수 없습니다. 그리고 당신은 그 임무를 충성스럽게 수행하는 가운데 그리스도로부터 힘을 공급받을 것입니다. 주님처럼 그분의 구속받은 백성을 끝까지 사랑하고 섬기십시오.

| 8장 | 바울의 사역 속에 있던 힘

이를 위하여 나도 내 속에서 능력으로
역사하시는 이의 역사를 따라 힘을 다하여 수고하노라 (골 1:29).

하나님은 우리의 일을 대신하여 일하시는 것이 아니라 우리의 일을 통해 일하십니다. 하나님은 우리가 가진 에너지를 대신해 에너지를 공급하시는 것이 아니라 우리의 에너지를 충만하게 하십니다. 하나님의 은혜가 하나님 안에 있는 활동적인 믿음을 생산하기 때문에 우리는 하나님 안에 있는 활동적인 믿음을 위해 힘껏 노력할 필요가 없다고 생각하는 것은 비성경적이고 비이성적입니다. 비록 하나님께서 다른 사람들 안에서 믿음의 순종을 일으키기 위해 당신을 사용하시지만, 수십 년간 충성스럽게 사역을 한 후 당신의 삶의 마지막에, 하나님의 은혜에 대해 그리고 당신의 생애 동안의 수고에 대해 뭐라고 말하려 하십니까? 뽐내겠습니까? 아닙니다. 당신은 로마서 15장 18절에 있는 바울이 쓴 단어를 사용할 것입니다. "그리스도께서 이방인들을 순종하게 하기 위하여 나를 통하여 역사하신 것 외에는 내가 감히 말하지 아니하노라." 당신은 고린도전서 4장 7절의 내용과 같은 것을 말할 것입니다. "누가 너를 남달리 구별하였느냐 네게 있는 것 중에 받지 아니한 것이 무엇이냐 네가 받았은즉 어찌하여 받지 아니한 것 같이 자랑하느냐?"[1]

존 파이퍼

저는 직업적인 목회 사역에 들어가기 위해 세속적인 직업을 떠난 직후, 한 친구로부터 전자 우편을 받았습니다.

랍, 목사로서 너의 주간 일정이 어떻게 되니? 여전히 8시간 일하니? 나는 목회자들이 주중에 뭘 하는지 항상 궁금했어. 나는 목사들이 밤에 일하는 시간도 항상 필요하고, 낮 시간은 연구하는 데 조금 할애하고, 설교를 쓰고 정리하는 것으로 생각했어. 나는 기본적으로 대부분의 복음주의 목사들이 주중에 실제로 무얼 하는지 궁금해. 나는 진짜, 진짜, 우리 교회 목사님의 일정을 알고 싶어. 그러나 물론 나는 그런 것을 결코 묻지 않았고 알지도 못하는데 왜냐하면 그런 것들을 그에게 묻는 것은 지나치게 무례한 것이기 때문이지. 이에 대한 네가 가진 경험은 어떤 것이니?

많은 복음 사역자들이 결국 이 질문을 받게 될 것입니다. "그래서 목사는 정확히 무엇을 하는 것이죠?" 세상이 들여다보는 관점에서 그리고 심지어 하나님의 백성들이 바라볼 때도 목사의 사역을 이해하는 것은 때때로 어려울 수 있습니다. 어떤 사람들은 진정한 설교자의 부르심에 대한 요구를 심각하게 과소평가하여 목회 사역을 판단하고, 그저 주일 아침에 사람들 앞에서 공적으로 수행하는 어떤 일 정도로 봅니다. 그것은 마지막 몇 분, 많아야 몇 시간 정도로 판단 받습니다.

충성스럽게 수행되는 기독교 사역은 쓸모없는 사람을 위한 것도 아니고 소심한 사람을 위한 것도 아닙니다. 그것은 힘든 일이고 마땅히 그래야 합니다. 만일 한 사람이 영혼들의 유익을 위해 그리고 하나님의

---

1) John Piper, *A Godward Life (Book Two): Savoring the Sustenance of God in All of Life* (Sisters, OR: Multnomah Publishers, 1999, 『묵상』, 좋은씨앗 역간), pp. 331~332.

영광을 찬양하기 위해 열심히 그리고 효과적으로 목회하려고 한다면, 그리스도를 섬기는 일에 참여하는 일은 그가 가진 모든 것을 지불하게 할 것입니다. 그러나 그것은 가치 있는 노력으로 증명될 것입니다.

　사도 바울은 그가 돌보는 사람들을 위해 자신이 가진 모든 것을 주었습니다. 우리는 결코 사도 바울이 뒤로 물러나서 그저 쉽게 일을 처리하려 하고 온순하게만 흘려 넘기는 것을 볼 수 없습니다. 바울은 여행선의 산책 갑판에서 스무디를 홀짝 홀짝 마시고 있지 않았습니다. 바울은 항상 분발하였고 위대한 선장과 그분에게 속한 모든 사람을 위해 자신이 할 수 있는 모든 것을 다했습니다. 사도 바울은 지불해야 할 큰 열정으로 불타올랐고, 하나님께서 그의 주의 깊은 돌봄에 위탁한 사람들을 위해 대가를 지불했습니다. 마치 화살이 하나의 과녁을 향해 가는 것처럼 바울이 가진 하나의 목적은 예수님의 백성을 영적으로 건강한 가운데 그분에게로 데려가는 것이었습니다. 그는 이 위대하고 가치 있는 목적을 향해서 그의 모든 능력을 쓰고 노력했습니다. 분명히 사도 바울은 사람들의 가장 큰 유익을 바라보고 있었습니다. 우리가 보아온 대로 그의 큰 소망은 모든 사람을 완전한 자로 세우는 것—마지막 날에 영적으로 성숙한자가 되게 하는 것이었습니다.

　그러나 하나님께서 지명하신 도구들은 쉽게 사용할 수 없으며 그분의 목표는 노력 없이 이루어지지 않습니다. 종종 바울 자신과 교회의 유익을 위해 그가 이룬 모든 것을 생각할 때 우리는 마법에 걸린 것처럼 느끼고, 심지어 부끄러움을 느낍니다. 우리는 머리를 긁적이며 묻습니다. '그는 어떻게 이 세상에서 이 모든 일을 했단 말인가?' 바울은 한 사람이었습니까 아니면 다섯이었습니까? 어디에서 그는 그 일들을 행할 시간을 발견하고 능력을 얻었습니까? 그는 결국 '초월적 사도'입니까? 그는 쉽게 말해 초인간입니까? 바울은 이 질문에 답합니다. 우리에게 그의 설교의 목적에 대해 말하면서 겸손하게 그러나 분명하게 자신의 수고에 대해 증언합니다. 그리고 살아 계신 그리스도에 의해 그에게 할당된 다양한 직무들을 수행하기 위한 활력과 지속력의 근원을 밝힙니다.

바울의 노력

바울은 이렇게 말합니다. "이를 위하여 나도 내 속에서 능력으로 역사하시는 이의 역사를 따라 힘을 다하여 수고하노라"(골 1:29). 28절의 복수형으로부터 바울이 변화를 주는 것을 주목하는 것은 흥미롭습니다. "우리가 그를 전파하여 각 사람을 권하고" 바울은 사람들에 대하여 자신이 가진 목회자로서의 심령을 강조합니다. 그는 이 신자들을 속이려고 하고(24) 그들을 첫 믿음인 예수님으로부터 떠나게 하는(6절) 골로새에 있는 오류자들로부터 자신을 분리시키고 있습니다. 이들 거짓 교사들이 사도 바울을 중상하고 있었을 가능성이 있습니다. 바울은 본질적으로 이렇게 얘기합니다. "다른 사람들이 저와 저의 메시지에 대해 말하는 것을 고려하기 전에, 제가 행한 모든 일 속에서 제 자신은 당신의 최고의 유익을 바라보는 가운데 진력했다는 것을 기억하십시오." 이 오류주의자들은 골로새 신자들을 진정으로 염려하는 것은 미미했고, 그들 자신의 명성과 진보에 더욱 관심이 있었을 가능성이 큽니다. 그들은 아마도 다른 사람들에 대해 외양만의 염려를 가지고 있을지도 모르지만, 그들의 수고는 그들 자신을 위한 것이었습니다. 그런 태도에 반대하여 바울은 이렇게 말했던 것 같습니다. "그러나 여러분이 저를 어떻게 생각하든지, 이것을 아십시오. 저는 여러분 한 사람 한 사람을 그리스도 안에서 완전한 자로 세우기 위해 개인적으로 애쓰고 수고하였습니다."

사도 바울은 문제의 진실을 선언하는 것에 대해서는 그 기록을 그대로 내놓는 것을 부끄러워하지 않았습니다. 그는 자신이 수고한 일들에 대해 주춤하지 않았습니다. 그는 이들 골로새 신자들이 (그리고 그가 책임을 지고 돌보는 모든 사람이) 그가 선포한 예수님 안에서 굳센 믿음을 가지기를 원했습니다. 이 목적을 가지고 편지를 쓸 때, 여러 가지 점에서 바울은 자신의 삶과 수고를 묘사하여 골로새 교인들인 거짓 메신저들로부터 주어지는 메시지들에 의해 속지 않도록 조치를 취해야 했습니다. 확실히 바울은 자랑해야 할 때 기쁨을 취하지 않았습니다 (고후 11:6~21). 그럼에도 사도 바울은 진리 안에 머물면서 다른 사람을 돕는 도구로써 원리와 본보기의 측면에서 진리가 분명하게 드러나도록 노력하였습니다. 그는 하나님의 은혜로 말미암아 자신이 신실한 사역자라는 사실에 대한 분명한 의식을 가졌습니다. "오직 하나님께 옳게 여기심을 입어 복음을 위탁 받았으니 우리가 이와 같이 말함은 사람을 기쁘게 하려 함이 아니요 오직 우리 마음을 감찰하시는 하나님을 기쁘시게 하려 함이라 너희도 알거니와 우리가 아무 때에도 아첨하는 말이나 탐심의 탈을 쓰지 아니한 것을 하나님이 증언하시느니라" (살전 2:4~5).

바울은 영적인 허풍선이나 사기꾼이 아니었습니다. 그는 사람들을 상품화하기 위해 목회하지 않았습니다. 정반대였습니다! 바울은 예수님과 그분의 백성을 위해 열심히 일했습니다. 그리고 이 사실에 대한 문제가 제기될 때, 그는 정당하게 방어하면서 재빨리 응대할 수 있었습니다. 바울은 그의 사역의 정직함과 신실함을 증명하기 위해 최상의 증거를 가지고 호소하는 일을 매우 기꺼이 해냈습니다. 그는 자신이 하나님 앞에서 살아왔음을 의식했습니다.

먼저 내가 예수 그리스도로 말미암아 너희 모든 사람에 관하여 내 하나님께 감사함은 너희 믿음이 온 세상에 전파됨이로다 내가 그의 아들의 복음 안에서 내 심령으로 섬기는 하나님이 나의 증인이 되시거니와 항상 내 기도에 쉬지 않고 너희를 말하며(롬 1:8~9).

우리를 너희와 함께 그리스도 안에서 굳건하게 하시고 우리에게 기름을 부으신 이는 하나님이시니 그가 또한 우리에게 인치시고 보증으로 우리 마음에 성령을 주셨느니라 내가 내 목숨을 걸고 하나님을 불러 증언하시게 하노니 내가 다시 고린도에 가지 아니한 것은 너희를 아끼려 함이라 우리가 너희 믿음을 주관하려는 것이 아니요 오직 너희 기쁨을 돕는 자가 되려 함이니 이는 너희가 믿음에 섰음이라(고후 1:21~24).

내가 예수 그리스도의 심장으로 너희 무리를 얼마나 사모하는지 하나님이 내 증인이시니라(빌 1:8).

우리가 너희 믿는 자들을 향하여 어떻게 거룩하고 옳고 흠 없이 행하였는지에 대하여 너희가 증인이요 하나님도 그러하시도다(살전 2:10).

바울은 하나님 앞에서(Coram Deo) 살았던 사람이었습니다. 이 라틴어 어구(Coram Deo)는 '하나님의 면전에서' 혹은 '하나님의 임재 안에서'를 뜻합니다. 그것은 우리 존재의 심부를 관통하는 하나님의 눈이 매우 깊이 고착되어진 것을 인식한다는 것을 의미합니다. 그런 인식을 즐기는 가운데 바울은 진리를 말하고 행하도록 그리고 진리 이외의 것은 아무것도 말하지 않고 행하지 않도록 도움을 받았습니다. 그래서 그는 허세부리지 않고, 고함치지 않고, 머뭇거리지 않고 자신이 다른 사람들을 위해 수고하고 애쓴 것을 말할 수 있었습니다.

　주님의 큰 날에 그리스도 예수 안에서 각 사람들을 영적으로 성숙하게 세우는 비전에 자신의 눈을 고정한 채, 바울은 등을 구부려 그 직무를 수행했습니다. 수고라는 단어는 지속적인 노력을 의미하기 위해 바울이 사용하는 용어입니다. 그것은 지치도록 일하는 한결같은 노고입니다. 그것은 끊임없는 가혹한 노동의 결과로써 빚어진 육체적인 고갈과 같은 느낌을 함축합니다. 당신은 아마도 실제로 육체적 노동을 경험하는 특권을 즐겨보았을 것입니다. 아마도 개인으로든 혹은 구성원의 일원으로든 집 안팎의 큰 공사 또는 건설이나 조경 같은 일 등을 통해 말입니다. 다양한 압력과 조심스러움 속에서 당신은 직무가 완성되도록 밀고 나가야 합니다. 그럴 때 당신의 모든 힘이 들어가고, 발휘되고 그리고 그 목적을 위해 소비됩니다. 마침내 당신은 마지막 날 혹은 밤늦은 시간에 직무의 목적을 이루고 당신이 사용한 도구들을 천천히 그리고 고통스럽게 벗어 던집니다. 당신은 탈진하여 마치 두들겨 맞은 것처럼 느낍니다. 당신은 수고를 마친 사람이 달콤한 휴식을 즐길 때처럼 침대로 뛰어듭니다(전 5:12). 이와 같은 묘사는 복음 사역자의 직무 안에서 나타나는 노력을 대표적으로 보여 주는 것입니다. 그것은 그 책임으로부터 면제될 때까지 결코 끝나지 않습니다. 책임을 마치는 날에야 그는 영원한 안식이나 주님이 오시는 날로 들어갑니다.

　더욱이 바울은 아낌없는 노력을 쏟아 부으면서 이 수고 안에서 '애쓴다'고 말합니다. 바울은 운동 경기 혹은 군사 전투에 참여한 사람처럼 말합니다. 그의 언어는 전투에 최선을 다하여 참여할 때 보이는 집중되고 강력한 투쟁을 나타냅니다. 이것은 그리스 단어로서 우리가 필사의 노력을 하는, 즉 무언가를 향해 우리의 모든 노력을 다해 싸운다는 개념을 가지고 있습니다. 이것은 경주의 마지막 몇 바퀴에서 최종선까지 내닫는 경주자를 의미합니다. 이것은 모든 신경과 힘줄이 승리를 취하기 위해 팽팽해지고, 시계가 마지막 몇 초를 남겨둔 상황에서 경기에서 이기기 위한 점수를 얻는 일에 아주 조금 모자란 상태에 처한 선수와 같습니다. 이것은 근육에 통증을 느끼며 눈에 땀이 흘러내리는 가운데 앞으로 계속 전진하는 군사입니다. 몸에 총상을 입고 그 상처로부터 피가 흘러나오지만, 필사적인 포격전 안에 붙들린 가운데 여전히 적들과 싸울 준비가 된 군인입니다.

그런 강력한 노력은 목회자의 삶의 방식입니다. 그것은 이따금 있는 일이 아니라 지속해서 감당해야 하는 역할입니다. 그는 치열한 반대 상황을 직면하는 가운데 싸워야 합니다. 그 반대 상황은 분명히 영적인 것이지만 육체적인 영역까지 확장됩니다.

> 우리의 씨름은 혈과 육을 상대하는 것이 아니요 통치자들과 권세들과 이 어둠의 세상 주관자들과 하늘에 있는 악의 영들을 상대함이라 그러므로 하나님의 전신 갑주를 취하라 이는 악한 날에 너희가 능히 대적하고 모든 일을 행한 후에 서기 위함이라 (엡 6:12~13).

> 그들이 히브리인이냐 나도 그러하며 그들이 이스라엘인이냐 나도 그러하며 그들이 아브라함의 후손이냐 나도 그러하며 그들이 그리스도의 일꾼이냐 정신 없는 말을 하거니와 나는 더욱 그러하도다 내가 수고를 넘치도록 하고 옥에 갇히기도 더 많이 하고 매도 수없이 맞고 여러 번 죽을 뻔하였으니 유대인들에게 사십에서 하나 감한 매를 다섯 번 맞았으며 세 번 태장으로 맞고 한 번 돌로 맞고

세 번 파선하고 일 주야를 깊은 바다에서 지냈으며 여러 번 여행하면서 강의 위험과 강도의 위험과 동족의 위험과 이방인의 위험과 시내의 위험과 광야의 위험과 바다의 위험과 거짓 형제 중의 위험을 당하고 또 수고하며 애쓰고 여러 번 자지 못하고 주리며 목마르고 여러 번 굶고 춥고 헐벗었노라 이 외의 일은 고사하고 아직도 날마다 내 속에 눌리는 일이 있으니 곧 모든 교회를 위하여 염려하는 것이라(고후 11:22~28).

이런 태도가 요구됩니다. 왜냐하면 세상은 기독교인을 대적하고, 자신의 육적인 기질은 그를 방해하며, 마귀는 그에 대적하여 섭니다. 복음의 목회자는 다른 사람들보다 더 편하게 지낼 수 있는 시간을 가지고 있지 않습니다. 만일 그런 느슨한 시간이 있다면 적대 세력이 그를 대항하여 모든 면에서 강력해질 것입니다. 왜냐하면 그는 무리를 돌보기 때문입니다. 그리고 만일 그가 파멸될 경우 양들이 흩어지지 않는다 하더라도 일정 부분 공격에 노출될 수 있습니다.

간단히 말해, 복음 사역자는 모든 신체적, 영적 부분이 전적으로 긴장되는 삶으로 부름 받습니다. 즉, 모든 요소들이 필요한 모든 순간에 사용됩니다. 의심의 여지없이, 이것은 예수 그리스도와 그분의 교회의 종으로서 그에게 요구되는 노력이자 수고입니다. 그것이 그렇게 많은 목사들이 그들의 일의 짐에 눌려서 깨지거나 또는 거의 깨어지는 지경에 이르게 하는 이유입니다. 다른 사람들이 그런 노력을 인식하든지 못하든지 간에 이런 요구들은 목회의 삶이 쉽고 여유로울 것이라고 상상하는 바보스러움을 폭로합니다.

모든 복음 사역자들과 그런 일을 하려는 모든 사람들은 반드시 이점을 인식하고 헌신해야 합니다. 그는 영적 전쟁에 참여하거나 또는 다가올 위험, 고뇌, 실망에 의해 한 발 물러나게 될 때, 그런 것들에 의해 쉽게 정복되지 않기 위해 사역을 시작하기 전에 이점을 알아두어야 합니다. 복음 사역자는 부주의하거나 무관심하거나 게으른 사람이 아닙니다. 이것은 강한 기질과 좀 더 여유 있는 성격 사이의 차이점과 같은 문제가 아닙니다. 그것은 진리 속으로 한 사람의 전체가 녹아 들어가는 것에 대한 것입니다. 하나님께서 어떤 성격을 그에게 주셨든지 관계없이 말입니다. 교회 안에서 이 직분에 서고자 하는 사람은 선한 일을 갈망해야 하며(딤전 3:1), 얌전하게 쉬려고만 해서는 안 됩니다.

주님을 섬기기 위한 일들이 진행되는 중에, 바울은 자신을 하나님께서 자신을 제외하거나 자신도 모르게 일하는 단순한 통로로 생각하지 않았다는 것은 틀림없습니다. 그보다 사도 바울은 활동적으로 참여하면서 그의 목회적 부르심을 충실히 감당하였습니다. 그것은 하나님께서 그에게 할당하신 일이었습니다. 그의 말은 이보다 더 명확할 수 없습니다. "나도 또한 애쓰고 수고하노라."

이 두 가지 용어 모두 바울이 복음의 참 일꾼으로서 다른 사람들을 위해 적극적이고 자신 있게 일했다는 것을 나타냅니다. 그들에게 설교를 하든지 그들을 위해 기도를 하든지 간에 말입니다. 바울의 기독교인으로서의 삶과 목회적인 수고에 대한 상당량의 은유가 군사적이고, 운동 경기에 관계된 것이라는 점은 우연이 아닙니다. 이 두 분야의 압박과 요구는 믿음의 삶에 가장 근접한 것들입니다. 바울은 경쟁적인 영을 소유하고 있었음을 또한 기억하십시오. 바울이 그리스도를 믿기 전에 종종 탐욕과 함께 씨름했던 것은(롬 7:7) 최고의 지위를 차지하려는 소망에서 나온 것이라고 생각할 수도 있습니다. 그는 그런 위치를 얻고 유지하기 위해 모든 힘줄을 팽팽하게 하곤 했습니다. 바울은 이런 사람이었습니다. "내 동족 중 여러 연갑자보다 유대교를 지나치게 믿어 내 조상의 전통에 대하여 더욱 열심이 있었으나"(갈 1:14). 그는 또한 뽐내던 사람이었습니다. "나는 팔일 만에 할례를 받고 이스라엘 족속이요 베냐민 지파요 히브리인 중의 히브리인이요 율법으로는 바리새인이요 열심으로는 교회를 박해하고 율법의 의로는 흠이 없는 자라"(빌 3:5~6). 그러나 그는 그리스도의 마음속에 있는 어떤 것을 배웠습니다. 이제 구원받은 사람으로서 자신보다 남을 높이며(2:3), 그런 똑같은 열정과 불붙는 영이 그리스도와 그분의 백성들을 위해 관제(17절)로 부어지는 데까지 나아가는 것을 발견합니다.

다른 사람들을 위한 애씀은 가끔 있는 열광적인 노력이 아니었습니다. 그보다 그것은 그의 사역의 꾸준한 방향이었습니다. 신약의 기록은 그리스도의 종으로서 바울의 열심을 분명하게 드러냅니다.

> 형제들아 스데바나의 집은 곧 아가야의 첫 열매요 또 성도 섬기기로 작정한 줄을 너희가 아는지라 내가 너희를 권하노니 이같은 사람들과 또 함께 일하며 수고하는 모든 사람에게 순종하라(고전 16:15~16).

> 우리가 이 직분이 비방을 받지 않게 하려고 무엇에든지 아무에게도 거리끼지 않게 하고 오직 모든 일에 하나님의 일꾼으로 자천하여 많이 견디는 것과 환난과 궁핍과 고난과 매 맞음과 갇힘과 난동과 수고로움과 자지 못함과 먹지 못함 가운데서도(고후 6:3~5).

> 그들이 그리스도의 일꾼이냐 정신없는 말을 하거니와 나는 더욱 그러하도다 내가 수고를 넘치도록 하고 옥에 갇히기도 더 많이 하고 매도 수없이 맞고 여러 번 죽을 뻔하였으니(고후 11:23).[2)]

그리스도의 영광과 교회의 유익을 위한 그의 노력 안에서 사도 바울은 지치지 않고 열심이었다는 것이 그의 언어로부터 분명하게 드러납니다. 바울에게 목회 사역은 한가하게 노니는 것이 아니었습니다. 반대로 그것은 종종 고통스러운 노력이 수반되는 힘든 경주였습니다.

목회자를 포함하여 많은 신자들이 '하나님께서 일하시도록 내버려두는 것'과 같은 시각을 옹호하는 것은 참으로 슬픈 일입니다. 이 인기 있는 표현 뒤에 숨어 있는 개념은 19세기 말에 정점에 이르렀던 케직 운동(Keswick Movement) 안에 그 뿌리를 가지고 있습니다. 지금도 이른바 '차원 높은 삶'이 가르치는 것은 본질적으로 신자들은 삶 속에서 하나님께 절대적이거나 혹은 전적인 복종의 지점까지 이를 필요가 있다는 것입니다. 우리는 승리하는 그리스도인의 삶 – 남아 있는 죄에 대해 슬퍼하고 하나님의 손에 유용한 존재가 되는 것 – 이 우리가 전적으로 하나님께 순종할 때, 우리 삶의 모든 면에서 그분께 헌신되었을 때 오는 것이라고 들었습니다. 이 복종은 완전히 수동적이고, 그리스도인의 삶 안에서 우리 자신의 의식적인 노력은 발휘될 필요가 없는 부르심이며, 그리스도의 능력에 우리 자신을 포기하는 부르심이고, 주님과 함께 '복종된' 삶을 살 때에만 진정한 승리를 이루는 것입니다.[3]

이 가르침은 비성경적이며 그리스도인의 삶에 있어서 불안전한 관점입니다. 바울은 결코 그런 관념을 품거나 가르치지 않았습니다. 비록 우리는 이런 가르침을 붙드는 사람 중 일부는 신실한 성도라는 것을 인정하지만 말입니다. 바울은 정면으로 맞서서 거룩한 삶을 사는 것과 주님과 주님의 백성을 섬기기 위한 일들을 적극적으로 수행했습니다.

---

2) 갈 4:11; 딤전 4:10; 딤후 4:7을 또한 보라.
3) 이 주제를 전체적으로 보기 위해서는 벤자민 워필드의 *Perfectionism* (Philadelphia: Presbyterian & Reformed, 1958)을 보라. J. C. Ryle 이 쓴 『거룩』(Holiness, 복있는사람 역간)은 기본적으로 이들 케직 운동의 지리한 가르침에 응수하기 위해 쓰여졌다.

그는 활동적으로 참여했고, 열정적으로 일했으며, 온전히 구속된 자신의 인간성을 잘 정돈하여 하나님께서 맡기신 일들을 이루셨습니다.

바울은 중생의 사역이 단독적(monergistic)이라고 보았습니다. 그것은 홀로 하나님 한 분 만이 그 사역을 이루신다는 것입니다(골 1:12~14, 2:13). 그러나 바울이 성화-우리가 은혜 안에서 점진적으로 성장하는 것과 그리스도를 닮아가는 증진-를 말했을 때, 그는 그것을 협력적인(synergistic) 것으로 보았습니다. 다시 말해 우리 안에 하나님께서 일하실 뿐만 아니라 동시에 우리 또한-새로운 피조물로서-두려움과 떨림으로 우리의 구원을 이룹니다(빌 2:12~13). 하나님께서 우리를 구속하실 때 그분은 그리스도의 피로 사신 우리의 몸과 영혼을 우회하지 않으시며, 우리를 통해 자신의 삶을 사시며, 우리를 무력화시키지 않으십니다. 하나님은 우리 안에 사시며 우리는-그리스도의 영에 기도로 의존하면서-하나님의 영광과 명예를 위해 하나님과 함께 일하며 살며 수고하며 섬깁니다. "성화는 하나님과 사람의 점진적인 사역입니다. 그것은 우리를 점점 더 죄에서 자유롭게 하고 우리를 실제적인 삶 가운데 더욱 그리스도를 닮게 합니다."[4] 그렇기 때문에, 로버트 레이몬드는 다음과 같이 말합니다.

> 삶을 통해 중생과 회심의 순간부터 마지막 하늘의 영광으로 올라가는 순간까지, 그리스도인은 그리스도의 죽음과 부활과 함께 연합된 덕택으로 그리고 자기 안에 거하는 하나님 말씀과 성령의 능력을 통하여, 점진적인 성화를 필연적으로 경험할 것입니다. 이 과정은 그 안에 여전히 남아 있는 육신에 속한 행동을 죽음에 내려놓는

---

4) Wayne Grudem, *Systematic Theology: An Introduction to Biblical Doctrine* (Grand Rapids: Zondervan, 1994, 『조직신학』, 은성 역간), p. 746, 강조가 더해졌음.

다는 점에서 부정적으로 이해되어지며, 긍정적으로 보면 구원이 은혜 가운데 자라는 것입니다. 5)

이 가르침은 성경을 통해 볼 때 분명합니다. 때때로 성령님은 성화에서 하나님의 영역을 강조하십니다.

그들을 진리로 거룩하게 하옵소서 아버지의 말씀은 진리니이다 (요 17:17).

평강의 하나님이 친히 너희를 온전히 거룩하게 하시고 또 너희의 온 영과 혼과 몸이 우리 주 예수 그리스도께서 강림하실 때에 흠 없게 보전되기를 원하노라(살전 5:23).

복스러운 소망과 우리의 크신 하나님 구주 예수 그리스도의 영광이 나타나심을 기다리게 하셨으니 그가 우리를 대신하여 자신을 주심은 모든 불법에서 우리를 속량하시고 우리를 깨끗하게 하사 선한 일을 열심히 하는 자기 백성이 되게 하려 하심이라(딛 2:13~14). 6)

때때로 성령님은 성화에서 우리의 역할을 강조하십니다.

너희가 육신대로 살면 반드시 죽을 것이로되 영으로써 몸의 행실을 죽이면 살리니(롬 8:13).

---

5) Robert L. Raymond, *A New Systematic Theology of the Christian Faith* (Nashville: Thomas Nelson, 1998, 『최신 조직신학』, 기독교문서선교회 역간), pp. 768~769.
6) 엡 5:25~26; 살후 2:13을 또한 보라.

그리스도 예수의 사람들은 육체와 함께 그 정욕과 탐심을 십자가에 못 박았느니라(갈 5:24).

그러므로 땅에 있는 지체를 죽이라 곧 음란과 부정과 사욕과 악한 정욕과 탐심이니 탐심은 우상 숭배니라(골 3:5).[7]

성령님은 때때로 성화 안에서 새롭게 된 인간과 함께 일하시는 하나님을 강조하십니다.

또 새 영을 너희 속에 두고 새 마음을 너희에게 주되 너희 육신에서 굳은 마음을 제거하고 부드러운 마음을 줄 것이며 또 내 영을 너희 속에 두어 너희로 내 율례를 행하게 하리니 너희가 내 규례를 지켜 행할지라(겔 36:26~27).

오직 너희는 그리스도를 그같이 배우지 아니하였느니라 진리가 예수 안에 있는 것 같이 너희가 참으로 그에게서 듣고 또한 그 안에서 가르침을 받았을진대 너희는 유혹의 욕심을 따라 썩어져 가는 구습을 따르는 옛 사람을 벗어 버리고 오직 너희의 심령이 새롭게 되어 하나님을 따라 의와 진리의 거룩함으로 지으심을 받은 새 사람을 입으라(엡 4:20~24).

그러므로 나의 사랑하는 자들아 너희가 나 있을 때뿐 아니라 더욱 지금 나 없을 때에도 항상 복종하여 두렵고 떨림으로 너희 구원을

---

7) 롬 6:11; 요일 3:3을 또한 보라.

이루라 너희 안에서 행하시는 이는 하나님이시니 자기의 기쁘신 뜻
을 위하여 너희에게 소원을 두고 행하게 하시나니 (빌 2:12~13).

바울은 이 모든 성경 구절들을 그리스도인의 삶과 섬김의 관점에서 특별히 목회자들과 설교자들을 위한 시각에서 제시합니다. 따라서 그는 자신이 수고하고 애써서 목양한 골로새 성도들에게 확증합니다. 만일 그리스도인의 삶이 기독교 사역에 특별히 힘을 들이지 않고 해치우는 것이라면, 만일 그것이 단순히 "매달리지 말고 하나님께 맡겨라." 에 해당하는 기회일 뿐이라면, 바울은 그런 격렬하고 활동적인 교제를 시도하며 근심하지 않았을 것입니다. 바울의 언어는 쉽다는 개념을 완전히 해체시킵니다. 그는 목회자로서 그리고 그리스도의 종으로서 수고하고 애씁니다.

"그러나, 이것은 재난의 영수증이다. 이것은 탈진으로의 부르심이다! 그것은 목회를 하는 데 있어서 지지될 수 없는 본보기다."라고 당신은 말할지 모릅니다. 분명히 그런 본보기는 정당한 휴식에 대한 성경의 명령과 원리와 지혜와 상반되지 않습니다. 설교자는 운동 선수처럼 반드시 쉬고 기운을 회복해야 합니다. 그가 최상의 상태로 일을 하려면 말입니다. 그는 군사들처럼 다시 전투태세로 회복되기 위해 때때로 일선에서 물러나야 합니다. 여섯 번째 계명은 보편적으로 적용되는 것처럼 복음의 설교자들에게도 적용됩니다. 아마도 우리의 건강과 삶을 보존하기 위한 가장 분명하고도 탁월한 요구인지도 모릅니다. 목회 사역을 하는 사람이라면 육체적 평안을 유지하는 일에 소홀하지 않도록 합시다. 하나님 앞에서 열심히 일할 힘을 갖추고, 효과적으로 섬기고 속히 회복될 수 있도록 합시다. 심지어 사도 요한은 그의 친구 가이오가 "네 영혼이 잘됨 같이 네가 범사에 잘되고 강건하기를" (요삼 2절)

기도했습니다. 구속받은 한 인간의 속성으로서 전체적으로나 부분적으로나 건강한 정도와 관련된 비성경적인(본질적으로 비현실적인) 적대주의를 세울 필요는 없습니다. 그럼에도 우리가 이런 중량감 있는 요구들을 맞이할 때 중얼거리게 될지도 모르는 절망적인 외침에 대한 더 달콤한 답이 있습니다. 바울은 성화의 양면을 품습니다. 그는 성경적인 긴장 속에서 그 위에 올려진 두 갈래의 진리를 붙잡습니다. 바울이 일하고 있지만 하나님께서도 일하시는 것입니다.

바울의 에너지

바울은 복음의 사역자로서 자신의 활동적인 노력—그의 전 존재를 통해 수고하고 애쓴 것—을 묘사하면서 무언가 더 말할 것이 있습니다. 자신의 수고와 애씀에 대한 증언은 진리의 반쪽을 우리에게 주었고 바울은 나머지 반쪽을 남겨 놓지 않았습니다. 그러나 우리는 방금 살펴보았던 성경 구절로부터 전체적인 그림을 얻을 수 있습니다.

그런 구절들은 그리스도 안에서 신자로서의 사역에는 두 가지 요소가 있다는 것을 보여 줍니다. 하나님 자신이 일하신다는 것과 그러므로 그리스도인들도 일한다는 것입니다. 이 점에서 하나님과 사람의 합당하고 거룩한 동시작용이 있습니다. 일단 자비 가운데 주님께서 죄인들을 구원하시고 살아나게 하시면 영적으로 살아난 신자는 이제 그분 안에서 하나님의 일하심에 맞추어 일하게 됩니다.

바울이 회심할 때 예수님으로부터 임무를 받은 후에 생각했어야 했던 것을 상상해 보십시오.

> 내가 대답하되 주님 누구시니이까 주께서 이르시되 나는 네가

박해하는 예수라 일어나 너의 발로 서라 내가 네게 나타난 것은 곧
네가 나를 본 일과 장차 내가 네게 나타날 일에 너로 종과 증인을
삼으려 함이니 이스라엘과 이방인들에게서 내가 너를 구원하여 그
들에게 보내어 그 눈을 뜨게 하여 어둠에서 빛으로, 사탄의 권세에
서 하나님께로 돌아오게 하고 죄사함과 나를 믿어 거룩하게 된 무
리 가운데서 기업을 얻게 하리라 하더이다(행 26:15~18).

어떻게 그는 자신의 힘으로 그런 역사적으로 중요한 책임을 추구하
는 것이 가능했겠습니까? 그는 아마도 거룩한 소망을 가졌을는지도
모릅니다. 그러나 그가 연약한 가운데 최선을 다하는 것으로는 그에게
주어진 요구들을 지탱할 수 없습니다. 어떤 사람이 그 자신의 힘만으
로 그런 큰일을 할 수 있단 말입니까? 진정 그런 직무를 곰곰이 생각
할수록 그것은 더 장중하고 경이로운 것으로 인식됩니다.

어떤 사람도 이 일을 이루기 위해 자신의 힘으로 시작할 수 없었습
니다. 그러나 자신을 통해 그리고 자신 안에서 일하시는 하나님의 전
능한 능력을 아는 사람은 그런 직무를 이루기 위해 착수할 수 있고 착
수할 것입니다. 그리고 그는 그리스도 안에서 그의 수고를 통해 맺어
지는 열매를 보게 될 것입니다.

목회자들이 어떻게 맹렬하게 그리고 적극적으로 목회 사역을 수행
할 수 있는지에 대한 질문에 답을 구할 때 우리는 진리의 전체를 들어
야만 합니다. "나도 내 속에서 능력으로 역사하시는 이의 역사를 따라
힘을 다하여 수고하노라"(골 1:29).

만일 바울이 자신의 수고와 애씀에만 집중했다면 목회를 하는 일에
수많은 어려움이 있었을 것입니다. 한편으로 그는 자신의 자원으로 열
심히 일하는 것으로 충분하다는 생각을 가질지도 모릅니다. 그가 만일

자신의 힘으로 무언가를 이루었다고 상상한다면 그가 빠지는 교만은 얼마나 엄청난 것입니까! 다른 면에서 볼 때 그는 그런 자원들의 한계를 재빨리 인식할지도 모릅니다. 그가 자신의 힘의 한계에 도달 했을 때 맞이할 소망 없는 환멸은 얼마나 고통스러운 것이겠습니까!

그러나 하나님께 감사하게도, 바울은 그가 어떻게 그 모든 일을 했는지 우리에게 충분히 설명해 줍니다. 바울은 자기 자신의 힘이라기보다는 오히려 하나님께서 공급하신 힘을 가지고 최대한으로 수고했습니다. 사람이 힘써 일하는 곳에 하나님은 강력하게 일하십니다.

바울 안에 있는 그리스도는 효과적으로 일하기 위한 권능의 원천이며 그 권능은 역동적으로 역사합니다. 일함(working)이라는 단어는 영어 단어 에너지(energy)의 출처입니다. 반면에 '강력하게'(mightily)는 힘 그리고 영향력과 관련이 있습니다. 바울은 자신의 배터리로 달리지 않았습니다. 그의 에너지는 자가 생산된 것이 아니었고 그리스도께서 수여하신 것이었습니다. 그것은 바울 안에서 일하시는 성령님의 실제였습니다. 이것은 단지 바울만이 아니라 모든 성도들에게도 진실입니다. 바울은 "그의 영광의 힘을 따라 모든 능력으로 능하게 하시며"(골 1:11)라고 기도합니다. 그는 그를 강하게 하시는 그리스도 안에서 모든 것을 할 수 있습니다(빌 4:13). 그리스도 안에 있는 하나님의 은혜는 사도 바울 안에서 일하고 있었고, 그에게 필요를 갖추게 하시고 공급하셔서 복음 사역자로서의 수고를 감당하게 하십니다. 바울은 결코 초인간이 아닙니다. 그러나 그에게 공급된 에너지는 부정할 수 없을 정도로 초자연적입니다. 이것이 바로 목회자로 하여금 자신의 의무를 감당하게 만들고, 견디게 하고 그리고 열매를 맺도록 이끄는 것입니다.

이 일에는 '양자택일'이 없습니다. 그것은 '둘 다'입니다. 바울은 전심으로 수고하고, 하나님은 그를 능하게 하고 그를 지지하고 그리고 그에 의해 열매가 맺히도록 하기 위해 그를 통해 그리고 그 안에서 일하십니다. 그의 자기 결정과 성취는 살아 계신 그리스도 안에 있는 믿음과 완전한 순종으로부터 나옵니다. 바울 안에서 강력하게 일하시는 그리스도의 힘이 없었다면 주님의 영광을 위해 아무것도 이루어지지 않았을 것입니다.

바울은 그리스도인으로서 특히 그 중에서도 복음의 사역자로서 좇아가기 위한 설득력 있는 본보기를 제공합니다. 우리가 하는 모든 일과 주님을 위해 이루는 모든 것 가운데 무슨 선한 일을 한 것이든 그것은 하나님께서 우리에게 그 일을 할 수 있는 능력과 의지를 주셨기 때문이라는 것에 대해 우리는 자유롭고 기쁜 마음으로 하나님께 감사합니다. 그런 하나님을 높이는 증언은 하나님의 종들로부터 반복적으로 울려 퍼집니다.

> 그러므로 내가 그리스도 예수 안에서 하나님의 일에 대하여 자랑하는 것이 있거니와 그리스도께서 이방인들을 순종하게 하기 위하여 나를 통하여 역사하신 것 외에는 내가 감히 말하지 아니하노라 그 일은 말과 행위로……(롬 15:17~18).

> 이는 이방인들이 복음으로 말미암아 그리스도 예수 안에서 함께 상속자가 되고 함께 지체가 되고 함께 약속에 참여하는 자가 됨이라 이 복음을 위하여 그의 능력이 역사하시는 대로 내게 주신 하나님의 은혜의 선물을 따라 내가 일꾼이 되었노라(엡 3:6~7).

> 만일 누가 말하려면 하나님의 말씀을 하는 것 같이 하고 누가 봉사하려면 하나님이 공급하시는 힘으로 하는 것 같이 하라 이는

범사에 예수로 말미암아 하나님이 영광을 받으시게 하려 함이니 그에게 영광과 이 세세에 무궁하도록 있느니라(벧전 4:11).

이 교훈은 내게 맡기신 바 복되신 하나님의 영광의 복음을 따름이니라 나를 능하게 하신 그리스도 예수 우리 주께 내가 감사함은 나를 충성되이 여겨 내게 직분을 맡기심이니(딤전 1:11~12).

하나님께서 그리스도를 통하여, 성령님에 의하여, 그분의 자유롭고 주권적인 은혜로 우리 안에서 강력하게 일하시기 때문에 구속받은 사람으로서 우리는 모든 일을 해냅니다.

그리스도는 다시금 선두에 서십니다. 바울이 그리스도를 선포할 수 있는 것은 그리스도의 힘에 의한 것입니다. 하나님의 영이 바울 안에 계시며 그 안에서 일하십니다(골 1:29). 수고는 하나님을 통해 수행된 것입니다. 우리는 그리스도의 권능을 떠나서 줄 수 있는 것이 아무것도 없습니다. "우리가 무슨 일이든지 우리에게서 난 것 같이 스스로 만족할 것이 아니니 우리의 만족은 오직 하나님으로부터 나느니라 그가 또한 우리를 새 언약의 일꾼 되기에 만족하게 하셨으니 율법 조문으로 하지 아니하고 오직 영으로 함이니 율법 조문은 죽이는 것이요 영은 살리는 것이니라"(고후 3:5~6). 그리스도만이 우리의 힘이요 소망입니다. "내가 그리스도와 함께 십자가에 못 박혔나니 그런즉 이제는 내가 사는 것이 아니요 오직 내 안에 그리스도께서 사시는 것이라 이제 내가 육체 가운데 사는 것은 나를 사랑하사 나를 위하여 자기 자신을 버리신 하나님의 아들을 믿는 믿음 안에서 사는 것이라"(갈 2:20). 우리의 연약함은 예수님께서 자신의 영광스러운 힘을 드러내시는 무대가 됩니다(고후 12:9). 하나님의 사람 바울은 오직 이런 방법을 통해 자신의 사역을 지속합니다.

> 우리가 이 보배를 질그릇에 가졌으니 이는 심히 큰 능력은 하나
> 님께 있고 우리에게 있지 아니함을 알게 하려 함이라 우리가 사방
> 으로 우겨쌈을 당하여도 싸이지 아니하며 답답한 일을 당하여도 낙
> 심하지 아니하며 박해를 받아도 버린 바 되지 아니하며 거꾸러뜨림
> 을 당하여도 망하지 아니하고 우리가 항상 예수의 죽음을 몸에 짊
> 어짐은 예수의 생명이 또한 우리 몸에 나타나게 하려 함이라 우리
> 살아 있는 자가 항상 예수를 위하여 죽음에 넘겨짐은 예수의 생명
> 이 또한 우리 죽을 육체에 나타나게 하려 함이라(고후 4:7~11).

골로새서 1장 29절은 모호하지 않으면서 동시에 온전합니다. 전체
로써 성화의 사역과 함께 목회 사역을 수행하는 가운데 성령으로 활력
있는 사람의 수고와 그를 살아 있게 하는 하나님의 지속적인 사역 사
이에 동시 작용이 있습니다. 우리는 모든 힘을 다해서 수고해야 합니
다. 우리는 모든 수고를 하는 동안 우리 안에 일하시는 분은 하나님이
라는 것을 인정하고 의존해야 합니다. 목회자의 이마에 흐르는 땀 뒤
에 그리고 그 기초에는 전능하신 하나님의 권능이 있습니다. 그래서
목회자들은 설 수 있도록 힘을 얻고, 강력하게 충전되어, 하나님께서
불러서 완성하게 하신 직무를 감당할 수 있습니다. 존 에디는 이렇게
관찰합니다.

> 진실로 사도 바울의 가슴 안에서 뛰는 것은 나태한 심령이 아니
> 었습니다. 그는 둔한 기질이 아니었습니다. 모든 감정과 고민 안에
> 는 상당한 민첩함이 있었습니다. 그 안에서 결심과 행동은 동시적인

운동이었습니다. 그러나 비록 그가 그렇게 열심히 수고했더라도 그리고 그리스도와 영광을 위해 영혼들이 승리하게 되는 목적을 가지고 그렇게 용감하게 고난받았더라도 여전히 그는 자신 안에 주어진 신적인 능력으로 가능했다는 것을 고백했습니다.

> 수행해야 할 일은 우리의 것이네
> 모든 힘은 하나님의 것이네
>
> 일을 하기를 원하시는 분은 그분이시네
> 일을 하시는 분도 그분이시네
> 우리가 행동하는 것은 그분의 능력에 의해서네
> 또한 그분이 영광을 얻으시네 [8]

"그러나 내가 나 된 것은 하나님의 은혜로 된 것이니 내게 주신 그의 은혜가 헛되지 아니하여 내가 모든 사도보다 더 많이 수고하였으나 내가 한 것이 아니요 오직 나와 함께 하신 하나님의 은혜로라"(고전 15:10).

동료 그리스도인들께

당신은 세상의 일상생활 속에서 구원에 어떤 식으로 접근했습니까? 주님은 천국에 들어가게 될 사람들에게 무슨 말씀을 하셨습니까? 예수님은 이렇게 말씀하십니다. "좁은 문으로 들어가기를 힘쓰라 내가 너희

---

8) John Eadie, *A commentary on the Greek Text of Paul's Letter to the Colossians* (Birmingham, AL: Solid Groun Christian Books, 2005), p. 105.

에게 이르노니 들어가기를 구하여도 못하는 자가 많으리라"(눅 13:24).
여기서 힘쓰라(strive)는 단어는 바울이 골로새서 1장 29절에서 부지런
한 노력에 관련하여 사용한 것과 똑같은 단어로부터 파생된 것입니다.
우리는 하나님께서 결합시켜 놓은 것을 분리해서는 안 됩니다. 다음
구절과 모순되는 것은 없습니다. "세례 요한의 때부터 지금까지 천국
은 침노를 당하나니 침노하는 자는 빼앗느니라"(마 11:12). 만일 당신이
그리스도를 얻고자 한다면 그런 소망을 주시고, 일으키시고, 유지시키
시며, 마침내 충족시키는 분은 하나님이라는 것을 알고 전심으로 그분
을 따라가십시오. 어떤 사람들은 예수님을 보기 원한다고 선언하면서
도 곧장 불평합니다. "음, 나는 요구했지만 아무것도 일어나지 않았
어!" 당신은 수고했습니까? 당신은 애썼습니까? 하나님은 그분의 역
할을 하실 것입니다. 그러나 당신의 전 존재는 반드시 신적인 능력과
함께 발맞추어 나아가야 합니다.

영광에 이르는 여정은 어떠합니까? 당신은 하나님을 섬기는 것과
그분 앞에서 거룩한 존재가 되는 것에 대해 수동적이지는 않았습니
까? 당신은 더 거룩한 사람이 되기 위해 계속해서 활동적으로 노력해
야 한다는 위대한 성경의 요청들을 잊지는 않았습니까? 위대한 노예
제도 폐지자 윌리엄 윌버포스는 "실제적인 기독교에 관련된 부적절한
이해"라는 제목으로 믿음을 고백하는 기독교인들 안에 있는 너무 흔
한 태도에 대해 이렇게 썼습니다.

> 그러나 우리 가운데 너무 많은 사람들이 '무딘 게으름'으로 인해
> 서 삶을 방치합니다. 휴양이 사역의 핵심을 구성합니다. 온천장, 야
> 외 스포츠, 카드 게임, 파티, 연극 등 모든 것들이 기여하여 재미는
> 배가되고, 결합되고, 다양화됩니다.[9] 이것들은 생기 없고 맥 빠진

삶의 공허함을 채웁니다. 이들 다른 자원들을 분별 있게 사용하기 위해 종종 가정 오락을 위한 절제 있는 수립된 계획 같은 것이 있는데, 이 안에서 영적인 단정함은 유익하지 않은 공허함 속에서 해가 갈수록 닳아 없어집니다. 심지어 노년의 사람들이 우리가 유년기 때 멀리했던 같은 재미 거리에 왔다 갔다 하는 것을 보게 됩니다. 그러는 동안 우리는 어떤 극악한 비행에 우리 자신을 내어주지 않음을 의식하면서 아마도 불법과는 관련이 없고, 종교 의식들을 소홀하지 않으면서, 거북한 사람이 될 필요는 없다고 우리 자신을 설득합니다. 주요한 부분에서 우리는 우리가 속하는 일반적인 도덕의 표준과 신분과 지위에 미달하는 것은 아니므로, 따라서 결과를 염려하지 않은 채 세상 풍조 속으로 미끄러져 내려가도록 우리 자신을 허락합니다.[10]

여러분은 실제적인 기독교에 대한 부적절한 이해를 가지고 있지는 않습니까? 성경은 우리에게 그리스도인의 삶은 싸움(딤후 4:7), 경주(고전 9:24~27), 씨름(엡 6:12)이라고 가르칩니다. 만일 당신이 그런 삶 안에서 진정한 승리를 보고자 한다면 당신은 전투를 치르기 위해 적극적으로 구해야 하고, "죄가 너희 죽을 몸을 지배하지 못하게"(롬 6:12) 해야 합니다. 진정한 그리스도인은 그 전투가 얼마나 치열할 수 있는지를 압니다. 때때로 그것은 매우 놀라게 만들고 매우 난처하게 합니다.

---

9) 오늘날로 말하자면, 술집, 사교 클럽, 빈둥대는 것, 온라인 게임, 스포츠 숭배, 텔레비전, 패거리에 어울리는 일, 이성끼리의 비공식 회합, DVD 같은 것으로 생각해 볼 수 있다.
10) William Wilberforce, *A Practical View of Christianity* (Peabody, MA: Hendrickson, 1996), pp. 98~99.

그리스도인이 나아가야 하는 길은 얼마나 이상한가

그가 걸어야 할 길은 얼마나 혼란스러운가

그의 행복의 소망은 두려움 속에서 일어나고

그리고 그의 삶은 죽음으로부터 얻어진다

그의 가장 정당한 요구는 전적으로 철회되어야 하고

그리고 그의 가장 좋은 결심도 깨진다

그는 완전하게 구원되었다고 기대할 수 없다

그가 완전히 잃어버렸다는 것을 발견하기까지는

이 모든 것이 이루어졌을 때

그의 심령은 전적인 죄사함을 확증하고

그의 용서가 결정되었을 때 그의 평화는 획득된다

이 순간부터 그의 투쟁은 시작된다[11]

우리가 그리스도인의 삶 속에서 의지를 가지고 영적인 싸움을 치르는 일에 있어서 수동적이어야 할 부분은 전혀 없습니다. 우리는 거룩함을 위한 아무런 노력이나 수고 없이 하나님 나라 안으로 들어가지도 않고, 전진하여 나아가지도 않습니다.[12] 신자로서 우리는 심령과 영혼과 마음과 힘을 다 동원하여 살아가야 합니다. 당신은 '선한 싸움' (딤전 1:8)을 수행하기 위해 주님과 함께 동행하는 일에 열심이었습니까? '정욕을 위하여 육신의 일을 도모하지 않고'(롬 13:14), '하나님을

---

11) Joseph Hart, *Hart's Hymns* (Choteau, MT: Old Paths Gospel Press, 1965), no.29.

12) 이 부분에 대해 더 공부하고 싶은 독자들은 Mark Chanski의 책 *Manly Dominion and Womanly Dominion* (Calvary Press)을 고려하라.

두려워하는 가운데서 거룩함을 온전히 이루'(고후 7:1)면서 말입니다.

여러분은 시편 기자들과 함께 이런 말을 할 수 있습니까? "여호와는 나의 분깃이시니 나는 주의 말씀을 지키리라 하였나이다 내가 전심으로 주께 간구하였사오니 주의 말씀대로 내게 은혜를 베푸소서 내가 내 행위를 생각하고 주의 증거들을 향하여 내 발길을 돌이켰사오며 주의 계명들을 지키기에 신속히 하고 지체하지 아니하였나이다"(시 119:57~60).

하나님 말씀은 이런 것들을 우리에게 매일 요청하고 있습니다. 그러나 우리는 어떻게 이런 것들을 추구할 수 있습니까? 대답은 '우리 안에서 강력하게 일하시는 그분을 따라서'입니다. 하나님은 이 세상 안에서 우리를 그분의 백성으로서 홀로 내버려 두지 않으셨습니다. 우리를 삶 가운데 필요한 모든 것으로 온전하게 갖추게 하셔서 그분을 즐겁게 해 드리면서 살도록 하셨습니다(벧후 1:3).

하나님은 우리에게 그분의 말씀, 그분의 영, 은혜의 다양한 방편들을 주셨습니다. 예를 들어 기도, 설교, 세례, 성만찬, 교제 등이 통로가 되어 우리는 진리의 길 안에서 보호되고 우리의 가장 거룩한 믿음을 세우게 되었습니다. 우리가 매일 옛 사람을 벗어버릴 때 "새 사람을 입었으니 이는 자기를 창조하신 이의 형상을 따라 지식에까지 새롭게 하심을 입은 자입니다"(골 3:10). 우리는 우리 안에 일하시는 하나님을 통해 예수님의 복된 형상을 점점 더 닮아갑니다.

그리스도는 그분의 영을 통해 모든 그리스도인 안에 거하십니다. 그리고 그분은 우리의 속사람을 강하게 하십니다(엡 3:16). 하나님의 능력은 그분의 강력한 권능의 일하심을 통해 믿는 우리에게는 엄청난 힘이 됩니다(1:19). 형제자매들이여, 당신이 나약해짐을 느낄 때 예수 안에 있는 값없는 하나님의 자유하심에 당신을 맡기고 활기를 얻으십시오.

그리고 "매일 새롭다."(애 3:23)는 것을 경험으로 배우십시오.

하나님은 "결코 너희를 버리지 아니하고 너희를 떠나지 아니하리라"(히 13:5)고 약속하십니다. 하나님은 당신 안에서 선한 일을 시작하셨고, 그 일이 완성될 때까지, 예수 그리스도께서 심판하시는 날까지 계속 일하실 것입니다(빌 1:6). 그리스도는 우리의 큰 도움이십니다. 그는 우리의 모든 힘의 근원이십니다. 항상 "인내로써 우리 앞에 당한 경주를 하며 믿음의 주요 또 온전하게 하시는 이인 예수를 바라보자."(히 12:1~2)는 가르침을 기억합시다.

목회자들이 감당해야 할 힘든 일을 생각해 볼 때 여러분도 수고하도록 부름 받지 않았겠습니까? 하나님 나라의 일은 정식으로 인정되고 부름 받은 사람들만의 것입니까? 아니면 그리스도 예수 우리 주님을 위해 수고하도록 부름 받은 모든 하나님의 백성의 몫입니까? 바울이 디모데를 이런 삶의 길로 부를 때 - "누구든지 네 연소함을 업신여기지 못하게 하고 오직 말과 행실과 사랑과 믿음과 정절에 있어서 믿는 자에게 본이 되어 내가 이를 때까지 읽는 것과 권하는 것과 가르치는 것에 전념하라."(딤전 4:12~13) - 그는 독립된 개인으로서가 아니라 모든 사람을 위한 눈에 보이는 본보기로서 부른 것입니다. 즉, 디모데를 그가 섬기는 교회를 위한 모범이 되도록 한 것입니다.

우리는 성경에서 하나님의 백성이 예수님의 영광을 위해 열심히 일하는 것을 반복해서 봅니다. 이것은 구원을 보장하는 일이 아닙니다. 구원을 보장하는 것은 그리스도의 일입니다. 그리고 그것은 전적으로 완수되었습니다. 그리스도는 하나님으로부터 우리의 구원에 대한 승인을 보증했습니다. 그리고 우리는 구원을 위해 무언가 해야 할 일이 있거나 거기에 더할 수 없습니다. 우리가 지금 하는 일은 육신 안에서 현재 살아가는 것이며, 우리를 사랑하여 자신을 우리에게 주신 그리스도를 위해 살아야 하는 것입니다. 그것은 사랑으로 일하는 것이고 은혜받은 심령의 반응이며 어떤 권리를 얻기 위한 것이 아닙니다. 그것은 신약 성경 전체를 통해 나타납니다. 로마서 16장 3~4절에서 바울은 이렇게 씁니다. "너희는 그리스도 예수 안에서 나의 동역자들인 브리스가와 아굴라에게 문안하라 그들은 내 목숨을 위하여 자기들의 목까지도 내놓았나니 나뿐 아니라 이방인의 모든 교회도 그들에게 감사하느니라." 6절에서 그는 이렇게 말합니다. "너희를 위하여 많이 수고한 마리아에게 문안하라." 사도 바울은 빌립보서 1장 27절에서 이렇게 명령합니다. "오직 너희는 그리스도의 복음에 합당하게 생활하라 이는 내가 너희에게 가 보나 떠나 있으나 너희가 한마음으로 서서 한 뜻으로 복음의 신앙을 위하여 협력하는 것과." 다시 데살로니가전서 1장 2~3절에서 바울은 말합니다. "우리가 너희 모두로 말미암아 항상 하나님께 감사하며 기도할 때에 너희를 기억함은 너희의 믿음의 역사와 사랑의 수고와 우리 주 예수 그리스도에 대한 소망의 인내를 우리 하나님 아버지 앞에서 끊임없이 기억함이니." 골로새서 4장 12절에서 그는 말합니다. "그리스도 예수의 종인 너희에게서 온 에바브라가 너희에게 문안하느니라 그가 항상 너희를 위하여 애써 기도하여 너희로 하나님의 모든 뜻 가운데서 하고 확신 있게 서기를 구하나니."

모든 진정한 그리스도인들은 그리스도의 나라 확장과 우리 하나님의 영광을 위해 애쓰고 수고하도록 부름 받습니다. 우리 중 아무도 마음속으로 다음과 같이 말하면서 게으른 종이 되어서는 안 됩니다. "내 주인이 더디오시리라"(마 24:45~51). 우리 중 아무도 노력을 멈추어서는 안 됩니다. 한 목회자가 디모데처럼 신자들의 모범이 되기를 구한다면 (딤전 4:12~13) 그 본보기가 왜 적절한지 답을 해야 합니다. 그러나 당신도 당신이 따르는 선한 본보기들을 통해 왜 그런 방식을 추구하는지에 답을 해야 합니다.

여러분은 아마도 직업적인 목회자가 되지 않을지도 모릅니다. 그러나 여러분은 살아 계신 하나님의 종이며 그리스도께 드릴 산 제물로 구별되어 모든 것에 있어서 하나님을 의지하도록 부름 받았습니다. 지금이 예수님을 위해 잃어버린 자들에게 복음을 전하고, 교회를 개척하고, 하나님의 백성들을 돌보면서 열심히 일할 시간입니다. 이것은 극단적인 기독교도 아니고 단순한 열광주의도 아닙니다. 이것은 정상적이고 성경적인 기독교입니다 (마 28:16~20; 막 5:19~20; 요 4:39; 행 8:1~13; 갈 6:9~10; 히 10:23~25).

그러나 어떤 사람들은 특정한 한 교회를 섬기는 직업적인 목회자들을 인정하는 과정에 참여할 수도 있습니다. 대부분의 신자들은 교회로부터 보수를 받는 목회자들을 인준하는 일에 어느 정도 책임을 가질 수 있습니다. 아마도 여러분은 지금 혹은 언젠가 청빙 위원회에 속할지도 모릅니다. 여러분이 이런 극히 중대한 책임들을 수행할 때 우리는 어떤 권면들을 제공할 수 있습니까?

첫째, 열심히 일하는 것을 두려워하지 않는 사람을 택하십시오. 게으른 사람은 그리스도와 그분의 백성들에게는 저주입니다. 목회자들은 "말씀과 교리 안에서 수고하도록" 부름 받았습니다 (딤전 5:17). 당신 자신을 위해 일하는 사람을 구하십시오. 그리고 당신이 그런 사람을 발견할 때 그에 대해 하나님께 감사드리고 그의 사역에 대하여 사랑을 가지고 매우 높이 그를 존경하십시오 (살전 5:12~13).

둘째, 만일 여러분이 그런 사람을 발견한다면 그가 수고하는 가운데 그를 격려하십시오. 그에게 아첨하거나 그의 자긍심 속에서 영합하지 말고, 모든 방법을 통해서 그를 지지하고 그를 통해 하나님께서 하고 계신 일들을 인정하십시오. 그는 당신처럼 하나님으로만 충분해질 수 있는 사람입니다. 겸손한 사람은 교만해지지 않을 것입니다. 그는 감사와 격려를 받을 때 그와 같은 비참한 사람을 유익한 종으로 만드신 하나님의 자비에 대해 하나님을 찬양할 것입니다. 만일 당신이 그런 목회자가 탈진하기를 원하지 않는다면, 그가 가족들과 함께 매년 충분한 휴가 시간을 가지는지 확인하십시오. 그래서 그가 자신의 영과 육에 재충전될 수 있게 하십시오. 이 선두에 있는 사람들은 지속적으로 그리스도의 효과적인 군사가 되기 위해 쉼과 회복의 기회가 필요하다는 것을 기억하십시오.

셋째, 목회자로부터 하나님께서 그분 자신의 말씀 안에서 정하신 것보다 더 많은 것을 기대하지 마십시오. 디모데전서 3장, 디도서 1장, 베드로전서 5장에서 발견되는 대로 장로로서의 성경적인 자격에 대해 잘 알아 두십시오. 반드시 그를 이 표준에 꼭 붙들어 두십시오. 그리고 만일 하나님께서 최소한의 것을 넘어서 특별하게 그에게 능력을 주시지 않으셨다면, 하나님께서 그에게 요구하시는 것 이상을 요구하지는 마십시오. 어떤 목사도 결코 수퍼맨이 아니며 그렇게 될 수도 없습니다.

그를 초인간으로 상상하거나 오직 그리스도께서만 공급하실 수 있는 것을 그에게 배당함으로써 당신의 목회자들을 얼간이로 만들지 마십시오. 하나님께 속한 것을 얻기 위해 목회자에게 기대감을 가지고 아첨하므로 그를 발에 걸려 넘어지지 않게 하십시오. 영적인 힘을 얻기 위해 사람의 팔을 쳐다보는 사람은 얼마나 어리석은 사람입니까? 그리고 세속적인 자원들에 의지하면서 자신에게 존재하지 않는 힘을 자신이 가진 것처럼 상상하는 가운데 자신의 능력이나 지혜를 뽐내는 목회자는 얼마나 어리석은 사람입니까?

마지막으로 우리가 반복해서 요구했듯이 여러분의 목회자를 위해 기도하십시오. 만일 그가 하나님의 포도원에서 충성스러운 수고를 하는 사람이라면, 그는 낮 동안의 열기 가운데 수고할 것이며 그를 지지하고 능력을 주시는 하나님의 은혜의 필요를 알 것입니다. 종종 그는 "형제들이여 나를 위해 기도해 주시오."(살후 3:1)라고 부탁할 것입니다. 그의 청을 거절하지 마십시오.

동료 목사님들께

바울이 가르친 내용들과 그가 보여 준 본보기는 우리 자신에게 큰 도전을 줍니다. 그의 말과 본보기는 우리의 죄를 노출시킵니다. 우리는 베드로와 같이 그리스도 앞에서 간청하고 고백할 준비가 되어 있을 뿐입니다. "주여 나를 떠나소서 나는 죄인이로소이다 하니"(눅 5:8). 그리스도를 섬길 때 중점을 두어야 할 다른 부분은 삼가는 것입니다. "이와 같이 너희도 명령 받은 것을 다 행한 후에 이르기를 우리는 무익한 종이라 우리가 하여야 할 일을 한 것뿐이라 할지니라"(17:10). 성경 안에 우리를 위한 훈계나 가르침은 없다고 상상하지 맙시다. 왜냐하면 우리는 다른 사람들만큼 죄가 드러나도록 권고를 받기 때문입니다.

누가 이런 사역에 대해 충분하겠습니까? 우리가 부름 받은 직무들을 이루는 일에 적합하게 만드시는 분은 성령이십니다. 우리는 하나님을 바라보아야 하며 그리스도와 밀접하게 동행해야 하며 전적으로 성령님께 의존해야 합니다. 만일 우리가 새로운 언약을 위한 충성스럽고 열매 맺는 목회자가 되고자 한다면 말입니다.

그리고 그것은 얼마나 복되고 즐거운 섬김입니까? 그것은 어렵고 때때로 고통스럽지만, 왕 중의 왕을 섬기면서 소모되는 것은 여전히 복되고 진정으로 즐거운 것입니다. 우리는 선한 일에 부르심을 받았습니다 (딤전 3:1). 우리는 선한 싸움을 싸우고 있습니다 (딤후 4:7). 바울의 본보기에 주의하고 우리가 가진 원리와 실천을 검토합시다.

첫째, 하나님께서 당신의 돌봄 안에 위임하신 사람들을 위해 당신의 모든 것과 최선의 것을 부여하고 있습니까? 우리의 부르심은 "부끄러울 것이 없는 일꾼"(딤후 2:15)이 되는 것입니다. 당신이 이 장을 읽을 때 당신의 삶 안에 있는 나태함을 보면서 부끄러움을 느낍니까? 그러나 이루어져야 할 균형이 있다는 점을 주목하기 위해 잠시 다음의 내용을 봅시다. 로버트 머레이 맥체인은 이렇게 말했습니다. "성전 안에 있는 등의 기름은 빛을 주면서 사라진다. 우리도 그래야 한다." [13] 그는 이 원리에 따라서 섬겼습니다. 그러나 그가 삶을 마칠 때, 그의 건강은 무너졌고, 그는 이렇게 얘기해야 했습니다. "하나님은 나에게 전달할 메시지와 타고 다닐 말을 주셨습니다. 슬픕니다. 저는 그 말을 죽였고 이제 더는 메시지를 전할 수 없습니다." 여기서 우리는 하나님 앞에서 신체적인 건강에 대한 주의 깊은 청지기직이 주님을 위한 더 길고 심지어 더 효과적인 섬김의 도구가 되어왔다는 인식을 조금 발견할 수 있습니다.

그리스도를 섬기도록 부름 받는 것은 우리가 말해 왔던 것처럼, 여섯 번째 계명을 무시하라는 부르심이 아닙니다. 대가가 지불되는 섬김이 자멸적인 섬김과 똑같은 것은 아닙니다. 당신은 당신의 한계에 머물러서는 안 되지만 한계를 인정해야 합니다. 당신은 부르심의 효과를 인식할 필요가 있습니다. 만일 당신이 결혼했다면 당신 자신의 삶만이 아니라 당신과 '한 몸'이 된 그 여인의 삶과 당신의 가족과 친구들에게 미칠 효과를 인식해야 합니다. 목회자는 하나님께서 그에게 주신 아내와 자녀들에 대한 특정한 책임이 있습니다. 이 책임을 이행하는 것은

---

13) Andrew Bonar, *Memoir and Remains of Robert Murray M'Cheyne* (Edinburgh: Banner of Truth, 1996), p. 160.

목회자로서의 일을 수행하기 위한 자질의 일부에 속합니다(딤전 3:2~5). 만일 한 사람이 결혼을 추구하는 가운데 목회로 부르심을 받는다면, 그의 아내 될 사람도-연장선상에서 그리고 마땅히-자신에게 주어질 요구들을 인식하는 것이 좋습니다. 남편 또한 자신의 삶을 통해 아내를 격려하고 양육하는 가운데 그에게 부여된 추가적인 요구를 인식하고 응답해야 합니다. 자녀들은 방치되어서는 안 되며, 주님의 교훈과 훈계로 그들을 가르치는 것은 아버지들의 궁극적인 책임입니다(엡 6:4).

사도들은 다양한 상황을 맞았습니다. 그들의 자유는 그들의 가족을 동반하는 일에까지 확장되었습니다. "우리가 다른 사도들과 주의 형제들과 게바와 같이 믿음의 자매 된 아내를 데리고 다닐 권리가 없겠느냐"(고전 9:5). 바울은 자신의 상황이 복음의 위임에 있어서 다른 사람들은 가지고 있지 않을 수도 있는 어떤 영역을 부여했다고 인식했습니다. "너희가 염려 없기를 원하노라 장가 가지 않은 자는 주의 일을 염려하여 어찌하여야 주를 기쁘시게 할까 하되 장가 간 자는 세상 일을 염려하여 어찌하여야 아내를 기쁘게 할까 하여"(7:32~33). 그러나 협력하는 아내를 얻고 가정을 돌보는 일을 우리 자신이 목회 사역에 헌신하지 못하게 하는 이유로 만들지는 맙시다. 아내로부터 받은 도움과 평안에 대한 칼빈의 증언을 읽어 보십시오. 아니면 조나단 에드워즈와 같은 사람의 가족생활을 고려해 보십시오. 사무엘 밀러(Samul Miller)는 에드워즈에 대해 이렇게 썼습니다. "아마도 에드워즈가 사라 피에르퐁트(Sarah Pierrpont)와 결혼한 것보다 더 그의 삶에 수반된 평안과 유용함에 밀접하게 연관된 일은 없을 것입니다."14) 당신은 이 사람들이 그들의 가족을 통해 더 행복하고 더 효과적인 사역자들이 되었

---

14) Iain H. Murray, *Jonathan Edwards: A New Biography* (Edinburgh: Banner of Truth, 1987, 『조나단 에드워즈 삶과 신앙』, 부흥과개혁사 역간), p. 91에서 인용.

다는 것을 보게 될 것입니다. 진실로, 가족과 함께 하는 삶과 그리고 가족 앞에서 우리의 삶은 우리를 보는 모든 사람들에게 한편의 설교여야 합니다. 이것은 우리가 가진 그들에 대한 책임과 주님께서 우리에게 주신 더 넓은 지경에 있어서 예수 그리스도께 대한 진정한 헌신을 설교하는 것이며 또한 바로 가족 관계 안에서 복음을 드러내는 것입니다.

이런 상황에 비추어 스펄전은 온당하게 다음과 같이 말했습니다. "예수님을 위해 우리의 삶을 소진시키는 것은 우리의 의무이자 특권입니다. 우리는 깨끗하게 보존된 부류의 사람이 아니라 소모되도록 운명 지어진 희생의 사람이 되어야 합니다. 우리 자신을 라벤더 향기 위에 올려놓거나 우리 육신을 보듬는 것이 아니라 우리는 소모해야 하고 소모되어야 합니다." [15]

어떤 사람들은 아마도 목회자와 설교자로서 당신이 너무 쉽게 일하고 있다고 가정할지도 모릅니다. 당신이 한 주간에 하루만, 즉 주일만 일하고 기껏해야 한두 시간만 일한다고 생각할지도 모릅니다. 그러나 당신의 삶은 이것이 오해라는 것을 드러내 보여야만 합니다. 추후 어떤 사람에 의해 진실이 알려지든지 그렇지 않든지 관계없이 말입니다. 그러나 하나님에 의해 언젠가 진실이 밝혀질 것입니다. 다른 한편으로, 아마도 누군가는 이렇게 말할지도 모릅니다. "오, 당신은 너무 열심히 일해요!" 진짜입니까? 예, 그렇게 일하는 것도 가능합니다. 또한 당신은 당신의 건강과 삶을 유지하기 위해 주의를 기울여야 하고 그것들이 주님을 위해 온전하게 소모될 수 있게 해야 합니다. 동시에 사람은 게으른 피조물이라는 것을 기억하고 우리는 게으른 세대에 살고 있다는 것을 기억하십시오. 그리고 바울과 베드로의 삶을 보십시오.

---

15) Charles Spurgeon, "The Minister's Fainting Fits" in *Lectures to My Students* (Edinburgh: Banner of Truth, 2008), p. 182.

그리고 하나님의 대의가 여태껏 노력해왔던 것보다 더 적은 노력에 합당한 가치인지 말해 보십시오! 형제여, 당신은 진정 당신이 구주 예수님을 위해 너무 힘들게 일했다는 사실로 불만을 품으며 당신의 삶이 마쳐질 가능성에 위험을 무릅쓰고 있다고 생각할 수 있겠습니까? 우리는 우리 자신에게서 그런 위험을 볼 수 없습니다. 더 그럴듯하게 보이는 것은 경건하지 않은 나태함 또는 세속적인 자기 보존적 생각 안에서 너무 많은 시간과 기회를 낭비한 것에 대해 진정한 용서를 구하며 외치는 일일 것입니다.

우리가 한 가지 소망하는 것은 만일 목회적 돌봄 아래 있는 사람들이 우리가 그들 속에 그리스도가 심겨지고 그들이 진정으로 복을 얻게 되기를 갈망한다는 것을 안다면, 그들은 우리의 삶과 섬김에서 보이는 다른 많은 부족한 점들을 참을 것이라는 점입니다. 우리는 완전함에는 한참 미치지 못합니다. 그러나 만일 우리가 부지런한 사람이라면, 만일 우리가 진지한 사람이라면, 만일 우리가 어떤 다른 것이 아니라 우리가 돌보는 사람들을 위한 유익함에 허리를 굽힌다면, 그리스도에 대한 부지런한 섬김의 본보기를 세운다면, 그들은 우리를 사랑할 것이고, 우리가 그들에게 말하는 것과 하나님께서 그들을 불러 그분의 말씀 안에서 준행하게 하신 것에 주의하도록 더 잘 준비될 것입니다.

당신은 분명하게 유해하지는 않지만 천박한 것들에 시간을 헛되이 낭비해 오지는 않았습니까? "시대를 분별한다."는 방패 아래에 수많은 웹 사이트, 영화, 잡지, 신문, 텔레비전 쇼 그리고 다른 대부분의 적절하지 못한 심심풀이를 통해 정신적인 자유낙하에 탐닉해 오지는 않았습니까? 만일 그렇다면 지금 당신을 용서해 주시도록 주님께 구하십시오. 하나님의 섭리 아래에 일들이 좀 더디게 진행되거나 덜 활동적인 때가 우리의 사역 가운데 있을 것입니다. 그러나 심지어 분명히 이런 시간들 가운데서도 우리 주님과 그분의 백성을 위해 우리가 할 수 있는 일들이 있습니다. 거리를 걸으며 사람들에게 복음을 증거 하십시오. 기사를 쓰십시오. 크고 묵직한 신학 서적에 파고 들어가십시오. 환자와 과부와 고아를 방문하십시오. 조직이 갖추어진 몇몇 긍휼 사역을 지원하십시오. 이웃들의 성경 공부를 인도하십시오. 시간을 내어 기도에 집중하십시오. 다니엘은 우리에게 "자기의 하나님을 아는 백성은 강하여 용맹을 떨치리라."(단 11:32)라고 말합니다. 그것이 우리의 증언이 되기를 기도합니다!

둘째, 당신은 가끔 혹은 종종 한계의 끝에 서 있는 것처럼 느끼십니까? 당신은 마치 모든 힘이 빠져 나간 것처럼 전적으로 약화된 것을 느끼십니까? 만일 그렇다면, 그리스도를 다시 바라보십시오. 우리는 얼마나 빨리 우리가 가진 피조물로서의 연약함을 느끼는지요! 우리는 되풀이하여 예수님께로 그리고 약한 자들에게 힘을 주시는 은혜로운 여호와께로 돌아가는 법을 배워야 합니다. "피곤한 자에게는 능력을 주시며 무능한 자에게는 힘을 더하시나니 소년이라도 피곤하며 곤비하며 장정이라도 넘어지며 쓰러지되 오직 여호와를 앙망하는 자는 새 힘을 얻으리니 독수리가 날개치며 올라감 같을 것이요 달음박질하여도 곤비하지 아니하겠고 걸어가도 피곤하지 아니하리로다"(사 40:29~31)는 말씀을 기억하십시오.

우리는 하나님으로부터 그분의 양 떼를 돌보는 보조 목자로서 우리의 직무를 완성하는데 필요한 모든 도움과 힘과 능력을 받을 것입니다. 우리 주님은 우리에게 "내 안에 거하라 나도 너희 안에 거하리라 가지가 포도나무에 붙어 있지 아니하면 스스로 열매를 맺을 수 없음 같이 너희도 내 안에 있지 아니하면 그러하리라 나는 포도나무요 너희는 가지라 그가 내 안에, 내가 그 안에 거하면 사람이 열매를 많이 맺나니 나를 떠나서는 너희가 아무것도 할 수 없음이라"(요15:4~5)라고 우리에게 말씀하십니다. 이 절대적인 선언들을 붙잡는 일은 우리에게 있어 매우 중요합니다. 여기서 거한다는 말은 머무르다, 거주하다 또는 의존한다는 뜻입니다. 만일 우리가 삶 속에서 하나님의 도움을 받고자 한다면, 그리고 하나님을 영화롭게 하는 방법 가운데 진정으로 열매를 맺고자 한다면, 우리는 하나님께서 주신 부르심을 충성스럽게 수행해 나아갈 때 그분의 힘을 얻기 위해 주님께 전적으로 의지해야 합니다. 만일 우리가 무리들을 돌보는 목사로서 힘과 활력을 얻고자 한다면 우리는 그것을 얻기 위해 꾸준하게 하나님께 나아갈 필요가 있습니다. 청교도인 존 오웬(John Owen)은 그 추진력을 이렇게 기록합니다.

> 만일 가지가 뿌리로부터 분리되어 있다면 그리고 포도나무의 몸체가 뿌리로부터 지속적으로 영양을 공급받지 못한다면, 만일 뿌리가 몸으로 보내는 영향력이 무언가에 의해 제지되고 있다면, 나무는 자라지 못하고, 열매를 맺지 못하며 곧 썩게 됩니다. 그러므로 우리 주님은 신자들을 주님 자신과 관련지어 말씀하셨습니다. 그들이 방해받지 않는 지속적인 은혜의 영향 아래 있지 않는다면 그리고 영적으로 절대 필요한 영양을 그분으로부터 받지 못한다면 그들은 아무것도 할 수 없습니다. '나를 떠나서는' 이 의미하는 것은 우리가 그리스도로부터 받는 모든 영적인 도움을 부정하는 것을 나타냅니다. "우리는 아무것도 할 수 없다."는 가정을 두는 것은 우리 자신의 힘 또는 어떤 습관 또는 우리가 받은 은혜의 원리가 주는 힘을 사용하여 우리가 그 힘을 받았을 때 더 이상 실제적인 도움이 없이 우리 스스로 무언가를 할 수 있다는 뜻을 품고 있습니다. "너는 아무것도 할 수 없다."는 것은 열매를 맺기 위해 하나님께 속해야

한다는 것을 말합니다. 자연적인 그리고 문화적인 환경 안에서 우리는 무언가를 조금 할 수 있습니다. 그리고 죄악된 상황에서는 엄청나게 많은 것을 할 수 있습니다. 우리는 그런 목적에 대해서라면 어떤 도움이나 보조도 필요하지 않습니다(역자 주－이런 것은 칼빈이 말했던 거듭나지 않은 사람도 행할 수 있는 시민적인 덕과 같은 것이다). 그러나 하나님께 열매를 맺기 위해서는 우리는 아무것도 할 수 없습니다. 믿음과 사랑의 모든 행동, 하나님을 향한 우리의 마음과 정서의 모든 움직임은 우리가 맺는 열매의 일부입니다. 이것은 말할 것도 없이, 거룩함과 순종에 해당하는 모든 외적인 일이며 의무입니다. 이와 같은 이유로 인해 우리의 구주께서 재판관이 되십니다. 끊임없는 은혜의 수혜자이자 진정으로 성화된 신자들이라 할지라도 새롭고 실제적인 도움과 은혜의 원조가 없다면, 그들은 하나님께 영적으로 선하고 받으실 만한 어떤 것도 스스로 할 수 없습니다.[16]

매 순간 우리에게 필요한 모든 도움을 얻기 위해 그리스도 안에서 항상 하나님을 바라보고 우리 자신을 매일 겸허하게 낮춥시다. 하나님의 힘을 떠나서 우리 자신의 힘으로는 전적으로 약할 수밖에 없을 것이고, 하나님의 힘 안에서 그리고 그 힘과 함께 우리는 하나님의 거룩한 뜻과 관련된 모든 것을 할 수 있습니다. 예수님 안에는 "신성의 모든 충만이 육체로 거하시고"(골 2:9). 우리는 도움을 위해 항상 하나님께 나아가지 않을 무슨 이유라도 있습니까? 바울은 예수님의 힘을 기억했고 예수님은 그를 도우셨습니다. 우리 주님은 우리를 위해서도

---

16) John Owen, *Works* (Edinburgh: Banner of Truth, 1965), p. 3:531.

똑같은 힘을 공급하시지 않을까요? 우리 하나님은 이런 일에 있어서 사람들을 차별하지 않으십니다(행 10:34).

바울은 우리가 따라야 할 특징들을 보여 줍니다. 우리는 하나님께 대한 그의 올바른 신뢰뿐만 아니라 하나님을 향한 거룩한 적극성을 보았습니다. 마찬가지로 이것들은 우리가 복음의 사역자로서 수고할 때 항상 지켜야 할 유효한 관점입니다. 하나님의 힘 안에서 일합시다. 그리고 선한 일을 하는 동안 피곤해지지 맙시다. 만일 우리가 마음을 잃지 않으면 때가 되어 수확을 할 것이기 때문입니다(갈 6:9). 하나님은 우리 편에 계시며, 세상에 있는 자보다 우리 안에 있는 하나님이 더 크십니다(요일 4:4). 부흥의 날들 속에 있었던 큰 영적 수확, 큰 영적 전쟁의 역사 또는 그 일에 참여했던 일꾼들의 전기를 읽으십시오. 이 세상의 사람들이 그렇게 전적으로, 그렇게 재주 있게, 그렇게 열심히, 그렇게 희생적으로 지나가는 세상과 함께 사라질 것들을 위해 수고하는 것처럼, 우리도 그 이상으로 수고하고 애쓰고 그리스도께서 수여하실 면류관을 바라보면서 다음의 말씀에 우리의 눈을 고정해야 하지 않겠습니까? "썩지 않고 더럽지 않고 쇠하지 아니하는 유업을 잇게 하시나니 곧 너희를 위하여 하늘에 간직하신 것이라 너희는 말세에 나타내기로 예비하신 구원을 얻기 위하여 믿음으로 말미암아 하나님의 능력으로 보호하심을 받았느니라"(벧전 1:4~5) 그러므로 하나님을 섬기는 일에 둔감해지거나 냉담해지지 맙시다.

이런 하나님의 약속은 우리에게 동기를 부여해서 예수님과 그분의 신부를 대신하여 힘든 수고를 계속하게 만듭니다. 어느 날 우리 주님은 영광 가운데 당신의 충성스러운 섬김에 대해 당신에게 보상하실 것입니다. 바울은 이것을 알았습니다. 바울은 육체가 차가움과 연약함으로 지쳐있지만 심령은 행복한 기대감으로 충만한 가운데 디모데에게 편지를 씁니다. "전제와 같이 내가 벌써 부어지고 나의 떠날 시각이 가까웠도다 나는 선한 싸움을 싸우고 나의 달려갈 길을 마치고 믿음을 지켰으니 이제 후로는 나를 위하여 의의 면류관이 예비되었으므로 주 곧 의로우신 재판장이 그 날에 내게 주실 것이며 내게만 아니라 주의 나타나심을 사모하는 모든 자에게도니라"(딤후 4:6~8). 그날은 얼마나 영광스러운 날이 되겠습니까! "그러므로 우리가 낙심하지 아니하노니 우리의 겉사람은 낡아지나 우리의 속사람은 날로 새로워지도다 우리가 잠시 받는 환난의 경한 것이 지극히 크고 한 영광의 중한 것을 우리에게 이루게 함이니 우리가 주목하는 것은 보이는 것이 아니요 보이지 않는 것이니 보이는 것은 잠깐이요 보이지 않는 것은 함이라"(고후 4:16~18).

만일 우리가 이 생애 가운데 소진된다면 영원한 영광이 한순간에 보충될 것입니다. "그러므로 내 사랑하는 형제들아 견실하며 흔들리지 말고 항상 주의 일에 더욱 힘쓰는 자들이 되라 이는 너희 수고가 주 안에서 헛되지 않은 줄 앎이라"(고전 15:58).

목회자들의 삶은 쉬운 것이라고 생각하지 않도록 당신의 삶을 보여 주십시오. 더욱 긍정적으로 그리고 더욱 중요하게-그리고 당신의 죽음이 올 때-당신의 삶과 수고가 당신이 섬기는 주인의 탁월함과 당신이 가진 모든 것이자 당신의 존재 전부이신 예수님의 고귀함을 증거하게 하십시오.

A Portrait of Paul

A Portrait of Paul

| 9장 | 바울의 사역 속에 있던 고뇌

내가 너희와 라오디게아에 있는 자들과
무릇 내 육신의 얼굴을 보지 못한 자들을 위하여 얼마나 힘쓰는지를
너희가 알기를 원하노니 이는 그들로 마음에 위안을 받고 사랑 안에서 연합하여
확실한 이해의 모든 풍성함과 하나님의 비밀인 그리스도를 깨닫게 하려 함이니
그 안에는 지혜와 지식의 모든 보화가 감추어져 있느니라 (골 2:1~3).

저는 여러분과 그리스도 사이에 뜨거운 교제가 있는지, 여러분이
주님을 알기 위해 전진하고 있는지 알고 싶습니다. 저는 밤낮으로
여러분의 영혼을 염려하고 있습니다. 저는 여러분이 잠을 잘 때에
도 여러분의 영혼이 그리스도께로부터 떨어져 나오지는 않을지 염
려하고 있습니다. 저의 주님이신 예수님과 이 타락한 교회 다음으
로 여러분은 제가 가진 슬픔과 기쁨을 가장 많이 공유하는 사람입
니다. 여러분은 저의 눈물, 돌봄, 두려움의 대상이자 그리스도께 억
압된 한 죄인의 매일의 기도 제목입니다. 저의 높고 고귀하신 분에
게 저는 붙들려 있으므로……오, 제가 그리스도와 여러분을 위해
당할 수 있는 어떤 고통, 어떤 슬픔, 어떤 상실도 저는 여러분을 위
한 그리스도의 사랑을 사기 위해 치르려고 합니다! 그리고 저의 가
장 큰 기쁨을 저의 주님이신 그리스도 옆에 놓아둘 수 있습니다. 그
곳은 여러분과 영원한 멸망의 틈 속입니다!……저의 증거는 하늘 위
에 있고 여러분이 누릴 천국은 제게는 갑절의 기쁨을 누리는 곳이

될 것입니다. 그리고 여러분 모두의 구원은 제게는 갑절의 구원이
될 겁니다.[1]

사무엘 루터포드

왜 목사는 목회 사역을 위해 오직 하나님만이 주실 수 있는 힘을 필
요로 합니까? 간단히 답하자면 그가 참여하고 있는 사역의 본질 때문
입니다. 골로새서 2장에서 바울은 자신이 크게 고뇌하고 있던 한 교회
에 대해 말합니다. 그는 특별히 그들과 관계있는 사역의 실제적인 부
분들을 제시하면서, 이 특정한 사람들에게 그가 가진 목회적 정서의
빛을 강조하기 위해 확대경을 취합니다. 어떤 사람들은 그들의 영적
건강을 위한 진정한 염려에 대해 그저 천천히 감화되는지도 모릅니다.
아마도 거짓 교사들은 사도 바울과 골로새 그리스도인들 사이에 분열
을 일으켜 놓으려고 시도했을 것입니다. 바울은 그들의 심령 속에 거
룩한 갈고리를 집어넣습니다. 그의 말은 주의를 얻고, 기대감을 낳으
며, 사람들의 심령에 호소합니다. 그는 골로새서 1장 29절에서 하나님
의 은혜에 의지하여 하나님의 자녀들을 위한 그의 모든 에너지를 발휘
합니다. 바울은 이제 그 주장을 증명하고 설명하기 시작합니다. "……
너희가 알기를 원하노니"(골 2:1). 이것은 바울이 하나님의 자녀들을 향
한 사랑의 마음을 드러낼 때 쓴 의례적인 문구입니다.

---

1) Samuel Rutherford, "Letter CCXXV.—To his Parishioners" in *Letters of Samuel
Rutherford* (Edinburgh and London: Oliphant, Anderson and Ferrier, 1894, 『새뮤얼 레더
퍼드 서한집』, 크리스챤다이제스트 역간), pp. 438~439.

골로새 교인들을 향한 바울의 열렬한 심령

대부분의 주석가들은 바울이 골로새 교회를 개인적으로 방문하지는 않았다고 주장합니다. 비록 그가 적어도 그 지역을 통과해 여행한 것이 분명하고, 교회 멤버들 중 일부를 잘 알았다는 것이 분명하지만 말입니다(예를 들어 빌레몬과 같은 사람에게는 개인적인 편지를 썼습니다). 그는 얼마간 골로새와 라오디게아 지역과 그 부근에서 설교했을 것입니다. 두 도시들은 리커스 계곡(Lycus Valley)이라고 부르는 곳에 위치해 있었습니다. 바울의 개인적인 연락이 무엇을 더 폭넓게 전달하려 했던지 간에, 분명히 에바브라와 아킵보는 사도적인 영성을 가지고 사도적인 진리를 가르쳤습니다. 그들은 그 지역에서 섬기던 바울의 공식적인 동역자였을 것입니다. 이 설교의 결과로써 죄인들은 구원되었고 교회들이 세워졌으며 성장했습니다(골 1:6~7, 4:17).

지금 바울은 골로새 교인들이 그의 심령의 염려 임을 알리고 싶어 합니다. 골로새 안에 있는 이 교회(그리고 부수적으로 라오디게아 안에 있는 교회)는 중대한 영적인 위험에 노출되었습니다. 그리고 바울은 이 형제들과 자매들이 그들을 향한 그의 염려가 심히 크다는 것을 알기를 원합니다. 그는 실제적으로 다음과 같이 말하고 있는 것입니다. "저는 여러분, 즉 골로새와 라오디게아의 성도들 때문에 고뇌하고 있습니다. 제가 결코 만나지도 못한 사람들을 포함해서 말입니다." 이런 마음 자세로 그는 그들의 영혼 안으로 깊이 파고들고 있습니다. 그는 그들 모두를 품고 있습니다. 라오디게아는 골로새에서 12마일 정도 떨어진 곳에 있었습니다. 그리고 골로새 교인들에게 쓴 이 편지는 라오디게아 있는 교회에 전달되었을 것입니다(골 4:15~16을 보라). 비록 리커스 계곡 안에 살고 있는 이들 신자들 중 많은 사람들이 바울을 본적이 없지만, 그리고 바울도 그들을 본적이 없지만, 그의 애씀은 모든 사람을 포함합니다.

여기에 바울의 심령의 거대함과 그의 품의 넓이가 있습니다. 편애는 전혀 없습니다. 그는 그저 개인적인 지식이나 지리적인 근접성에 기초한 것이 아니라 영적인 친밀감과 복음 안에서의 연합이라는 기초 아래에 폭넓은 염려를 가지고 있습니다. 거리는 문제가 되지 않고 문화적인 특징은 장애물이 아니며, 일대일 교제는 필요하지 않습니다. 필요한 모든 것은 하나님의 자녀들이 고통 중에 있다는 하나의 보고서를 직면한 한 목회자의 심령입니다. 진정한 하나님의 자녀의 실제적인 영적 싸움과 공급을 위한 필요는, 진정한 목회자의 심령 속에 가진 모든 에너지를 불러냅니다. 그리고 지금 골로새 교인들은 사도 바울의 열렬한 에너지를 요구하고 있습니다.

그리고 그것은 진실로 열렬한 에너지입니다. 바울은 우리에게 그의 '큰 고뇌'를 말함으로써 그의 심령의 열심을 우리에게 보입니다. 골로새서 1장 29절은 메아리를 가지고 있습니다. 왜냐하면 이런 '고뇌'의 개념은 바울이 사용하는 "힘을 다하여"라고 하는 용어와 같은 언어적 기원을 가지고 있기 때문입니다. 그 메아리는 골로새서 4장 12절에서 들려지는데, 에바브라의 열렬한 수고에 대해 말하고 있습니다. 이것은 고뇌와 연관 됩니다. 바울은 실상 이렇게 말하고 있습니다. "여러분은 저의 수고가 목적도 없고 초점도 없는 것이 아니라는 것을 이해해야 합니다. 저는 허공을 치는 싸움을 하는 것이 아닙니다. 나의 노력은 마음속에 여러분을 향한 특별한 목적을 가진 것입니다."

이것은 깊은 근심과 진지하게 주장하는 언어 속에서 표현된 영의 심오한 진통입니다. 그것은 영적인 전투를 말합니다. 바울은 그들의 분투를 매우 깊이 인식하고 있습니다. 그는 그들이 당하고 있는 공격을 의식하고 있습니다. 그리고 그는 그들을 대신하여 적들에 맞서고 있습니다. 심지어 로마 감옥에 갇혀 있음에도, 바울은 하나님의 구속받은 사람들을 위해 정면으로 고뇌를 맞이하려는 마음을 드러냅니다. 그리고 그는 그렇게 하고 있다는 것을 골로새 교인들에게 증언합니다. 그런 불타는 듯한 애씀은—건강한 성도들과 건강한 교회에서 그러하듯—목자와 양들 간에, 애쓰는 사람과 애씀을 통해 격려받는 사람들 사이에 강한 유대감을 세웁니다. 바울은 부끄러워하지 않고 선언합니다. 그는 이 교회를 대신하여 싸움으로 나아간다고 말입니다. 그가 알지만 결코 만나본 적이 없는 사람들을 대신해서 말입니다.

하나님의 사람들에 대항하는 애씀을 제외하고, 하나님의 자녀들을 위한 애씀만으로도 한 목회자에게서 상당한 에너지를 요구한다는 점을 여기서 주목합시다. 진정한 목자는 하나님의 자녀들에 대항하기 보다는 하나님의 사람들을 위해 그리고 그들과 함께 더 많은 고뇌 가운데 들어갈 것입니다. 바울이 골로새 교인들에게 편지를 썼을 때 그는 그들을 위해 싸울 수 있었습니다. 왜냐하면 비록 그들은 도움이 필요한 처지였지만 충성스러웠기 때문입니다. 그들은 이렇게 속삭이는 것을 듣고 있었습니다. "그리스도만으로는 충분하지 않다." 그러나 그들은 그것에 압도당하지 않은 것처럼 보였습니다. 다른 때에—예를 들어 자만하는 고린도 교인들에게 혹은 속임을 당하고 율법주의가 팽배한 갈라디아 교회에 편지를 쓸 때—그는 그들을 위해 싸울 뿐 아니라 그들을 대항하여 싸웠습니다. 심지어 그 편지들을 읽으면서 당신은 바울이 사용한 단어 가운데 비탄, 긴장, 연약함이 그의 영성 가운데 생성된 것을 읽을 뿐 아니라 느낄 수 있습니다.

하나님의 자녀들이 둔함과 오류와 죄에 빠져들 때 그들과 씨름하는 것보다 더 목회자의 힘을 약화시키고 심령을 몹시 슬프게 하고 사역을 방해하는 것은 없습니다. 그는 모든 준비된 가운데 하나님의 자녀들을 위해 싸우겠지만, 그들을 대항하는 싸움에 들어갈 필요를 소망하지는 않습니다.

무엇이 이 성도들을 위한 바울의 불타는 듯한 정서를 움직이는 것입니까? 바울은 그들을 어둠 속에 남겨 놓지 않으며, 그의 심령의 활동에 대한 윤곽을 보여 줍니다. 이 애씀은 모든 정당한 수단을 통해 바울 자신의 심령을 보여 줍니다. 바울이 사도였다는 것을 기억하십시오. 그는 교회를 방문하고 서신을 쓸 권리가 있었습니다. 하나님께서 우리를 사도로 만들지 않았으므로, 우리는 교회를 대함에 있어서 사도적인 권위를 행사하지 않도록 주의해야 합니다. 다만 우리는 부목자로서 우리의 돌봄 아래에 있지 않은 사람을 포함해서 어떤 교회들을 돌봄에 있어서 우리에게 부과된 짐을 내던지지 않고 고통을 져야 합니다.

비록 그렇다 하더라도 바울이 어떻게(어떤 사람의 소명과 상황에 맞게) 하나님의 자녀들을 위해 진정한 심령의 정서를 움직이며 드러내 보였는지 살펴보십시오. 바울은 신체적으로는 한계에 갇혀 있습니다. 그리고 아마도 재정적으로도 궁핍한 가운데 있습니다(이에 대한 증거를 위해 빌레몬에게 보낸 편지를 보십시오). 바울은 감옥에 갇혀 있으므로 교회를 방문할 수 없습니다. 그는 모습을 드러내어 그들에게 설교할 수 없습니다. 그러나 바울은 자신과 자신이 돌보는 사람들을 위해 특정한 격려와 교훈을 에바브라에게 주어 그들에게 다시 보낼 수 있습니다. 그는 적어도 그들에게 글을 쓸 수 있습니다. 그리고 그는 그렇게 합니다. 그들의 영혼을 목회하기 위해 펜을 사용하면서 말입니다. 그러나 이 문맥 속에서 바울의 그들을 위한 고뇌는 하나의 특정한 주제를 가지고 있다는 것이 명백합니다. 그것은 기도입니다.

비록 하나님의 자녀들을 위한 진정한 심령의 정서를 표현하는데 합당한 도구들은 많이 있겠지만 기도는 항상 적합한 것입니다. 바울은 데살로니가 교회에 이렇게 편지를 썼습니다. "이러므로 우리도 항상 너희를 위하여 기도함은 우리 하나님이 너희를 그 부르심에 합당한 자로 여기시고 모든 선을 기뻐함과 믿음의 역사를 능력으로 이루게 하시고 우리 하나님과 주 예수 그리스도의 은혜대로 우리 주 예수의 이름이 너희 가운데서 영광을 받으시고 너희도 그 안에서 영광을 받게 하려 함이라"(살후 1:11~12).

기도는 주님의 사람들을 위해 바울이 심령에 가진 끊이지 않는 짐을 표현한 것이었습니다. 그리고 그는 지속적으로 자신의 심령 가운데 각 사람을 생각하고 있음을 여러 교회에게 편지를 통해 확신시킵니다. 여기서 바울은 에바브라처럼 그리고 에브바라와 함께 자신이 골로새에 있는 그리스도인들을 위해 싸우고 있음을 나타내는 으뜸가는 표현으로서 열렬한 기도를 사용합니다. 이어지는 구절에서 그 기도들의 요지와 목적을 설명하면서 말입니다.

그러나 우리가 이 점으로 옮겨가기 전에 바울의 기도들이 고뇌였다는 것을 주목하십시오. 이것들은 그저 재잘거리는 생각 없는 단어들도 아니고, 다정하지 않은 관심을 형식적으로 표현하는 것도 아닙니다. 바울은 모호하게 축복하고 있지도 않으며 미지근한 염려를 가볍게 표현하고 있지도 않습니다. 바울은 은혜의 보좌 앞에서 간청하고 있고 그것은 열기 있고 생기 있습니다. 그것은 고뇌의 특징을 취하고 있으며 씨름하는 것입니다. "우리의 씨름은 혈과 육을 상대하는 것이 아니요 통치자들과 권세들과 이 어둠의 세상 주관자들과 하늘에 있는 악의 영들을 상대함이라……모든 기도와 간구를 하되 항상 성령 안에서 기도하고 이를 위하여 깨어 구하기를 항상 힘쓰며 여러 성도를 위하여 구하라"(엡 6:12, 18).

여기에 목회자의 심령 속으로 들어가는 생생한 통찰력이 있습니다.

사랑은 사역 안에 있는 핵심 요소입니다(딤후 2:10; 요일 4:21). 바울의 사랑과 열정은 부끄럽지 않게 그리고 신실하게 소통되고 즉시 분명하게 나타납니다. 경고가 주어지기 전에 사랑이 먼저 표현됩니다. 바울은 성도들이 그가 직언하는 동기를 알게 되기를 원합니다. 그러므로 그는 권고를 전달하기 전에 그의 애정을 강조합니다. 그런 적극적인 애정은 진정한 부목자의 모범입니다. 예를 들어 우리는 스코틀랜드의 설교자 존 웰치(John Welch)의 본보기를 읽게 됩니다. "그는 종종 가장 추운 겨울밤에도 기도하기 위해 일어났고, 자신이 돌보는 사람들 때문에 주님과 씨름하며 바닥에서 울고 있는 것이 발견되었습니다. 그리고 그는 아내가 왜 그렇게 비통해하는지 이유를 설명해 달라고 압박했을 때 이렇게 말했습니다. '나는 3천명의 사람들의 영혼에 대한 책임을 지고 있소. 그러나 나는 그들 중 많은 사람들이 어떻게 될지 알지 못하고 있소.'" 2)

인생의 마지막에 이르렀을 때 웰치의 무릎은 딱딱하게 굳었습니다. 하나님 나라 안에서 하나님의 영광을 위해 기도 가운데 밤 시간에 자주 무릎을 꿇고 보냈기 때문입니다. 이런 것이 그리스도와 그리스도의 백성을 위한 목회자의 충성스러운 심령입니다.

그러나 우리는 적어도 그리스도의 심령에 대한 희미한 그림 정도라도 가지고 있어야 합니다. 바울은 우리와 같은 사람이지만 그리스도를 닮는다는 것이 무엇을 의미하는지에 대해 무언가를 보여 주고 있습니다. 또한 그리스도는 교회를 위해 얼마나 열렬하고 효과적으로 기도하였습니까! 그리스도의 고뇌는 다음의 문장에서 잘 나타납니다. "또한 이와 같이 다른 데서 말씀하시되 네가 영원히 멜기세덱의 반차를

---

2) William S. Plumer, *Pastoral Theology* (Harrisonburg, VA: Sprinkle, 2003), p. 53.

따르는 제사장이라 하셨으니 그는 육체에 계실 때에 자기를 죽음에서 능히 구원하실 이에게 심한 통곡과 눈물로 간구와 소원을 올렸고 그의 경건하심으로 말미암아 들으심을 얻었느니라 그가 아들이시면서도 받으신 고난으로 순종함을 배워서"(히 5:6~8).

우리는 요한복음 17장에서 하나의 창문을 통해 우리 주님의 심령을 볼 수 있습니다.

> 내가 비옵는 것은 이 사람들만 위함이 아니요 또 그들의 말로 말미암아 나를 믿는 사람들도 위함이니 아버지여, 아버지께서 내 안에, 내가 아버지 안에 있는 것 같이 그들도 다 하나가 되어 우리 안에 있게 하사 세상으로 아버지께서 나를 보내신 것을 믿게 하옵소서 내게 주신 영광을 내가 그들에게 주었사오니 이는 우리가 하나가 된 것 같이 그들도 하나가 되게 하려 함이니이다 곧 내가 그들 안에 있고 아버지께서 내 안에 계시어 그들로 온전함을 이루어 하나가 되게 하려 함은 아버지께서 나를 보내신 것과 또 나를 사랑하심 같이 그들도 사랑하신 것을 세상으로 알게 하려 함이로소이다 아버지여 내게 주신 자도 나 있는 곳에 나와 함께 있어 아버지께서 창세 전부터 나를 사랑하시므로 내게 주신 나의 영광을 그들로 보게 하시기를 원하옵나이다(20~24절).

그리스도는 여전히 우리를 위해 그런 기도들을 드리십니다. 그분은 그분이 위해 죽으신 사람들을 위해 지금도 살아 계셔서 중보하십니다(히 7:25). "그리스도께서는 참 것의 그림자인 손으로 만든 성소에 들어가지 아니하시고 바로 그 하늘에 들어가사 이제 우리를 위하여 하나님 앞에 나타나시고"(히 9:24). 우리는 그리스도를 볼 수 없지만 그분을 사랑하고 그분의 영광이 알려지도록 하기 위해 열렬히 기도합니다. 그리스도는 우리를 절대적으로 아시고 우리를 절대적으로 사랑하시며 그분이 계신 곳에 우리가 그분과 함께 있게 되기를 진지하게 소망하십니다. 그리스도는 구속받은 무리를 보게 되기를 갈망하시고 있지 않으십니까? 바울보다 훨씬 나으신 분이 바로 그리스도입니다. 그리스도께서 바로 무리들의 목자이십니다. 사도들, 즉 그분의 충성스러운 종들 안에 투영된 큰 본보기는 그리스도이십니다.

구주께서 가지신 심령처럼, 바울의 심령은 심지어 개인적으로 알지 못하는 사람들을 포함해서, 하나님의 자녀들을 위해 진지하게 싸우고 그들을 위한 열렬한 감정을 드러내기 위해 열려있습니다. 그리스도께서 드러내신 것과 같은 이 열정적인 염려는 그들을 위한 고뇌에 찬 기도를 통해 최우선적으로 나타납니다.

골로새 교인들을 보호하기 위한 바울의 기도

그러나 그 기도의 내용들은 무엇입니까? 바울의 골로새 교인들을 위한 탄원은 포괄적이고 장엄합니다. 그것들은 사소하거나 좁거나 또는 얕은 것이 아니라 풍성하고, 심오하고, 성경적이고, 심령을 관통하고, 그리스도 중심적이며, 그리스도를 찬양하는 것입니다. 우리는 교회를 위해 그리고 마귀와 그의 앞잡이들을 대적하기 위해 이와 같이 기도하는 것을 배워야 합니다. 바울은 진정으로 거대한 심령을 가지고 골로새 신자들의 염려와 그들의 특별한 필요 속으로 들어갑니다. 그리고 명확한 계획을 가지고 그렇게 합니다(골 2:2에 적힌 그대로 그는 우리에게 "무엇을 위해……" 기도한다고 우리에게 말합니다). 그는 골로새 교인들과 다른 성도들의 유익에 필요한 심히 중대한 것들을 위해 특정하고 중요한 탄원을 올려드립니다.

여기에 서로 분리되지 않고 묶여있는 것에 대한 세 가지 탄원이 있습니다. 그것들은 모두 신자의 심령과 관련이 있습니다. 이것은 신체적인 기관이 아니며 단순하게 감정이나 정서가 자리 잡고 있는 마음도 아닙니다. 이것은 인격의 중심부입니다. 이것은 생각, 이성, 사색의 장소입니다. 이것은 감정과 정서뿐만 아니라 의지와 사색의 원천입니다. 심령은 바울의 관점에서 볼 때 우리 내적 존재의 핵심부입니다. 바울은 구약 성경을 잘 알았습니다. "모든 지킬 만한 것 중에 더욱 네 마음을 지키라 생명의 근원이 이에서 남이니라"(잠 4:23). 그는 시편 119편에 기록된 대로 마음의 중심성을 알고 있습니다. 바울은 유혹이 많은 세상 속에서 예수님을 섬기며 살고 있는 골로새 교인들을 위해 세 가지 강력한 보호의 탄원을 기록합니다(골 2:4). 그래서 그는 개인적으로 알거나 모르거나, 보이거나 보이지 않거나 골로새 성도들과 우리 모두를 위해 어떻게 기도하는지를 가르쳐 줍니다. 바울은 골로새 교인들이 강한 마음, 연합된 마음, 확실한 마음을 가지기를 기도합니다.

첫째, 그는 강한 마음을 위해 기도합니다. 바울은 골로새서 2장 2절에서 "이는 그들로 마음에 위안을 받고"(골 2:2)라고 말합니다. 위안은 문맥에 따라 다양하게 다른 방법으로 해석될 수 있습니다. 거기에는 '격려' 또는 '강하게 함'과 같은 개념이 포함됩니다. 문자적으로는 누군가를 당신 편으로 부르는 것과 관련이 있습니다. 그것은 세속적인 그리스 문학의 입장에서 볼 때 도덕이 해이해진 군대의 도덕심을 회복하기 위해 훌륭한 본보기로서 강한 권고를 가진 한 장군을 보내는 일에 사용됩니다. 골로새 교인들은 그들의 현재의 상황에서 아마도 위로보다는 견고해지는 일이 더 필요했습니다. 시련과 유혹을 직면하는 가운데 유해한 속삭임에 의해 그리스도가 평가절하되고 그분의 지위가 손상을 입는 환경 속에서, 바울은 그들이 역동성을 가지도록 기도합니다. 바울은 골로새 교인들이 품고 있는 진리를 위해 자신이 싸우고 있는 것을 그들이 알고 느끼기를 원하고 있습니다. 그의 진지한 소망은 그들이 편지를 읽고 영적으로 강화되고 오류와의 싸움을 통해 성장하는 것입니다.

적대적인 환경이 지속되는 가운데 사는 것은 지치게 하고, 때때로 무기력하게 합니다. 그런 환경에서 요구되는 큰 필요는 심령에 활력을 얻고 격려받는 것입니다. 이것은 신자들의 삶 속에서 성령님께서 지속적이고 더욱 충만하게 역사하시도록 요청하는 기도입니다. 바울이 에베소서에서 쓴 것이 그와 같은 것입니다. "그의 영광의 풍성함을 따라 그의 성령으로 말미암아 너희 속사람을 능력으로 강건하게 하시오며"(엡 3:16). 보혜사(Comforter)라는 성령님의 칭호와 바울이 사용하고 있는 동사 위로하다(comfort)는 똑같은 어의를 가지고 있습니다. 도움, 위로함, 힘을 줌, 권고와 격려의 목적을 위해 어떤 사람의 편으로 불러낸다는 뜻입니다.

> 내가 아버지께 구하겠으니 그가 또 다른 보혜사를 너희에게 주사 영원토록 너희와 함께 있게 하리니 그는 진리의 영이라 세상은 능히 그를 받지 못하나니 이는 그를 보지도 못하고 알지도 못함이라 그러나 너희는 그를 아나니 그는 너희와 함께 거하심이요 또 너희 속에 계시겠음이라 내가 너희를 고아와 같이 버려두지 아니하고 너희에게로 오리라……보혜사 곧 아버지께서 내 이름으로 보내실 성령 그가 너희에게 모든 것을 가르치고 내가 너희에게 말한 모든 것을 생각나게 하리라(요 14:16~18, 26).

내가 아버지께로부터 너희에게 보낼 보혜사 곧 아버지께로부터 나오시는 진리의 성령이 오실 때에 그가 나를 증언하실 것이요(요 15:26).

그러나 내가 너희에게 실상을 말하노니 내가 떠나가는 것이 너희에게 유익이라 내가 떠나가지 아니하면 보혜사가 너희에게로 오시지 아니할 것이요 가면 내가 그를 너희에게로 보내리니(요 16:7).

성령님이 그리스도로부터 나오시는 것을 주목하십시오(역자 주-물론 성령님은 성부로부터도 나오신다). 그리고 어떻게 성령님이 그리스도께 집중하고 있는지 관찰하십시오. 부활하신 주님은 자신의 영을 통해 우리의 심령에 거하십니다(엡 3:17). 그 영은 그리스도의 영, 성령이시며, 성령님은 우리를 자신의 옆으로 불러서 우리를 지탱하십니다.

그러나 성령께서는 그리스도의 몸 안에 있는 기능도 강하게 하십니다. 누가복음 22장 32절에서 주님께서 베드로에게 주시는 가르침이 나옵니다. "그러나 내가 너를 위하여 네 믿음이 떨어지지 않기를 기도하였노니 너는 돌이킨 후에 네 형제를 굳게 하라." 우리는 사도행전 15장 32절과 41절에서 사도적 교회에 있는 교사들의 습관을 봅니다. "유다와 실라도 선지자라 여러 말로 형제를 권면하여 굳게 하고", "수리아와 길리기아로 다니며 교회들을 견고하게 하니라." 사도 바울은 하나님의 자녀들의 영적 건강에 대해 염려하여 데살로니가 교회의 유익을 보증하기 위한 걸음을 내딛습니다. "이러므로 우리가 참다 못하여 우리만 아덴에 머물기를 좋게 생각하고 우리 형제 곧 그리스도의 복음을 전하는 하나님의 일꾼인 디모데를 보내노니 이는 너희를 굳건하게 하고 너희 믿음에 대하여 위로함으로"(살전 3:1~2). 강하게 함은 사람들의 심령 속에 하나님의 영이 직접적으로 일하시는 어떤 것일 뿐만 아니라, 우리 안에서 그리고 우리에게 주어지는 하나님 말씀과 함께 말씀을 통해 이루어지는 것이기도 합니다.

이것이 그럴진대, 그 다음으로 바울이 연합된 마음을 위해 기도하는 것을 발견하는 것은 자연스럽습니다. 바울은 "사랑 안에서 연합하여" (골 2:2)라고 말합니다. 오류는 파괴적이고 불화를 일으키기도 합니다. 이것은 의혹, 따돌림 그리고 동료 성도들을 향한 차가운 심령을 진작시키면서 개인적인 타락을 가져오고 공동체의 분리를 낳습니다. 이것은 심지어 교회 안에서 영적으로 더 건강한 성도들이 누가 어느 정도로 어떤 오류들에 감염될 수 있는지 관찰하는 가운데서도 일어나는 사실입니다. 누가 신뢰를 얻을 수 있습니까? 그런 환경에서, 바로 그런 위험들에 직면하면서, 바울은 이 형제들의 마음이 사랑 안에서 뭉치고, 연합 가운데 밀착되도록 하나님께 간청하고 있습니다.

우리는 이런 연합이 강한 마음을 위한 준비인지 혹은 그 결과인지 물어볼 수 있습니다. 대답은 양쪽 모두 그렇다는 것입니다. 생명이 없는 정통과 헐거워진 연합은 오류에 대한 든든한 방어가 되지 못합니다. 그러나 그리스도의 성장하는 몸의 건강한 지체들이 실제적으로 활력 있게 살아가는 것은 오류에 대한 강한 방어를 제공합니다. 이런 사랑은 그저 따뜻한 느낌이나 감상적인 단어들의 문제가 아닙니다. 그것은 서로의 영혼 안에 투자하는 희생적인 행위의 사랑입니다. "누가 이 세상의 재물을 가지고 형제의 궁핍함을 보고도 도와 줄 마음을 닫으면 하나님의 사랑이 어찌 그 속에 거하겠느냐 자녀들아 우리가 말과 혀로만 사랑하지 말고 행함과 진실함으로 하자"(요일 3:17~18).

우리는 형제애가 개발되지 않은 환경 속에서 하나님을 진정으로 알 수 없습니다. 기독교적인 연합 없이는 마음이 결코 강화되지 않을 것입니다. 왜냐하면 우리는 서로 분리되어 나가고 성령님을 우리 안에서부터 몰아낼 것이기 때문입니다. 바울이 에베소서 4장 25에서부터 5장 2절과 6절까지 어떻게 쓰고 있는지 고려하십시오.

> 그런즉 거짓을 버리고 각각 그 이웃과 더불어 참된 것을 말하라 이는 우리가 서로 지체가 됨이라 분을 내어도 죄를 짓지 말며 해가 지도록 분을 품지 말고 마귀에게 틈을 주지 말라 도둑질하는 자는 다시 도둑질하지 말고 돌이켜 가난한 자에게 구제할 수 있도록 자기 손으로 수고하여 선한 일을 하라 무릇 더러운 말은 너희 입 밖에도 내지 말고 오직 덕을 세우는 데 소용되는 대로 선한 말을 하여 듣는 자들에게 은혜를 끼치게 하라 하나님의 성령을 근심하게 하지 말라 그 안에서 너희가 구원의 날까지 인치심을 받았느니라 너희는 모든 악독과 노함과 분냄과 떠드는 것과 비방하는 것을 모든 악의와 함께 버리고 서로 친절하게 하며 불쌍히 여기며 서로 용서하기를 하나님이 그리스도 안에서 너희를 용서하심과 같이 하라 그러므로 사랑을 받는 자녀 같이 너희는 하나님을 본받는 자가 되고 그리스도께서 너희를 사랑하신 것 같이 너희도 사랑 가운데서 행하라 그는 우리를 위하여 자신을 버리사 향기로운 제물과 희생제물로 하나님께 드리셨느니라……누구든지 헛된 말로 너희를 속이지 못하게 하라 이로 말미암아 하나님의 진노가 불순종의 아들들에게 임하나니.

우리는 이 단어들이 가진 진지함을 간과하거나 바울이 이 문단에서 만들고 있는 연결점을 놓쳐서는 안 됩니다. 왜냐하면 우리는 서로 지체가 되고 그에 따라 행동하기 때문입니다. 바울은 우리에게 특정한 죄를 피해야 한다고 말합니다. 그런 죄에 반대되는 긍정적이고 은혜로운 것들을 고려할 때, 우리는 가르침을 얻게 됩니다. 우리는 암시적으로 진리, 연합, 평화, 정직, 덕성 함양, 친절함, 단정함, 고요함, 의로운 말, 정직의 영 가운데 하나님께서 하신 것과 같은 용서를 추구하도록 부름 받았습니다. 사랑은 우리를 특징짓는 것입니다. 이 모든 은혜들은 서로 얼마간 그리스도의 영과 연관되어 있습니다. 이런 것들을 우리 안에 공급하시는 것은 그리스도의 즐거움입니다. 그리스도께서 주시는 이런 은혜들을 등한시하는 것은, 그리고 이런 것들에 상응하는 죄들을 범하는 가운데 사는 것은 그런 은혜들 가운데 기뻐하시는 그리고 그것과 반대되는 사악함을 혐오하시는 하나님을 공격하고 슬프게 하는 것이며, 따라서 우리로부터 그분을 끌어내리는 것입니다. 대부분의 죄들이 우리의 말과 가까이 연관된 것이라는 것을 주목하는 것이 또한 필요합니다.

진정한 형제애가 우리 안에서 자랄 때, 진리의 영은 가까이 오십니다. 이것은 꾀어내기 위해 속이는 말에 대한 강력한 방어이며, 행동하는 사랑입니다.

그런 사랑을 계발하는 일에는 많은 겸손이 필요합니다. "그러므로 너희는 하나님이 택하사 거룩하고 사랑 받는 자처럼 긍휼과 자비와 겸손과 온유와 오래 참음을 옷 입고 누가 누구에게 불만이 있거든 서로 용납하여 피차 용서하되 주께서 너희를 용서하신 것 같이 너희도 그리하고"(골 3:12~13). 자긍심과 분열은 겸손과 연합이 그런 것처럼 반드시 함께 갑니다.

그러므로 그리스도 안에 무슨 권면이나 사랑의 무슨 위로나 성
령의 무슨 교제나 긍휼이나 자비가 있거든 마음을 같이하여 같은

사랑을 가지고 뜻을 합하며 한마음을 품어 아무 일에든지 다툼이나 허영으로 하지 말고 오직 겸손한 마음으로 각각 자기보다 남을 낫게 여기고 각각 자기 일을 돌볼뿐더러 또한 각각 다른 사람들의 일을 돌보아 나의 기쁨을 충만하게 하라 너희 안에 이 마음을 품으라 곧 그리스도 예수의 마음이니 그는 근본 하나님의 본체시나 하나님과 동등됨을 취할 것으로 여기지 아니하시고 오히려 자기를 비워 종의 형체를 가지사 사람들과 같이 되셨고 사람의 모양으로 나타나사 자기를 낮추시고 죽기까지 복종하셨으니 곧 십자가에 죽으심이라(빌 2:1~8).

사랑이 결여된 마음은 작은 문제가 아닙니다. 왜냐하면 오직 사랑하는 마음만이 강한 마음의 뿌리이자 열매이기 때문입니다.

바울의 세 번째 청원은 앞의 두 가지 청원 위에 세워집니다. 그는 확실한 마음을 위해 기도합니다. "이는 그들로 마음에 위안을 받고 사랑 안에서 연합하여 확실한 이해의 모든 풍성함과 하나님의 비밀인 그리스도를 깨닫게 하려 함이니 그 안에는 지혜와 지식의 모든 보화가 감추어져 있느니라"(골 2:2~3). 바울은 이 청원을 앞의 두 가지 기도보다 더 확장시킵니다. 그러나 이것은 본질적으로 그가 오류를 완전히 봉쇄하기 위해 구하는 세 번째 방어책입니다. 오류는 연약한 마음과 사랑이 결여된 마음과 의심하는 마음을 통해 우리 삶에 들어옵니다. 이들 세 문제들은 서로 묶여있는 것입니다. 예를 들어 우리는 "사랑은 덕을 세운다."(고전 8:1)는 것을 읽습니다. 강한 믿음은 분명한 이해력과 진정한 사랑과 연관이 있습니다. "믿음으로 말미암아 그리스도께서 너희 마음에 계시게 하시옵고 너희가 사랑 가운데서 뿌리가 박히고 터가 굳어져서 능히 모든 성도와 함께 지식에 넘치는 그리스도의 사랑을

알고"(엡 3:17~18)

바울은 이제 이해에 대한 충만한 확신-영적인 부요-즉, 분명하고 고정된 확신을 구하면서 그의 기도들을 적어내려 갑니다.

의심을 가진 많은 사람들이 경험이나 '충만함' 같은 것을 추구하면서 '무언가'를 구하고 있습니다. 그 경험은 골로새의 오류주의자들에 의해 제공된 종류의 것입니다. 충만함은 그리스도 안에서만 발견됩니다. 그러나 만일 어떤 사람이 지속적인 불확실함 가운데 처하여 의심하는 가운데 있다면, 그는 잘못된 길로 이끄는 사람들로부터 영향을 받기 쉬울 것입니다.

바울이 이해 속에서 확신을 고정하고 있는 것을 또한 주목하십시오. 어떤 사람들은 참 지식이 없으면서도 확신을 엄청나게 뽐냅니다. 그것은 어떤 사람이 당신에게 "무엇 혹은 누구 안에서?"라는 질문에는 답하지 못한 채 "나는 큰 믿음을 가지고 있어요!"라고 말하는 것과 동일합니다. 진정한 확신은 정확한 이해의 수준 위에 세워집니다. 그럼에도 확신의 문제는 이해의 범위를 넘어섭니다. 확신은 단지 지식의 소유 안에서만이 아니라 진리의 적용 안에 위치합니다. 바울이 말하는 확신은 존 에디가 설명하는 대로 "당신이 먼저 진리를 이해하는 것뿐만 아니라 당신이 이해하는 것이 진리라는 고정된 신념"입니다.[3] 확신은 단순히 행복한 마음의 높아짐, 영적인 상승, '주님으로부터 나온 어떤 말씀' 또는 일시적인 열광이 아닙니다. 확신은 당신이 진정으로 '지니고 있는' 것입니다. 확신은 진정한 이해의 실제입니다. 그것은 당신이 무언가를 이해하고 있는 것과 당신이 그것을 부여잡고 있다는 감각을 모두 포함합니다. 확신은 본질에 대해 정확하게 그리고 관계적

---

3) John Eadie, *A Commentary on the Greek Text of Paul's Letter to the Colossians* (Birmingham, AL: Solid Ground Christian Books, 2005), p. 111.

측면에서 견고하게 붙들어 쥐는 것입니다. 확신은 진리가 하나님의 것이라는 사실과 당신이(비록 한 사람으로서 한계에 부딪치기는 하지만) 정확하게 진리 안에서 하나님의 마음을 붙들고 있는 것입니다.

이 확신은 그리스도를 떠나서 우리 안에서 또는 우리 자신을 응시함으로 파생되는 것이 아닙니다. 그것은 그리스도 안에 기쁘게 거하는 것과 그리스도를 제대로 붙드는 것으로부터 나옵니다. 그것은 연합과 사랑 가운데 기독교 공동체의 환경 속에서 강하게 된 마음을 통해 붙들게 되는 진리의 문제입니다. 강화된 마음은 그 진리에 대한 심오하고 고정된 확신을 낳습니다. 그리스도인의 영적 건강과 행복은 주 예수 그리스도의 사역과 인격을 붙드는 것에 직접적으로 매여 있고 그것에 의존합니다.

강하고, 연합되고, 확신 있는 마음을 소유하는 것은 얼마나 큰 가치입니까! 그런 강력한 보호를 위한 탄원은 교회 안으로 오류가 들어오지 못하도록 큰 장벽을 만듭니다. 이런 심령들은 성도들의 기쁨, 안정, 유용함에 크게 기여합니다. 그것들은 그리스도의 교회를 건강하게 세웁니다. 우리 중 많은 사람이 아마도 개인적으로 또는 지역 교회 차원에서, 예수님 안에 있는 형제자매를 생각할 수 있습니다. 그들은 파도와 풍랑에 의해 난타당할 때에도 하나님의 보호아래 그들을 떠 있도록 지켜주는 도구가 되는 그런 마음을 가진 사람들입니다.

실재를 소유하지 않고도 힘과 연합과 확신의 겉모양만 취하는 것이 비교적 쉽다는 것을 또한 기억하십시오. 우리가 지금 가지고 있는 것보다 더 깊은 것을 추구하지 않은 채 만족하기 쉽습니다. 사도 바울이 말한 것 같이 그런 마음을 얻기 위해 구하고 기도하지 않으면 우리는 두려움 가운데 드러나게 될 것입니다. 우리는 이 점에 있어서 태만과 결핍으로 채워진 영적인 차가움을 느끼고 있지는 않습니까? 우리는 불균형과 불안정이 우리 안에서 쉽사리 일어나는 것을 보고 있지는 않습니까? 당신은 한 때 그리스도의 이름으로 불렸지만, 강하고 연합되고 확신 있는 심령을 추구하지 않거나 저버림으로 어리석음을 품고 진리로부터 표류하고 있는 사람들을 지켜보고 있지는 않습니까?

그러므로 바울이 탄원한 것은 전혀 이상하지 않습니다. 오류에 빠진 세상 속에서 견고하게 세워지도록 붙드는 것은 진리에 뿌리내린 심령입니다. 건강한 동료 성도들과 함께 거하고, 그들을 위해 애쓰고, 그들속에서 돕고, 진리에 대한 감각을 가지고 진리에 단단히 붙어 있는 일 깨워진 영혼을 가진 사람은 교회의 머리이신 예수 그리스도를 사랑할 것입니다. 우리가 심령을 그토록 중요하게 다루는 이유는 생명의 문제와 관련되어 있기 때문입니다.

골로새 교인들을 위한 바울의 높은 희망

우리는 이미 이들, 서로 얽혀 있는 청원들 중에서 바울이 처음 두 가지보다 세 번째를 더 발전시키고 있다는 점을 다루었습니다. 바울은 모든 적절한 수단들을 사용하여 강하고 연합되고 확신 있는 마음이 되도록 기도하고 격려합니다. 그러나 그런 마음은 무엇으로 채워져 있습니까? 그런 마음이 올바르게 이해하며 단단하게 붙드는 것은 무엇입니까?

바울은 확실한 이해는 예수 그리스도께 의지해 있고 그분께 뿌리를 두고 있다는 점을 분명하게 합니다. 바울은 자신이 이미 사용했던 언어를 사용해서 요점을 지적합니다. 이전에 있었던 일을 열거하면서 잘못된 가르침을 드러내기 위해 명확하게 그가 주장하는 중심 요소를 끌어 모읍니다.

"확실한 이해의 모든 풍성함"(골 2:2)에 도달한다는 것은 무슨 의미입니까? 바울은 적어도 하나님의 계시의 필요성을 함축하고 있습니다. 우리가 이전 장에서 보았던 것처럼, 비밀은 성경적인 관점에서 볼 때 하나님께서 드러내지 않았으면 감추어진 채로 남아 있었을 것을 하나님께서 계시하신 진리입니다. 바울은 이방인들에게 복음의 비밀이 가진 영광의 풍성함을 말했습니다. "너희 안에 계신 그리스도시니 곧 영광의 소망이니라"(1:27). 이해의 충만한 확신은 하나님의 계시에 의존합니다. 당신은 하나님께서 알게 하시기 전까지는 하나님의 진리를 이해한다고 확신할 수 없습니다. 우리는 하나님의 자기 계시를 떠나서는 정확한 영적인 이해에 관련된 유익한 지식에 결코 도달할 수 없습니다. 하나님의 성령께서 하나님의 말씀을 비추어 주시지 않는 한, 하나님께서 알게 하신 것을 볼 수 있는 눈을 주시지 않는 한, 우리는 영원한 영적인 가치에 대해 아무것도 알지 못할 것입니다. 우리 자신의 모든 숙고와 모든 이교적인 가르침과 철학자들과 심리학자들의 모든 제안들 중 어떤 것도 하나님의 마음을 깨닫도록 우리를 도울 수 없고 우리를 그분께로 가까이 데려가지 못합니다. 우리는 하나님 자신의 가르침 없이는 죄로부터 구원받을 수 없고 그리스도를 더욱 닮을 수 없고, 우리가 그런 복들을 소유하게 된 사실을 알 수 없습니다. 성령께서 함께 하시지 않는다면 우리는 빈 방에 있는 눈먼 사람들과 같습니다. 하나님은 풍성함으로 방을 채우시지만 또한 그것들을 볼 수 있도록 우리 눈을 여셔야 합니다.

우리는 예수님께서 성부 하나님께 기도했을 때처럼, 예수 그리스도께서 선언하신 심오하고도 겸손한 진리들을 정직하게 직면해야 합니다. "그 때에 예수께서 대답하여 이르시되 천지의 주재이신 아버지여 이것을 지혜롭고 슬기 있는 자들에게는 숨기시고 어린 아이들에게는 나타내심을 감사하나이다 옳소이다 이렇게 된 것이 아버지의 뜻이니이다 내 아버지께서 모든 것을 내게 주셨으니 아버지 외에는 아들을 아는 자가 없고 아들과 또 아들의 소원대로 계시를 받는 자 외에는 아버지를 아는 자가 없느니라"(마 11:25~27).

하나님의 진리는 지혜 있고 현명한 자에게는 감추어지고 어린아이들에게는 계시됩니다. 세상적인 지혜로는 하나님을 분별할 수 없습니다. 그러므로 죄에서 놓임 받을 수 없고 죄로부터 놓임 받은 것을 기뻐할 수 없습니다. 꽃의 구조를 이해할 수 있고, 그것의 조성과 조직을 묘사할 수 있고, 그 모든 요소들에 이름을 붙일 수 있고, 그 내용들을 속속들이 기술하지만, 그것의 아름다움에 기뻐할 수 없고, 그것의 색채를 즐길 수 없고, 그것의 향기를 맡을 수 없는 훌륭한 과학자에 대해 당신은 딱하다고 느낄 것입니다. 우리는 하나님의 진리 안에서 이해하고 기뻐하기 위해 하나님이 필요합니다. 우리는 전적으로 하나님의 계시에 의존합니다.

그러면 무엇이 하나님의 계시의 내용입니까? 몇몇 주석가들은 바울이 본문 안에서 정확하게 어떤 단어들을 사용했는지 그리고 어떤 순서로 사용했는지 파악하는데 다소간 어려움을 느낍니다. 그러나 어떤 의미에서 그것은 자료적인 측면에서 사소한 차이를 만드는 것에 불과합니다. 그 이유는 바울이 이미 골로새서 1장 26~27절에서 매우 분명하고도 충분하게 하나님의 계시에 대해 언급했기 때문입니다.

이 계시된 진리는 하나님의 좋은 소식인데 그리스도 안에서 알려지고 우리에게 가까워진 것이며, 하나님은 그리스도를 통해 우리를 진리로 가까이 데려가십니다. 어떻게 그렇게 소수만이 하나님의 계시를 얻기 위해 나사렛 예수님을 바라보려고 했을까요? 바울은 하나님의 계시자로 그리스도를 가리킵니다. 신적인 진리의 조화들은 그리스도 안에 감추어져 있습니다. 이런 보물들이 그리스도 안에 저장되어 있다는 것은, 즉 그분 안에 안전하게 예치되어 있다는 것은 우리로부터 감추어졌다는 것이 아니라 우리를 위해 감추어졌다는 느낌을 가지게 합니다. 그러므로 하나님께서 택하신 모든 사람들은 접근이 가능합니다. 구원으로 이끄는 하나님의 은혜는 십자가에 달려 죽으신 예수 그리스도 안에서 우리와 같은 죄인들에게 비추어집니다. 디모데전서 3장 16절의 "크도다 경건의 비밀이여"라는 말씀을 기억하십시오. 그리스도와 관련이 있는 비밀은 오직 그리스도와만 관계가 있습니다. 이 사실은 마태복음 11장에 있는 주님의 기도 안에서 발견됩니다.

> 내 아버지께서 모든 것을 내게 주셨으니 아버지 외에는 아들을 아는 자가 없고 아들과 또 아들의 소원대로 계시를 받는 자 외에는 아버지를 아는 자가 없느니라 수고하고 무거운 짐 진 자들아 다 내게로 오라 내가 너희를 쉬게 하리라 나는 마음이 온유하고 겸손하니 나의 멍에를 메고 내게 배우라 그리하면 너희 마음이 쉼을 얻으리니 이는 내 멍에는 쉽고 내 짐은 가벼움이라 하시니라(27~30절).

그리스도는 하나님을 드러내십니다. 오직 예수님을 통해 성부 하나님은 알려지시고 또한 짐을 진 영혼들이 평화를 얻게 됩니다. 이전의 우리는 세상이 하나님을 보는 것처럼 육신을 통해 하나님을 보았습니다(고후 5:16). 즉, 나사렛 예수님은 단지 버림받고 저주받으신 분이었습니다. 이제 우리는 하나님의 은혜에 의해, 구원과 영광을 위해, 하나님께서 예수님을 통해 하나님 자신을 선포하시는 것을 바라보고, 예수님을 주님과 그리스도로 믿습니다.

그것은 하나님의 계시 안에 있는 풍성함을 우리에게 가져다줍니다.

바울은 복음의 계시를 말할 때 적절한 언어를 사용하는 일에 결코 인색하지 않습니다(골 1:27을 보라). 그는 복음을 헐값에 팔아버리지 않습니다. 복음은 하나님의 비밀의 지식—충만하고 정확한 이해를 가진—즉, 충만한 확신이 있는 풍성함입니다. 그리스도 안에 지혜와 지식의 모든 보화들이 감추어져 있습니다(2:2~3). 사도 바울은 하나님의 은혜로운 역사를 높이 찬양하기 위해 아마도 이사야서 33장 6절에 사용된 언어들을 가져오는 것 같습니다. "네 시대에 평안함이 있으며 구원과 지혜와 지식이 풍성할 것이니 여호와를 경외함이 네 보배니라."

바울은 하나님 속에 가장 깊이 들어 있는 모든 것이 그리스도 예수 안에 함축되어 있다고 말합니다. 그리스도는 신적인 자기 계시를 가장 높이 드러내신 것입니다. 이것은 히브리서 1장 1~4절에 잘 표현되어 있습니다.

> 옛적에 선지자들을 통하여 여러 부분과 여러 모양으로 우리 조상들에게 말씀하신 하나님이 이 모든 날 마지막에는 아들을 통하여 우리에게 말씀하셨으니 이 아들을 만유의 상속자로 세우시고 또 그로 말미암아 모든 세계를 지으셨느니라 이는 하나님의 영광의 광채시요 그 본체의 형상이시라 그의 능력의 말씀으로 만물을 붙드시며 죄를 정결하게 하는 일을 하시고 높은 곳에 계신 지극히 크신 이의 우편에 앉으셨느니라 그가 천사보다 훨씬 뛰어남은 그들보다 더욱 아름다운 이름을 기업으로 얻으심이니.

아마도 골로새에 있는 그의 적들과 그들의 공허한 주장을 곁눈질로 슬쩍 보면서 미묘한 빈정댐을 가지는 듯, 바울은 이들 모든 보화들이 예외 없이 예수님 한 분 안에 저장되어 있다고 명확하게 말합니다.

골로새서 2장 3절의 "지혜와 지식"은 신적인 진리에 대한 요약적인 선언으로서 그렇게 특별한 것은 아닙니다. 구원을 위해 처음부터 마지막까지 알려져야 할 모든 것은 오로지 그리스도 안에 있습니다. 말하자면 그리스도는 완전하고 정확하게 최종적으로 구원을 초래하는 백과사전입니다. 이 백과사전을 통과해 나가는 것은 하나님의 마음에 대한 충만하고 올바른 구원의 계시를 이해하기 위한 것입니다.

하나님의 특징과 통치, 율법과 은혜, 공의와 자비, 의로우심과 자애, 위엄과 아름다움, 진노와 사랑, 지혜와 권능은 예수 그리스도를 통해 가장 높은 수준으로, 완벽한 조화를 이루는 가운데 그리고 올바른 관계 안에서 우리에게 드러납니다. 존 에디는 이렇게 말합니다. "하나님의 인도와 통치를 보여 주는 지혜, 능력, 사랑의 조화는 수많은 세월 동안 도움이 필요한 영혼들을 매혹하여 이끌어 왔음에도 불구하고, 여전히 그 높이를 자세히 조사하고, 깊이를 탐구하고, 사실을 고찰하며, 존경받아야 할 경이로움이 남아 있습니다."[4] 이런 것들이 그리스도 안에 있는 하나님의 보화들입니다! 성육신하신 아들 밖에서는 그 어느 곳에서도 우리는 하나님을 우리의 하나님이자 구속자로서 이해할 수 없는 것입니다.

당신은 영적인 것들에 대해 잘못 인도된 사람들이 헛된 노력을 하고 있음을 보고 있지는 않습니까? 그들은 얼마나 많은 시간, 에너지, 돈 그리고 때때로 생명 자체를 신적인 것들을 추구하며 영적인 실제를 향한 열망 속으로 쏟아 붓고 있습니까! 사람들은 어떤 영적인 진리를 알기 위해 그처럼 고뇌하며 진리와 실재를 찾아 싸우고, 발광하고, 수고하지만 바보로 남아 있을 뿐입니다. 진리에 대한 목마름은 정당한 것입니다.

4) 앞의 책, p. 118.

지식에 대한 욕구는 타당한 것입니다. 그러나 사람들은 하나님을 떠나서, 하나님을 대항하여 잘못된 근원에서 물을 마시고 있습니다.

> 오호라 너희 모든 목마른 자들아 물로 나아오라 돈 없는 자도 오라 너희는 와서 사 먹되 돈 없이, 값 없이 와서 포도주와 젖을 사라 너희가 어찌하여 양식이 아닌 것을 위하여 은을 달아 주며 배부르게 하지 못할 것을 위하여 수고하느냐 내게 듣고 들을지어다 그리하면 너희가 좋은 것을 먹을 것이며 너희 자신들이 기름진 것으로 즐거움을 얻으리라 너희는 귀를 기울이고 내게로 나아와 들으라 그리하면 너희의 영혼이 살리라 내가 너희를 위하여 영원한 언약을 맺으리니 곧 다윗에게 허락한 확실한 은혜이니라(사 55:1~3).

만일 사람이 오직 그리스도만 바라보고자 한다면 그들은 살 것입니다. 철학, 심리학, 종교, 도덕은 그것들 자체로는 공허할 뿐입니다. 사람은 그것들이 그리스도 안에 저장되어 있다는 것을 발견할 때까지 하나님에 대해서는 아무것도 찾지 못합니다. 진정한 거룩함이나 지속되는 행복은 어디에도 없습니다. 만일 아직 당신이 구원받지 못했다면, 모든 것을 다른 곳에 던져버리고 그리스도로서 나사렛 예수님을 바라보고 그리스도 안에서 하나님께서 죄인들을 구원하신다는 것을 깨닫고 당신의 죄로부터 구원될 때 참으로 진리를 알게 될 것입니다.

그리스도인 역시 그리스도 안에서 우리가 가지고 있는 것들에 의해 압도되고 경외감에 사로잡혀야 합니다. 우리는 그리스도 안에서 하나님을 알고 하나님을 우리의 하나님으로 받아들이게 됩니다. 우리는 진정한 지혜와 지식을 얻게 됩니다. 우리는 신적인 진리를 붙듭니다. 우리는 전능하신 하나님과 구원의 관계 안으로 들어갑니다. 우리는 그리스도 예수 안에서 하나님께서 구원을 위해 계시하신, 성육신하신 하나님의 아들을 발견합니다. 그리스도를 가짐으로 우리는 하나님 자신을 가집니다. 우리는 이 내용들이 진실하다고 말합니다. 그러나 우리는 진실대로 살고 있습니까? 우리는 그리스도가 하나님이라는 것을 믿는 믿음 대로 그리고 그리스도를 알게 된 사람답게 살고 있습니까?

여기에 확신의 뿌리가 있습니다. 지혜와 지식의 모든 보화는 주 예수님 안에 숨겨져 있는데, 확신은 주 예수님을 굳건히 붙드는 것입니다. 그것은 하나님의 진리와 진리의 하나님을 드러내시며 죄인들의 전적으로 충분한 구주이시며, 생명과 평화의 유일한 근원이신 예수 메시아에 대한 진정한 이해입니다. 세대를 지나오면서 그리스도의 교회를 모욕해온 수많은 오류와 이단이 존재해 왔습니다. 그리고 핵심 문제는 – 지속적으로 – 그리스도 자신에 대해 공격을 가하는 것이었습니다. 종종 그런 공격은 현혹적이고 능란한 말재주가 포함되어 있으므로 바울은 성도들이 그리스도에 대한 매우 충만한 심령을 가져서 그분에게 흡수되고 스며들어, 다른 사람이나 어떤 다른 것들을 위한 여유 공간이 없게 되기를 구합니다. 우리는 그런 심령을 가지도록 갈망해야 합니다. 강하고 서로 사랑 안에서 연결되고, 충만한 확신의 모든 풍성함을 부여 받은 심령, 모든 지혜와 지식의 보화들이 감추어져 있는 그리스도 안에서 하나님의 비밀을 붙든 심령 말입니다.

그것이 바울이 골로새 교인들을 위해 싸우고 있는 전투입니다. 그의 심령은 그의 사랑하는 친구들을 위해 열심히 싸우고 있습니다. 그 중 일부는 그가 결코 본적이 없는 사람들입니다. 육신적으로는 그들로부터 떨어져 있지만 그는 무릎으로 전장에 나아갑니다. 그가 기도로 무릎 꿇는 순간에 그는 문제의 핵심에 이릅니다. 이마에서는 땀이 흐르고 눈에서는 눈물이 흘러내리는 가운데, 그는 그들의 영적 건강과 유익을 위해 간구합니다. 그는 그 목적을 위해 광범위하고 침투력이 있는 탄원과 무게감을 가진 청원을 올려드리면서 그들을 은혜의 보좌 앞으로 인도합니다. 그는 골로새 교인들의 심령이 강하고, 연합되고, 확신이 있기를 구하면서, 그리스도 주 예수님을 영접한 심령을 가지고 그들이 예수님 안에서 살 수 있도록 구합니다. "그 안에 뿌리를 박으며 세움을 받아 교훈을 받은 대로 믿음에 굳게 서서"(골 2:7). 그들의 소망은 그리스도 안에 붙어 있습니다. 그들이 그리스도를 더 잘 알수록 더 가까이 그리스도께 나아갈 것이며, 더 많이 그리스도로 충만하게 되고 따라서 하나님은 더 많이 영광 받으시고, 그들은 많은 적들 앞에서도 안전함을 누릴 것입니다.

이것이 사도 바울의 고뇌였습니다. 이것은 영혼들을 위해 수고하는 모든 참된 목자들의 고뇌이기도 합니다.

동료 그리스도인들께

당신은 당신을 위해 기도하시는 위대한 목자 예수님을 모시고 있다는 점을 기억하십시오. 다른 어떤 것들이 진실이든 그렇지 않든 관계없이, 이 사실은 당신이 의지할 수 있는 것이며 당신의 위대한 대제사장은 당신 영혼의 장래 그리고 영원을 위해 안전하고 안정된 목표(영생)를 가지고 중보하고 계십니다. 당신의 영혼의 목자이자 감독자이신 예수님은 지금은 당신을 부목자(목회자) 밑으로 보내셨을 것입니다. 그 목자는 주인님의 마음에 합하는 심령을 가지고 있으므로 예수님처럼 당신을 위해 영적 전투에 들어갈 것입니다. 우리 중 아무도 천국의 중보자(그리스도)를 가지게 된 말할 수 없는 특권을 경시하거나 또는 예수 그리스도를 통해 우리를 위해 하나님의 보좌에 들어가는 땅 위의 사람들(목회자)을 가지게 된 중요성을 가볍게 여겨서는 안되겠습니다.

우리는 당신이 당신을 위해 수고하는 목사님들께 당신을 대항하여 싸워야 하는 어떤 실마리도 제공하지 않기를 촉구합니다. 그러나 오직 당신의 영혼을 위한 싸움에 집중할 수 있도록 배려할 수 있기를 바랍니다. 만일 당신이 당신을 위해 수고하는 목회자들의 수고들로부터 유익을 누리고자 한다면 하나님 말씀에 귀를 기울이십시오. "형제들아 우리가 너희에게 구하노니 너희 가운데서 수고하고 주 안에서 너희를 다스리며 권하는 자들을 너희가 알고 그들의 역사로 말미암아 사랑 안에서 가장 귀히 여기며 너희끼리 화목하라"(살전 5:12~13). "너희를 인도하는 자들에게 순종하고 복종하라 그들은 너희 영혼을 위하여 경성하기를 자신들이 청산할 자인 것 같이 하느니라 그들로 하여금 즐거움으로 이것을 하게 하고 근심으로 하게 하지 말라 그렇지 않으면 너희에게 유익이 없느니라"(히 13:17).

이것은 그저 한 사람에 대한 생각 없는 추종이나 노예 같은 복종을 위한 탄원이 아닙니다. 그것은 그리스도 자신께서 지명했고 갖추게 한, 그리고 한 그리스도의 교회가 하나님의 무리들을 돌보는 감독자로서 인식해 온 진정한 목회자들에 대한 지성적이고 겸손한 인식을 위한 탄원입니다. 당신의 목회자들이 당신을 대항해서가 아니라 당신을 위해 에너지를 사용하게 하십시오.

더욱이 당신은 같은 목적을 바라보는 가운데 그들과 협력하여 싸우고 있습니까? 당신은 바울처럼 그리고 당신의 목회자들처럼 한 지체로서 몸인 교회를 위해 기도하고 있습니까? 모든 그리스도인은 기도 안에서 마음으로 소통하는 일이 필요합니다. 당신은 당신 자신과 교회의 회원들을 위해 강하고 연합되고 확신 있는 마음이 절대적으로 필요하다는 사실을 인정하십니까? 만일 그렇다면 당신은 당신 자신과 다른 사람들을 위해 그것을 간구하게 될 것입니다. 그리고 마귀가 분열시키기 위한 도구를 발견하지 못하도록 개인적으로 그리고 공동체적으로 그런 심령을 함양할 것입니다. 당신은 특별히 성령님을 화나게 하고 슬프게 하는 죄를 짓누르기 위해 최선을 다해 노력할 것입니다. 그래서 그리스도 안에서 형제들과 자매들 사이에서 깊이 있는 심령의 교제를 촉진하는 일들이 예외가 아니라 통상적인 것이 될 수 있는 환경을 만들려고 할 것입니다. 예를 들어 우리는 우리 자신에게 물어야만 합니다. "나는 기독교의 사랑의 교제 안에서 애쓰고 있는가? 나는 나의 형제들이 영적인 강인함을 가지도록 섬기고 있는가? 나는 다른 사람들로부터 나를 단절시키려고 하는 내 안에 있는 교만의 영 때문에 그렇게 교제하는 일에 실패하고 있지는 않는가?" 그런 외톨이적인 태도는 현명한 판단을 흐리게 합니다. 왜냐하면 그런 태도는 그 자체의 소원을 구하고, 따라서 그 자체의 소리만을 들으려 하기 때문입니다(잠 18:1).

당신은 일반적으로 그리스도의 몸을 위한 바울의 염려와 같은 것을 가지고 있습니까? 우리는 사도가 되지 못하므로 그가 했던 것처럼 편지를 쓰거나 방문할 수는 없습니다. 그러나 우리는 기도할 수 있고, 기도로써 소통할 수 있습니다. 이 점에서 바울은 우리를 위한 본보기로 남아 있습니다. 그는 우리가 교회와 그리스도인들의 시련과 노고 안으로 들어갈 수 있고 들어가야 할 것을 보여 줍니다. 심지어 우리가 육신적으로 그들을 결코 보지 못했더라도 말입니다. 우리는 개인적인 지식을 나열하면서 그저 이름이나 기도 제목을 읊조리는 것이 우리가 하는 기도가 아니라는 것을 확실히 하면서 우리의 영을 일으켜 세워서 기도해야 합니다.

우리는 특정한 대륙의 모든 나라의 이름을 나열할 수 있으며, 길고 싫증날 정도로 길게 기도할 수 있는 사람에 대해 들었을지도 모릅니다. 우리는 교회의 장로들과 집사들의 이름을 기억해 내면서 그가 기도하는 동안 앉아 있어야 하는 사람들을 부수적으로 즐겁게 해 주려고 모든 세상살이 이야기와 함께 별 내용이 없는 것을 자세히 기술하거나, 아무도 알지 못하거나 기억하지 못하는 사람의 이름을 부르면서 기도하는 사람을 알고 있을지도 모릅니다. 그런 상황 가운데 우리는 찰스 스펄전이 인도했던 한 기도 모임에서 끝없이 기도했던 한 사람에 대한 해독제를 보게 됩니다. 스펄전은 그 사람의 두서없는 주절거림에 싫증이 난 나머지 회중들에게 주절주절씨가 기도를 끝내는 동안 찬송을 부르도록 분명하게 알렸습니다! 그런 공허하고 장황한 기도 안으로 다른 사람들이 참여하여 들어가기는 어려운 일입니다.

우리가 추구해야 하는 것은 그리고 바울이 설명하는 것은 영혼의 유익을 위한 넓고 잘 연단된 종류의 의미심장한 탄원입니다. 매튜 헨리가 말했듯이, "심지어 개인적으로 알지 못하는 동료 그리스도인들과 교회 그리고 대화해 본 적이 없는 사람들을 위해서도 우리는 믿음, 소망, 거룩한 사랑을 통해 교제를 유지할 수 있습니다. 우리는 생각하고 기도하고 서로 염려해 줄 수 있고, 가장 멀리 떨어져 있고 육신적으로 결코 본적이 없는 사람들도 하늘에서 볼 것을 소망할 수 있습니다." [5] 그렇다면 당신은 성경적인 본보기, 개념, 단어를 사용하여 깊은 기도 안으로 뛰어들고 있습니까? [6]

만일 당신이 그리스도를 닮은 목회자가 있는 교회를 찾고 있다면

---

5) Mathew Henry, *Commentary on the Whole Bible: Acts to Revelation* (Peabody, MA: Hendrickson, 1991), p. 6:609

6) 도움이 될 만한 자료들은 다음과 같다. Matthew Henry의 *A Method for Prayer*, D. A. Carson의 *A Call to Spiritual Reformation: Priorities from Paul and His Prayers*, Gardiner Spring의 *The Mercy Seat*, Thomas Watson 그리고 Thomas Manton과 같은 주기도문에

또는 당신의 현재 회중 안에서 목회자의 직무를 감당할 사람을 구하고 있다면, 그 목회자들의 기도가 당신에게 많은 것을 말해 줄 것입니다. 물론 당신은 그의 개인적인 기도를 들을 수는 없습니다. 그러나 그의 공중 기도는 하나님과의 개인적인 씨름에서 나오는 고뇌에 대한 감각을 당신에게 어느 정도 줄 수 있을 것입니다.

그가 하나님께 중보하며 나아갈 때 그의 심령은 성경에 근거한 충성스러움과 함께 쏟아져 나옵니까? 그에게 물어보십시오. 그가 바라는 것만큼, 그가 마땅히 기도해야 하는 것처럼 혹은 그가 기도할 수 있는 것만큼 기도하지 않는다고 재빨리 고백하는지를 말입니다. 그리고 그렇게 고백하는 충성스러운 사람을 기대하십시오. 그에게 물어보십시오. 그가 무엇을 기도 가운데 우선순위로 고려하는지를 말입니다. 그에게 물어보십시오. 그의 심령의 가장 깊은 소망이 하나님의 백성을 위한 것인지를 말입니다. 그에게 요구하십시오. 목회적인 기도의 본질이 무엇인지를 설명해 달라고 말입니다. 그의 대답을 듣고 그 사람이 성도들을 위해 기도 가운데 수고하는 책임을 이해하고 있는지를 분별하십시오.

그의 일반적인 목회적 수고에 대한 태도를 살펴보십시오. 우리는 영적 전쟁터의 피로 때문에 정신적으로 소진된 채로 매주 설교단에 서는 사람, 영적인 국소 기갑전의 책략과 밀접하게 관련된 목회적 궤변이나 폭탄선언을 들고 오는 사람을 추천하는 것이 아닙니다. 단순한 전투적 정신 자세는 목회적 사역에 필요한 것이 아닙니다. 당신은 양 떼를 구출하기 위해 곰과 사자 앞에서 기꺼이 맞서는 다윗 같은 그리고

대한 청교도들의 일부 저작들과 기도에 대한 일반적인 청교도 저작들, 그리고 A. W. Pink, *Gleanings from Paul: The Prayers of the Apostle*, C. H. Spurgeon의 기도를 기록한 *The Pastor in Prayer*. 다른 많은 것들이 추천될 수 있다. 이들 중 일부는 온라인 상에서 입수할 수 있다.

그리스도를 닮은 목자를 원합니다. 당신은 영적인 싸움을 위한 무기를 알고 그것들을 사용하는 일에 주저하지도 않고 부끄러워하지도 않는 사람을 필요로 합니다. 당신은 무엇이 위태로운 상황에 있는지를 올바로 인식하고 그리스도로부터 임명받은 사람으로서 그의 왕의 영광을 위해 그리고 하나님 나라의 유익을 위해 싸우도록 위임되었다는 것을 인지하는 사람을 필요로 합니다. 나약한 영혼은 이것을 거절할 것입니다. 게으른 사람은 그것을 거부할 것입니다. 세속적인 사람은 그것에 대항하여 거역할 것입니다. 당신에게는 그리스도의 선한 군사가 필요합니다. 그는 예수님과 그분의 백성들에게 영적으로 매우 깊이 밀착되었기 때문에 당신을 위해 애쓸 것입니다. 그는 당신을 사랑하기 위해 싸우며 당신을 사랑하기 때문에 당신을 위해 싸울 것입니다. 그런 사람을 찾으십시오.

더 나아가 그런 사람을 위해 기도하십시오. 하나님께서 그들을 일으키시도록 기도하십시오. 그리고 하나님께서 일으켜 오실 사람들을 위해 기도하십시오. 목회자들은 군사들이며, 열심히 훈련하며, 격렬하게 일하며, 위험을 무릅쓰며, 부상을 당하며 그리고 피곤함을 겪는 사람들입니다. 이 사람은 당신을 위해 영적 전장으로 들어가고 있고, 당신의 영원한 영적 복지를 보증하기 위해 적절한 도구를 모두 사용합니다. 그의 고뇌를 기억하십시오. 그를 위해 기도하십시오. 그는 당신을 위해 기도하기 때문입니다. 그를 위해 제공하십시오. 그리고 그가 필요한 회복기(휴식과 휴가들), 필요한 의약(그 자신의 영을 위한 음식), 필요한 훈련(컨퍼런스와 동역자모임), 필요한 무기들(좋은 도서들), 필요한 우정(비슷한 영을 가진 다른 하나님의 사람들과의 교제, 스승이나 동년배 그리고 "형제요 함께 일하는 동료 군사로서"[빌 2:25] 당신과의 우정)을 취하도록 격려하십시오. 이런 것들은 건강하며 깨어 있으며 적절한 컨디션을 가지고 그리스도 우리 왕을 섬기기 위해 양 무리의 영혼들을 돌보는 목회자들을 지키는데 도움이 될 것입니다.

동료 목사님들께

당신이 그리스도와 그분의 교회를 위해 섬길 때 '번민'이라는 용어가 합당하다는 사실을 생각하십시오. 바울은 그의 목회 사역을 돌아보면서 이에 대한 자신의 감각을 분명하게 했습니다. "전제와 같이 내가 벌써 부어지고 나의 떠날 시각이 가까웠도다 나는 선한 싸움을 싸우고 나의 달려갈 길을 마치고 믿음을 지켰으니 이제 후로는 나를 위하여 의의 면류관이 예비되었으므로 주 곧 의로우신 재판장이 그 날에 내게 주실 것이며 내게만 아니라 주의 나타나심을 사모하는 모든 자에게도니라"(딤후 4:6~8).

당신의 부르심을 기억하십시오. 당신 자신이 징병된 사람임을 생각하십시오. "너는 그리스도 예수의 좋은 병사로 나와 함께 고난을 받으라 병사로 복무하는 자는 자기 생활에 얽매이는 자가 하나도 없나니 이는 병사로 모집한 자를 기쁘게 하려 함이라 경기하는 자가 법대로 경기하지 아니하면 승리자의 관을 얻지 못할 것이며"(딤후 2:3~5).

만일 당신이 부르심 따라 일할 수 없거나 그 일을 원하지 않는다면 아마도 솔직하게 당신의 위임을 사임해야 할지도 모릅니다. 이와 같은 영성을 함양하십시오. 당신은 합당하게 그런 영성을 함양할 수 있기 때문입니다. 당신의 전 영역을 통해 부르심에 합당한 영성을 계발하십시오. 승리를 추구하면서 애쓰는 것이 무엇을 의미하는지를 하나님으로부터 배우고, 그런 영성을 열심히 추구하십시오. 만일 필요하다면 신뢰할만한 그리고 그런 영성을 추구하는데 필요한 요구를 충족시키는 영적 군사들의 역사를 읽는데 시간을 조금 들이십시오. 우리가 이전에 제안했던 대로, 영웅적인 노력과 인내의 업적에 대한 기록을 읽으십시오. 만일 가능하다면 그저 친구들과 이따금씩 하는 시합이라고 하더라도 도로에 나가서 달리거나 또는 체육관에 들어가거나 또는 경쟁이 붙는 스포츠 경기장으로 들어가십시오. 인생살이에서의 승리에 대한 추구와 긴장감의 본질에 대한 감각과 맛을 경험하십시오. 그리고 구속받은 당신의 전 인간성으로부터 그런 감각이 베어 나오게 하십시오. 당신이 누구인지 당신이 누구를 섬기고 있는지 그리고 무슨 목적을 위한 것인지를 기억하십시오. 믿음의 싸움을 싸우기 위해 경건하고 군인다운 영성을, 진짜 남성다운 태도를 함양하십시오.

당신의 목적을 기억하십시오. 그것은 강하고 연합되고, 확신 있는 교회, 마음이 그리스도 안에 기초하여 뿌리박은 사람들을 세우는 것입니다. 당신의 시선을 떨어뜨리지 마십시오. 당신의 지향점을 어떤 얕은 것이나 오류와 바꾸지 마십시오. 가장 높은 소망을 유지하십시오. 성경이 당신에게 가리키고 있는 목표 말입니다. 통상적인 것에 안주하려고 하지 마십시오. 교회의 유익을 위해 그리고 면류관을 쓰신 교회의 머리(그리스도)의 영광을 위해 힘쓰십시오.

당신의 무기들을 기억하십시오. 당신의 목적을 이루기 위해 성경적으로 합당한 모든 도구들을 도입하십시오. 그리고 그 모든 것 위에 올려져야 할 기도를 기억하십시오. "모든 기도와 간구를 하되 항상 성령 안에서 기도하고 이를 위하여 깨어 구하기를 항상 힘쓰며 여러 성도를 위하여 구하라"(엡 6:18). 기도를 통해 얻어진 하나님의 복이 없이는 당신의 어떤 노력도 열매를 맺지 못할 것입니다. 토머스 머피(Thomas Murphy)는 다음과 같이 지적합니다.

목사는 모든 다른 그리스도인들 위해 반드시 기도의 사람이 되어야만 합니다. 은혜의 보좌에서 매일 다루어야 할 다른 모든 것이 있지만 그는 더욱 기도해야 합니다. 그는 그렇게 순전하게 영적인 것들과 관련이 있어야 합니다. 오직 성령께서 자격을 주셔서 고귀한 사역을 감당하게 하시기 때문입니다. 기도에 대한 그런 엄청난 관심은 그는 위임받은 존재이기 때문에 그가 하늘 높은 곳으로부터 꾸준한 인도를 필요로 한다는 것에 관련됩니다. 그렇게 딱딱하고 완고한 심령을 가지고서야 어떻게 스스로 자신이 도달해야 할 지점에 이를 수 있습니까? 그의 직분은 그가 하나님께 매우 가까이 있을 것을 요구하며 그는 그 장엄한 임재를 위해 성령님의 정결하게 하심을 취해야만 합니다. 그 자신을 위해 그리고 다른 사람들을 위해 중보하는 것이 그의 일입니다. 그리고 말할 수 없는 탄식으로 영감을 주시는 중보자 예수님의 도움이 없이, 그가 어떻게 그런 기도를 할 수 있습니까? 분명히 그는 성령님이 거하시는 전이 되어야 합니다. 오, 그는 얼마나 거룩한 존재가 되어야 하는지요! 신적인 목자이신 그리스도는 심지어 기도로 밤을 지새우셨습니다. 그렇다면 비록 가장 신성한 직무를 맡았다고는 하지만 단순한 사람으로서 얼마나 더 많이 기도하고, 오래 기다리고, 기도 가운데 갈망할 필요가 있겠습니까! 다른 목적들 가운데서도 예수님은 기도가 중요하다는 관점을 매우 자주 보이셨고, 그 사실을 기록하도록 하시면서 예수님은 모든 세대를 통해 나타날 그의 부목자들에게 하나의 본보기를 세우고자 의도하시지 않았겠습니까? 아, 기도는 그들의 매일의 호흡이 되어야 합니다. 단호하게 말해서 그들이 "항상 기도한다."는 것은 그들에게 진실이 되어야 합니다. [7)]

당신은 죽음을 앞에 두고−만일 당신의 삶을 회고할 수 있는 기회가 주어진다면−후회하면서 다음과 같이 말할 것을 기대할 수 있겠습니까? "나는 기도에 너무 많은 시간을 보냈어." 당신은 삶의 막이 내려질 때, 하나님의 사람들이 복을 얻도록 하나님께 탄원 드리기 위해 너무 많은 생각과 에너지를 소비했고 지나치게 많이 수고했다고 말할 수 있겠습니까? 당신은 아마도 존 웰치가 그랬듯이 무릎 꿇지는 않을 겁니다. 그러나 만일 그랬다면 그리스도 예수의 성도들을 위해 부어진 시간과 노력에 대해 당신의 무릎과 당신이 무릎 꿇었던 자리는 어떤 이야기를 담고 있을까요? 우리는 특별히 우리의 마음과 심령을 성경적인 본보기와 관념들과 말들로 가득 채워서 기도 생활을 해 나가야 합니다.[8] 우리는 하나님께서 약속을 이루시도록 탄원해야 합니다. 우리는 하나님의 뜻과 의도에 대한 최상의 그리고 가장 분명한 표현들로써 주님 자신께서 우리에게 주신 단어들과 어구들을 가지고 우리의 불타는 듯한 소망을 형성하여 하나님의 약속들을 하나님께서 이루시도록 탄원해야 합니다.

당신이 애쓰고 돌보는 사람들을 기억하십시오. 당신의 기도 가운데 편애함이 없다는 것을 보여 주십시오. 당신이 드물게 긍정적인 차별을 드러내는 기도를 하게 된다면, 당신에게 가장 어렵고 까다로운 사람들을 위해 가장 많이 기도하십시오. 당신의 삶을 어렵게 만들고 죄가 악화되고 성가시게 하는 그런 사람들의 머리 위에 하나님의 풍성한 복이 임하도록 탄원하십시오. 이것은 사랑을 일으킬 것입니다. 왜냐하면 당신이 그렇게 기도할 때 그런 사람들을 향하여 딱딱한 심령을 가지는

---

7) Thomas Murphy, *Pastoral Theology: The Pastor in the Various Duties of His Office* (Audubon, NJ: Old Paths Publications, 1996), pp. 69~70.
8) 유용한 자료들을 위해 6번 주를 참고하라.

것이 거의 불가능 하다는 것을 발견할 것이기 때문입니다. 동시에 무리 중의 어느 지체도 소홀하게 대하지 마십시오. 감독자들은 어려운 문제가 있는 곳에 집중하고 건강한 사람들은 스스로 돌보도록 내버려 두기가 너무 쉽습니다. 그것은 일반적으로 전체적인 면에서 위험한 결과를 초래합니다. 목사들은 그들 자신의 건강함에 의해 영향받는 만큼 무리들의 상태에 의해서도 영향을 받아야 합니다. "내가 너희 영혼을 위하여 크게 기뻐하므로 재물을 사용하고 또 내 자신까지도 내어 주리니 너희를 더욱 사랑할수록 나는 사랑을 덜 받겠느냐"(고후 12:15).

하나님의 백성들에게 당신의 심령을 보여 주는 것을 두려워하지 마십시오. 그들을 위해 수고하는 하나님의 부목자들의 일반적이고 특정한 노동에 대해 아는 것은 그들에게 적절합니다. 그들은 당신의 섬김으로부터 유익을 끌어낼 것이고, 그들이 당신으로부터 받는 것에 대해 감사하게 될 것입니다. 당신이 그들을 돌보고 있으며 그 열정과 정서가 그들을 위해 어떻게 사용되는지를 말하는 일에 움츠리지 마십시오. 말하고 보여 주십시오. 기도에서 뿐만 아니라 질문 가운데, 상호작용 가운데, 섬김 가운데, 당신의 눈을 통해 바라보는 가운데, 목소리의 강약 속에서, 당신이 말하고 행하는 것들 안에서 그리고 당신이 말하고 행하기를 자제하는 것으로부터도 보여 주십시오. 양 무리 중 아무도 당신의 수고가 그들의 영혼을 위한 사랑에서 비롯된 것이며 그리스도의 영광을 위한 염려에서 나온 것임을 의심하지 않게 하십시오.

당신의 숙명을 기억하십시오. 먼저 십자가가 있고 그 다음 면류관이 있습니다. "생각하건대 현재의 고난은 장차 우리에게 나타날 영광과 비교할 수 없도다"(롬 8:18). 싸움이 힘들고 경주가 길고 당신이 부여잡고 설교하고 있는 믿음이 전투를 위한 주제와 싸움의 문제가 될 때, 보상을 기억하십시오. "이제 후로는 나를 위하여 의의 면류관이 예비

되었으므로 주 곧 의로우신 재판장이 그 날에 내게 주실 것이며 내게
만 아니라 주의 나타나심을 사모하는 모든 자에게도니라"(딤후 4:8). 이
제 당신은 싸워야 하지만, 훗날 당신은 쉬게 될 것입니다. 고뇌 후에
평화가 옵니다.

그 어떤 것보다, 당신의 구주를 기억하십시오. 당신을 고뇌 안으로
부르신 분은 주님이십니다. 그리고 주님은 그 고뇌 안에서 당신을 지
탱하실 것입니다. 주님은 다른 모든 선한 리더들처럼 그분 자신을 위
해 이미 품었던 것만을 당신에게서 기대하십니다.

> 이러므로 우리에게 구름 같이 둘러싼 허다한 증인들이 있으니 모
> 든 무거운 것과 얽매이기 쉬운 죄를 벗어 버리고 인내로써 우리 앞
> 에 당한 경주를 하며 믿음의 주요 또 온전하게 하시는 이인 예수를
> 바라보자 그는 그 앞에 있는 기쁨을 위하여 십자가를 참으사 부끄
> 러움을 개의치 아니하시더니 하나님 보좌 우편에 앉으셨느니라 너
> 희가 피곤하여 낙심하지 않기 위하여 죄인들이 이같이 자기에게 거
> 역한 일을 참으신 이를 생각하라 너희가 죄와 싸우되 아직 피흘리
> 기까지는 대항하지 아니하고 (히 12:1~4).

그들이 당신을 미워합니까? 그들은 아무런 이유 없이 주님을 먼저
미워했습니다(시 35:19). 그들이 당신을 – 비록 비유적으로라도 – 멸시받
은 하나님의 종들처럼 십자가에 못 박습니까? 그들은 영광의 주님을
못 박았습니다(고전 2:8).

> 유대인들이 이로 말미암아 더욱 예수를 죽이고자 하니 이는 안식
> 일을 범할 뿐만 아니라 하나님을 자기의 친 아버지라 하여 자기를

하나님과 동등으로 삼으심이러라 그러므로 예수께서 그들에게 이르시되 내가 진실로 진실로 너희에게 이르노니 아들이 아버지께서 하시는 일을 보지 않고는 아무것도 스스로 할 수 없나니 아버지께서 행하시는 그것을 아들도 그와 같이 행하느니라 아버지께서 아들을 사랑하사 자기가 행하시는 것을 다 아들에게 보이시고 또 그보다 더 큰 일을 보이사 너희로 놀랍게 여기게 하시리라 아버지께서 죽은 자들을 일으켜 살리심 같이 아들도 자기가 원하는 자들을 살리느니라(요 15:18~21).

그리스도를 항상 바라보십시오. 그러면 당신은 성도들이 항상 주님을 바라보게 할 수 있을 것입니다. 하나님의 사람들에게 필요한 것은 예수님입니다. 그들은 예수님 편에 가까이 있는 것이 필요합니다. 그러면 그들은 강해질 수 있을 것입니다. 그들은 자신을 그분의 몸의 일부로서 이해해야 합니다. 그러면 그들은 연합될 수 있을 것입니다. 그들은 주님 안에 있는 찾기 힘든 풍요함을 배워야 합니다. 지혜와 지식의 그런 보화들 말입니다. 그들은 예수 그리스도의 얼굴 안에 빛나는 하나님의 영광을 보아야 합니다. 이것은 그리스도의 사람들의 긴급한 필요입니다. 그들은 그리스도의 빼어난 탁월하심을 더 많이, 그분의 위엄과 영광을 더 많이, 그분의 완전하심과 권능을 더 많이, 그분의 사랑과 열정을 더 많이 필요로 합니다. 당신 자신과 다른 사람들 앞에서 그리스도를 붙드십시오. 그리하여 하나님께서 예수님 안에서 이루신 구원의 경이로움이 영원히 알려지고 느껴지게 되도록 말입니다. 그러면 그들은 사악한 날 가운데서도 승리하며 그리스도를 굳건히 붙들고 그리스도에 의해 굳게 세워질 것입니다.

당신은 그런 전투 안에서 좋은 동료들 속에 있습니다. 당신은 그리스도와 동행하고 또한 지난 날에 그리스도와 함께 걸었던 사람들과도 동행합니다. 로랜드 힐(Rowland Hill)이라는 설교자는 "제2의 횟필드"라고 불리기도 했는데, 그 자신과 그의 동료 사역자들에게 이렇게 권고했습니다.

> 보라! 보좌 주위의 영광스러운 무리들을
> 수만의 셀 수 없는 성도들이 선 것을
> 열방이 주님께 구속되어 나아왔고
> 피로 씻겨진 옷을 입었도다
>
> 그들은 큰 역경을 통과해서 나왔으니
> 그들은 십자가를 졌고, 치욕을 받았도다
> 모든 수고로부터 이제 그들은 쉬네
> 하나님의 영원한 영광의 복 안에서
>
> 그들은 그들의 구주를 얼굴을 대면하여 보네
> 그리고 그분의 은혜의 승리를 노래하네
> 그분께 밤낮으로 끊임없는 찬송을 드리네
> 큰 감사가 그분께 올려지네
>
> 죄인을 위해 죽임당하신 어린 양이
> 만세 무궁 사시고 다스리시네
> 당신의 피로 우리를 구속하셨네
> 그리고 우리를 하나님을 위한 왕과 제사장으로 만드셨네

오, 우리도 거룩한 길을 따르게 하소서
성도들과 거룩한 순교자들의 길을 따라
영광스러운 싸움의 끝에 보상하소서
그리고 그들처럼 면류관을 얻게 하소서

| 10장 | 바울의 사역 속에 있던 경고

내가 이것을 말함은 아무도 교묘한 말로

너희를 속이지 못하게 하려 함이니 이는 내가 육신으로는

떠나 있으나 심령으로는 너희와 함께 있어 너희가 질서 있게 행함과

그리스도를 믿는 너희 믿음이 굳건한 것을 기쁘게 봄이라 (골 2:4~5).

진리의 전쟁이 교회 안으로 들이닥친 것은 결코 처음이 아닙니다. 교회사의 각 중요한 시기마다 그런 전쟁은 일어났습니다. 진리에 대한 전투는 기독교 공동체 내부에서 심지어 교회가 막 시작되었던 사도 시대에도 일어나고 있었습니다. 사실 성경의 기록은 복음이 가는 곳마다 즉시 교회 안에 있는 거짓 교사들이 중요하고 널리 퍼진 문제가 되었음을 지적합니다. 실제적으로 신약의 중요한 서신들 대부분이 그 문제를 서로 다른 방법으로 언급합니다. 사도 바울은 지속적으로 "거짓 사도요 속이는 일꾼이니 자기를 그리스도의 사도로 가장하는 자들"(고후 11:3)의 거짓에 대항한 전투에 참여했습니다. 바울은 그것이 예상된 것이었다고 말했습니다. "이것은 이상한 일이 아니니라 사탄도 자기를 광명의 천사로 가장하나니 그러므로 사탄의 일꾼들도 자기를 의의 일꾼으로 가장하는 것이 또한 대단한 일이 아니니라 그들의 마지막은 그 행위대로 되리라" (14~15절).[1]

존 맥아더

속임은 우리가 속이든 속임을 받든 동일하게 불쾌감을 일으키는 것입니다. 모든 거짓말은 우리를 만드신 하나님께 대한 모독입니다. 왜냐하면 그것은 "여호와라 여호와라 자비롭고 은혜롭고 노하기를 더디하고 인자와 진실이 많은 하나님"(출 34:6), "진실하고 거짓이 없으신 하나님"(신 32:4)이라고 자신을 묘사하기를 기뻐하시는 하나님의 참다운 본질에 거슬리는 것이기 때문입니다. 그리스도께서 하나님을 알리실 때 그분은 은혜와 진리로 충만한 가운데 오셨습니다(요 1:14). 하나님의 영은 진리의 영이십니다(14:7). 속임은 하나님께서 사람들을 불러서 진리를 말하고 행하라고 하신 것에 반대됩니다. 하나님과 더불어 사는 사람은 그의 심령에서 진리를 말합니다(시 15:2). 거짓말은 주님께서 기뻐하시는 근원이 되는 모든 것을 거스릅니다. 왜냐하면 주님은 마음속에 있는 진리를 소망하시기 때문입니다(51:6).

사탄은-하나님과 그분의 백성의 으뜸가는 적-속이는 자의 우두머리입니다. 그는 남의 불행을 기뻐하는 사기꾼이며 집념이 센 협잡꾼입니다. 속임은 그가 사람들을 하나님의 진리로부터 떠나도록 유인할 때 사용하는 주요 전략입니다.

그의 특징과 행동은 성경에서 드러나는데 심지어 처음부터 나타납니다. 뱀은 다음과 같이 묘사됩니다. "뱀은 여호와 하나님이 지으신 들짐승 중에 가장 간교하니라"(창 3:1). 그리고 사탄이 여자를 속이기 위해 일했던 것은 뱀을 통해서였습니다. 바울은 이어지는 비극적인 사건을 언급하면서 이렇게 씁니다. "아담이 속은 것이 아니고 여자가 속아 죄에 빠졌음이라"(딤전 2:14). 사탄의 기만은 아담과 하와의 죄로 말미암은 타락의 뿌리에 위치하고 있습니다. 그러므로 바울은 고린도

---

1) John MacArthur, *The Truth War* (Nashville: Thomas Nelson, 2007, 『진리 전쟁』, 생명의말씀사 역간), p. 23.

교회에 다음과 같이 경고할 수 있었습니다. "뱀이 그 간계로 하와를 미혹한 것 같이 너희 마음이 그리스도를 향하는 진실함과 깨끗함에서 떠나 부패할까 두려워하노라"(고후 11:3).

이사야서 14장에서 예언자는 바벨론 왕에 대한 하나님의 심판을 묘사합니다. 이곳에 도입된 언어는 사탄에 대한 2차적 관련성을 가지고 있습니다.[2] 적의 특징에 대해 약간 흐릿한 빛을 비추면 어떻게 묘사되어 나올까요? 우리는 자기기만에 대해 다음과 같이 읽습니다. "너 아침의 아들 계명성이여 어찌 그리 하늘에서 떨어졌으며 너 열국을 엎은 자여 어찌 그리 땅에 찍혔는고 네가 네 마음에 이르기를 내가 하늘에 올라 하나님의 뭇 별 위에 내 자리를 높이리라 내가 북극 집회의 산 위에 앉으리라 가장 높은 구름에 올라가 지극히 높은 이와 같아지리라 하는도다"(12~14절).

우리는 요한복음 8장 44절에서 더 결정적인 묘사를 봅니다. 우리 주 예수님은 당시의 유대인 지도자들과 논쟁하시면서 다음과 같이 말씀하십니다. "너희는 너희 아비 마귀에게서 났으니 너희 아비의 욕심대로 너희도 행하고자 하느니라 그는 처음부터 살인한 자요 진리가 그 속에 없으므로 진리에 서지 못하고 거짓을 말할 때마다 제 것으로 말하나니 이는 그가 거짓말쟁이요 거짓의 아비가 되었음이라." 이 묘사는 계시록에 있는 것에 상응하는데, 사도 요한은 사탄을 '전 세계'(계 12:9)와 '열방'(계 20:3)을 속이는 자로서 묘사합니다.

사도행전 5장에서 우리는 아나니아와 그의 아내 삽비라의 기만과 부정직에 대한 슬픈 이야기를 봅니다. 아나니아는 재산의 얼마를 팔면서-자신의 아내와 공모하여-초대 교회의 공동의 유익을 위해 재산을

---

2) Wayne Grudem, Systematic Theology (Grand Rapids: Zondervan, 1994, 『조직신학』, 은성 역간), p. 413. 겔 28:12~19가 또한 이런 방법으로 보인다.

판 값 전부를 아낌없이 기부하겠다고 계획적으로 발표했습니다. 그러나 그는 실제로 사도들에게 돈의 일부만을 가져왔고 자신을 위해 얼마를 남겨놓았습니다(행 5:2). 물론 아나니아와 삽비라 모두 그들의 죄에 책임이 있습니다. 그들은 "마귀가 나를 그렇게 하도록 했다."고 자신에게 단순히 변명할 수 없었습니다. 그럼에도 영감된 기록은 마귀가 이 악을 가져오도록 하는 일에 손을 썼다는 것을 우리에게 말하고 있습니다. 왜냐하면 베드로는 이렇게 꾸짖었기 때문입니다. "베드로가 이르되 아나니아야 어찌하여 사탄이 네 마음에 가득하여 네가 성령을 속이고 땅 값 얼마를 감추었느냐"(3절).

자신의 직접적인 영향과 악마적인 고상함에 더하여, 사탄은 그에게 사로잡혀 그의 제안을 알고 받든지 모르고 받든지 잘 속는 사람들을 돕는 일을 즐깁니다(딤후 2:24~26). 청교도 토머스 브룩스는 사람들을 부추기고 "그들을 정로에서 이탈시켜 옆길과 오류, 신성모독 그리고 사악함의 숨은 덤불로 인도하여 그들을 영원히 타락시키도록"하는 그런 개인에 대해 말한 바 있습니다.[3]

성경은 찌르는 듯한 언어를 사용하여 사탄의 유혹에 의해 잘못 인도받는 악의적인 사람을 묘사하고 있습니다. 그들은 "이성 없는 짐승"(벧후 2:12)이라 불리며 "물 없는 샘이요 광풍에 밀려 가는 안개니 그들을 위하여 캄캄한 어둠이 예비되어 있습니다"(17절). 그들은 "마음이 부패한 자요 믿음에 관하여는 버림 받은 자들"(딤후 3:8), "미혹하는 자가 세상에 많이 나왔나니"(요이 7절), "우리 주 그리스도를 섬기지 아니하고 다만 자기들의 배만 섬기나니 교활한 말과 아첨하는 말로 순진한 자들의 마음을 미혹하는"(롬 16:18) 자들 그리고 "바람에 불려가는

---

3) Thomas Brooks, *Precious Remedies against Satan's Devices* (Edinburgh: Banner of Truth, 1984), p. 230.

물 없는 구름이요 죽고 또 죽어 뿌리까지 뽑힌 열매 없는 가을 나무"(유 12~13절)라고 평가됩니다. 속임의 심각성은 거짓말하는 사람들을 위해 가장 무서운 심판이 예비되었다고 성경에서 두 번 경고한 사실에 의해 강조됩니다. 우리 주 예수님은 이런 불의한 목회자들을 "노략질하는 이리"(마 7:15)로 묘사하십니다. 그리고 "많은 사람들을 속이는 자"(24:5, 11)로 경고하시고, 그들을 "거짓 그리스도요 거짓 선지라"(24절)로 명명하십니다.

골로새 교회 안에는 그렇게 악의적으로 속이는 자들이 일하고 있었으며 그들은 비(非)진리의 씨를 뿌리고 있었습니다. 거짓의 본질상 비(非)진리가 들어오는 일은 화려하게 시작되지 않았습니다. 거짓 메시지는 경종의 울림이나 경고 호루라기 소리와 함께 오지 않았습니다. 그것은 감추어지고 은밀하게 왔습니다. 거짓 메시지는 진리에 대한 직접적인 정면 공격이 아니라 은밀한 습격이었습니다.

가장 성공적인 사기꾼과 마찬가지로 골로새 교회의 거짓 교사들은 진짜를 가짜와 교체해 버렸습니다. 그들의 메시지는 성경적인 것 같았지만 그들이 제공한 영적인 음식에는 독이 묻어 있었습니다. 병에는 '약'이라고 적혀 있었지만 독을 담고 있었던 것입니다. 이 마귀적인 메시지는 미묘하게 그러나 명백하게 오직 주님께만 연결되어 있는 영적인 복을 위해 다른 것을 가리키면서, 구원의 유일한 공급자로서 예수 우리 주님의 영광, 위엄, 탁월함, 중심성, 충분성을 깎아 내렸습니다.

골로새 교회는 '그리스도만으로는 충분하지 않다.'는 속삭임을 듣고 있었습니다. 그리스도는 분명히 좋았지만 구원을 위한 충만함을 가지고 있지는 않았다는 것입니다. 골로새 교인들은 충만해지기 위해 예수 이외에 다른 종교적인 도움이 더 필요하다고 들었습니다(바울은 이것들 거짓 교사들과는 정반대로 사도 바울은 오직 그리스도만이 그리스도인들을 위해 완전히 충분하다고 가르쳤습니다. 그리스도인의 삶은 그리스도에게 무언가를 첨가하는 과정이 아니라 우리가 그분 안에서 이미 가지고 있는 것들을 자신의 것으로 만드는 문제입니다.[4] 예수 안에서 우리는 충만합니다(골 2:10). 바울은 속이고 있는 그리고 심각하게 위험한 예수님에 대한 부인에 대한 해독제로서 이 편지의 대부분을 썼습니다.

바울의 논쟁

바울은 이 구절에서 골로새 교회를 병들게 하고 있었던 오류주의자들에 대해 처음으로 직접 공격을 가합니다. 전에는 암시되어 있던 것이 이제 분명하게 표현됩니다. "내가 이것을 말함은 아무도 교묘한 말로 너희를 속이지 못하게 하려 함이니"(골 2:4).

바울은 언어는 명백하고 격렬합니다. 그는 그들 앞에서 모든 지식과 지혜의 보화이신 그리스도를 높였습니다. 그는 이렇게 함으로써 문자적으로 "아무도 너를 설득하는 말로 속이지 못하도록" 막고자 합니다. 그것은 바울이 골로새 신자들을 믿음 안에서 충만하게 하고 영적인 복과 기쁨을 그들에게 주기 위해, 그리고 다른 것이나 다른 사람을 따르는 속임에 처하지 않도록 확실히 처방하기 위해 예수님을 명확하게 묘사한 것입니다. 바울은 "지혜와 지식의 모든 보화"(골 2:3)라는 말로 이 점을 단호하게 나타냅니다. 하나님의 백성으로서 우리에게 필요한

---

4) Warren Wiersbe는 이 유용한 용어를 다음의 그의 책에서 사용한다. *Bible Exposition Commentary* (Wheaton, IL: Victor Books, 1989), p. 2:154.

것이 우리 구주의 밖에서 발견될 수 있다는 암시는 전혀 발견되지 않습니다. 우리의 생명과 구원에 필요한 모든 것은, 즉 하나님 자신께서 우리에게 주시고자 하신 것의 모든 보화는 우리 주 예수 그리스도 안에 묶여 있습니다.

바울의 경고는 골로새 교회 성도들의 영적 복지를 위한 염려에서 나옵니다. 바울은 주 예수님을 높이고 성도들이 강하게 연합되고 확실한 심령을 소유하도록 하기 위한 그의 강렬한 소망을 확신시키는 데 많은 시간과 정성을 들인 이유를 이 편지에서 제공하고 있습니다.

바울의 경고는 정돈되지 않은 긴 연설이나 차가운 침묵을 사용하기보다는 따뜻한 인사와 열렬한 기도를 통해 목자적인 감정의 파장을 실어 나릅니다. 우리에 대한 최상의 관심을 심령 속에 가지고 있는 그리고 우리가 잘 알고 있는 사람들로부터 지옥에 대한 경고와 다가올 진노로부터 달아나라는 외침을 들을 때처럼, 목회적인 경고는 따뜻한 정서적 관점에서 주어질 때 가장 효과적입니다. 친구는 쉽게 말할 수 있지만 낯선 사람은 쉽게 말할 수 없는 이유는 친구 사이의 교제가 그것을 품고 진정한 경고와 훈계를 위한 길을 열기 때문입니다. 바울은 골로새 교회 성도들을 그의 보호 아래 둘 수 있었습니다. 왜냐하면 그는 그들의 영적인 건강을 열렬하게 추구하는 가운데 그의 염려를 드러내 보였기 때문입니다(골 1:9~12, 1:28~2:2). 그는 그들 가운데 있는 은혜의 모든 증거 속에서 또한 그가 가진 기쁨 안에서 그런 염려를 드러냈습니다(1:4, 24, 27, 2:5). 그것은 그리스도 예수 안에서 느껴지는 그들과의 깊은 교제 속에서 나타납니다(1:24, 2:5). 그는 이 수단들을 통해 그들의 심령의 문을 열었습니다.

바울이 이 그리스도인들을 본질상 건강한 것으로 취급하는 것은 주목할 만합니다. 그들은 현재 "믿음 안에"(골 1:23) 있습니다. 그리고 그들은 그 믿음 안에서 질서 정연함과 견고함을 보여 주고 있습니다 (골 2:5). 그런 후에 그는 오류의 이리들이 교회의 문을 앞발로 차고 있다고 그들에게 말합니다. 그리고 골로새 교인들이 그들을 교회 안으로 들여보내지 않도록 글을 씁니다. 그는 그들이 거짓 교사들에 의해 잘못 인도되지 않도록 예수 그리스도의 충족성을 깨닫게 되기를 원합니다. 그의 격렬한 언어는 골로새 성도들을 그들의 보호자이신 하나님께 두도록 고안되어 있습니다. 그는 2장 8절에서도 비슷한 어휘를 사용합니다. "누가 철학과 헛된 속임수로 너희를 사로잡을까 주의하라 이것은 사람의 전통과 세상의 초등학문을 따름이요 그리스도를 따름이 아니니라." 그는 그들을 속이려 하는 사람들에 대해 부릅뜬 눈을 유지하도록 그들에게 촉구합니다.

다시 말해서 그들이 현재적으로는 견고하게 서 있으나, 그들의 영혼은 위험에 처해 있는 것입니다. 그들의 믿음에 대한 습격은 시작되었고 그것은 지속될 것입니다. 그들의 믿음은-비록 안정되어 있지만-지속적인 지지, 격려, 강화를 필요로 할 것입니다. 만일 그들이 '유혹적인 말'에 속아 넘어가지 않으려면 말입니다.

이 속임은 그럴듯한 말로 빗나가도록 이끄는 것이며 필연적으로 거짓 이성에 의한 기만입니다. 문자적으로 이 구절에서 속인다는 뜻은 '이성을 따라 맞춘다'는 것입니다. 이것은 거짓 교사들이 어떻게 골로새 교인들을 조작했는지 그리고 어떻게 거짓 가르침을 통상적으로 가르쳤는지를 보여 줍니다. 거짓 교사들은 틀린 개념을 그리스도에 대한 진리에 끼워 맞췄습니다. 그리고 그들은 거짓말을 교회에 서서히 스며들게 했습니다.

속이려는 사람들 중 일부는 단순히 진리를 미워하고 우리를 그것으로부터 몰아내려고 합니다. 어떤 사람들은 실제적으로 거짓을 믿고,

창조주보다는 피조물을 경배합니다(롬 1:25; 살후 2:11). 그리고 - 확고하지만 근본적으로 오류를 가진 끈질김으로 - 예수님 안에 있는 진리로부터 성도들을 끌어냅니다. 그러나 모든 기만은 계획적입니다. 왜냐하면 그것은 사탄, 거짓말 그리고 거짓의 아비의 생산물이기 때문입니다(요 8:44). 그의 악의는 거짓말 뒤에 놓여 있습니다. 왜냐하면 그는 진리를 알고 미워하며 그것으로부터 우리를 끌어내거나 몰아내기 위해 그가 할 수 있는 모든 것을 수행할 것이기 때문입니다.

유혹적이거나 설득적인 말은 처음부터 마귀의 수법이었습니다(고후 11:3). 그와 같은 행동 양식은 주 범죄자인 마귀가 다시 일하고 있다는 것을 드러냅니다. 사탄이 에덴동산에서 뱀을 통해 유혹적이고 사악하며 뒤틀린 말을 사용했던 것을 기억하십시오. "하나님이 참으로 너희에게 동산 모든 나무의 열매를 먹지 말라 하시더냐"(창 3:1). 마귀가 하나님의 진리를 어떻게 침식시키는지 보십시오. 하나님의 약속과 경고에 대해 하와의 생각에 불신을 심고 창조주의 말을 잘못 인용하면서 말입니다. 속이는 자는 거짓말을 의심의 그림자에 놓아둔 후에 하나님의 분명한 말씀의 참다운 본질을 부정하면서 이렇게 말합니다. "너희가 결코 죽지 아니하리라"(4절). 그의 말은 점차적으로 거짓말의 덫이 되어 하와에게 들러붙었고, 그녀는 곧 완전히 사로잡혔습니다. 그리고 영원히 황폐화되는 결과를 낳게 되었습니다. 사탄은 우리 주님을 유혹할 때 다시 하나님 말씀을 뒤틀어버립니다. 하나님의 천사들이 모든 방법을 동원해 그리스도를 지킬 것이라고 주장하면서 말입니다. 달콤한 유혹의 손길로 주님을 치켜세우면서 혹시나 주님이 뛰어내리시지 않을까 하고 말입니다. 그러나 진정으로 중요한 보호받을 자격에 대한 언급은 그럴듯하게 얼버무렸습니다. 그런 보호는 의무를 이행하는 가운데 진정한 그리고 겸손한 믿음을 가지고 하나님을 그의 피난처로 삼는 사람을 위한 것이지, 성전으로부터 뛰어내림으로써 하나님을 시험하는 사람을 위한 것이 아닙니다(마 4:6; 시 91:11~2 참고).

거짓 교사들은 거의 그들의 주인인 사탄처럼 활동합니다. 그들은 하나님의 속성을 잘못 제시할 것이고 그분의 계시를 침식할 것입니다. 그들은 그들의 영적인 아비처럼 하나님께서 계시하기를 기뻐하신 바로 그 비밀을 공격하면서 하나님의 계시자인 그리스도를 칠 것입니다. "거짓말하는 자가 누구냐 예수께서 그리스도이심을 부인하는 자가 아니냐?"(요일 2:22). 속임은 구주이시며 거룩하게 하는 분이신 예수님의 충분성, 탁월성, 중심성, 유일성을 공격할 것입니다. 속임은 주님이시며 그리스도이신 예수님을 맹렬히 공격할 것입니다. 그러나 노골적인 습격은 일어나지 않을 것입니다. 사탄과 그의 추종자들은 그리스도를 평가절하하고, 낮추며, 궁극적으로 경멸하도록 사람들을 가르칠 것입니다. 속삭임이 일어날 것입니다. "그리스도는 충분하지 않아!" 그리고 그 결과는 완전한 파멸을 가져올 것입니다.

청교도의 왕자인 존 오웬은 마태복음 16장 18절을 언급할 때 그리스도 자신께서 교회를 지탱하고 있는 바위라는 것을 단언하면서, 바로 이런 접근에 대해 경고했습니다. 그는 그리스도께서 교회를 지탱하는 바위이시기 때문에 사탄이 항상 기초-예수님의 인격과 사역-를 공격한다는 것을 드러냅니다.

> 왜냐하면……지옥의 권능과 정책은 항상 그랬고 또 항상 그럴 것인데, 이 기초 위에 세워진 교회를 적대하는 일에 관여합니다. 그 기초는 그리스도의 인격, 직무, 은혜에 관련된 믿음인데, 따라서 믿음은 그리스도 위에 세워집니다. 이 문제는 과거부터 있던 것으로서 사실의 문제와 관련되어 있으므로 저는 간단한 설명을 제공하고자

합니다. 그리고 나서 우리는 현재에도 그와 같은 마귀의 동일한 노력이 있는지 그에 대한 증거들을 우리가 가지고 있는지 조사할 것입니다.

지옥의 문은 모두가 동의하듯이, 그것의 권능과 정책입니다. 또한 분냄과 알랑거림을 사용하는 사자와 뱀 같은 사탄의 행동입니다. 그러나 반면에 이런 일을 할 때 사탄은 자신의 인격이 보이지 않게 행동합니다. 그러나 사탄은 자신의 일을 하는 가운데 항상 두 가지 종류의 매개체를 사용해 왔습니다. 하나에 의해 격노를 일으키고, 다른 하나에 의해 교활함을 일으킵니다. 그는 사자와 같이 격노하고, 다른 한편 뱀처럼 교활합니다. 그는 분내는 가운데 용과 같이 행동하고, 교활함 가운데 양처럼 두 뿔을 가진 짐승 같이 행동합니다. 첫째로는 불신 세상을 통해 일하며 또한 배교자들과 모든 종류의 부추기는 자들을 통해 일합니다. 따라서 이런 일은 이중적인 성격이 있습니다. 하나는 핍박 가운데 세상에 의해 수행되는 그의 능력과 격노의 효과이고, 다른 하나는 부추기는 가운데 이단자를 통해 수행되는 그의 계략과 교활함입니다. 사탄은 양쪽 모두를 사용하여 교회를 기초로부터 분리하기 위해 음모를 꾸밉니다. [5]

만일 할 수 있다면 사탄은 교회를 정박지로부터 잡아 뜯어낼 것입니다. 그런 거짓말이 어떻게 그렇게 쉽게 잘 믿어지는지 슬프고 끔찍할 뿐입니다! 진리뿐만 아니라 오류를 위해서도 말은 강력한 매개체로써 거짓 교사들이 교회를 공격하기 위해 사용했던 무기였습니다. 바울은 골로새 교인들에게 몇몇 사람들이 무언가를 말하는 방식은 절차적으로 그들이 믿었던 구주로부터 꾀어내기 위해 사용되는 것임을

---

5) John Owen, *Works* (Edinburgh: Banner of Truth, 1965), p. 1:35~36.

경고했습니다. 말은 그럴듯할 것이고 개념은 표면적으로는 맞는 것처럼 들리고, 관념은 친근하게 보이며, 사상은 진리로부터 멀리 떨어져 있는 것 같지 않지만 그러나 그 영향은 치명적입니다.

무언가 그럴듯한 것을 증명하기 위해 논증하는 것은 그 자체로는 부당한 기술이 아닙니다. 그러나 그것이 오용될 때는 치명적일 수 있습니다. 우리는 때때로 다른 의견을 사람에게 설득하기 위해 '둘러가면서' 말할 때가 있습니다. 골로새 교인들은 그럴듯한 거짓말에 의해 둘러싸여진 위험에 있었습니다. 속임은 큰 걸음으로 시작해서 교회의 얼굴을 타격하여 그의 정체를 드러내려 하기 보다는, 가만가만 다가가서, 팔짱을 끼고 한 걸음씩 떼면서, 속삭이기 시작하며 슬슬 구워삶습니다. 사탄은 하와 앞에서 곧장 하나님을 비난하지 않았습니다. "하나님은 거짓말쟁이야. 그를 무시해! 네가 원하는 것을 해. 하나님이 말씀하신 것 말고!" 그보다 사탄은 불신과 거역의 씨앗을 교묘하고 매혹적으로 뿌렸습니다. 부드러운 말과 알랑거리는 말은 의심하지 않거나 순진한 심령들을 속이기 위해 잘 사용되었습니다 (롬 16:18). 속임은 알랑거림 및 궤변과 관련되고, 그것은 이른바 더 깊고 순수한 무언가를 제공하는 듯합니다. 그런 속임은 어렵거나 숨겨진 것을 분명하게 드러낼 수 있다고 말합니다. 속임은 우리의 약함을 통해 활동합니다. 속임은 강조점을 약간 옮김으로 정상상태에서 벗어나게 한 후 시스템 전체를 망가뜨립니다. 속임은 황폐화합니다. 단지 속임이기 때문이 아니라, 유혹적이고 매혹적이고, 설득적이기 때문입니다. 분명한 거짓말은 쉽게 퇴짜를 맞습니다. 그러나 무언가 그럴듯해 보이는 것은 훨씬 더 위험합니다. 이것은 "사람의 속임수와 간사한 유혹"(엡 4:14)입니다. 속이는 자는 영적이고 종교적이고 또는 심지어 기독교적 용어를 (진정한 기독교적 의미 없이) 사용할 것입니다. 그래서 당신의 눈을 속이고 진리로부터 당신을 설득해 내어 오류로 나아가도록 만들 것입니다.

이런 골로새에 있는 십자가의 적들은 재빠른 말쟁이들이며 부드러운 이야기꾼들이었는데 아마도 아첨하는 사람들이었을 것입니다. 그들은 지각있고 통찰력 있어 보였습니다. 아마도 그들은 내세적인 감정적 정서를 계발하였을 것입니다. 그들은 의미심장하면서도 침울한 어조로 이 그리스도인들에게 인상적이고 유익하게 들리는 주장을 제시했습니다. 그들은 예수를 잊어버리라는 촉구로 시작하지 않았습니다. 그들은 부드럽게 아마도 예수에게 무언가를 보충해야 할 시점이 온 것 같다고 제안했을 것입니다. 그들은 예수님을 보좌에서 끌어내리기 위해 처음부터 그분을 경멸하지 않았습니다. 그보다 그들은 미묘하게 예수님을 가치절하고 지위를 낮춤으로 시작했습니다. 그들은 그리스도로부터 점차적으로 믿음의 눈을 돌렸습니다.

하나님은 또한 구약 성경에서 그분의 백성들에게 거짓 교사들의 말에 대해 경고하십니다. 예레미야서 23장 16절에서 우리는 다음을 읽습니다. "만군의 여호와께서 이와 같이 말씀하시되 너희에게 예언하는 선지자들의 말을 듣지 말라 그들은 너희에게 헛된 것을 가르치나니 그들이 말한 묵시는 자기 마음으로 말미암은 것이요 여호와의 입에서 나온 것이 아니니라."

우리 주 예수님은 위선적인 종교 지도자들에 대해 그의 제자들에게 경고하시면서 정확하게 같은 종류의 언급을 하셨습니다. "삼가 바리새인과 사두개인들의 누룩을 주의하라 하시니"(마 16:6). 그분의 재림에 대해서라면 예수님은 다시 명백하고 솔직하게 거짓말의 홍수를 경고하셨습니다. "너희가 사람의 미혹을 받지 않도록 주의하라 많은 사람이 내 이름으로 와서 이르되 내가 그라 하여 많은 사람을 미혹하리라"(막 13:5~6).

그리스도와 마찬가지로 사도 바울은 속임의 위험을 소홀히 할 수 없었습니다. 물러앉아서 아무것도 하지 않는 것은 선택 사항이 될 수 없었습니다. 따라서 그는 교회에 경고하여 아무도 그들을 속이지 못하도록 하고자 했습니다. 그는 위험이 이르렀을 때, 필요하고 적절할 때는 이름을 불러가면서 경고를 울릴 준비가 되어 있었습니다.

여러분은 자기를 위하여 또는 온 양 떼를 위하여 삼가라 성령이 그들 가운데 여러분을 감독자로 삼고 하나님이 자기 피로 사신 교회를 보살피게 하셨느니라 내가 떠난 후에 사나운 이리가 여러분에게 들어와서 그 양 떼를 아끼지 아니하며 또한 여러분 중에서도 제자들을 끌어 자기를 따르게 하려고 어그러진 말을 하는 사람들이 일어날 줄을 내가 아노라 그러므로 여러분이 일깨어 내가 삼 년이나 밤낮 쉬지 않고 눈물로 각 사람을 훈계하던 것을 기억하라(행 20:28~31).

개들을 삼가고 행악하는 자들을 삼가고 몸을 상해하는 일을 삼가라(빌 3:2).

구리 세공업자 알렉산더가 내게 해를 많이 입혔으매 주께서 그 행한 대로 그에게 갚으시리니 너도 그를 주의하라 그가 우리 말을 심히 대적하였느니라(딤후 4:14~15).

베드로 사도 역시 거짓 교사의 입에서 나오는 속임을 경고합니다. 베드로후서 2장 3절에서 그는 이렇게 씁니다. "그들이 탐심으로써 지어낸 말을 가지고 너희로 이득을 삼으니 그들의 심판은 옛적부터 지체하지 아니하며 그들의 멸망은 잠들지 아니하느니라." 다시 그는 경고합니다. "그들이 허탄한 자랑의 말을 토하며 그릇되게 행하는 사람들에게서 겨우 피한 자들을 음란으로써 육체의 정욕 중에서 유혹하는도다"(벧후 2:18).

왜 그렇게 경고가 많습니까? 왜냐하면 우리가 영광에 이르기 위해 통과해야만 하는 위험과 함정과 올가미가 매우 많기 때문입니다. 존 오웬이 지적했듯이 기만은 교회에 대한 사탄의 주요한 두 개의 무기들 중 하나입니다. 그래서 우리는 다양한 방법과 상황 속에서 기만이 들어오는 것을 종종 발견합니다.

그러나 우리는 또한 "바울은 오류주의자들과 그들의 메시지에 대항하여 이 신자들을 보호하기 위해 왜 열정적인 언어들을 사용했는가? 왜 그런 직접적인 이야기와 냉정한 훈계를 사용했는가? 진짜 그렇게 많은 것이 위험에 있었는가?"라고 물을 수 있을 것입니다.

분명히 그랬습니다! 속이는 자들과 그들의 거짓말이 들어오는 것은 일부의 사람들에게는 그들이 거짓에 이끌리는 것처럼 명백하게 그들의 고백이 공허하다는 것을 드러낼 것입니다. 바울은 후메네오, 알렉산더, 빌레도에 대해 디모데에게 경고합니다. 그들은 다른 사람들을 자신의 몰락과 함께 어둠 속으로 데려가면서 다음과 같은 범주에 떨어진 사람들로 보입니다.

> 아들 디모데야 내가 네게 이 교훈으로써 명하노니 전에 너를 지도한 예언을 따라 그것으로 선한 싸움을 싸우며 믿음과 착한 양심을 가지라 어떤 이들은 이 양심을 버렸고 그 믿음에 관하여는 파선하였느니라 그 가운데 후메내오와 알렉산더가 있으니 내가 사탄에게 내준 것은 그들로 훈계를 받아 신성을 모독하지 못하게 하려

함이라 (딤전 1:18~20).

망령되고 헛된 말을 버리라 그들은 경건하지 아니함에 점점 나아
가나니 그들의 말은 악성 종양이 퍼져나감과 같은데 그 중에 후메
내오와 빌레도가 있느니라 진리에 관하여는 그들이 그릇되었도다
부활이 이미 지나갔다 함으로 어떤 사람들의 믿음을 무너뜨리느니
라 (딤후 2:16~18).

제가 대학생이었을 때 동료였던 영국에 있는 한 청년이 대담한 믿음
의 고백을 했습니다. 그리고 교회 안에서 뽐내는 자가 되었습니다. 그
는 급속한 영적 성장을 보이는 것 같았고 우렁차고 열정적인 간증을
했습니다. 그는 그 도시 안에서 어느 한 사람에 의해 운영되는 '성경
연구'에 참여하기 시작했습니다. 그리고 그는 그곳의 가르침을 곧이
곧대로 다 받아들였습니다. 얼마 지나지 않아 그는－더 많은 열정과
전적인 헌신을 가지고－그에게 이야기를 듣는 사람들을 모두 설득하
면서 예수는 진정한 하나님이 아니라고 말했습니다. 심지어 신실한 친
구들로부터 분별력 있는 경고와 진지한 탄원을 받았음에도 불구하고
말입니다. 그는 결국 설교단으로부터 그리고 개인적으로 들었던 진리
로부터 돌이켰고, 거짓말을 전적으로 품었습니다. 그러므로 이런 것들
이 옛날의 문제라고만 상상하지 맙시다. 거짓 교사들은 여전히 우리와
함께 있고, 여전히 오류를 야기시키고, 여전히 사람의 영혼에 위험합
니다.
그러나 성도들 역시 위험 가운데 있습니다. 주 예수님은 확실하게
경고하십니다. "거짓 그리스도들과 거짓 선지자들이 일어나 큰 표적
과 기사를 보여 할 수만 있으면 택하신 자들도 미혹하리라"(마 24:24).

그러나 그런 경고는 진정한 신자들을 끝까지 지키기 위한 도구들 중 하나입니다. 선택받은 사람들은 종국적으로 속지 않을 것입니다. 그러나 그들은 심각하게 약해질 수 있습니다. 하나님 말씀 안에서 충만한 구원의 은혜 가운데 예수님이 제시될 때, 심지어 일시적으로라도 예수님에 대한 시야를 잃어버리는 것은 진정한 신자들을 약화시킬 것입니다. 그들이 그리스도로부터 떠나서 표류하는 한, 그들의 영적인 활력에 영향을 미치는 침체가 발생할 것입니다. 웨일즈 교회사에서 위대한 설교자들 중 한 명이었던 크리스마스 에반스의 예를 고려하십시오. 결실 있는 사역을 펼치는 중에도 그는 일시적으로 두 번 속임을 당했습니다. 한 번은 샌디매니어니즘(Sandemanianism)에 의해서이고,[6] 다른 한번은 초-칼빈주의(hyper-Calvinism)에[7] 의해서였습니다. 심지어 그에게는 예수님 안에 있는 진리로부터 살짝만 빗나간 것이 심오한 영적인 내리막이 되었습니다. 그는 샌디매니어니즘을 경험하면서 이렇게 썼습니다.

---

6) 샌디매니어니즘은 구원에 이르는 믿음의 개념을 곡해한 이단이다. 즉, 믿음을 성령으로부터의 이해와 예수님에 대한 충만한 신뢰라기보다는 그리스도에 대한 신적인 증언들에 대한 단순한 지적인 동의의 행위로 만든다(역자 주-샌디매니어니즘에 대한 더 자세한 것은 다음의 자료들을 참고할 만하다. 영문자료: http://www.theopedia.com/Sandemanianism [2011년 5월 14일 접속], Robert Strivens의 "Sandemanianism, Then and Now", The Westminster Conference 소책자[2004, pp. 47~68] 및 Martyn Lloyd-Jones의 "Sandemanianism", The Puritan Conference 소책자[1967, pp. 54~71]. 한글 자료: 마틴 로이드 존스, "샌디먼파", 『청교도 신앙 그 기원과 계승자들』[생명의말씀사 역간]에서 1967년 마틴 로이드 존스 목사님의 발제문 "Sandemanianism"의 한글 번역본을 또한 볼 수 있을 것이다. 신-샌디매니어니즘에 대해서는 역자의 글을 참고하라. http://lloydjones.org/zbxe/piety03/62991/page/3 [2012년 1월 19일 접속]).

7) 초-칼빈주의는 하나님의 주권에 대한 성경적인 교리의 곡해이다. 하나님께서 택하신 사람들에게는 그리스도께서 복음 안에서 값없이 제공되었기 때문에 회개하거나 예수를 믿으라는 요청을 할 필요가 없고, 가장 확실하게 하나님 나라에 들어가게 되어 있으며, 회심하지 않은 자들에게 복음을 전할 필요가 없다는 주장이다.

샌디매니안 이단은 죄인들의 구원을 위한 기도의 영을 저에게서 몰아내 버렸습니다. 하나님 나라를 위한 보다 더 가벼운 문제들이 제 마음속에 있는 더 중요한 주제들보다 더 무겁게 눌렀습니다. 그리스도를 위해 제게 주어졌던 영혼들의 회심을 위한 설교단에서의 열정과 확신과 진지함은 사라졌습니다. 저의 심령은 가라앉아 버렸고, 저는 선한 양심의 증거를 잃어버렸습니다. 주일 밤마다 비통하게 제 안에 팽배해 있던 오류들을 드러내고 힐난하면서 제 양심은 안절부절못했으며 경책을 받았습니다. 왜냐하면 저는 하나님과의 교제와 교통을 잃어버렸기 때문이었습니다. 그리고 무언가 매우 귀중한 것을 잃어버렸고 부족한 상황에 있다는 것을 느끼게 했습니다. 저는 이 상황에서 말씀에 따라 행동했다고 스스로에게 대답하려고 했습니다. 그러나 그 상황은 무언가 더할 나위 없이 귀한 것이 떠나가버렸다고 말하면서 여전히 저를 책망했습니다. 저는 기도의 영과 설교의 영을 상당 부분 상실했습니다. [8]

하나님은 토머스 존스(Thomas Jones)라고 불리는 사람의 증언과 특정 침례교도 신학자 앤드루 풀러의 글들을 사용하셔서 에반스가 진리로 돌아오도록 하기를 즐거워하셨습니다. 에반스가 하나님께서 그의 심령을 새롭게 하신 것을 경험한 일도 역시 교훈적입니다.

저는 그리스도를 향한 그리고 그분의 희생과 성령의 사역에 대한 차가운 마음으로 지쳤습니다. 설교단에서, 성경 연구 가운데, 은밀한 기도 가운데 차가운 심령이 나를 지배했습니다. 이전 15년 동안

---

8) 다음 자료에서 인용함. Tim Shenton, *Christmas Evans: The Life and Times of the One-Eyed Preacher of Wales* (Darlington, UK: Evangelical Press, 2001), p. 173.

저는 예수님과 함께 엠마오로 가는 제자들처럼 심령 속에서 타오르는 느낌을 가졌습니다. 제가 항상 마음에 기억하고 있는 그 날, 저는 돌겔라우(Dolgellau)로부터 마킨레스(Machynlleth)으로 가는 길에 한 언덕을 향하여 올라가다가 기도해야 한다는 의무감을 가졌습니다. 그러나 제 영은 세속화되어 있었고 심령 속에서는 의무감을 실행하는 일에 어려움이 느껴졌습니다. 예수님의 이름 안에서 기도를 시작하는 동안, 저는 곧 족쇄가 풀어지고 마음의 오래된 단단함이 부드러워지는 것처럼 느껴졌습니다. 그리고 저는 서리와 두텁게 쌓인 눈들이 제 심령 속에서 녹아내린다고 생각했습니다. 이 경험은 성령님의 약속 가운데 내 영 안에 확신을 주었습니다. 저는 마음 전체가 어떤 큰 결박으로부터 풀어져 나오는 것을 느꼈습니다. 눈물이 한없이 흘러내렸고 저는 구원의 기쁨이 내 영을 회복함으로써 하나님의 은혜로운 임재를 경험하기 위해 울부짖어야만 했습니다. 그리고 하나님은 제가 돌보는 앵글시(Anglesey)에 있는 교회들을 위해 기도하도록 하셨습니다. 저는 성도들이 속한 모든 교회와 웨일즈 안에 있는 거의 모든 목회자들의 이름을 부르면서 하나님께 탄원 드렸습니다. 이 투쟁은 세 시간 동안 지속되었습니다. 그 싸움은 격렬해지다가 다시 잠잠해졌습니다. 그리고 또 다시 격렬해지다가 잠잠해졌습니다. 마치 한 파장이 오고 다시 오는 것처럼 말입니다. 그리고 거대하게 흐르는 조류가 강한 바람에 의해 밀려오는 것처럼, 울고 외침으로 제 본성이 희미해질 때까지 계속되었습니다. 저는 제 자신을 그리스도께 위탁했습니다. 영혼과 육체, 은사와 수고 – 전 생애 – 와 제게 남은 모든 날과 시간을 말입니다. 그리고 제 모든 근심을 그리스도께 맡겼습니다. 길은 험하고 인적은 드물었습니다. 그리고 저는 완전히 혼자였습니다. 그리고 제가 하나님과 씨름하는 중에 아무도 저를 방해하지 않았습니다.

　이 시간 이후, 저는 제 자신과 교회들을 위한 하나님의 선하심을 기대하게 되었습니다. 그래서 주님은 샌디매니어니즘의 홍수에 휩쓸리지 않도록 앵글시의 사람들과 저를 구해내셨습니다. 이 일 이후, 첫 예배 모임에서 저는 영적인 결빙의 차갑고 메마른 영역들로부터 제거되어 하나님께서 약속하신 초록의 벌판으로 옮겨진 것처럼 느꼈습니다. 기도 가운데 하나님께 부르짖으며 나아간 일과 죄인들의 회심을 위한 갈망은 제가 클린(Lleyn)에서 경험했던 것인데 이제 회복되었습니다. 저는 하나님의 약속을 다시 붙들고 있습니다.[9)]

크리스마스 에반스는 그리스도로부터 완전하게 돌아서지 않았습니다. 그는 회복되었습니다. 그러나 그는 사탄의 거짓말에 의해 그 안에 얼마간 어느 정도 침몰되어 있었습니다. 그리고 그것은 그를 그리스도인으로서 또한 목회자로서 무기력하게 만들었습니다. 그리스도인으로서 그가 진리로부터 떠나 있었던 이 기간에 그가 타협적인 사역과 축소된 열망으로 고통받았던 것에 대해 말하는 것을 주목하십시오. 그는 그리스도인으로서 기쁨과 열정을 잃었고 목회자로서 능력을 상실했습니다. 더욱이 그는 그리스도 안에서 하나님께 영광을 돌리지 못했고 영적 불균형 가운데 굶주린 영혼을 가진 죄인들에게 복음에 미치지 못하는 무언가 부족한 것을 설교했습니다.

　비록 잠시 동안이라 하더라도 어떤 형태 가운데 어느 정도 오류에 의해 교회와 그리스도인들이 붙들릴 때 맞이하는 공포는 얼마나 큰 것인지요! 하나님으로부터 떨어져 나오는 한, 삶에 대한 모든 요소가

---

9) 앞의 책, pp. 179~180.

절뚝거리게 되고, 그리스도 안에서 하나님의 구원하는 능력을 증거하는 일은 타협적이게 됩니다. 하나님은 모독 받으시고, 그리스도는 명예를 잃으시며, 성령은 근심하십니다. 그러나 사탄은 즐거워하고 성도들은 낙담합니다. 그리고 구원받지 못한 죄인들은 소홀히 취급되거나 잘못 인도 됩니다. 이것은 이단의 서리와 오류가 그들의 영혼에 들어가기 때문입니다.

바울은 이런 일이 일어나는 것을 참을 수 없었습니다. 그는 골로새 교회 신자들에게 이미 말했습니다. 그의 큰 목적은 '그리스도 예수 안에서 각 사람을 온전하게 세우는 것'이라고 말입니다. 그는 아무도 좌절하지 않고 아무도 그의 돌봄에서 떨어져 나가지 않기를 갈망했습니다. 그는 하나님의 백성을 위한 참된 감독자로서 그들을 위해 열렬하게 기도했고 위협적인 위험들에 대해 그들에게 충성스럽게 경고를 보냈습니다. 그는 만일 이 골로새 교인들이 '예수에 더하여' 복음을 품는다면, 그들은 모든 것을 잃게 될 것을 알았습니다. 그러므로 바울은 그들의 심령 안으로 파고 들어가서 거짓 교사들이 속이는 말은 매우 유해하다고 그들에게 경고했습니다. 그들은 낙담, 허약, 탈선 그리고—더 심각하게는—배교를 위한 촉매제였습니다.

바울의 즐거움

바울이 보낸 그런 간곡한 권고는 그들이 흔들리지 않고 서야 할 필요가 있는 바로 그 순간에 골로새 교인들을 흔들고 공황 상태와 불안정한 상태를 가져올 수도 있었습니다. 바울은 진리의 망치와 쇠지레를 가지고 경고하면서 특정한 오류와 이들 성도들을 위협하던 특별한 위험을 해체하려고 했습니다(골 2:6부터 이어지는 내용임). 어떤 파괴적인 후려침과 절단이 필요했습니다. 그는 이 지점에 이르자 기쁨에 넘치는 보증과 큰 격려를 골로새 교인들에게 주면서 자신이 그들에게 강력하게 결속되어 있다는 점을 확신시킵니다.

바울은 바로 곁에 디모데 그리고 아마도 에바브라－골로새 회중들과 관련된 목회자들 중 한 명－와 인접해 있는 로마 감옥에서 이 말들을 쓰고 있다는 것을 기억하십시오. "이는 내가 육신으로는 떠나 있으나 심령으로는 너희와 함께 있어"(골 2:5). 그의 말은 비록 불가능하지만 그들과 함께 있기를 원한다는 것을 암시합니다. 그럼에도 그는 그들과 함께 느끼는 교제가 그저 지리적인 거리에 의해 결정되는 것이 아님을 확증합니다. 바울은 동료 신자들과 오랫동안 육신적으로 함께 지내지 못한 위험을 의식한 듯합니다. 어떤 사람은 말하기를 몸이 멀어지면 좋아하는 마음이 커진다고 합니다. 또 다른 사람들은 얼굴이 멀어지면 마음도 멀어진다고 합니다. 바울은 후자의 경우와 같이 염려합니다. 심지어 그가 전자를 추구하는 중에도 말입니다. 적들은 오랫동안 함께 있지 못함으로 교묘하게 침투하고 의심의 자리를 제공하여 성도들의 심령 속에 있는 뿌리에 파고들게 되었습니다. 영적 교제는 물리적 부재에 의해 쉽게 침식될 수 있습니다. 모든 그리스도인은 장기적인 물리적 부재 때문에 동료 성도들로부터 건강한 교제를 유지하는 것이 어려움에 처한다는 사실을 인식해야 합니다(히 10:25). 그것은 우리가 부주의하거나 소홀히 하는 가운데 영적인 교제를 달가워하지 않기 때문이 아니라, 섭리 가운데 방해를 받아 영적 교제를 충실하게 할 수 없는 상황에 빠지기 때문입니다.

비록 그가 먼 거리에 수감되어 있지만 그는 여전히 그들과 함께 있습니다. "영 안에서"(골 2:5). 이것은 초감각적인 개념과 같은 심리적인 현상이라고 주장되는 종류나 또는 환상적인 돌출이나 이동과 같은 불가사의하고 놀라운 유형의 것을 말하는 것이 아닙니다. 이것은 신비주의가 아닙니다. 비록 여기에 무언가 신비적인 것이 있지만 말입니다. 바울은 고린도전서 5장 3~5절에서 똑같은 영적 교제 안에서의 현실을 증언하기 비슷한 용어를 사용합니다. "내가 실로 몸으로는 떠나 있으나 영으로는 함께 있어서 거기 있는 것 같이 이런 일 행한 자를 이미 판단하였노라 주 예수의 이름으로 너희가 내 영과 함께 모여서 우리 주 예수의 능력으로 이런 자를 사탄에게 내주었으니 이는 육신은 멸하고 영은 주 예수의 날에 구원을 받게 하려 함이라."

바울은 비록 육체로는 함께 있지 않지만 골로새 교인들의 상황을 이해하고 그들과 함께 그들이 직면한 특정한 상황으로 들어가서 그들과 함께 그들을 위해 느끼며 반응합니다. 바울은 어떻게 자신이 그렇게 하고 있다고 확신을 가지고 말할 수 있습니까?

이 질문에는 몇 가지 대답이 가능합니다. 첫째, 예수 그리스도와 함께 형성된 그들의 연합 때문입니다. 바울과 골로새 교인들은 그리스도, 즉 교회의 머리 안에서 연합되어 있습니다. 그리스도는 영광의 소망인 그들 모두 안에 계십니다. 이것은 지혜로운 생각이라기보다는 살아 있는 실재입니다. 우리는 서로 지체이며(롬 12:4~5), 공유하고 있는 경험에 대한 부인할 수 없는 요소들을 가지고 있습니다. 둘째, 하나님의 섭리와 부르심이 바울과 골로새 교인들 사이에 특정한 교제를 형성했습니다. 그는 이들 성도들에 대해 특별한 청지기직을 가지고 있습니다(골 1:25). 그것은 우리가 모든 성도들에 대해 그리스도 안에서 동료라는 생각을 같은 정도와 분량으로 느낀다는 것을 의미하지는 않습니다. 그러나―하나님의 부르심과 통치에 맞게―사람들의 심령을 하나님께서 짜 맞추실 때가 있습니다. 바울은 지식에 대한 정확함을 가지고 있습니다. 바울은 골로새에서 일어난 일에 대해 얼마간 알고 있습니다.

그는 아마도 골로새 교회의 회원이었던 빌레몬과 가까이 있습니다. 그의 친구 빌레몬의 종인 오네시모는 바울과 함께 있습니다. 에바브라도 거기에 있는 것 같습니다. 에바브라는 사도 바울의 충고를 듣기 위해 바다와 육지를 건널 만큼 사람들의 심령을 아끼는 목회자였습니다. 바울은 골로새 교회의 상황에 대해 무지하지 않습니다. 바울은 골로새 교회가 직면한 특정한 도전에 대한 통찰을 가지고 있습니다. 그들의 특정한 위험도 인식하고 있습니다. 그리고 그들이 현재 누리고 있는 복에 대해서도 감지하고 있습니다. 마지막으로 그가 가진 느낌에는 부인할 수 없는 깊이가 있습니다. 이 편지의 이어지는 구절들은 바울의 심령 속에 있는 강렬함, 즉 깊은 정서 안으로 파고드는 염려에 대해 설명합니다. 골로새 교인들의 진지한 영적 복지를 위해 심령에서 솟아나온 바울의 소망은 그들의 마음에 밀착됩니다.

그러므로 이제 우리는 왜 어떤 지역 교회에 참여하거나 일원이 되는 것에 대해 신경을 써야 하는지를 물어볼 수 있습니다. 우리는 아마도 인터넷 또는 다른 일부 매체를 통해 영적으로만 참여할 수도 있지 않습니까? 그런 질문은 그리스도의 교회에 대하여 근본적으로 흠 있는 관점이며 위험한 태도를 드러내는 것입니다. 당신이 수감된 사도와 같이 되었을 때는 그렇게 주장할 수 있을지도 모릅니다. 그러나 그 전에는 아닙니다! 우리는 예외로부터 통상적인 것을 논하지 않습니다. 우리는 그리스도의 교회 안에 참여하는 새 언약의 실재와 관련된 모든 것을 품어야 합니다. 온라인 설교를 듣고, 블로그에 올라온 신앙적인 글을 읽고, 영적 성장을 도모하기 위한 소식들을 모은다 할지라도, 헌신과 평안을 가지고 하나님께서 제정하신 공동체 안으로 완전하게 들어가지 않는 것은 최상의 영적 건강을 위해 성도들이 취할 선택이 아닙니다.[10) 바울의 예가 의미하는 것은 비록 육신적으로는 함께 있지 못하지만 진정으로 그리스도 안에서 사랑하는 사람들의 삶 속으로 우리가 들어갈 수 있는 때가 있다는 것입니다. 예를 들어 질병이나 다른 정당한 의무들 때문에 부재중인 목사가 자신의 눈앞에 성도들이 보이지 않을 때 그의 심령 속으로 성도들을 품는 것과 같습니다. 찰스 스펄전은 깊은 육체적 질병으로 교회를 한동안 떠나 있을 때, 성도들이 받아 볼 수 있도록 편지와 설교문을 썼습니다. 로버트 머레이 맥체인(Robert Murray M'Cheyne)은 심한 질병으로부터 회복되는 동안에 유대인들을 위한 선교를 수행했는데, 그때 교인들을 위해 그의 심령 속에 있는 사랑이 담긴 목회적 편지를 썼습니다. 교회의 다른 지체들이 정당한 사업상의 이유 또는 섭리 중에 일어나는 다른 방해로 인해 육신적으로 함께 지내지 못할 때, 그들이 비록 육신적으로는 떨어져 있지만 영적으로 교회의 교제 안으로 들어올 때가 있습니다. 또한 우리가 아는 자매 교회들이 있습니다. 즉 우리가 가진 친구들과 도전, 필요, 기쁨, 시련에 직면한 동료 성도들이 있는데 우리는 그들의 상황 속으로 들어갈 수 있습니다. 예를 들어 우리는 다음과 같은 촉구를 받은 것입니다. "너희도 함께 갇힌 것 같이 갇힌 자를 생각하고 너희도 몸을 가졌은즉 학대 받는 자를 생각하라"(히 13:3).

바울은 육체적으로 함께 있지는 않았지만 영적으로는 골로새의 형제자매들과 친밀함을 유지했습니다. 우리는 이런 태도를 잃지 않아야 합니다. 이것은 몸과 함께 머리이신 그리스도와의 실제적인 연합을 위한 교제입니다. 비록 그리스도는 우리와 육체적으로 함께 거하시지는 않지만 성령을 통해 항상 우리와 함께 계십니다. 그리스도는 우리의

---

10) 전장에서 복무하는 군사들, 병원에 입원한 사람들, 요양소에 있는 사람들 그리고 비슷하게 제한적인 환경에 처한 사람들은 아마도 섭리 가운데 방해받는 환경에 있는 동안 그리스도의 몸에 있는 삶의 요소들 중 일부를 정당하게 임시 보류할 수 있을지도 모른다.

경험들과 관련된 정확한 지식을 가지시는데 그 지식은 그분의 신적인 전지함 속에 뿌리를 두고 있습니다. 그리고 그리스도께는 다른 모든 교제를 능가하는 감정의 깊이가 있습니다. 그리스도와의 교제가 그토록 달콤하고 우리의 평안과 용기를 위해 그토록 필요한 이유는 그리스도께서 그분의 구속받은 사람들과 함께 계시며 자신을 드러내신다는 사실에 있습니다. 우리는 요한복음 13장에서 17장까지 이 풍성한 주제가 확장되어 나타난 것을 보게 됩니다. 그리스도는 죄를 다루는 문제에 대해 교회들에게 다음과 같이 말씀하십니다. "두세 사람이 내 이름으로 모인 곳에는 나도 그들 중에 있느니라"(마 18:20). 또한 그리스도는 바울이 회심하기 전에 이 압도적인 질문을 통해 대면하십니다. "사울아 사울아 네가 어찌하여 나를 박해하느냐"(행 9:4). 그리스도와 그분의 백성과의 연합은 매우 친밀하기 때문에 그리스도는 성도들에게 선한 일을 하도록 말씀하십니다. "내가 진실로 너희에게 이르노니 너희가 여기 내 형제 중에 지극히 작은 자 하나에게 한 것이 곧 내게 한 것이니라 하시고"(마 25:40). 바울은 골로새서에서 예수님은 몸, 즉 교회의 머리시라고(골 1:18, 24) 이미 두 번 강조했습니다. 주 그리스도는 항상 그분의 백성들과 함께 계십니다. 심지어 세상 끝날까지 말입니다(마 28:18~20). 이것은 모든 성도들이 누리는 특권입니다.

바울은 감옥 안에 있습니다. 그는 골로새 회중들과 그들의 상황으로 정신적인 눈을 돌립니다. 그는 그 상황을 알고 있고, 그 상황은 그에게 묘사됐기 때문입니다. 그는 무엇을 보고 있습니까?

그가 옹졸한 생각을 가지지 않은 채 보고 있음은 분명합니다. 우리 중 일부는 밝은 희망과 연관된 어두운 구름을 볼 수 있습니다. 그들은 길고 곧은 길 위에 있는 움푹 패인 곳을 주의합니다. 다른 사람들은 태평스럽게 그리고 순진하게 우울하거나 위험한 것은 없다고 상상하면서 낙관적인 눈으로 세상을 응시합니다. 그리고 실망스러운 상태로 부터 멀어지기 위해 때때로 심지어 실재를 재해석합니다. 바울은 분별력이 있습니다. 그는 그가 희망하거나 두려워하게 될 모습이 아니라 사물을 있는 그대로 봅니다. 그는 위험이나 죄에 눈이 멀지 않습니다. 또한 그는 진정으로 은혜와 선함이 존재하는 곳에서는 그것들을 볼 수 있습니다. 그는 약점뿐만 아니라 믿음도 볼 수 있습니다. 적대감뿐만 아니라 영적 진보도 볼 수 있습니다. 그러므로 그는 선하고 올바르게 골로새 성도들을 격려합니다.

멀리 떨어진 언덕에서 전투—자신의 영혼이 깊이 관여되어 있는 거대한 영적인 투쟁—를 보는 것처럼 그는 맹렬한 습격 아래에 있는 군대를 살핍니다. 지속해서 주의를 기울이며 굳건한 기강을 가진 채 말입니다. 첫째, 그는 그들이 '질서'를 유지하고 있다고 말합니다. 그들은 용감한 심령에 의해 격려될 필요가 있는(참고, 골 2:2) 전투 대열 안에 있는 정렬된 군대와도 같습니다. 작은 접전을 일으키는 적들이 있습니다. 적들은 여기저기에서 골로새 군대의 대열을 탐지합니다. 그러나 그들은 잘 정돈되어 있고 굳건히 서 있어서 필요에 따라 방어하거나 전진할 준비가 되어있습니다. 지금까지 골로새 회중은 영혼을 망치는 이단자들의 교리들을 격퇴해 왔습니다. 그리고 그들은 어깨를 맞댄 채 정렬하여 서 있습니다.

더욱이 바울은 "여러분의 믿음이 그리스도 안에서 견고하다."고 말합니다. 이것은 영적인 굳건함과 강인함에 해당하는 것입니다. 그것은 바울이 견고한 방어 상태를 갖추고 있는 골로새 교인들을 칭찬하는 것 같습니다. 그들은 빈틈이 없고, 항복하지 않으며, 안정되어 있습니다. 이것은 베드로가 앉은뱅이를 고칠 때 일어난 일과 같은 것입니다. "발과 발목이 곧 힘을 얻고"(행 3:7). 이것은 이 사람이 태어난 이후 처음으로 발목이 꺾이지 않고 설수 있게 되었다는 것을 말합니다. 이와 비슷하게, 이 골로새 교인들의 믿음은 적들의 습격에 꺾이지 않고 있습니다. 그들은 한 가지 목표를 위해 그리스도 안에서 흔들리지 않는 믿음을 보여 주면서 예수님을 굳게 붙들고 있습니다.

바울은 감옥에 앉아서 골로새 회중을 떠올리고 있습니다. 그는 마음 속으로부터 그들을 살피면서 심지어 눈물이 솟아나는 중에도 얼굴에는 큰 웃음을 띠고 있습니다. 그들은 싸움을 계속하고 있습니다! 위험은 실제적이고, 전투는 진행 중에 있지만 - 아직 - 적들에 대하여 이렇다 할 성공을 거두지 못하고 있습니다. 그들은 그리스도 예수 안에서 굳건한 믿음과 질서를 가지고 있는 동안 적에게 정복당할 수 없습니다. 그들이 견고하게 서 있는 동안, 그들이 그리스도께 밀착되어 있는 동안, 침략하는 오류를 직면하는 가운데 하나님의 진리에 대한 기초적인 헌신을 유지하는 동안, 바울은 이 편지 안에서 그의 주의를 적을 향해 옮길 수 있으며, 그의 거룩한 웅변이 가진 충만한 힘을 적을 대항하여 돌릴 수 있습니다.

바울은 의심의 여지없이 기뻐한다고 말할 수 있었습니다! 골로새 교인들은 교리적인 고결함과 그리스도께 대한 헌신 속에서 동요하지 않았습니다. 우리는 1세기 말과 2세기에 걸친 서머나의 폴리캅(Polycarp) 주교 시대의 교회 역사를 통해 배웁니다. 그의 삶이 저무는 시점에 마르쿠스 안토니우스(Marcus Antonius) 황제 아래에서 혹독한 핍박이 일어 났습니다. 그리고 나이 많아 늙은 폴리캅은 체포되었습니다. 로마의 지방 총독이 그 늙은 성도에게 예수 그리스도의 이름을 저주하고 시저(Caesar)에게 종교적인 충성 선서를 하면 목숨을 살려주겠다고 촉구했을 때, 폴리캅은 그저 공손하게 경청했습니다. 그리고 헌신된 제자는 조용히 대답했습니다. "86년 동안이나 저는 예수님의 종이었습니다.

그러나 그 기간 내내 그분은 나를 한 번도 상하게 하신 일이 없습니다. 그런데 내가 어찌 나를 구원하신 나의 왕이신 주님을 모독할 수 있겠습니까?" 11)

다시 협박하면서 그 말을 취소하도록 억압하였지만, 폴리캅은 주 그리스도께 헌신된 것 때문에 화형에 처해지기 전까지 견고히 섰습니다. 마찬가지로 이 골로새 교인들은 비록 적들이 그들에게 절하며 다른 것을 품으라고 했지만, 하나님의 은혜에 의해 그들을 구원하신 예수님 한 분만을 견고히 붙들었습니다.

이것이 진정한 목회적 염려와 기쁨의 기반입니다. 그리스도의 교회가 견고한 질서와 손상되지 않은 기강을 가지고 예수 그리스도께 견고히 붙어 있는 것을 보기 위한 소망처럼 복음 사역자의 심령을 크게 고무하는 것은 없습니다. 바울은 데살로니가 교회에 이렇게 쓸 수 있었습니다. "그러므로 너희가 주 안에 굳게 선즉 우리가 이제는 살리라" (살전 3:8). 성도들이 견고하게 서는 것을 보는 것이 바울의 삶 그 자체였습니다. 그는 나중에 데살로니가 교인들에게 촉구했습니다. "굳건하게 서서 말로나 우리의 편지로 가르침을 받은 전통을 지키라"(살후 2:15). 그리고 빌립보 성도들에게도 비슷한 방법으로 권고했습니다. "그러므로 나의 사랑하고 사모하는 형제들, 나의 기쁨이요 면류관인 사랑하는 자들아 이와 같이 주 안에 서라"(빌 4:1).

싸움이 가까이 다가올 때 진정한 목회자는 다음과 같이 묻습니다. "그들은 준비되었는가?" 싸움에 진행 중일 때 그는 묻습니다. "그들은 버티고 있는가?" 그리스도와 건강한 교제를 가지고 유지하는 것은 진정한 목회자에게는 고정된 염려이며 그의 복음 사역을 사로잡는 것입

---

11) *Foxe's Book of Martyrs*, ed. A. Clarke (London: Ward, Lock and Co., n. d., 『기독교 순교사화』, 생명의말씀사 역간), p. 20.

니다. 만일 당신이 강한 믿음을 가지고 그리스도께 견고히 붙어있다면, 무엇이 닥쳐오든지 당신은 쓰러지지 않을 것입니다. 강한 믿음이 부족하면 적들이 조금만 공격해도 교회는 흔들릴 것입니다. 존 칼빈은 이렇게 표현 했습니다.

> 하나님의 지혜를 가지고 있을 때, 경건한 사람들의 마음은 이 설득에 마음을 빼앗겨야 합니다. 그리스도의 지식이 그 자체로 넉넉히 충분하다는 것 말입니다. 그리고 말할 것도 없이, 이것은 모든 기초적인 오류들에 대항할 수 있는 가장 가까운 문을 여는 열쇠입니다. 무엇이 원인입니까? 왜 사람들은 그렇게 많은 사악한 견해들에 참여합니까? 그렇게 많은 우상 숭배와 그렇게 많은 어리석은 추측을 하는 것은 복음의 단순성을 경멸하는 것이며 더 높이 오르기 위해 모험을 해온 것이 아니겠습니까?[12]

그러나 그들은 누구에게로 어디로 더 오르려고 합니까? 예수 그리스도보다 더 높은 분은 아무도, 그리고 아무것도 없습니다. 하나님은 그분을 높이 올리셨고 그리고 모든 이름 위에 뛰어난 이름을 주셨으며, 모든 무릎이 예수의 이름에 꿇어 경배하게 하셨습니다. 땅에 있는 사람들이나 하늘에 있는 사람들이나, 땅 아래 있는 사람들이나 모든 민족이 성부 하나님의 영광을 위해 예수 그리스도를 주로 고백해야 합니다(빌 2:9~11). 그리스도 예수는 하나님의 사랑의 아들이십니다.

그는 보이지 아니하는 하나님의 형상이시요 모든 피조물보다

---

12) John Calvin, *Commentary on the Epistle of Paul to the Colossians* (Grand Rapids: Baker Books, 2003), pp. 175~176.

먼저 나신 이시니 만물이 그에게서 창조되되 하늘과 땅에서 보이는 것들과 보이지 않는 것들과 혹은 왕권들이나 주권들이나 통치자들이나 권세들이나 만물이 다 그로 말미암고 그를 위하여 창조되었고 또한 그가 만물보다 먼저 계시고 만물이 그 안에 함께 섰느니라 그는 몸인 교회의 머리시라 그가 근본이시요 죽은 자들 가운데서 먼저 나신 이시니 이는 친히 만물의 으뜸이 되려 하심이요 아버지께서는 모든 충만으로 예수 안에 거하게 하시고 그의 십자가의 피로 화평을 이루사 만물 곧 땅에 있는 것들이나 하늘에 있는 것들이 그로 말미암아 자기와 화목하게 되기를 기뻐하심이라 (골 1:15~20).

그리스도 안에서 오직 그분 안에서, 그리스도인은 안전하고 구원되고 그리고 구원될 것이며, 이 세상에서 하늘의 기쁨을 경험하며 빛 가운데 그분이 성도들을 유업으로 취하실 때 받게 될 복에 대한 거룩한 기대감을 가집니다. 우리는 그리스도에 의해 구원되고, 그분 안에서 살고, 그분을 위해 존재하고, 그분의 영광을 위해 기쁘게 우리의 모든 것을 드려야 합니다. 또한 정돈된 삶의 질서를 유지하는 가운데 그리스도 안에 견고히 서며 그리고 견고한 믿음 안에서 그리스도를 위해 굳건히 서야 합니다.

동료 그리스도인들께

속임은 그저 옛날의 문제가 아니라 지속되는 현대의 현상입니다. 그것은 모든 시대에 괴로움을 가져다 줍니다. 우리 시대에 얼마나 많은 사람들이 속임을 당하여 약화되고 힘을 잃고 영적인 침체를 겪고 있을까요? 왜 이런 일이 일어나는 것일까요? 그것은 진리 안에 계시는 예수님 이외의 다른 견해를 주장하는 독을 집어삼킬 때 일어납니다. 우리는 우리를 향한 예수님의 절대 확실한 사랑의 심령을 의심합니다. 우리는 예수님께서 끝까지 우리를 지킬 수 있는지 과연 그렇게 하실 것인지 의혹을 가집니다. 우리는 그분이 우리의 거룩함을 요구하신다는 것을 부인합니다. 우리는 구원에 있어서 하나님의 은혜에 더하여 '종교'를 부가물로 만듭니다. 우리는 삶 가운데 우리의 믿음과 죽음 가운데 우리의 소망을 야릇하게 서서히 갉아먹으면서 우리의 확신을 침식하는 세상의 말에 귀를 엽니다. 우리의 심령은 우리를 위해 중보하시면서 모든 것을 통치하시는, 영광 중에 하나님의 우편에 계신 부활하신 예수님의 실재에서 멀어집니다. 우리는 믿음의 단순성으로부터 떨어져 나갑니다. 간단히 말해, 우리는 계신 그대로의 예수님에 대한 시야를 잃고 맙니다. 골로새서 1장에서 그렇게 위엄 있게 제시된 그 예수님을 말입니다.

당신이 깨닫든지 그렇지 않든지 당신은 거대한 영적 전투 안에 있습니다. 그 전투는 격렬하고 생명 자체를 위험에 처하게 합니다. 당신의 영혼의 적은 자신의 기술을 완전하게 다듬기 위해 수천 년의 경력을 가지고 있으며 당신을 잘못된 길로 붙잡아 가기를 원합니다. 심지어 그는 진정한 그리스도인을 죽일 수 없다면 최소한 절뚝거리게 만들기를 갈망합니다. 그는 당신이 비틀거리고 머뭇거리기를 원합니다. 그는 교회가 약하고 혼란스럽게 되는 것을 보기를 원합니다. 그는 죄인들이 그리스도로부터 떨어져 있기를 원합니다. 이런 것들이 그의 큰 소망입니다. 그는 그의 비열한 목적을 이루기 위한 으뜸가는 도구로서 거짓 교사들을 소동 가운데 보냅니다. "근신하라 깨어라 너희 대적 마귀가 우는 사자 같이 두루 다니며 삼킬 자를 찾나니"(벧전 5:8). 어떻게 당신은 그리스도와 그분을 위해 일하는 사람들과 함께 저항할 수 있습니까?

첫째, 가장 중요한 것은 당신의 심령을 완전히 그리고 견고히 주 예수 그리스도 우리 주님께 부착시키는 일입니다. 오류에 대한 해독제는 진리입니다. 예수님에 의해 사로잡힌 사람의 심령에는 거짓이 들어설 공간이 없습니다. 그리스도께서 좌정하신 보좌에 더는 공간이 없어야 합니다. 사람의 영혼 안에 성령의 빛이 있을 때 어둠이 쉽게 거주할 구석은 없습니다. 그분이 우리에게 성경을 통해 보여 주신 대로 주 예수님을 위한 사랑은 마귀가 자신의 거짓말을 숨 쉬게 할 공간을 남기지 않을 것입니다. 마귀가 올 때 처음부터 그랬던 대로 그는 하나님의 속성과 진리에 도전을 가할 것입니다. 그러나 우리는 우리의 메시아 예수님을 가리키며 의심 없이 다음과 같이 선포할 수 있습니다. "우리는 하나님에 대한 확증된 진리를 가지고 있다. 우리는 하나님에 대한 계시된 속성을 가지고 있다. 우리는 하나님에 대한 모든 충만함을 가지고 있다." 그래서 마귀를 쫓아 보낼 수 있을 것입니다.

둘째, 만일 당신이 하나님을 영화롭게 하며 그리스도를 높이며 성령으로 충만하며 성경을 설교하며 균형 잡힌 그리고 성경적으로 질서 있는 교회의 삶 가운데 들어가게 된다면 당신은 이런 영적 전투에서 큰 도움을 받을 것입니다. [13] 하나님 말씀이 충성스럽게, 부지런히, 분명하게, 진지하게, 명백하게, 규칙적으로 선포되고 사람들의 영혼에 적용되는 곳으로 들어가십시오. 영적인 공동체를 발견하십시오. 배움의 법칙들이 성경 위에 있고(사 28:10~13), 지혜로운 강해와 충성스러운

---

13) 예수 그리스도의 진정한 교회의 정체성이라는 관점에서 과거의 위대한 신앙고백들을 읽으라. 그리고 부지런히 그들의 가르침을 성경과 비교하여 그들이 어디에서 그들의 기초를 끌어내었는지를 보라. 더하여, 그런 교회를 확인할 수 있도록 당신을 도울 수 있는 좋은 서적들을 활용하라. 근래에 나온 한 가지 책으로는 마크 데버(Mark Dever)가 쓴 *Nine Marks of a Healthy Church* (Wheaton, IL: Crossway Books, 2004, 『건강한 교회의 9가지 특징』, 부흥과개혁사 역간)가 있다.

적용이 가끔 있는 일이 아니라 복된 법칙으로 움직이는 그런 공동체 말입니다. 만일 당신이 영적으로 하나님 말씀을 듣거나 받지 못하면, 당신은 마귀의 손쉬운 목표물이 될 것입니다. 당신이 하나님 말씀을 진리 안에서 듣고 배울수록 반대 세력들이 올 때 더 잘 인식하고 올바르게 반응할 수 있을 것입니다. "아이들아 내가 너희에게 쓴 것은 너희가 아버지를 알았음이요 아비들아 내가 너희에게 쓴 것은 너희가 태초부터 계신 이를 알았음이요 청년들아 내가 너희에게 쓴 것은 너희가 강하고 하나님의 말씀이 너희 안에 거하시며 너희가 흉악한 자를 이기었음이라"(요일 2:14). 이 점에서 바보스러운 현대 서구의 개인주의에 떨어지지 않도록 주의하십시오. 그리고 당신은 하나의 군대에 소속된 것이라고 생각하십시오. 교회는 하나의 몸이며, 많은 지체들로 이루어진 단위체라는 것을 인식하십시오. 당신은 성령께서 거하시는 그리스도 중심의 진정한 공동체에서 힘과 안전함을 발견할 것입니다. 근사한 그러나 실제적으로는 바보스러운 외톨이는 그렇지 못합니다. 대부분의 경우에, 전장으로 혼자 나아가는 군인은 얼마나 잘 무장하고 있든지 간에 그를 대적하는 약탈자의 무리에 속히 굴복하고 말 것입니다.

셋째, 이 점에 결부하여 개인적인 거룩함을 함양하는 것을 소홀히 하지 마십시오. 왜냐하면 몸은 각 지체로 구성되어 있고, 그래서 각 지체들의 건강은 몸의 전체적인 건강에 영향을 미치기 때문입니다. 그러므로 어린 양의 군대 안에서 각 군사들과 함께 하나님의 전신갑주를 매일 취하십시오. 하늘의 주님께서 교회를 위해 제공하신, 공격과 방어를 위해 지명된 모든 수단들의 사용법을 배우고 취하십시오. 하나님은 영혼의 적을 대항하여 우리의 본성적인 자원들에 의존하도록 우리를 버려두지 않으셨습니다. 그분은 마귀의 공격을 방어할 수 있도록 영적인 장비들을 제공하셨습니다. 에베소서 6장 10~20절을 기억하십시오. 그리고 무엇이 당신에게 주어졌는지 그리고 그것을 어떻게 사용하는지를 배우십시오.[14] 싸움을 위한 당신의 힘이 당신에게 주어진 무기나 갑옷으로부터 나오지 않는 다는 것을 기억하십시오. 그런 힘은 적을 대항하여 서기 위한 수단들과 영적 싸움을 위한 영을 주시는 주님으로부터 나온다는 것을 기억하십시오. 오늘날 우리는 이와 같은 경배의 시간을 종종 경건의 시간(quiet time)이라고 합니다. 그러나 우리가 좀 덜 조용하고 더욱 열렬하다면 그리고 옛 이름들 중 하나인 개인적인 헌신(private devotion)이 가진 특징들을 취한다면 더 나을 것입니다. 더 많이 혼자서 하나님과 만나십시오. 성령을 통해 그리스도를 바라보십시오. 그리고 하나님의 진리를 찾으십시오. "청년이 무엇으로 그의 행실을 깨끗하게 하리이까 주의 말씀만 지킬 따름이니이다 내가 전심으로 주를 찾았사오니 주의 계명에서 떠나지 말게 하소서 내가 주께 범죄하지 아니하려 하여 주의 말씀을 내 마음에 두었나이다"(시 119:9~11).

넷째, 당신이 속하거나 속하게 될 교회를 인도하는 사람에 대해 아십시오. 우리는 여성이 인도하는 교회를 피할 것을 진지하게 촉구 드리고 싶습니다(역자 주-이 점에서 교단마다 시각의 차이가 있을 것이다). 왜냐하면 하나님께서는 그분의 무리들을 돌보도록 여성을 지명하지 않았기 때문입니다(딤전 3:1~2). 또한 이 점에서 교회는 자기 자신들의 아내들을 포함하여 여성에 의해 인도받는 남성에 의해 인도되는 것이 아니라는 점을 확실히 하십시오. 올바르게 그리고 은혜 가운데 당신의 목회자 혹은 장래의 목회자에 대해 알도록 노력하십시오. 그들에게 신앙 배경과

---

14) 윌리엄 거널(William Gurnall)이 쓴 *The Christian in Complete Armour* (Edinburgh: Banner of Truth, 1964, 『그리스도인의 전신갑주』, 예찬사 역간); 세 권으로 된 현대판 책도 있다)보다 이 구절에 대하여 더 완전하고 도움이 되도록 쓴 책은 없다.

교리적인 신념을 물어보십시오. 그들에게 좋아하는 저자들과 설교자들에 대해 물어보십시오. 의혹적이고 비판적인 생각보다는 은혜로운 주의를 가지고 그들을 관찰하십시오. 단지 설교단에서만 아니라 집에서, 아내와 가족과 친구들과 함께 있을 때 그들이 어떤 부류의 사람들인지 알 수 있도록 말입니다. 그들은 책, 블로그, 웹사이트, 잡지, DVD, 신문을 통해 어떤 동료들을 두고 있습니까? 예수님은 열매로 그 사람을 알겠다고 말씀하십니다. 은혜로운 그러나 통찰력 있는 열매의 관찰자가 되십시오. 진실하게 고찰하는 영을 함양하십시오. 신자들을 특징짓는 고귀한 마음을 개발하십시오. 오류가 없는 곳에서 냄새를 맡으려는 이단 사냥꾼이 되어서는 안 됩니다. 그보다는 당신이 설교를 들을 때 준비된 가운데 말씀을 받고, 매일 성경을 찾아서 당신이 듣는 것이 과연 그런지 발견하십시오(행 17:11). 형제자매들이여, 만일 당신이 하나님 아래에서 당신의 영혼을 위탁받아 당신에게 가르침을 줄 혹은 이미 가르치고 있는 사람이-두렵게도-의심과 오류의 씨를 뿌리는 있는 것을 발견한다면, 당신은 반드시 의로움 안에서 반응해야 합니다. 진리로부터 벗어나고 있는 사람에 대한(그리고 그들의 영향 아래에 있는 다른 사람들에 대한) 우리의 의무는 죄를 범하고 있는 사람들을 사랑 안에서 충성스럽게 다루는 것입니다. 건강한 영적 환경 안에서 이 부분을 다루기 위한 영역-상호작용을 위한 기회들과 만일 필요하다면, 당신에게 열려 있는 거룩한 대면 또는 교회 훈육의 절차-이 있을지도 모릅니다. 만일 그런 통로가 막혀있고 열매 없는 것으로 증명된다면, 마치 당신의 생명이 진리를 전하는 목자에 달려 있다는 생각으로 달아날 시간이 온 것입니다. 그렇게 하여 당신의 가족과 당신의 친구들의 생명을 구하십시오. 당신은 이리들 앞에 있는 양이며 당신이 누릴 복과 유용함은 당신의 탈출에 달려 있습니다. 왜냐하면 만일 당신이 거짓말의 그물에 걸려든다면 하나님을 영화롭게 할 수 없기 때문입니다. 지혜로워야 합니다. 왜냐하면 우리는 사소한 의견의 차이를 말하고 있는 것이 아니기 때문입니다. 은혜로워야 합니다. 왜냐하면 악한 공격에 의해 이룰 것은 아무것도 없기 때문입니다. 용감해야 합니다. 왜냐하면 당신은 그 오류들을 마주 대하도록 부름 받았을 수도 있기 때문입니다. 겸손해야 합니다. 왜냐하면 당신이 틀린 것으로 판명될 수도 있기 때문입니다. 충성스러워야 합니다. 왜냐하면 당신은 오류 속에서 걸어 다닐 여유가 없기 때문입니다.

만일, 다른 한편으로, 당신이 하나님으로부터 받은 청지기직을 부지런히 수행하는 그리스도의 영으로 충만한 충성스러운 사람을 발견한다면, 그들을 존경하고 사랑하고 돕고 격려하고, 개방적으로 대하고, 결코 그들을 위해 기도하기를 쉬지 마십시오. 그리스도의 무리를 치는 목자들이 감독자를 표시하는 휘장을 두르고 있다는 감각은 실제적입니다. 그렇기 때문에 이와 유사하게 저격병은 전투 가운데 계급장으로 장교들을 확인하고 대열에 혼란과 무질서를 일으키기 위해 그들을 먼저 겨누어 쏩니다. 마찬가지로 사탄의 저격병들은 무리를 위해 휘장을 두른 사람들을 저격하는 일에 노력할 것입니다. 그들은 목자를 치면 양들이 흩어질 것이라는 여전히 유효한 원리를 잘 알기 때문입니다. 그러나 그들은 감히 위대한 목자, 주 예수님께는 미치지 못합니다. 그러나 부목자들은 여전히 노출되어 있으며, 매일 그들이 하는 일의 본성상 자신을 노출시키고 있음에 주의하십시오. 그들은 세상 안에서 죄 있는 육신을 가지고 그리스도를 위한 큰 전투의 최전선에서 마귀를 대적하여 일하는 것입니다.

마귀는 열정적으로 그리스도를 섬기는 목회자들을 미워합니다. 마귀는 만일 목회자들을 휘청거리게 할 수 있다면, 다른 사람들도 함께 휘청거리게 만들 수 있을 것이라는 점을 알고 있습니다. 당신을 위한 충성스러운 목회자들은 눈에 띄는 표식을 가진 사람들입니다. 그들을 위해 매일 중보하십시오. 그들의 믿음이 약해지지 않도록 기도하십시오.

당신을 위해 목회자들이 문제에 합당한 경고를 할 때 주의하십시오. 이 사람들은 주 예수님에 의해 지명된 하나님의 양 무리를 위한 감독자들입니다. 그들의 임무 중 하나는 오류들을 확인하고 제거하고 뿌리를 뽑는 것입니다. 우리는 하나님께서 모든 사람들에게 은혜와 은사들을 주신다는 것을 부인하지 않습니다. 그러나 이런 일은 목회자들에게 귀속된 특정한 의무들 중 하나입니다. 예수님은 그들이 이 의무들을 수행하도록 특별하게 준비시키셨습니다. 비록 다른 모든 사람들이 휘청거리더라도 우리는 아닐 것이라고 상상하는, 지독하고 때때로 치명적인 교만이 있습니다. 우리는 오류의 물에 잠깐 손을 담글 수도 있고 장난으로 거짓말을 할 수도 있으며, 전갈과 함께 눕고 뱀과 함께 놀고도 손상 없이 빠져나올 수 있는 사람들입니다. 그러나 당신의 영혼을 위해 바보가 되지 마십시오! 만일 충성스러운 하나님의 사람이 독이 들어 있는 비(非)진리로부터 나올 것을 경고한다면, 그와 같은 점에 착안하여 게임을 만들어서 하나님을 시험하지 마십시오. 만일 당신이 안전하고자 한다면 진정한 목회자들이 적색 테이프로 경고해 둔 그런 영적인 지뢰밭으로부터 멀리 떨어지십시오. 그리고 그런 장소로 통과해 지나가지 마십시오. 만일 당신이 그곳에서 두리번거린다면 당신은 하나님의 은혜로 빠져나올 수는 있겠지만 갈비뼈 하나를 잃거나, 천국으로 가는 길에서 절뚝거리게 만들 어떤 다른 부상을 입을지도 모릅니다. 가르쳐진 진리와 주어진 경고들에 주의하십시오. 서 있다고 생각하는 사람들이 떨어지지 않도록 조심하게 하십시오(고전 10:12).

동료 목사님들께

바울은 사도행전 20장에 기록된 에베소 장로들과의 모임이 얼굴을 대면하는 마지막 모임이라는 것을 알았습니다. 그래서 그는 진지하고 분명하게 말했습니다.

> 그러므로 오늘 여러분에게 증언하거니와 모든 사람의 피에 대하여 내가 깨끗하니 이는 내가 꺼리지 않고 하나님의 뜻을 다 여러분에게 전하였음이라 여러분은 자기를 위하여 또는 온 양 떼를 위하여 삼가라 성령이 그들 가운데 여러분을 감독자로 삼고 하나님이 자기 피로 사신 교회를 보살피게 하셨느니라 내가 떠난 후에 사나운 이리가 여러분에게 들어와서 그 양 떼를 아끼지 아니하며 또한 여러분 중에서도 제자들을 끌어 자기를 따르게 하려고 어그러진 말을 하는 사람들이 일어날 줄을 내가 아노라 그러므로 여러분이 일깨어 내가 삼 년이나 밤낮 쉬지 않고 눈물로 각 사람을 훈계하던 것을 기억하라 지금 내가 여러분을 주와 및 그 은혜의 말씀에 부탁하노니 그 말씀이 여러분을 능히 든든히 세우사 거룩하게 하심을 입은 모든 자 가운데 기업이 있게 하시리라(행 20:26~32).

하나님은 당신을 그분의 양 무리들을 위한 파수꾼으로 부르셨습니다. 경고의 사역은 당신이 회중의 목자로서 감당해야 할 일의 일부입니다. 목회자는 감독자이며 그의 돌봄 아래 위탁된 사람들이 감염될 수도 있는 질병들에 무감각해서는 안 됩니다. 하나님의 자녀들 앞에서 거룩한 삶을 살도록 그리고 그들에게 하나님의 진리의 말씀을 설교하도록 부름 받았을 뿐만 아니라 또한 문제가 발생했을 때 그들을 방어

하도록 부름 받았습니다. 우리는 "미쁜 말씀의 가르침을 그대로 지켜야 하리니 이는 능히 바른 교훈으로 권면하고 거슬러 말하는 자들을 책망"(딛 1:9) 할 수 있어야 합니다.

다윗이 골리앗 앞에서 싸우기 위해 준비되었을 때 한 증언을 다시 생각해 보십시오.

> 사울이 다윗에게 이르되 네가 가서 저 블레셋 사람과 싸울 수 없
> 으리니 너는 소년이요 그는 어려서부터 용사임이니라 다윗이 사울
> 에게 말하되 주의 종이 아버지의 양을 지킬 때에 사자나 곰이 와서
> 양 떼에서 새끼를 물어가면 내가 따라가서 그것을 치고 그 입에서
> 새끼를 건져내었고 그것이 일어나 나를 해하고자 하면 내가 그 수
> 염을 잡고 그것을 쳐죽였나이다 주의 종이 사자와 곰도 쳤은즉 살
> 아 계시는 하나님의 군대를 모욕한 이 할례 받지 않은 블레셋 사람
> 이리이까 그가 그 짐승의 하나와 같이 되리이다 (삼상 17:33~36).

만일 다윗이 그의 아버지의 양 무리를 잘 돌보고 많은 위험을 감수했다면, 당신은 당신의 돌봄 아래 있는 하나님의 진정한 양들을 보호하는 일에 얼마나 많이 힘써야 하겠습니까? 만일 단지 동물들을 안전하게 하기 위해 다윗이 자신의 목숨을 내놓을 준비가 되었다면, 그리고 만일 하나님의 양 무리들을 구속하기 위해 선하시며 큰 목자이신 예수님께서 이미 자신의 삶을 내려놓으셨다면, 우리는 결코 죽지 않는 영혼들을 위해 어떤 일이든 기꺼이 해야 하지 않겠습니까?

당신에게 주어진 청지기직을 생각하십시오. 당신이 돌보고 있는 사람들은 당신에게 위탁된 하나님의 양들입니다. 하나님께서 직접 말씀하신 대로 옛 이스라엘 사람들과 같은 상황에 그들이 결코 처하지

않기를 바랍니다. "목자가 없으므로 그것들이 흩어지고 흩어져서 모든 들짐승의 밥이 되었도다 내 양 떼가 모든 산과 높은 멧부리에마다 유리되었고 내 양 떼가 온 지면에 흩어졌으되 찾고 찾는 자가 없었도다"(겔 34:5~6).

우리는 이 문제에 있어서 미리 움직이고 경계하고 있어야 합니다. 거짓 교사들은 가상적인 위험이 아닙니다. 그들은 현존하는 위협입니다. 그리고 그들은 성도들에게 지속적으로 부딪칩니다. 명백한 허풍선이들과 터무니없는 협잡꾼보다는 성도들을 곧고 좁은 길로부터 떨어져 나오도록 유인하는 말을 가지고 건전하고 올바르게 보이지만 사실은 그렇지 않은 사람들을 대항하여 경고하는 일이 더욱 필요하다는 점을 기억하십시오.

그러면 우리는 어떻게 해야 합니까?

첫째, 우리는 우리 자신의 심령을 지켜야 합니다. 우리는 기독교 목회자들이기 전에 그리스도인들이고, 우리는 바위이신 그리스도께 굳건히 닻을 내리고 있지 않으면 어떤 일에도 효과적일 수 없습니다. 당신은 다른 사람들이 그리스도와 친밀함을 유지하도록 지도하기 때문에, 당신 자신도 그분과 가까이 동행해야 합니다. 그리스도인으로서라기 보다는 목회자로서 성경을 읽거나, 다른 사람들을 가르치도록 부름받은 구원된 죄인으로서라기보다는 전문적인 설교자로서 성경을 읽으려 하지 마십시오. 당신의 심령에 그리스도를 최우선에 두십시오. 당신이 구하는 모든 것에 있어서 그리스도를 최우선으로 구하십시오.

당신의 많은 분량의 연구를 진리 안에 두십시오. 일반적으로 양 무리를 돌보는 목자는 이리를 쫓기 위해 찾아 나서지 않습니다. 그보다 그는 이리들의 접근을 경계합니다. 당신은 오류를 찾아 사냥할 필요는 없습니다. 오류가 당신과 당신의 양 무리를 사냥하기 위해 올 것입니다.

당신은 그것이 올 때 반응할 준비가 되어 있어야 합니다.

양 무리를 위해 주의 깊은 염려를 기울이는 다른 충성스런 목자들과 깊은 관계를 유지하십시오. 목회 기간 동안 약탈자들과 싸워 이긴 '옛 사람들'과 의 관계를 계발하십시오. 현명하고 충성스럽고 정직하며 당신이 진리를 향해 진로를 바꾸기 시작해야 한다고 건의할 만큼 용기 있는 친구들을 찾아 나서십시오. 당신의 심령을 열고 당신의 귀를 열어 그런 사람들에게 다가서십시오. 만일 당신이 문제와 씨름하고 있다면 그리고 당신이 발을 헛디디고 있다고 느낀다면, 당신이 당신의 발걸음을 놓치기 시작한다면 당신을 기꺼이 끌어당겨줄 수 있고 기꺼이 밧줄을 붙들어 줄 수 있는 사람을 곁에 두십시오.

옛길 위에 견고히 서십시오. 그 길이 여행을 위해 안전합니다. 이미 사라진 옛 사람들의 지혜를 경멸하지 마십시오. 바퀴를 새로 개발하는 사람, 이전에 하지 않았던 일을 하는 것을 뽐내는 사람, 이전에 다루어 지지 않았던 것을 다루고 이전에 아무도 가지 않았던 곳을 가는 사람이 되려고 일을 시작하지 마십시오. 만일 당신이 그렇게 한다면, 당신은 아마도 하나님의 사람들이 충성스러운 부목자를 위해 여러 세대를 통해 설계했던 소중한 길로부터 떨어져 나올지도 모릅니다. 그 길은 위험들과 덫 사이를 누비고 지나가면서 양들을 안전하게 푸른 초장으로 데려갔던 길입니다. 역사적인 개혁신앙의 고백과 선언들을 연구하는 일에 헌신하십시오. 하이델베르크 교리문답, 도르트 신조, 벨기에 신앙고백서, 웨스트민스터 신앙고백서, 웨스트민스터 신앙고백서와 유사한 사보이 선언, 2차 런던 신앙고백서 등이 이에 해당합니다. 이 것들은 시계 기능장이 성경의 시계와 대조하여 맞춘 시계들처럼 신뢰할 수 있는 것들입니다. 그리고 이것들은 당신이 하나님의 때와 박자에 맞추어 걸어가도록 도울 수 있습니다.

더욱이 우리는 긍정적인 진리를 설교해야만 합니다. 바울이 쓴 골로 새서의 구조는 우연히 된 것이 아닙니다. 그는 그리스도께서 십자가에서 죽으신 것을 다면체의 보석에 새기면서 서론의 상당 부분을 소비하였습니다. 그러므로 성령의 빛이 그분에게 비추어 최상의 가치를 만들어 냅니다. 바울은 이것이 교회 안으로 기어들어오는 오류들을 막기 위한 최상의 방법이라는 것을 알고 있습니다. 다음의 두 가지 진리들은 목회자인 우리들을 휘어잡습니다. 첫째, 그리스도에 대한 진정한 지식이 쇠퇴하는 곳에 타락과 쇠약이 따라옵니다. 그리고 미신, 의식, 신비주의 그리고 많은 다른 어리석음을 추구하기 위한 공간이 만들어집니다. 둘째, 적극적인 진리는 오류에 사로잡히는 것을 방지합니다. 그리스도에 대한 분명한 관점은 기만적인 기교에 대한 방패이며 영적인 활력의 유일한 수단입니다. 그래서 바울은 강하고, 연합되고, 확실한 심령을 추구하기 위해 기도합니다. 그리고 당신과 나도 다음과 같이 기도해야 합니다.

> 하나님 앞과 살아 있는 자와 죽은 자를 심판하실 그리스도 예수 앞에서 그가 나타나실 것과 그의 나라를 두고 엄히 명하노니 너는 말씀을 전파하라 때를 얻든지 못 얻든지 항상 힘쓰라 범사에 오래 참음과 가르침으로 경책하며 경계하며 권하라 때가 이르리니 사람이 바른 교훈을 받지 아니하며 귀가 가려워서 자기의 사욕을 따를 스승을 많이 두고 또 그 귀를 진리에서 돌이켜 허탄한 이야기를 따르리라 그러나 너는 모든 일에 신중하여 고난을 받으며 전도자의 일을 하며 네 직무를 다하라(딤후 4:1~5).

진실로 이것은 하나님과 주 예수 그리스도 앞에서 져야 할 그리고 다가올 심판의 빛 안에 있는 분명한 책임입니다. "하나님의 말씀을 설교하십시오!" 그렇게 함으로써 사람들 앞에서 그리고 하나님 앞에서 그리스도를 붙듭시다. 그래서 우리는 다른 어떤 것에도 소망의 이유를 주지 않았고 다른 어떤 것으로부터도 영혼의 만족이 발견되지 않았다고 증거했으며, 다른 어떤 이름 안에서도 구원이 발견될 수 없음을 선언했다고 말할 수 있어야 합니다.

셋째, 우리는 적들의 활동을 인식해야 합니다. 바울은 고린도후서 2장 11절에서 "우리는 사탄의 도구에 무지하지 않다."고 말합니다.[15] 새로운 이단자들은 끊임없이 옛 오류들을 다시 내뿜고, 번지르르한 색으로 사탄의 옛 함정들을 다시 칠하고, 오늘날 경계하지 않는 신자들을 위해 올가미들을 깔아 놓습니다. 이단들은 허락받은 영역에서 끊임없이 하나님의 사람들의 뿌리를 침식합니다. 우리는 거짓 교사들과 그들의 거짓 가르침을 알아둘 필요가 있습니다. 그들은 우리의 양 무리를 압박하기 위해 비(非)진리들을 가져오기 때문입니다. 우리는 이단의 백과사전을 탐구하도록 부름 받지는 않았습니다. 우리는 특정한 양 무리들을 보호하고 먹이도록 부름 받았습니다. 우리는 이리 사냥꾼으로 부름 받지 않았습니다. 그보다는 진정한 부목자로 부름 받았는데 그것은 이리들이 올 때 내쫓는 것을 포함합니다. 우리는 다른 사람들의 양 무리가 아니라 우리 자신의 양들을 위협하는 이리들과 싸워야

---

15) 여기에서 다시 우리는 그러한 원리들에 대한 청교도적인 태도들을 제안한다. 그런 것들 중에는 토머스 브룩스(Thomas Brooks)의 *Precious Remedies against Satan's Devices*, 윌리엄 거널의 *The Christian in Complete Armour* (『그리스도인의 전신갑주』, [생명의말씀사 역간]), 존 다우네임(John Downame)의 *The Christian Warfare* 또는 리처드 길핀(Richard Gilpin)의 *Satan's Temptation*, 존 오웬(John Owen)의 *On Temptation* (『시험』, [부흥과개혁사 역간])과 *On Mortification of Sin* (『죄죽임』, [부흥과개혁사 역간])은 말할 것도 없다. 이 책들 중 일부는 이와 같은 주제들에 대한 보다 최근의 접근을 통하여 현대화되었거나 더 비중있게 다루어졌다.

합니다. 우리는 시류에 편승해서는 안 됩니다. 당신 자신의 양 무리로 기어들어오는 이리 떼를 무시한 채, 다른 구역의 언덕에 있는 양들을 잡아채고 있는 이리를 공격해 봐야 아무 소용이 없습니다. 우리는 매일 수행하는 연구에 갇히거나 우리가 매일 보는 망원경에만 붙잡혀 있어서는 안 됩니다. 그보다는 양들 가운데 들어가서 그들의 환경, 식성, 음식, 기호를 파악해야 합니다. 만일 필요하다면, 책, 잡지, 정기간행물이 우리가 직면해야만 하는 잘못된 가르침들을 확인하고 다루는 것을 도울 수 있을 것입니다. 이런 부분에 특별한 초점을 가지고 일하는 선교사역과 기구들이 있습니다. 그리고 그들은 이런 부분을 충성스럽게 다루고자 하는 목회자들에게 일정한 도움을 제공할 수 있습니다.[16]

그러나 영적인 독소를 다룰 때 주의하는 것을 결코 멈추지 맙시다. 모든 수단을 동원하여 당신의 적을 아십시오. 그러나 그것에 대한 지식을 계발하지는 마십시오. 요즘 유행하는 새로운 해악으로부터 그럴싸한 것들을 뒤죽박죽 섞으면서 목회 사역을 추구하는 사람들을 보는 것은 괴로운 일입니다. 그리스도의 몸을 항상 괴롭혔던 것은 너무 자주 이와 같은 독소입니다. 단지 21세기에 맞게 새롭게 이름을 바꾸었을 뿐입니다. 교회를 세우거나 생기를 잃은 성도들에게 재활력을 불어넣기 위해, 그러나 실제로는 죽음으로 이끄는 방법을 발견하기 위해 최근의 신학적으로 매혹적인 본보기들을 갈망하는 사람들을 보는 것은 역겨운 일입니다. 신뢰할 만한 명성을 가진 사람들이 정로를 벗어나기 시작하는 것과, 아마도 목회 사역에서 이른바 중년의 위기라고 불리는 것과 비슷하게 새로운 것을 갈망하거나 또는 갑자기 그런 것들에

---

16) 우리는 Alpha and Omega Ministries(http//aomin.org), the *Christian Research Journal*(http://www.equip.org), *World* 잡지(http://worldmag.com) 및 이와 비슷하게 대체로 균형 잡힌 그리고 신뢰할만한 안내서들을 권장한다.

굴복 당하고, 만일 그렇지 않다면 무언가 압도적인 유혹에 이끌리고 교활한 가르침을 추구하는 사람을 보는 것은 끔찍한 일입니다.

더 나아가, 우리는 책임을 회피하지 않아야 합니다. 목사들은 하나님의 백성을 인도하도록 부름 받았습니다. 그들을 위험으로부터 지키고(비록 필요하다면 그들을 구하기 위해 위험 속으로 들어갈 수도 있지만), 그들을 따라 그 위험 안으로 들어가 두리번대지 않도록 말입니다. 우리 주님은 양들을 위한 진정한 목자에 대해 다음과 같이 말씀하셨습니다. "자기 양을 다 내놓은 후에 앞서 가면 양들이 그의 음성을 아는 고로 따라오되"(요 10:4). 그는 이 점에서 우리의 본보기이십니다. 목사들은 반드시 자신의 양들과 그들을 공격하고자 하는 적 사이에 서 있기를 달가워해야 합니다. 매혹적인 소리에 홀리지 않도록 그리고 낭랑한 말 솜씨에 현혹되지 않도록 그들을 돌보기 위해 우리는 반드시 할 수 있는 모든 것을 해야만 합니다. 우리는 빗나간 영혼들을 따라가서 정로에서 하나둘씩 이탈하는 것을 발견할 때 하나님이 우리를 도우시는 대로 그들을 다시 제자리로 되돌려 놓아야 하지만, 그 구출 사역 중에 우리는 머리로 받거나 발로 차임을 당하는 처지에 자주 놓일지도 모릅니다.

분명하게 합시다. 우리는 설교단이 이 거짓 교리와 저 유해한 이교들을 반대하기 위해 매주 허풍과 절규를 내뿜는 강단이 되어야 하는 것에는 전혀 지지를 보내지 않습니다. 그보다는 특정한 거짓 가르침이 침입하기 시작하고 거짓 교사들이 우리 안에 있는 특정한 양 무리 주위를 맴돌기 시작할 때, 우리는 우리가 돌보는 사람들에게 진지하고 충성스럽게 경고하기 위해 일어서야 하는 것입니다.

그런 경고들은 분명한 사랑의 심령으로부터 나와야만 합니다. 목사들로서(그리고 부모 또는 진정한 친구 또는 복음 전도자로서), 우리는 그리스도와 그분의 사도로부터 이 교훈을 잘 배워야 할 것입니다. 우리는 단순하게 염려나 감정을 드러내는 것을 함양해서는 안 됩니다. 사람들이 우리가 진지하다는 것을 알고 우리의 동기와 의도를 오해하지 않도록 하기 위해 우리가 말하고 행동하는 가운데 표현되는 실제적인 부분을 계발해야 합니다. 양 무리를 다룸에 있어서 우리는 나쁘고 위협적인 것들을 간과하는 것 이상으로 선하고 즐거운 것에 무지해서는 안 됩니다. 우리는 긴 연설과 논설에 치중해서 양들을 공포에 질리게 해서는 안 됩니다. 질서와 견고한 믿음이 있는 곳에서는 우리를 대적하고 있는 현실적인 위험들을 드러내는 중에도 우리는 견고히 서서 흔들리지 않도록 격려를 제공할 수 있습니다. 그런 허위를 노출시키는 것은 경건한 방법 가운데 수행되어야 합니다. 그것은 환희나 기쁨의 문제가 아닙니다. 우리는 양의 옷을 입은 이리의 가면을 벗기는 것입니다. 그것은 다른 사람이 오류 가운데 허덕이는 것을 고소해하는 보복의 문제도 아닙니다. 이 일은 결코 그렇게 행해서는 안 됩니다. "주의 종은 마땅히 다투지 아니하고 모든 사람에 대하여 온유하며 가르치기를 잘하며 참으며 거역하는 자를 온유함으로 훈계할지니 혹 하나님이 그들에게 회개함을 주사 진리를 알게 하실까 하며 그들로 깨어 마귀의 올무에서 벗어나 하나님께 사로잡힌 바 되어 그 뜻을 따르게 하실까 함이라"(딤후 2:24~26).

그럼에도 하나님과 그분의 백성들을 향한 사랑은 분명하고 방향성 있는 용기를 요구합니다. 어디에 붙어 있든지 오류의 적을 제거하기 위한 용기 말입니다. 우리는 잘라버릴 필요가 있을 때는 잘라버릴 수 있을 만큼 사람들을 사랑해야만 합니다. 분명한 경고가 필요할 때 분명한 경고를 듣지 못했다고 주장하는 사람이 없도록 합시다. 바울은 후메네오, 알렉산더, 빌레도를 지명함으로 식별하였습니다. 요한은 타락한 디오드레베와 은혜로운 데매드리오를 지적하였습니다. 동시에 사도들과 그들의 동료들은 좀 더 일반적으로 언급을 했습니다. "그들이 우리에게서 나갔으나 우리에게 속하지 아니하였나니 만일 우리에게 속하였더라면 우리와 함께 거하였으려니와 그들이 나간 것은 다 우리에게 속하지 아니함을 나타내려 함이니라"(요일 2:19). 요한은 베드로와 유다와 바울처럼 아마도 이름을 거론할 수 없거나 거론할 필요가 없을 때, 때때로 사람들의 유형과 그들의 오류의 형태를 식별하기 위한 충분한 정보를 제공합니다. 거짓 교사들의 정체성뿐만 아니라 거짓 가르침의 구별되는 특징들도 분명하게 드러난 것입니다.

사도들은 모두 분명한 경고를 그들의 목적으로 삼았습니다. "그러므로 오늘 여러분에게 증언하거니와 모든 사람의 피에 대하여 내가 깨끗하니"(행 20:26). 모든 충성스러운 목회자는 이와 동일하게 말할 수 있어야만 합니다.

마지막으로 우리는 우리의 양들을 위해 기도해야 합니다. 우리는 그들을 구원할 수 없습니다. 우리 자신의 힘으로 그들을 안전하고 확실하게 지킬 수 없습니다. 사무엘이 이스라엘의 자녀들에게 한 말은 우리의 회중을 위하여 우리에게도 진실해야 합니다. "나는 너희를 위하여 기도하기를 쉬는 죄를 여호와 앞에 결단코 범하지 아니하고 선하고 의로운 길을 너희에게 가르칠 것인즉"(삼상 12:23). 우리가 섬기는 하나님의 자녀들은 많은 시련과 환란을 만납니다. 그들을 위험과 올가미와 덫을 피하여 안전하게 지키신 것은 그리스도 안에 있는 하나님의 은혜입니다. 그리고 그리스도 안에 있는 하나님의 은혜가 그들과 우리를 자신의 본향으로 인도하여 영광에 이르게 하실 것입니다. 우리는 그들의 영적인 안전을 방어하기 위해 지명된 도구들일지도 모릅니다. 우리는 그리스도를 섬기기 위한 하나님의 청지기이며 양들의 종입니다. 우리가 의무를 수행하기 위한 충분한 은혜와 그분의 구원하시고 거룩하게 하시는 능력의 주권적인 역사를 하나님께 구할 때만, 우리는 사도 바울처럼 똑같은 헌신과 사역의 특징을 유지한 채 우리의 소명을 수행할 수 있게 될 것입니다. "양들의 큰 목자이신 우리 주 예수를 영원한 언약의 피로 죽은 자 가운데서 이끌어 내신 평강의 하나님이 모든 선한 일에 너희를 온전하게 하사 자기 뜻을 행하게 하시고 그 앞에 즐거운 것을 예수 그리스도로 말미암아 우리 가운데서 이루시기를 원하노라"(히 13:20~21).

그리스도께서 교회의 위대한 설교자이시며 교사라는 이 교리는 우리가 기독교의 교리들을 검증하는 일을 도울 것이며 따라서 참 목회자들을 알아보는 일에 도움이 됩니다. 당신은 누가 위대한 선지자 그리스도에 의해 권위를 부여받고 그분의 뜻을 사람들에게 선포하도록 보냄을 받았는지 분별할 수 있을지도 모릅니다. 물론 그리스도께서 보내신 사람들은 그들이 받은 은혜의 분량에 따라 그리스도의 영을 그들의 심령에, 또한 그리스도의 말씀을 그들의 입술에 가지고 있습니다. 그들은 충성스럽게 그리스도를 위한 그들의 사역을 완성하기 위해 노력합니다. 그리스도께서 성부를 위해 그랬던 것처럼 말입니다. "예수께서 또 이르시되 너희에게 평강이 있을지어다 아버지께서 나를 보내신 것 같이 나도 너희를 보내노라"(요 20:21). 그들은 그들의 목회 사역의 전 과정 안에서 일하는 가운데 그리스도께서 일하셨던 방식을 취합니다. 그리고 위대한 목자이신 그리스도를 모방하기 위해 진지하게 노력합니다. [1]

존 플라벨

---

1) John Flavel, "The Fountain of Life" in *Works* (Edinburgh: Banner of Truth, 1968), p. 1:128.

우리는 당신을 위해 목회자 바울을 그리려고 시도했습니다. 우리는 골로새서를 사용하여 성경이라는 연필을 가지고 바울의 윤곽을 그리고, 그 윤곽 안에서 하나님 말씀의 다른 부분으로부터 끌어 온 바울의 특징과 태도에 관련된 풍성한 색채를 입히려고 했습니다. 우리는 교회의 충성스러움 속에서 그가 고통 가운데 표현한 기쁨으로부터 그의 증언을 추적했습니다. 우리는 바울 자신이 본보기로 삼은 우리 주 예수 그리스도를 원형으로 보았습니다. 그리고 우리는 그리스도의 충성스러운 종을 떠올렸기 때문에, 우리의 눈앞에서 종종 움직이시는 듯한 주 그리스도 안에 있는 완전한 윤곽선들과 심오한 색채들을 보았습니다.

바울은 골로새에 있는 그리스도의 교회에 보내는 그의 편지를 통해 자신의 심령 속에 있는 하나의 창문을 열었습니다. 그는 목회자들이 어떻게 해야 하는지를 보여 주었습니다. 부르심, 특징, 헌신, 그리고 관심을 가져야 할 문제들에 대해 말입니다. 그는 우리에게 그런 것들과 관련된 수단, 도구, 직무, 수고를 보여 주었습니다. 그는 하나님의 사람들이 따라갈 수 있도록 신적으로 영감된 매뉴얼을 기록했습니다. 그는 목회자가 어떤 사람이 되어야 하는지를 그 자신의 삶에서 끌어내어 그림을 그렸습니다.

그는 또한 어떤 유형의 목회자를 위해 기도하며 구해야 하는지를 지역 교회에 보여 주었습니다. 그것은 그들이 이미 함께 하고 있는 목회자의 사역을 위해 어떻게 기도해야 하는지를 보여 준 것이며 또한 그들이 하나님 앞에서 영혼들을 돌보기 위해 헌신할 사람들을 구할 때 주님께 어떤 종류의 사람을 간구해야 하는지를 보여 준 것이기도 합니다. 그는 진정한 하나님의 자녀들이 추구하고 소중히 여겨야 할 사역의 종류를 설명했습니다.

목회자 바울을 생각하기 위해 시간을 가진 것에 대해 감사드립니다.

우리는 당신이 성경으로부터, 옛 선배들의 사역으로부터 그리고-만일 도움이 된다면-이 책으로부터 종종 그렇게 하시기를 바랍니다.

그렇게 할 때, 우리는 진정으로 위대한 한 사람의 그림으로부터 출발하는 어린아이와 같습니다. 그는 그의 모든 은혜들과 은사에도 불구하고 사도들 중에 가장 작은 자요, 모든 성도들 중의 지극히 작은 자보다도 더 작은 자요, 자신을 죄인 중의 괴수로 알았던 사람이었습니다. 우리는 바울 안에서 하나님의 주권적인 목적에 의해 형성되었던 한 사람을 보며, 주 예수님을 설교하도록 그리고 그렇게 함으로써 목사들과 설교자들이 십자가에서 죽으신 그리스도의 자취를 따라간다는 것이 무슨 의미인지를 보여 주기 위해 그분의 주권적인 은혜에 맞추어 부르셨던 한 사람을 봅니다.

목회자 바울은 또한 거울과 같은 특징을 가지고 있습니다. 바울을 통해 우리는 우리 자신을 비추어 볼 수 있고, 우리 자신이 수행하는 사역을 사도 바울의 사역에 나타난 윤곽선과 색에 비교해 볼 수 있습니다. 우리는 여전히 사역에 있어서 소년 정도의 수준에 있을지도 모르지만 바울을 따르는 일을 시작할 것입니까? 만일 바울과 같은 사람을 열매라고 한다면, 씨앗이 우리 안에 뿌려졌습니까? 당신은 당신의 목회자가 그렇게 되어가는 것을 볼 수 있습니까? 당신은 어떤 종류의 사람이 당신의 영혼을 돌보게 되기를 소망해야 하는지에 대한 그림을 보고 있습니까?

동료 목회자들이여, 바울이 당신의 모습이거나 또는 적어도 그렇게 닮아가는 중에 있는 바로 그 사람입니까? 바울과 같은 사람이 당신이 추구하는 모습입니까? 동료 그리스도인들이여, 당신은 부활하신 그리스도의 자상함 가운데 당신을 섬기는 그런 사람을 주 안에서 이미 가지고 있습니까? 당신을 돌보기 위한 목회자와 설교자를 찾고 있는 상황이라면 당신은 바울과 같은 사람을 찾고 있습니까?

전 세계 가운데 바울에 본보기를 둔 목회자들만이 그리스도의 교회를 섬기게 되도록 기도하십시오. 목회자의 직무를 위해 오직 그런 사람들만이 구별되도록 큰 안목을 하나님께 구하십시오. 부활하시고 영화롭게 되신 교회의 머리께서 그분의 회중들에게 그런 선물을 사랑스럽게 주실 때 큰 기쁨을 기대하십시오. 만일 당신이 양 무리들의 목회자라면 또는 그렇게 되려고 한다면, 은사보다는 은혜를 위해 더 많이 기도하십시오. 그래서 하나님 말씀이 당신에게 부여한 높은 부르심을 훌륭하게 그리고 겸손하게 충족할 수 있도록 말입니다.

이와 같은 사람들은 하나님의 은혜의 복음을 권합니다. 이와 같은 사람들은 하나님의 구속받은 사람들에게 선한 일을 합니다. 이와 같은 사람들은 하나님의 가장 귀한 아들, 살아 계신 우리 주 예수 그리스도께 영광, 칭송, 찬양을 가져오기 위해 일을 시작합니다. 그리고 이들은 성령에 의해 그렇게 하도록 준비되고 능력을 받습니다. 주님께서 그런 사람들을 일으켜서 그분의 영광스러운 은혜를 찬미하게 하시기를!

"우리 가운데서 역사하시는 능력대로 우리가 구하거나 생각하는 모든 것에 더 넘치도록 능히 하실 이에게 교회 안에서와 그리스도 예수 안에서 영광이 대대로 영원무궁하기를 원하노라 아멘"(엡 3:20~21).

목회자 바울

발 행 일 | 2012년 3월 10일
공 저 자 | 랍 벤투라, 제러미 워커
옮 긴 이 | 이스데반
편 집 인 | 류성헌
표지 디자인 | 이승영
내지 디자인 | 이항음
펴 낸 이 | 백금산
펴 낸 곳 | 부흥과개혁사
판권 ⓒ부흥과개혁사 2012

주소 | 서울시 마포구 서교동 395-190
전화 | Tel. 02) 332-7752   Fax. 02) 332-7742
홈페이지 | http://rnrbook.com
e-mail | rnrbook@hanmail.net

ISBN 978-89-6092-261-7

등록 | 1998년 9월 15일 (제13-548호)

값 17,000원